U0630394

1949-1956年间的中国

1949-1956 NIAN JIAN DE ZHONGGUO

吴玉才／编著

人民出版社

目录
CONTENTS

第三章

● 123～178

建立新的思想文化秩序

第五章

新的国际地位的确立

第八章
社会主义制度在中国确立 ● 451～508

第一章

新中国政治制度的
确立和不断完善

一、多党合作、政治协商和联合政府

新中国的国体是人民民主专政，政体是人民代表大会制度。新中国成立初期的中国人民政治协商会议和中央人民政府的组成，体现了新中国多党合作、政治协商的政治制度。毛泽东对民主党派的领袖、国民党起义将领等都待若上宾。第一届中央人民政府56名委员中，党外人士占27名，比例近50%；15名政务委员中，党外人士占9人；政务院所辖34个部、会、院、署、行中，担任正职的党外人士达14人。这是一个真正的联合政府。第一届全国人民代表大会召开后，人民政协成了一个人民民主统一战线的组织。

1. 多党合作、政治协商

1949年9月，中国人民政治协商会议第一届全体会议在北平举行，

◎ 1949 年 9 月 21 日至 30 日，中国人民政治协商第一届全体会议在中南海怀仁堂举行

会议通过了具有临时宪法作用的《中国人民政治协商会议共同纲领》（以下简称《共同纲领》），规定我国的国体是工人阶级领导的以工农联盟为基础的人民民主专政，用国家根本大法的方式，确立了人民民主专政是我国的根本制度，是新中国的国体。新中国的政体是人民代表大会制度，在全国人民代表大会召开前由人民政协代行国家最高权力，而第一届全国政协体现了多党合作、政治协商的特点。

新中国成立前后，中共中央和毛泽东邀请宋庆龄、李济深、张澜、沈钧儒、郭沫若、陈叔通等一批德高望重的民主党派领袖和无党派人士到北平来，为新中国的创立和建设出谋划策，参政议政，提出了许多非常宝贵的意见和建议。

1949 年 5 月，上海获得解放的消息传到北平，毛泽东非常高兴。上海这个中国乃至世界著名的大都市回到人民的怀抱，无疑标志着中国革命朝着最后的胜利又迈出了关键性一步。与往常一样，毛泽东给指挥解放上海战斗的第三野战军司令员陈毅发去了热情洋溢的祝贺电，同时在电文中明确给陈毅布置了一项任务——保护好宋庆龄，并尽快登门拜访。

陈毅登门拜访后不久，毛泽东便又派邓颖超带去了他的亲笔信，希望宋庆龄能够来北平共商国是。

读了毛泽东热情洋溢、诚挚感人的信后，宋庆龄非常感动。她愿意参加新中国工作，这一点是明确的。但北平是孙中山故去的地方，宋庆龄曾发誓不再踏上北平的土地。对于宋庆龄的这种心情，毛泽东充分体谅。从 6 月底到 8 月底的 50 多天时间里，毛泽东没有再催促，而是静静地等待，让宋庆龄自己考虑、定夺。

终于，8 月 26 日，传来了宋庆龄从上海启程的消息。毛泽东异常兴奋，扳着手指头计算着她到达的时间，期望之情，溢于言表。

1949 年 8 月 28 日下午，毛泽东一改往日休息的习惯，早早起床，换上平时不大穿、只有接见知名人士时才穿的衣服，专程赴火车站迎接宋庆龄。

下午 4 时 15 分，火车进站了。毛泽东立即扔掉手中未抽完的香烟，整整衣服，大步向火车跟前走去。车厢门口，他双手紧紧握住宋庆龄的手，高兴地说："欢迎你！欢迎你啊！一路上辛苦了！"

宋庆龄很高兴："谢谢对我的盛情邀请，热烈地祝贺你们！"

毛泽东说："新中国的筹建，很需要夫人的帮助。对您的到来，我们盼望已久！"

当晚，毛泽东亲自主持宴会，刘少奇、周恩来、朱德等出席作陪。在宴会上，毛泽东举杯向宋庆龄敬酒。宋庆龄再次感谢了中国共产党和毛泽东的盛情邀请，感谢毛泽东、周恩来派邓颖超到上海专程接她，感谢毛泽东、周恩来等到车站去迎接她，以及到北平后的热情款待，并表示，相信中国在共产党的领导下将兴旺发达，她本人愿意为此而竭尽全力，为建设新中国而努力奋斗。宴会上，大家不断向宋庆龄敬酒，畅抒友情，气氛非常融洽、热烈。

　　1949年9月21日至31日，宋庆龄出席了中国人民政治协商会议第一届全体会议，坐在毛泽东和朱德的中间。她发表了热情洋溢的讲话，高度赞扬了中国共产党。当时56岁的宋庆龄经过几十年革命斗争的磨炼，已经成为中国人民和世界人民崇敬的伟人，她为中国革命建立了丰功伟绩，给中国共产党以许多难能可贵的帮助。人民感谢她，共产党尊重她。30日，她当选为中央人民政府副主席和政协第一届全国委员会委员。10月1日，参加了在天安门城楼举行的开国大典。从此，她作为国家的重要领导人进行国务活动，开始革命生涯的新阶段，在国内和国际事务中贡献自己的力量。

　　1981年5月16日，第五届全国人大常委会第十八次会议决定授予宋庆龄中华人民共和国名誉主席的荣誉称号，以褒扬她为中国革命和建设事业作出的卓越贡献。

　　李济深是国民党内的元老之一，一贯反对蒋介石的独裁统治，1948年5月，响应中共五一口号，1949年2月1日，进入东北解放区的各民主党派、人民团体代表李济深等56人致电毛泽东、朱德，庆祝人民解放战争的伟大胜利，并提出对国民党残余军事力量要"任是天涯海角，使奸犯无处潜藏，纵有羊狠狼贪，令阴谋断难实现"。第二天，毛泽东、朱德复电，表示赞同。

　　李济深作为国民党内资历深厚、影响深远的人士，他在国内外都有着广泛的联系，他的态度和声明对正在谋求"划江而治"的国民党政府来说是"当头一棒"。

　　1949年9月21日，中国人民政治协商会议第一届全体会议在中南海隆重开幕。会上，李济深当选为中央人民政府副主席和政协全国委员会副主席，参加了开国大典。

　　当选为国家领导人之后，李济深更是感觉到了身上责任的重大，于是从10月6日开始，他邀集民革、民联、民促代表和程潜、张治中、邵力子等人，就国民党民主派统一问题进行协商。作为筹备组织的召集人，在李济深的协调组织下，各方代表意见逐渐趋于一致，1949 年 11 月 12 日至 16 日，中国国民党民主派代表会议在北京举行。参加会议的 58 人代表了国民党民主派的四个方面，所以大会简称"四方会议"。李济深向会议作了报告，会议决定民革、民联、民促和国民党其他爱国民主分子统一组成一个组织——中国国民党革命委员会，民联和民促同时宣告结束。会议选举产生了新一届民革中央委员会，李济深当选为主席。

这次会议圆满解决了国民党各民主派和其他爱国民主人士在组织上的统一问题，并选出了具有广泛代表性的新的中央领导机构，体现了国民党爱国民主力量的大团结。

1951 年 6 月，中国人民抗美援朝总会发出了向志愿军捐献飞机大炮的号召。李济深立即积极响应，成立了"民革抗美援朝捐献委员会"，有组织、有计划地开展发动捐献的工作。李济深在座谈会上说，向志愿军捐献飞机大炮具有重要意义，因为后方多流一滴汗，前方就会少流一滴血。他提出将 15 亿元（旧币）作为民革捐献的首次目标，半年完成。目标确定后，李济深带头认捐，决定将自己在香港的一幢房子卖掉，捐献全部款项。在李济深等人的带头下，民革领导成员和普通党员纷纷踊跃捐款，仅仅用了 5 天时间，就超额完成了 15 亿元的捐赠目标。

张澜从辛亥革命起就是民主斗士，与中共素有交往。1949 年 9 月 21 日，张澜以民盟中央主席的身份参加了中国人民政治协商会议第一届全体会议，当选为中华人民共和国中央人民政府副主席，并于 1949 年 10 月 1 日在天安门城楼上参加了开国大典。

1952 年 4 月 2 日，正逢张澜 80 寿辰。

在过去的八十年里，张澜经历了清末、民初、北洋军阀政府、国民党政府，现在终于迎来了新中国。这位"历经五朝"的耄耋老人，经历过多少次狂风暴雨，遇到了多少次坎坷斗争，却都始终站在国家人民的立场上，为了新中国的复兴和人民的福祉，他奔走呐喊，永远站在斗争的最前列，为振兴中华殚精竭虑，直至老而弥坚。对他的贡献，人民不会忘记。

3月30日，民盟中央为他的80寿辰，举行了盛大热烈的庆祝会。

3月31日，中央人民政府在中南海设宴，为他庆祝。刘少奇以及社会各界数百人到场，刘少奇主持了祝寿会，并在讲话中称颂了张澜的革命业绩，赞扬了他不畏权势，敢说敢做，不屈不挠的精神和一心爱国的民族气节。

此情此景，使张澜心潮起伏，激动万分。80年的漫漫人生路，为民族命运为民生疾苦奔波呼号几十年，今天，他终于在人民的支持下，在共产党的领导下，亲眼看到了一个崭新的中国从旧社会的废墟上冉冉升起，此生不虚矣！党和人民给了他如此之高的荣誉。3月27日，在外地休养的朱德专函祝寿："张副主席：兹值您八秩大寿之辰，我以欣慰之心情庆祝您的健康长寿。适在休养，未能面祝，特致贺忱。"4月3日，毛泽东主席来函："表方先生：欣逢先生八十高寿，谨致衷心的祝贺！"此间，张澜还收到了各方祝贺的函电、诗文等多封。

这所有的赞誉，都是人民对张澜几十年如一日投身革命，为国为民奋斗不止的丰功伟绩的中肯评价。他当之无愧。

1954年在第一届全国人民代表大会上，张澜又当选为全国人大常务委员会副委员长。他虽年老体弱，但仍坚持参与国家大事，一再表示要在共产党和毛泽东的领导下，建设新中国。在这一年10月1日国庆节，毛泽东在天安门城楼上，握住张澜的手，亲切地称赞他："表老啊！你很好！你的德很好，你是与日俱进！"

张澜铭记毛泽东的勉励，更加勤奋学习，他常说："我要活到老，学到老，将余生献给新中国。"

1949年10月1日，毛泽东主席签发任命书，任命74岁高龄的沈钧儒为中央人民政府最高法院院长，他为新中国法制体系的建立和不断完善作出了卓越的贡献。沈钧儒曾以其毕生精力研究如何才能有一部真正利国利民的宪法。1954年《中华人民共和国宪法》颁布，沈钧儒无限感慨地说："我一生从事宪政运动，不知费去多少心血，今天才见到真正的人民的宪法。"

沈钧儒一生追求进步，曾三次要求加入共产党。1939年夏的一天，沈钧儒在重庆首次向周恩来提出加入中国共产党的要求，周恩来热情地回答说："先生现在是民主党派的负责人，不参加比参加了作用更大，对工作更好。"沈听从周的意见，服从革命的需要，遂未再坚持入党请求。

新中国成立伊始，根据形势需要，全党进行整风学习。沈钧儒于1950年7月30日致信董必武，恳切地表达了入党的愿望，并希望能参加党的整风学习。次日董必武即复信说："大示奉悉！您诚恳地热烈地企望入党的心情，我和许多党内同志都能理解，而且应当说不是从现在开始。我拟将您的信转给中央诸同志一观，请他们考虑。整风系党内工作，在各级机关中党外工作人员和党联系愿意共同整风者，想不至拒绝也。专复，并候暑安。"后来，此事便无下文。

沈钧儒始终没有动摇对党的坚定信念。1962年9月9日，他在颐和园介寿堂与胡愈之、萨空了、范长江、王健等谈话时，第三次提出入党要求。他发自肺腑地说："我身体与精力已不如前，常感乏力，举步沉重，为了身后事，与你们谈谈，说明我的愿望。我很早就期望加入中国共产党，以前曾为此写信给董老。董老回信说要和党内同志研究。我想可能是因为民盟的工作，还不好参加。现在我仍恳求党加以考虑，如生前不能入党，希望在我死后追认为共产党员。我一生做了一些事，有些做对了，有些不对……我总想约些党员同志和亲密朋友谈谈，如果过去有些事做得不对，说出来我还来得及改正。"令在座者无不为之动容。

之后，胡愈之把沈钧儒的谈话整理成文，并写了一个报告，一同送交中央统战部。时任中央统战部副部长的金城接到报告后，经认真思考提出了初步意见，即"以民主人士中的一个左派旗帜来肯定他的贡献更为有利"。随后在中央统战部部务会议上就沈的入党问题进行讨论时，金城的意见被一致通过。该意见首先得到彭真肯定，继之刘少奇、周恩来、邓小平等其他中央领导人也都表示同意。

1963年元旦，周恩来在全国政协举行的招待宴会上致祝酒词时，特别指出："沈钧儒老人今年九十岁，我们为他祝贺。沈老是民主人士左派的旗帜，他曾经为民主、为社会主义奋斗到老。"听到这个崇高的评价后，沈钧儒激动不已。

1948年，中共中央提出了召开新政协会议的"五一"口号，陈叔通积极拥护，并提出了许多具有真知灼见的建议。在党的安排下，他于1949年1月潜离上海，经香港，并于3月与柳亚子、马寅初、包达三等一起抵达解放区，受到毛泽东、周恩来等中共领导人的热情欢迎和接见。6月，他在北平参加新政治协商会议筹备会，被推为副主任。同年9月，陈叔通入选中国人民政治协商会议主席团。

1949年10月1日，陈叔通登上天安门城楼，参加开国大典。暮年逢盛世，他的内心兴奋不已，决心在中国共产党的领导下，把余生的全部精力贡献给人民的事业。他挥笔写道："七十三前不计年，我犹未冠志腾骞。溯从解放更生日，始见辉煌革命天。大好前程能到眼，未来盛世共加肩。乐观便是延龄诀，翻笑秦皇妄学仙。"

他激动地说："我是七十三岁再做新人。解放前我书斋门楣上的那块写着'有所不为'的匾额，已经收起来了。如今，应该换上一道新匾，改名为：'大有作为'。"

新中国成立以后，陈叔通历任中央人民政府委员会委员，第一、二、三届全国人民代表大会常务委员会副委员长，第一、二、三届中国人民政治协商会议全国委员会副主席等职，是新中国的领导人之一。

他不顾年迈，不辞辛劳，辛勤工作，从事大量的国事活动，如主持会议、宣读报告等。他还经常到工厂、农村进行调查研究，了解情况，提出建议。作为中国人民保卫世界和平委员会副主席，他曾远涉重洋，赴维也纳出席世界和平大会和世界和平理事会。

1951年10月，陈叔通开始主持工商界全国性组织的筹建工作。他意识到这是中国共产党对他的极大信任，也是中国共产党交给他的一项重要任务。陈叔通为此付出了大量的心血。

1952年6月，全国工商业联合会筹备代表会议在北京召开。参加会议的私营工商业代表，有很多人在"五反"运动中受到批评教育，也有一些人在生产经营中受到一些"左"的干扰。因而，他们对党和政府有牢骚，甚至对前途丧失信心。针对这种思想情况，担任筹备处主任的陈叔通在开幕词中，一方面强调指出"五反"运动的重大意义，另一方面又耐心说明私营工商业在消除"五毒"后仍有光明的前途，鼓励工商界在党的领导下，继续发挥生产和经营的积极性。这次会议不但巩固了"五反"运动的胜利，而且缓和了"五反"运动后紧张的阶级关系，安定了资产阶级的情绪。许多工商业代表反映"低着头去，抬起头回来"。

经过两年时间的努力工作，中华全国工商业联合会于1953年10月正式成立，陈叔通被推选为主任委员，并连任三届。他诚心接受中国共产党的领导，紧密团结广大工商界人士，坚定不移地跟着党走，为推动全国私营工商业逐步走上社会主义道路作出了突出的贡献。

正是由于中国共产党人，特别是以毛泽东为领袖的中国共产党领导人的坦诚相待，真诚合作，才奠定了今天我国多党合作、政治协商的政党制度的坚实的基础。

2. 500人的联合政府

中央人民政府的各机构，是根据《中国人民政治协商会议共同纲领》、《中华人民共和国中央人民政府组织法》等文件的规定建立的，各机构的领导人是根据协商和有关规定选举或委任的。

在经过充分酝酿、协商和多方物色的基础上，中央人民政府委员会又确定了各机构的负责人名单，到1949年10月底全部就绪。

中华人民共和国中央人民政府，是一个有强大阵容、代表国内各民主阶级和海外华侨的、在中国历史上空前坚强的政府。

从各个机构负责人的人数看，到1949年10月底，包括了以下人选：

中央人民政府主席1人，副主席6人，委员56人。

政务院总理1人，副总理4人，政务委员15人，秘书长1人，副秘书5人；四个委员会的主任、副主任、委员共170人；各部、会、院、署、行的部长、副部长，主任委员、副主任委员、委员，院长、副院长，署长、副署长，行长、副行长等共175人。

人民革命军事委员会的主席、副主席、委员、总参谋长、副总参谋长共30人。

最高人民检察署的检察长、副检察长、委员17人。

再加上中央人民政府办公厅的主任、副主任共5人，不包括政务院参事，正好是500人。

组成这样一个强大阵容的中央政府的政治基础，就是由各革命阶级各革命党派构成的统一战线。

在中央人民政府下设的各种机构中，有大量的党外民主人士担任领导职务。

从当时中央人民政府的人事安排上，就很容易看出这一点。6名副主席中就有3人是党外人士：宋庆龄、李济深、张澜。

◎ 中国人民政治协商会议第一届全体会议现场

在中央人民政府的 56 名委员中，党外人士就占 27 名，所占比例接近 50%。他们是：何香凝、赛福鼎、陈嘉庚、马寅初、马叙伦、郭沫若、沈钧儒、沈雁冰、陈叔通、司徒美堂、李锡九、黄炎培、蔡廷锴、彭泽民、张治中、傅作义、李烛尘、李章达、章伯钧、程潜、张奚若、陈铭枢、谭平山、张难先、柳亚子、张东荪、龙云。其中既有民主党派和无党派人士，也有各少数民族代表、华侨领袖和起义将领等为中国革命和新中国成立作出贡献的人士。

1949 年 9 月，赛福鼎作为新疆特邀代表团团长，出席第一届中国人民政治协商会议并作了大会发言，当选为中央人民政府委员、全国政协委员，并在中央人民政府举行的第一次全体委员会会议上当选为中央人民政府法律委员会委员、中央民族事务委员会副主任。10 月 4 日，在中央人民政府的新闻发布会上，他介绍了新疆各族人民反对国民党反动派的英勇斗争情况。他郑重地指出："新疆过去是中国领土不可分割的组成部分，今天仍然是，将来也永远不会改变。"他严肃庄重的态度，对帝国主义和民族分裂势力把新疆从中国版图上分裂出去的企图给予了有力的回击，对维护祖国统一、领土完整和中华民族大团结，作出了重大贡献。

1955 年 9 月 13 日，全国人民代表大会常务委员会批准成立新疆维吾尔自治区，撤销新疆省建制。10 月 1 日，新疆维吾尔自治区正式成立。中央派出了以董必武为首的中央代表团前往祝贺新疆维吾尔自治区的诞生。在庆祝大会上，当选为新疆维吾尔自治区人民政府第一任主席的赛福鼎郑重宣布新疆维吾尔自治区成立。这是新疆历史的崭新一页，也是维吾尔族历史的光辉篇章。

1949 年 9 月，陈嘉庚应邀回国参加中国人民政治协商会议，当选为中央人民政府委员会委员，10 月 1 日参加了开国大典。看到祖国已发生翻天覆地的变化，他内心充满喜悦与兴奋，决心定居祖国，为祖国建设服务。从此，他更将"教育兴国"作为己任，把自己在新加坡的产业变为现款加上筹款共汇回 1000 多万元人民币，重新扩建了集美学校和厦门大学。

陈嘉庚办学，不仅限于集美、厦门，福建省共有 28 个县的 70 余所学校都得到过他的资助。在国内办学的同时，陈嘉庚十分注重侨居地的华侨教育事业，60 年间他带头创办或参加创办的各类华侨学校有近十所。

有人估算，陈嘉庚一生用于办教育的费用，约相当于现在的 1 亿美元。他曾经宣布：今后自己的生意及产业每年的利润，除花红和留一部分扩大投资外，其余全部寄回祖国，充当教育经费。因此，陈嘉庚的办学被海内外誉为"毁家兴学"。

修建铁路一直是福建人民梦寐以求的事情，早在鸦片战争以后，福建海外华侨和地方有识之士就呼吁"铸造铁路，以图自强"。当时，福建有句话叫"福建手无寸钢，路无寸轨"，这足以说明福建工业、交通的落后。

1950年6月，陈嘉庚曾正式提出修建福建铁路的建议，获得了通过。毛泽东对此非常重视。但是，不久美国发动侵朝战争，铁路修建计划暂时未能实施。1952年5月，他索性直接上书毛泽东，恳切陈述建设福建铁路的重要性和必要性。毛泽东接到信后，立即批示其他中央领导人阅研。每次到北京开会，陈嘉庚都要找周恩来等国家领导人商谈修建福建铁路问题。终于，鹰厦铁路被列入第一个五年计划之列，于1955年2月动工，1956年12月9日建成。

1961年8月12日，陈嘉庚在北京逝世时，他在国内银行的300多万元存款全部都被捐出，用于学校经费和福利事业，没有给他的子女留下任何遗产。

湖南和平解放后，中国人民解放军成立了军政委员会，程潜担任军政委员会主任，对起义人员的安排和重用，体现了我们党的政策，因而受到了广泛的拥护。1949年9月，他们是在毛泽东的邀请下，来北平参加中国人民政治协商会议。

在第一届全国人民政治协商会议上，程潜被安排在主席团位置就座。就在这次会议上，他被推选为第一届全国政协委员。

毛泽东对程潜一直保持着相当的敬重。10月1日，程潜登上了天安门城楼，与中共领导人一起，共同参加开国大典。开国大典时，毛泽东到休息室歇一会儿的工夫，也不忘与程潜聊几句家常话。

1949年10月26日，程潜离京返湘前夕，毛泽东又在中南海熙年堂设宴，为他饯行。

回到湖南，程潜担任湖南省省长一职。后任全国人大常委会副委员长、国防委员会副主席和全国政协常委等重要职务。实行工资制后，程潜被定为行政三级。毛泽东考虑到程潜旧部多，所以决定他每月除领取工资外，还享受政府给他的一大笔特别补贴。

毛泽东还特地为程潜在北京准备了房子，让其随意在北京和长沙两地居住，安度晚年。如果程潜在北京，毛泽东在忙中稍有空闲，就会请程潜前来叙谈。

1952年秋，毛泽东派专车把程接进中南海叙谈。饭后，他们划船游览。毛泽东让程潜坐在小船中央，他与工作人员分坐两头。程潜说："我给主席划船。""岂有此理，你是客，还是我来划。"毛泽东边说着，边亲自摇桨划船，陪程潜漫游这皇家苑园。

政务院的人事安排也同样体现了这一特点。

4名副总理中，党外人士占2名，即郭沫若和黄炎培。

1949年10月20日，在中央人民政府委员会第三次会议上，郭沫若被任命为政务院副总理兼文化教育委员会主任，同时还担任中国科学院院长，中国保卫世界和平大会主席，中苏友好协会总会副会长等职务。

新中国成立后初期，为了医治千疮百孔的旧中国的创伤，迅速改变旧中国极度贫穷落后的面貌，党和政府对教育、文化机构逐步实行改造。作为这方面的主管领导，郭沫若坚决执行中央的方针、政策，为恢复和发展我国的科学、文化、教育事业，付出了大量的心血。

郭沫若亲自主持或参加了全国大学、中学教育工作会议，文化工作会议，文化教育工作会议，制定或审查工作计划，并负责向政协、人大和国家最高领导汇报。他积极参加了救济失业教师和其他知识分子及失学学生的工作，因为他清楚地知道，社会主义建设事业需要的知识分子是越多越好。

郭沫若非常关心文字改革。早在新中国成立前夕，他就已经写了有关文字改革的书面意见，呈递毛泽东，主张一要走拼音文字的道路，二要成立专门的文字改革机构。1949 年 10 月，中国文字改革协会理事会已成立，他当选为常务理事。1952 年 2 月召开中国文字改革研究委员会，他在会上讲话指出："中国文字改革是一个长远的问题"，"应该采取慎重的态度"，坚决主张必须走向拼音化；他还以生理学作为依据，提出"中国文字宜横写右行"，因为眼睛视线横看比直看要宽得多，文字横行能减少目力的损耗。经过他的竭力倡议，《光明日报》率先改为横排。1955 年 11 月，中央级的 17 种报纸中已有 13 种改为横排。1956 年 1 月 1 日，《人民日报》经党中央同意改为横排。于是全国响应，形成今天的全国报刊图书和公文均实行横排的局面。

作为共和国主管文教工作的领导人和全国文联主席，郭沫若十分注重对中国文艺事业的发展。新中国成立后初期，尤其重视文艺工作者队伍的建设，注重对旧文艺的改造和文艺工作者的思想改造。他对自己要求严格，经常告诫自己和同志们要"不断学习"，努力争取"在毛泽东旗帜下长远做一名文化尖兵"。号召广大的文艺工作者努力结合实际，刻苦学习马列主义、毛泽东思想，完成了对文艺工作者的思想改造，使他们以新的精神面貌，投入共和国的文化事业。

共和国成立后，郭沫若有诸多职务在身，日理万机，但是这些丝毫没有影响到他对学术研究的贡献。

郭沫若在学术研究上，从不满足，一直在不断地攀登科学的高峰。正如他在给北京大学学生的一封信中所说的那样："在目前乃至我们的一生，最要紧的是'努力攀登'，不怕高峰有多高有多远！高峰也是逐步升高的。只问攀登莫问高！"

在对古代历史分期问题的研究上，1950 年 2 月，他在《蜥蜴的残梦》中，引证了参加河南安阳殷墟发掘的郭宝钧有关殷代人殉材料，说明殷代这样大规模的殉人遗迹，"自然是奴隶制的铁证"，并批评了董作宾仅仅依据甲骨文"臣民"两字是否奴隶，就否定殷代是奴隶社会。因为他判定殷周是奴隶社会的证据还要多，并不只在这两字甲骨文的字形孤证上。他提出了"殷、周都是奴隶社会，而奴隶社会的告终应该在春秋与战国之交"的明确观点，并逐渐得出了西周也是奴隶制社会，奴隶制下限在春秋与战国之交，西汉不是奴隶制社会等重大问题的结论。言之有理，持之有故，确立了体系完整、逻辑严密的"战国封建说"，成一家之言。

1959 年 3 月，郭沫若应中国历史编写组之邀，发表题为《关于中国古史研究中的两个问题》的谈话。这两个问题，即中国奴隶社会的基本特征和分期标准，又推动了因"反右"斗争一度沉寂下来的学术争鸣。

在甲骨文研究方面，郭沫若在新中国成立后仍继续致力于搜集、整理与著录的研究工作。1956 年他开始主编《甲骨文合集》，组织了专门的班子，直到逝世一直关心这一工作。《甲骨文合集》共收甲骨 41956 片，13 大册，1982 年出齐，历时 26 年。被学术界誉为"甲骨学史上里程碑式"巨著。具体工作虽由总编辑胡厚宣负责，但它的完成却有赖于郭沫若的"巨大威望和无微不至的关心和全力支持"。他曾指示：《甲骨文合集》要"尽可能把材料搜集齐全"。并指出，卜骨刻辞早晚混淆的现象及甲骨与伴出陶器即使同时埋入，也不一定为同时遗物。这一见解对甲骨学研究者颇有启发。

在整理古典文献方面，郭沫若也付出了很多心血。新中国成立后初期，他便主持对《管子》一书的校勘工作，以便打开"战国秦汉之学术宝藏"。《管子集校》共 170 万字，自 1953 年 11 月至 1955 年 11 月，历时两年，比新中国成立后闻一多、孙毓棠参校的《管子校释》稿本的字数多出两倍多，其中有大量的新材料和新创获。《管子》一书是战国秦汉时代文字之总汇，其中多有关于哲学史、经济史的资料，很有价值。但"文字复舛误歧出，如不加整理，则此大批材料听其作为化石而埋没，殊为可惜"。为做好这一工作，郭沫若多方面搜罗版本，调阅各种尚未出版的稿本，召集国内有关专家组成专门班子，在他指导下进行工作，最后由他总其成。书成后，他写了《管子集校·叙录》，1956 年由科学出版社出版。《管子集校》可以说是历代《管子》校注的集大成者。

郭沫若不单是文学家、学者，他还是一个革命家，是 20 世纪伟大的无产阶级的文化巨人。他一生著作不下两千万字。无论是在文学艺术的各个领域，还是历史、考古、古文字研究等诸多方面，他都勇于探索，勇于开辟，勇于创造，而且均有卓越的建树。他无愧于"百科全书式"的时代巨人的称号，无愧于被称作"中国的歌德"、"新时代的歌德"！

毛泽东与黄炎培的最初会晤开始于 1945 年的延安，黄炎培赴延安的访问考察使他们之间相互了解，产生了肝胆相照的友谊。

中华人民共和国成立以后，黄炎培担任政务院副总理兼轻工业部部长。在土地改革运动中，他不断收到一些工商界人士的告状信，他怀着不安的心情向党中央毛泽东转达了这些信件。毛泽东并没有简单地对黄炎培加以批评和指责，而是诚恳地采取各种方式用事实启发他的觉悟，帮助他前进。毛泽东多次亲笔写信给黄炎培，把各地的土改材料送给他参阅，还介绍苏南区党委书记陈丕显与他见面恳谈。

当黄炎培初步了解了基层情况之后，主动要求下乡考察，毛泽东对他的愿望十分重视和支持，特地写信给中共华东局第一书记饶漱石和苏南区党委书记陈丕显，关照他们说："黄炎培先生收到许多地主向他告状的信，我将华东局去年十二月所发关于纠正肃反工作中缺点的指示及一月四日关于纠正土改工作中缺点的指示送给他看，他比较懂得了一些。黄先生准备于本月内赴苏南各地去巡视，我已嘱他和你们接洽，到时望将全区情况和他详谈。"临行前，毛泽东又邀黄炎培面谈，告诉他："苏南已土改地区，可择好者、坏者各看一二考察之。"从苏南地区考察土改回来，黄炎培更加坚定了支持中共中央进行土地改革的决心。

1950 年 6 月 25 日，朝鲜战争爆发。6 月 27 日，美国出兵朝鲜，武装干涉朝鲜内政。10 月 1 日，金日成致信毛泽东。在朝鲜党和政府的请求下，10 月 2 日至 5 日，毛泽东召集中共中央书记处和中共中央政治局等三次会议，讨论中国出不出兵的问题。在毛泽东的主持下，中共中央首次作出了出兵抗美援朝的决定。

抗美援朝的中国军队用什么名义参战？用"中国人民解放军"的名义显然不行，这就等于中国政府的军队正式同美、英、法等组成的"联合国军"的成员国开战，苏联根据与中国签订的条约，也必须参战，那么这场战争就可能扩大成为世界性的战争。

毛泽东初步打算把入朝军队叫做"中国人民支援军"。在中央决定正式出兵之前，毛泽东同党外人士谈到了这一打算，征求他们的意见。

此时，黄炎培正担任政务院副总理。他听完了毛泽东的打算后，完全同意中共中央抗美援朝、保家卫国的决定。同时又觉得，用"支援军"的名义仍然难以区别这是官方或者是非官方的军队，不如用"志愿军"的名义，可以更准确地表达军队的非政府军性质。他坦率地同毛泽东谈了自己的想法，而毛泽东也从谏如流，很高兴地采纳了黄炎培的意见。

1952 年元旦，毛泽东在团拜会上号召开展"三反"运动，随后又展开了"五反"斗争。当时，有不少工商业者怀有严重的恐惧心理，担心产业将被没收，对生产经营没有信心，抱着吃光花光拉倒的消极态度。于是，上海一度出现了咖啡馆、舞厅和饭馆反常繁荣的"三多"现象。黄炎培及时把这些情况向毛泽东作了汇报，并建议党中央领导人作一次鼓舞人心的报告，讲清政策，以消除工商业者的不安情绪。毛泽东阅信后，特地邀约黄炎培晤谈。

黄炎培在当天（1952年3月15日）的日记上写道："毛主席约谈，对民建会的方针、路线都有明确指示。如对民族资产阶级的作用，私人资本发展的限制，吸收会员的对象，以及'三反'、'五反'运动后选择会员的标准等重要问题都有指示。对民建会员的学习问题也指出：马列主义要学习，但一般人首先应该学习并接受共同纲领。"表达了他对党的真诚拥护。

新中国成立以来，黄炎培和民建会同志一起，认真学习马列主义，积极参加了历次运动，并主动地宣传党的政策，对民族工商业者开展爱国守法和自我改造教育。

15名政务委员中，党外人士占9人：谭平山、章伯钧、马叙伦、陈劭先、王昆仑、罗隆基、章乃器、邵力子、黄绍竑。

在政务院所辖34个部、会、院、署、行中，担任正职的党外人士达14人，其中郭沫若还兼任两个正职。他们的具体职务是：文化教育委员会主任郭沫若、人民监察委员会主任谭平山、轻工业部部长黄炎培、邮电部部长朱学范、农业部部长李书城、交通部部长章伯钧、林垦部部长梁希、水利部部长傅作义、文化部部长沈雁冰、教育部部长马叙伦、卫生部部长史良、华侨事务委员会主任何香凝、科学院院长郭沫若、出版总署署长胡愈之。

在物色政务院及其下属委、部、会、院、署、行的主要负责人时，为了尽量安排民主人士，周恩来做了大量复杂而细致的工作。

当时中共中央已决定成立国防委员会，委员中有傅作义。但是，毛泽东、周恩来考虑到傅作义将军对和平解放历史名城北平有特殊贡献，为人民解放事业立下了大功劳，便打算给他安排个部长职位。

毛泽东在香山双清别墅会见傅作义时，特意问他建国后打算干点什么。傅作义说："搞水利可以直接为人民办事。"

毛泽东、周恩来知道傅作义过去在绥远时在兴修河套水利工程方面做过许多工作，便决定由他担任水利部部长。

为了协助傅作义开展工作，细心周到的周恩来又安排当时担任中共北京市委副书记的李葆华到水利部当副部长和党组书记。在物色和组成水利部领导班子时，周恩来十分尊重傅作义将军的意见，并对李葆华等人说："凡是傅作义提的人，我们都要用。"不久傅作义向周恩来推荐了张含英和刘瑶章两位民主人士。张曾经是国民党黄河治理委员会比较负责的技术专家，刘曾任国民党河北省党部秘书长。随即，张含英被任命为水利部副部长，刘瑶章被任命为水利部办公厅主任。

在物色农业部长人选时，周恩来想到了李书城。

李书城是同盟会早期会员之一，辛亥革命起义后在武汉当过黄兴的参谋长，继之又参加过讨袁护国战争和护法战争，在旧民主主义革命时期起过很大作用。1921年中国共产党成立时，就是在他家里开的会。他的胞弟李汉俊是中共"一大"代表，为党的事业和人民解放斗争做过有益的工作。

1949年武汉解放前夕，李书城同张难先等人在中共武汉地下市委的帮助下，将原来的和平促进会改组为武汉临时救济委员会。该委员会在白崇禧撤出武汉前后，进行了保护水电厂、张公堤等重要设施，阻止搬迁物资档案，维持市内秩序以迎接解放军入城的工作。

武汉解放后，李书城接到毛泽东的亲笔信："李老先生：见信后速来京共商国家大事。"不久，他即赴北平参加了政协第一届全体会议，随即被任为农业部部长。

在毛泽东、周恩来和中共中央的精心安排下，各民主党派民主人士的主要领袖、社会贤达、知名人士差不多都被安排进了人民政府。

这种广纳民主人士参政执政的做法，充分显示了中国共产党立党为公、执政为民、不谋党派和个人私利的坦荡胸怀，受到了各民主党派的衷心拥护和高度赞扬，极大地调动了他们建设新中国的积极性。

对此，许多民主人士感动地说："周总理真不愧为'周总理'啊！"后面这个"周"是周到的意思。

这实际上是民主人士对中国共产党统一战线政策的高度称赞。

10月21日，周恩来召集第一次政务（扩大）会议，宣告政务院成立。

中央人民政府的其他机构在此前后也分别建立，并开始工作。

中央人民政府及政务院建立后，立即开始着手进行新中国的内政外交事务，人民共和国的国家机器正式运转起来。

3. 全国人大召开后的人民政协

1954年第一届全国人民代表大会召开后，人民政协代行全国人民代表大会行使国家最高权力的职能就自行消失了。这以后人民政协的职能和作用发生了重大变化，它既不同于一般的国家机关，又不同于一般的人民团体，是一个团结全国各民族、各资产阶级、各民主党派、各人民团体、国外华侨和其他爱国民主人士的人民民主统一战线的组织。

召开人民代表大会以后，政协将处于何种地位，或者说，统一战线是否还有必要。就在1953年1月12日通过《关于召开全国人民代表大会及地方各级人民代表大会的决议》的中央人民政府委员会第20次会议上，毛泽东针对党外人士的思想疑虑，讲了实行选举对于有些党派、阶级、团体是不是有利的问题。他说，在全国，人数多的民族是汉族，人数多的党派是共产党，人数多的阶级是农民阶级、小资产阶级，人数多的团体是工会、青年团、妇联、农协。这样一来，是否人数少的民族、阶级、党派就没有分儿了呢？是不是人多称王呢？不是的。不是从今年起，或者明年起就不要各民族、各民主阶级、各民主党派、各人民团体的团结和努力了，还是要团结和努力的。凡是一切爱国者，能够团结的人都应该团结起来，而且永远是这样。我们的重点是照顾多数，同时照顾少数，凡是对人民、对国家的事业忠诚的，做了工作的、有相当成绩的、对人民态度比较好的各民族、各党派、各阶级的代表性人物都有分儿。总之，凡是爱国者都会一道进入社会主义，没有理由不跟他们一道进入社会主义。

为了做好人民代表大会制实行时对民主人士的工作，真正做到各民族、各民主党派、各阶级的代表人物都有份，中央统战部在1953年7月，制定了《关于实行人民代表大会制时安排民主人士的意见》和《关于人民代表大会制实行后统一战线组织问题的意见》。明确指出，人民代表大会制度的实行，决不意味着要削弱统一战线，而是更应使之巩固和加强。在对民主人士的安排上，对于凡是已经同我们合作的，仍应根据具体情况，用各种方式从各个方面分别予以适当安排。对各方面新的代表人物和在工作上有特殊贡献者，应适当提拔。还指出，在人民代表大会制实行以后，中国人民政治协商会议不再代行全国人大的职权，但它作为统一战线组织将继续存在，并在国家政治生活和巩固发展人民民主统一战线方面，继续发挥重要作用。认为统一战线组织可有可无的观点是错误的。

1954年1月，中央统战部又制定《关于县、市以上地方各级人民代表大会制实行时安排民主人士和人民代表大会制实行后人民民主统一战线组织问题的补充意见》。中共中央批准了中央统战部的以上意见。为了进一步通盘考虑和研究中央及各省、市民主人士的安排问题，经中共中央批准，中央统战部于1954年3月20日至4月1日召开第五次全国统战工作会议。

李维汉在会上作了《关于国家资本主义和对资产阶级代表人物安

排问题》的报告，主要讲了：实行过渡时期总路线，还要不要统一战线。在国家的权力机关和管理机关中，还需要不需要安排资产阶级代表人物以及安排的原则和我们应该采取的工作态度。经过讨论，会议形成《关于各省、市人民代表大会和省、市人民政府委员会中民主人士安排方案的意见》。

4 月下旬，中共中央批准了这个方案。主要内容有：

第一，中央、大区和省、市的各方面民主人士，应以全国人民代表大会，省、市人民代表大会，省、市人民政府委员会，政协全国委员会等几个方面通盘考虑，适当安排，尽量减少兼职，以便提拔和吸收一批新的代表人物，扩大阵容，并使其中能够工作的人有较多的时间从事实际工作。

第二，对原已在中央、大区和省、市三级政府委员会、政协和省、市人民代表会议安排的民主人士，这几年又有贡献或进步的，都要分别予以适当安排。如原有名额过多，不能在上述几个方面安排，可采取其他办法加以适当安置。

第三，为了适应国家社会主义建设和社会主义改造的需要，在上述几个方面的安排中，都应注意吸收一批文教工作人员（包括中、小学教职员和医务卫生人员）和科学技术人员；适当吸收私营工商业中有代表性的人物。同时还应注意从各方面吸收有适当代表性的妇女，条件不宜要求太高。

第四，省、市人民代表大会中，民主人士在总名额中的比例，省可占到 30%，市可占到 35%。省、市人民政府委员会中民主人士所占比例，可较其在当地省、市人民代表大会中所占比例适当提高。

第五，少数民族地区省、市人民代表大会和政府委员会中民主人士和民族上层分子应占的比例，由省、市党委依据当地具体情况提出方案。

第六，在县、市和市辖区的人民代表大会和人民政府委员会中，也要适当地安排民主人士。

1955年1月17日，中共中央又专门发出了《关于统一战线工作的指示》，尖锐批评了党内存在的忽视统一战线和爱好清一色的倾向，要求各省、市委必须正确地配备省、市厅、局长和政协地方委员会的人选，加强政协地方委员会和地方统一战线的工作。其中，对省、市政府厅、局长和各级政协委员中的党外人士安排作了具体规定：现在国务院各部、委正职中非党人士占37.2%。各省、市厅局长正职和副职中，非党员的比例一般以1/4或1/5左右为宜。政协全国委员会委员中党员约占27%；常委中党员约占1/3。在政协地方委员会中，党员同党外人士的比例应大体与此相近。

上述一系列的原则规定，保证了在人民代表大会制实行以后，中国共产党同各民主党派和民主人士在国家政治生活中的团结合作关系。

全国政协于1954年12月21日至25日举行二届一次会议。参加会议的全国委员会委员由一届政协的180名扩大到559名。陈叔通作第一届全国委员会工作报告，章伯钧作《关于〈中国人民政治协商会议章程〉草案的说明》，周恩来作政治报告。

关于政协的性质和任务，章伯钧说：由于中华人民共和国第一届全国人民代表大会第一次会议已经召开，中国人民政治协商会议已不再代行全国人民代表大会的职权，但是它作为人民民主统一战线的组织在我国政治生活中仍将发挥重大的作用。因此，总纲明确地规定了：今后中国人民政治协商会议的性质是"团结全国各民族、各民主阶级、各民主党派、各人民团体、国外华侨和其他爱国民主人士的人民民主统一战线的组织。"它的性质一方面不同于国家机关，另一方面也不同于一般的人民团体，它是党派性的人民民主统一战线的组织。今后它的基本任务是在中国共产党领导下，继续通过各民主党派、各人民团体的团结，更广泛地团结全国各族人民，共同努力，克服困难，为贯彻宪法的实施，建设一个伟大的社会主义国家而奋斗。

◎ 1954 年 12 月，周恩来当选为第二届全国政协主席

周恩来强调，政协今后需要在中国共产党领导下，继续作为人民民主统一战线的组织，发挥它应有的作用。他根据政协章程（草案）总纲的规定，把今后政协的任务归纳为 5 点：协商国际问题；对全国人民代表大会代表和地方同级人民代表大会代表的候选人名单以及中国人民政治协商会议各级组织组成人员的人选进行协商；协助国家机关，推动社会力量，解决社会生活中各阶级间相互关系问题；并联系人民群众，向国家有关机关反映群众的意见和提出建议；协商和处理政协内部和党派团体之间的合作问题；在自愿的基础上，学习马克思列宁主义和努力进行思想改造。

政协二届一次会议的召开和通过的章程，表明在中国共产党领导下，各民主阶级、各民主党派和其他爱国民主人士之间的团结合作关系得到了巩固和发展。

二、全国人大一次会议的召开

根据共同纲领的规定，在全国军事行动结束、土改完成和人民充分组织起来后，即举行全国人民代表大会以行使国家最高权力。1954年9月，全国人大一届一次会议在北京举行，这是中国人民政治生活中的大事，标志着人民真正自己管理自己事务的开始，也是我国政治制度不断完善的重要表现。

1. 普选制度开始实行

全国政协组织法规定：中国人民政协全体会议，每三年开会一次，由全国委员会组织。1952年，一届政协即已到期。这时，是召开政协二届一次会议，还是召开全国人民代表大会，制订宪法的问题就提到日程上来了。经过酝酿，中共中央决定向全国政协常委会提出召开全国人大的建议。

1952年12月24日，全国政协常委会举行扩大的第43次会议，就中共提议由全国政协向中央人民政府委员会提出定期召开全国人民代表大会和地方各级人民代表大会的建议交换意见。会议由李济深主持，周恩来代表中共中央说明中国共产党的提议。

周恩来报告说：根据《共同纲领》的规定，我国的政治制度是人民代表大会制度。在新中国成立之初，考虑到人民解放战争还没有结束，各种基本的政治社会改革工作还没有在全国范围内进行，经济也需要一个恢复时期，人民代表大会制度还没有立即实行的条件，因此，《共同纲领》又规定在全国人民代表大会召开以前，由中国人民政协的全体会议执行全国人民代表大会的职权，选举中央人民政府委员会，并付之以行使国家权力的职权，而在地方人民代表大会召开以前，则由地方各界人民代表会议逐步代行人民代表大会的职权。

现在，这种过渡时期已经过去了，我国即将进入大规模的有计划的经济建设的新时期。为了适应这一新时期的国家的任务，就必须根据《共同纲领》的规定，定期召开全国人民代表大会和地方各级人民代表大会，以求进一步地巩固人民民主，以便充分发挥人民群众参加国家建设事业的积极性。

今天，在召集全国人民代表大会和地方各级人民代表大会的条件已经具备的时候，我们就应该依照《共同纲领》第 12 条、第 13 条、第 14 条的规定，及时召开由人民用普选方法产生的全国人民代表大会和地方各级人民代表大会，改变现在由中国人民政治协商会议的全体会议执行全国人民代表大会职权的办法和地方各界人民代表会议代行地方人民代表大会职权的办法。

为此，中国共产党提议由全国政协向中央人民政府委员会建议，根据中央人民政府组织法第 7 条第 10 款所规定的职权，于 1953 年召开全国人民代表大会和地方各级人民代表大会，并开始进行起草选举法和宪法草案等准备工作。

周恩来发表报告后，到会各委员相继发表意见。李济深代表中国国民党革命委员会，马叙伦代表中国民主同盟和中国民主促进会，许德珩代表九三学社，彭泽民代表中国农工民主党，章乃器代表中国民主建国会，赖若愚代表中华全国总工会，章蕴代表中华全国民主妇女联合会，对中国共产党的建议表示赞同。大家都认为在三年来所取得的伟大胜利的基础上，在开始大规模建设的同时，召开全国人民代表大会和地方各级人民代表大会，是完全正确的，适时的，符合全国人民要求的。

1953 年 1 月 20 日，中央人民政府委员会举行第 20 次会议，讨论关于召开全国人民代表大会问题。周恩来在会上对这个问题作了说明。

他说，关于这个问题，中国共产党已向人民政协全国委员会常委会提出建议，并经各民主党派、各人民团体和无党派民主人士一致同意。兹特提请中央人民政府委员会依照中华人民共和国中央人民政府组织法的规定通过决议，在1953年召开由人民用普选方法产生的乡、县、省（市）各级人民代表大会，并在此基础上接着召开全国人民代表大会，以制定宪法，批准国家五年建设计划纲要和选举新的中央人民政府。

在讨论中，李济深、章伯钧、黄炎培、张治中、傅作义、陈叔通、马叙伦、彭泽民、乌兰夫、陈嘉庚、李章达、何香凝等相继发言，对周恩来的提议表示赞同。

在结束讨论时，毛泽东作了结论。他说，就全国范围来说，大陆上的军事行动已经结束，土地改革已经基本完成，各界人民已经组织起来，因此，根据中国人民政治协商会议《共同纲领》的规定，召开全国人民代表大会及地方各级人民代表大会的条件已经成熟了。这是中国人民流血牺牲，为民主奋斗历数十年之久才得到的伟大胜利。召开人民代表大会，可以更加发扬人民民主，加强国家建设和加强抗美援朝的斗争。人民代表大会制的政府，仍将是全国各民族、各民主阶级、各民主党派和各人民团体统一战线的政府，它是对全国人民都有利的。最后，中央人民政府委员会一致通过了《关于召开全国人民代表大会及地方各级人民代表大会的决议》。决议的主要内容是：

中央人民政府委员会认为现在召开全国人民代表大会的条件已经具备，根据中华人民共和国中央人民政府组织法第7条第10款的规定，决议于1953年召开由人民用普选方法产生的乡、县、省（市）各级人民代表大会，并在此基础上接着召开全国人民代表大会。在这次全国人民代表大会上，将制定宪法，批准国家五年建设计划纲要和选举新的中央人民政府。

为了进行起草宪法和选举法的工作，并决议：成立中华人民共和国宪法起草委员会，以毛泽东为主席，以朱德、宋庆龄、李济深、李维汉、何香凝、沈钧儒、沈雁冰、周恩来、林伯渠、林枫、胡乔木、高岗、乌兰夫、马寅初、马叙伦、陈云、陈叔通、陈嘉庚、陈伯达、张澜、郭沫若、习仲勋、黄炎培、彭德怀、程潜、董必武、刘少奇、邓小平、邓子恢、赛福鼎、薄一波、饶漱石为委员组成之；成立中华人民共和国选举法起草委员会，以周恩来为主席，以安子文、李维汉、李烛尘、李章达、吴玉章、高崇民、陈毅、张治中、张奚若、章伯钧、章乃器、许德珩、彭真、彭泽民、廖承志、刘格平、刘澜涛、刘宁一、邓小平、蔡廷锴、蔡畅、谢觉哉、罗瑞卿为委员组成之。以上两个委员会应即制定自己的工作程序。

选举法起草委员会成立后，根据人民政协共同纲领有关实行普选问题的规定，研究三年来中国人民民主专政的实际情况，吸收苏联选举的经验，并征求各方的意见，经过多次讨论和修改，于1953年2月11日，将拟定的《中华人民共和国全国人民代表大会及地方各级人民代表大会选举法》草案，提交中央人民政府委员会第22次会议审查、批准。

会上，邓小平对《选举法》草案作了说明。他指出，选举法草案贯穿一个总的精神，就是根据中国当前的具体情况，规定一个真正民主的选举制度。这主要表现在选举权的普遍性和平等性方面。

所谓普遍性，按选举法草案规定：凡年满18周岁之中华人民共和国公民，不分民族和种族、性别、职业、社会出身、宗教信仰、教育程度、财产状况和居住期限，均有选举权和被选举权。只是那些依法尚未改变成分的地主阶级分子、依法被剥夺政治权利的反革命分子、其他依法被剥夺政治权利者和精神病患者，没有选举权和被选举权。但这几种分子占人口总数的比例是很小的。因此，我们国家的选民，将占全国人口很高的比例。我们的选举，将是名副其实的普选。

所谓平等性，表现在选举法草案规定所有男女选民都在平等的基础上参加选举，每一选民只有一个投票权。选举法草案还规定全国及地方各级人民代表大会代表的名额及代表的产生，均以一定人口的比例为基础。同时又适当照顾某些地区和单位，在城市与乡间，在汉族与少数民族间，都作了不同比例的规定。邓小平解释说，这些在选举上不同比例的规定，就某些方面来说，是不完全平等的，但是只有这样规定，才能真实地反映我国的现实生活，才能使全国各民族各阶层在各级人民代表大会中有与其地位相当的代表，所以它不但是合理的，而且是我们过渡到更为平等和完全平等的选举所完全必需的。

关于选举的方法，邓小平指出，选举法草案规定只在乡、镇、市辖区及不设区的市等基层政权单位实行直接的选举，而在县以上则实行间接的选举。只在县以上采用无记名投票方法，而在基层政权单位，则一般地采用举手表决的投票方法。也就是说，我们的选举还不是完全直接的，投票方法也不是完全无记名的。他解释说，这是由于中国目前的社会情况、人民还很缺乏选举经验以及文盲尚多等实际条件所决定的。因此，这乃是在目前条件下能够充分保证人民民主权利的切合实际的行得通的办法。随着我国政治、经济、文化的发展，中国的选举制度一定要更加完备。

邓小平还指出，中华人民共和国全国人民代表大会及地方各级人民代表大会选举法的通过和公布，在中国的政治生活中，是一件具有重大历史意义的事件。如果说我们国家正开始的第一个五年建设计划标志着我国经济、文化发展的新阶段，那么，选举法的颁布正标志着我国人民民主政治发展的新阶段。

中央人民政府委员会审议通过了《中华人民共和国全国人民代表大会及地方各级人民代表大会选举法》。3月1日，毛泽东以中央人民政府主席的命令，将《选举法》公布施行。

在基层选举工作中，各地首先进行了人口调查登记工作。根据中央人口调查登记办公室的初步统计，1953 年 6 月 30 日 24 时的全国人口总数是 6.01912371 亿人。其中 5.738667 亿人为直接调查的数字，0.08708169 亿人为没有进行基层选举的少数民族地区的间接调查的数字，700 余万人为台湾的估计数字；其余为国外华侨的数字。这是中国有史以来第一次经过全面的普查所得到的准确的人口数字。通过这次调查，不仅为选举工作的进行打下基础，而且也为国家的计划建设提供了可靠的根据。

在人口调查工作的同时，各地进行了选民登记的工作，按照选举法的规定，正确地处理了选民资格的问题。根据中央选举委员会的统计，在全国进行基层选举的地区，选民资格审查的结果，登记选民总数为 3.23809684 亿人，占进行选举地区 18 周岁以上人口总数的 97.18%。全国依法被剥夺选举权利的人加上精神病患者，只占进行选举地区人口总数的 1.64%，占进行选举地区 18 周岁以上人口总数的 2.82%。

除少数暂不进行基层选举的地区外，按照选举法的规定，全国进行基层选举的单位共为 21.4798 万个，进行基层选举地区的人口共为 5.71434511 亿人。全国各地共选出 566.9144 万名基层人民代表大会的代表，其中妇女代表占 17.31%。

1954 年 6 月 19 日，邓小平在中央人民政府委员会第 32 次会议上报告了基层选举工作完成的情况。他说，这次普选是一个规模巨大的民主运动。全国基层选举的胜利完成，大大推动了我国人民民主制度的发展，并为县以上各级人民代表大会奠定了基础。

1954 年 7 月底至 8 月中旬，各省、直辖市和内蒙古自治区先后召开了人民代表大会。在这些大会上，讨论了宪法草案，审查了政府工作报告，选举了全国人大代表。总计选出全国人大代表 1226 人，其中中共党员 668 人，占代表总数的 54.49%，非共产党人士 558 人，占代表总数的 45.51%，妇女代表 147 人，占代表总数的 11.99%，少数民族代表 177 人（其中选举法规定 150 人，各省、市选举 27 人），占代表总数的 14.44%，各民族、各阶层都有与其地位相当的代表。

2. 第一届全国人民代表大会的召开

1954 年 9 月 15 日至 28 日，第一届全国人民代表大会第一次会议在北京隆重举行。到会代表 1211 人，因病因事请假未报到的代表 15 人。大会的任务是：制定宪法；制定几个重要的法律，即全国人民代表大会组织法、国务院组织法、人民法院组织法、人民检察组织法、地方各级人民代表大会和地方各级人民委员会组织法；通过政府工作报告；选举新的国家领导工作人员。

◎ 第一届全国人民代表大会第一次会议现场

毛泽东在开幕词中说："我们这次会议具有伟大的历史意义。这次会议是标志着我国人民从一九四九年建国以来的新胜利和新发展的里程碑，这次会议所制定的宪法将大大地促进我国的社会主义事业。"

刘少奇向大会作了《关于中华人民共和国宪法草案的报告》。他说，提交大会的宪法草案，是经过郑重的起草工作而完成的。宪法起草委员会在1954年3月接受了中共中央提出的宪法草案初稿，随即在北京和全国各大城市组织各民主党派、各人民团体和社会各方面的代表共8000多人，用两个多月的时间，对这个初稿进行了认真的讨论。以这个初稿为基础经过修改后的宪法草案，由中央人民政府委员会在1954年6月14日公布，交付全国人民讨论，参加讨论的约1.5亿人，讨论进行了3个月，提出了1160420条意见和问题。

9月9日，宪法起草委员会举行会议，对草案再次作了修改。刘少奇说："我国宪法的公布，是全国各族人民长期共同奋斗获得了伟大胜利的一个成果……宪法一方面总结了我们过去的奋斗，另一方面给了我们目前的奋斗以根本的法律基础。""宪法是全体人民和一切国家机关都必须遵守的。全国人民代表大会和地方各级人民代表大会的代表以及一切国家机关都是为人民服务的机关，因此，他们在遵守宪法和保证宪法的实施方面，就负有特别的责任。中国共产党是我们国家的领导核心。党的这种地位，决不应当使党员在国家生活中享有任何特殊的权利，只是使他们必须担负更大的责任。中国共产党的党员必须在遵守宪法和一切其他法律中起模范作用。"

在经过充分讨论之后，9月20日，大会以无记名投票方式一致通过了《中华人民共和国宪法》。大会主席团发表公告，予以公布。新中国第一部宪法的制定，获得了全国各族人民的热烈拥护。这是中国第一部社会主义类型的宪法，是中国宪法史上的伟大创举。实践证明，这是一部比较完整、比较正确的好宪法。

随后，大会相继通过了《中华人民共和国国务院组织法》、《中华人民共和国法院组织法》、《中华人民共和国人民检察院组织法》、《中华人民共和国地方各级人民代表大会和地方各级人民政府组织法》。这些法律对有关机关的产生、组成、地位、职权、活动范围和它们之间的关系等，作出了具体的规定，使各级国家机关按照民主和法制的原则开展活动。

三、新中国第一部《宪法》

> 1954 年 9 月 20 日，《中华人民共和国宪法》经第一届全国人民代表大会第一次会议通过，颁布实行。这对政治、经济、文化落后，经历了数十年战乱，人民没有丝毫民主权利的旧中国而言，具有重要的意义，也是中国人民数十年为之奋斗的重要成就。

1. 治国靠民主

1954 年 9 月 15 日至 28 日，第一届全国人民代表大会第一次会议在北京中南海怀仁堂隆重举行。刘少奇在代表宪法起草委员会作的《关于中华人民共和国宪法草案的报告》中说："我们提出的宪法草案，是中国人民一百多年以来英勇斗争的历史经验的总结；又是中华人民共和国成立以来新的历史经验的总结。"确实，中国人民争取民主宪政的斗争经历了曲折的发展。

晚清末年，清朝政府为了抵制革命，于 1908 年颁布了《钦定宪法大纲》。该大纲名之以"立宪民主"，其实充满了封建专制的内容。

中华民国南京临时政府成立后，革命先行者孙中山为了追求西方的民主自由理想，于 1912 年 3 月 11 日，以临时大总统名义颁布了《中华民国临时约法》。这是中国立宪史上仅有的一个资产阶级的宪法性文件。

袁世凯垮台后，开始了北洋军阀混战的局面。一个接一个的军阀控制当时的北京政权。北洋军阀中最后一个所谓大总统曹锟，为了维持军阀的统治，在 1923 年公布了一个骗人的宪法，正式名称叫《中华民国宪法》。虽然它高唱"民主"、"共和"的调子，但由于是由受到曹锟收买、贿赂的国会议员匆匆炮制出来的，中国共产党和孙中山领导的国民党以及全国人民都不予承认，纷纷声讨这部"贿选宪法"。不到一年，这部自称"无论经何种事变，永不失其效力"的伪宪法，就随着曹锟政权的垮台而失效了。

国民党取得全国政权后，也面临着民主立宪、还政于民的局面。但国民党交了一份失败的"答卷"。国民党将民主立宪、还政于民划分为三个时期：军政时期、训政时期和宪政时期。以军政夺取政权建立"民国"，以训政巩固政权、训导国民，最终实现"还政于民和民主宪政"。抗日战争胜利后，国民党一方面拒绝共产党和其他民主党派的组织民主联合政府的要求，一方面在"还政于民"的口号下，实际是"还政"于国民党包办的"国民大会"。"还政于民"的《中华民国宪法》颁布了，回答它的只能是隆隆的炮声。

从 1908 年 9 月清政府颁布《钦定宪法大纲》，到 1947 年国民党政府制定《中华民国宪法》，近四十年时间，清政府、北洋政府、国民政府颁布的宪法性文件有 10 个。然而，这些形形色色的宪法都没有能保障人民民主的实现。战乱依旧、人民凄苦，强国富民、自由民主的百年梦想始终未变成现实。出路何在？

著名民主人士黄炎培曾往访延安，与毛泽东长谈。他请教道："我生六十多年，耳闻的不说，所亲眼看到的，真所谓'其兴也浡焉'，'其亡也忽焉'，很难跳出这周期率的支配。一部历史，'政怠宦成'的也有，'人亡政息'的也有，'求荣取辱'的也有。总之没有能跳出这周期率。中共诸君以什么新路来跳出这周期率呢？"毛泽东沉思良久，坚定地回答：民主！

1948 年 5 月，在即将取得全国性胜利的时候，中国共产党发出了"五一"号召，希望"各民主党派、各人民团体、各社会贤达迅速召开政治协商会议，讨论并实现召集人民代表大会，成立民主联合政府。"中共中央按照新民主主义的原则，重新着手召开被国民党破坏的政治协商会议，组建曾被国民党拒绝的民主联合政府，进而，在条件成熟的时候召开真正享有全部国家权力的人民代表大会，确立起社会主义的民主宪政的国家体制。

1949 年 7 月，中共中央派刘少奇访问苏联。刘少奇向斯大林等苏共中央领导人通报了中共中央对中国革命胜利后的安排。刘少奇说：我们已决定 8 月召开新的政治协商会议，并成立联合政府。在谈到宪法问题时，斯大林曾建议，现在可用共同纲领，但应准备宪法。但不是准备社会主义性质的宪法，而是现阶段的宪法。敌人可以用两种方法向工农群众进行宣传，反对你们。一是说你们没有进行选举，政府不是选举产生的；二是国家没有宪法。政协不是选举的，人家可以说你们是用武力控制了位子，是自封的；共同纲领不是全民代表通过的，而是由一党提出，其他党派予以同意的东西。你们应从敌人手中拿掉这个武器。我同意你们的意见，把共同纲领变成国家的基本大法。宪法内容应是：第一，全民普选；第二，承认企业主、富农的私有财产；第三，承认外国企业在中国的租让权。对中国来说还有一个问题，你们现在是联合政府，那就不能够向一党负责，应向各党负责，这样国家的机密就很难保证。你们的计划被敌人知道，对你们是不利的。如果人民普选的结果，共产党占了多数，你们就可以组织一党的政府。斯大林还提醒中国共产党，要抓紧时机成立中央政府，以防止敌人利用所谓"无政府状态"进行干涉。

中共中央对斯大林的意见很重视。早在 1949 年 6 月，毛泽东在《论人民民主专政》中就规划了未来的政权性质，强调要"在工人阶级领导之下，结成国内的统一战线，并由此发展到建立工人阶级领导的以工农联盟为基础的人民民主专政的国家。"毛泽东还反驳了某些人对共产党提出的"你们太刺激了""你们独裁"的指责，说："我们现在的任务是要强化人民的国家机器……对于敌对的阶级，它是压迫的工具，它是暴力，并不是什么'仁慈'的东西"。而对人民，就要实行民主，施行仁政。这就是人民民主专政。中共中央对全国局势进行了全面研究，认为建立全国性政权已经迫在眉睫，决定9月召开新的政治协商会议，通过具有临时宪法性质的《共同纲领》，并选举中央人民政府。

1949年9月，中国人民政治协商会议全体会议在北平召开。会议通过的《共同纲领》共七章六十条。第一章总纲规定中华人民共和国的性质、任务以及人民的基本权利义务，规定了民族政策、外交政策的基本原则和人民武装力量的基本任务；第二章规定了政权机关的设置和相互关系。新中国政权机关是根据民主集中制原则组织起来的。国家最高政权机关为全国人民代表大会。全国人民代表大会闭会期间，中央人民政府为行使国家政权的最高机关。在普选的全国人民代表大会召开以前，由中国人民政治协商会议全体会议执行全国人民代表大会的职权。地方各级人民代表大会和地方各级人民政府是地方政权机关。在普选的地方人民代表大会召开以前，由地方各界人民代表会议逐步地代行人民代表大会的职权；第三章规定人民解放军和人民公安部队统一受中央人民政府人民革命军事委员会统率，实行民兵制度，并准备实行义务兵役制；第四章规定经济政策，确定经济建设的根本方针，实行土地改革，保证国营经济在各种经济成分中的领导地位，扶助合作社经济，鼓励私人资本向国家资本主义方向发展，对私人企业实行公私兼顾、劳资两利的原则；第五章规定文化教育政策，提倡国民公德，努力发展自然科学，奖励优秀的社会科学著作，发展文学艺术，发展新闻出版事业；第六章规定民族政策，宣布各民族一律平

◎ 人民群众拥护新中国第一部宪法（草案）公布

等，实行民族区域自治，尊重少数民族风俗习惯及其宗教信仰自由，帮助各少数民族发展建设事业；第七章是外交政策，规定新中国外交政策的原则，保护国外华侨的正当权益，保护守法的外国侨民，给在中国避难的外国革命者和进步人士以居留权。

《共同纲领》总结了中国人民近百年来反帝、反封建、反官僚资本主义的斗争经验，指明了新中国成立初期革命和建设的目标，确立了新中国社会制度和国家制度的基本原则，规定了新中国在各个方面所要实施的基本政策，因此它带有宪法和纲领的双重性质。从1949年到1952年，按《共同纲领》的规定，国家先后完成了全国大陆的统一，完成了土地改革，进行了镇压反革命和各种民主改革运动，恢复了国民经济。从1953年起国家就开始了有计划地进行社会主义建设和社会主义改造的新时期。随着政治、经济各方面工作的顺利发展，以及阶级力量对比关系的新变化,有必要在《共同纲领》的基础上制定一部比较完备的宪法。制宪的时机成熟了。

2. 新宪法草案:斯大林关注、毛泽东修改、全民讨论

随着新中国各项建设事业的发展,召开人民代表大会和制定宪法的必要性日益显示出来。1952 年 10 月,刘少奇率中共代表团,赴莫斯科参加苏共十九大。10 月 28 日,刘少奇、陈毅、饶漱石、王稼祥与斯大林会谈。在会谈中,斯大林建议我国 1954 年制定宪法,并进行选举。斯大林说:你们不制定宪法,不进行选举,敌人……就可以说你们的政府不是人民选举的,说你们国家没有宪法,……如果人民选举的结果当选者共产党员占大多数,你们就可以组织一党的政府。各党派在选举中如落选了,你们不应当使统一战线破裂,你们应继续在经济上和他们合作。

1952 年 12 月 24 日,中国人民政治协商会议全国委员会常务委员会第四十三次会议召开。周恩来代表中共中央提议,"由中国人民政治协商会议向中央人民政府建议根据中央人民政府组织法第 7 条第 10 款所规定的职权,于 1953 年召开全国人民代表大会和地方各级人民代表大会并开始起草选举法和宪法草案等准备工作。"中共中央的建议,获得了大会委员一致赞同。之后,由于处理"高饶事件"等工作的冲击,筹备人代会及宪法起草工作推迟到了 1954 年初。

毛泽东对宪法起草工作非常重视。1954 年 1 月 9 日,宪法起草工作开始。毛泽东不仅对宪法起草工作进度作了具体规定,还于 15 日致电刘少奇和中央各同志,要求在京各中央委员"从现在起即抽暇阅看下列各主要参考文件:一九三六年苏联宪法及斯大林报告;一九一八年苏俄宪法;罗马尼亚、波兰、德国、捷克等国宪法;一九一三年天坛宪法草案,一九二三年曹锟宪法,一九四六年蒋介石宪法(可代表

内阁制、联省自治制、总统独裁制三型）；法国一九四六年宪法（可代表较先进较完整的资产阶级内阁制宪法）。"

宪法草案起草完毕后，毛泽东对全文作了精心的研究，提出了重要的修改意见。如，宪法草案油印打字的第一次修正稿，关于全国人民代表大会行使罢免权中，没有罢免国家主席的内容。毛泽东在"修正稿"上写了罢免权应包括"国家主席的罢免"的内容；修正稿没有提及国家主席的交议权和最高会议决议的性质，毛泽东在修正稿上批加了"主席有交议权"；油印打字稿第八十条规定："中华人民共和国公民有言论、出版、集会、结社、游行、示威和信仰宗教自由的权利，"毛泽东在其中"游行、示威"旁边打了问号，并注写了"不写为好"的批语。

1954 年 3 月 23 日下午，中华人民共和国宪法起草委员会第一次会议在京举行。宪法起草委员会主席毛泽东主持了会议，委员宋庆龄、李济深、李维汉、何香凝、沈钧儒、沈雁冰、周恩来、胡乔木、乌兰夫、马寅初、马叙伦、陈云、陈叔通、陈伯达、张澜、郭沫若、习仲勋、黄炎培、彭德怀、程潜、董必武、刘少奇、邓小平、邓子恢、薄一波等 26 人出席了会议。

会上，毛泽东代表中国共产党提出了中共中央起草的《中华人民共和国宪法》（草案初稿）。陈伯达作了关于宪法草案初稿的说明。会议决定接受这个初稿作为起草宪法的基础，并决定在最近两个月内完成对宪法草案初稿的讨论和修正，以便提请中央人民政府委员会作为草案批准公布。讨论除由宪法起草委员会全体会议进行外，并会同中国人民政治协商会议全国委员会进行分组讨论，同时分发各大行政区、各省市的领导机关和各民主党派、各人民团体的地方组织讨论。

之后，为了广泛地征求各方面人士对宪法草案初稿的意见，北京组织了 17 个讨论组，各大行政区、省、自治区和直辖市组织了 58 个讨论单位，展开讨论，历时两个多月。参加讨论有的 8000 多人，提出

◎ 毛泽东、周恩来参与第一部宪法起草和修改

修改意见近 6000 条。宪法起草委员会根据这些意见，对宪法草案进行修改后，于 6 月 11 日向中央人民政府委员会提交了《关于宪法起草工作经过的报告》，报告了讨论的情况，并将修改后的宪法草案提请中央人民政府委员会审查。

6 月 14 日下午，中央人民政府委员会举行第三十次会议，会议由毛泽东主持。中央人民政府主席毛泽东，副主席朱德、刘少奇、宋庆龄、李济深、张澜，委员陈毅、李立三、林伯渠、何香凝、刘伯承、吴玉章、彭真、薄一波、聂荣臻、董必武、赛福鼎、陈嘉庚、罗荣桓、邓子恢、乌兰夫、徐特立、蔡畅、刘格平、陈云、林枫、马叙伦、邓小平、高崇民、沈钧儒、陈叔通、司徒美堂、黄炎培、蔡廷锴、习仲勋、彭泽民、张治中、傅作义、章伯钧、程潜、张奚若、陈铭枢、谭平山、张难先、柳亚子、龙云等 46 人出席了会议，有关方面 200 余人列席了会议。会议经过讨论，一致通过了《中华人民共和国宪法草案》

和关于公布《中华人民共和国宪法草案》的决议。

宪法草案公布之后，即交付全民讨论。全民讨论也进行了两个多月，在讨论中提出了大量修改和补充意见。在全民讨论中提出的意见，与宪法有关，而又为宪法起草委员会采纳的，有以下几点：

"关于各民族都有使用和发展自己的语言文字的自由"条款的修改。这一款规定："各民族都有发展自己的语言文字的自由，都有保持或者改革自己的风俗习惯和宗教信仰的自由"。这原来是采用共同纲领同一内容的条文。有人建议，在这一款里，不只应当规定各民族都有发展自己的语言文字的自由，而且还应当规定各民族都有使用自己的语言文字的自由。又有人提出，宪法草案第八十八条既已规定"中华人民共和国公民有宗教信仰的自由"，那么这一款中关于保持或者改革宗教信仰自由的规定就是重复的，建议删去。宪法起草委员会认为这些建议是正确的，因此改为"各民族都有使用和发展自己的语言文字的自由，都有保持或者改革自己的风俗习惯的自由。"

"关于生产资料所有制"条款的修改。这一条所叙述的是我国现有的各种生产资料所有制。有人主张应当写明，在这一条内列举的四种所有制，即国家所有制、合作社所有制、个体劳动者所有制和资本家所有制，只是我国现有的主要的所有制，而不是全部的所有制，而我国除了这条所列四种所有制外还存在另外一些所有制，因此如果不在这一条的原文中增加"主要"二字，那是不严谨的。考虑到这个意见符合我国当时的实际情况，比如在我国的若干少数民族地域内，就存在着封建所有制，甚至存在比封建所有制更加落后的所有制，因此宪法起草委员会采纳了这个意见，在第五条上加了"主要"二字。此条的另一个修改是写明了合作社所有制即劳动群众集体所有制，这个修改就使合作社的含义更加明确了。

"关于保护农民、手工业者、资本家的生产资料所有权和其他财产所有权"条款的修改。这几款的原文是分别规定国家依照法律保护农民、手工业者和其他个体劳动者以及资本家的生产资料所有权和其他财产所有权。宪法草案原来的这些规定和第十一条的规定，在内容上是有重复的，因为第十一条规定"国家保护公民的合法收入、储蓄、房屋和各种生产资料的所有权"，这个规定包括了全体公民，包括了生产资料以外的一切财产的所有权。因此有人建议对这几条作相应的修改，避免重复。宪法起草委员会据此把第八条第一款改为"国家依照法律保护农民的土地所有权和其他生产资料所有权"；把第九条第一款改为"国家依照法律保护手工业者和其他非农业的个体劳动者的生产资料所有权"；把第十条第一款改为"国家依照法律保护资本家的生产资料所有权和其他资本所有权"，这一款里的"其他资本"是指资本家的除生产资料以外的其他形式的资本，如商业资本。经过这样的修改，就避免了前后条文内容的重复。

关于全国人民代表大会代表组成条款的修改。原文规定"全国人民代表大会由省、直辖市、少数民族、军队和华侨选出的代表组成"，后改为"全国人民代表大会由省、自治区、直辖市、军队和华侨选出的代表组成"。因为在选举全国人民代表大会代表的时候，少数民族并不是一种选举的单位，只有自治区才是同省、直辖市同样的区域性的选举单位。但是全国人民代表大会中各少数民族的代表不只是从自治区产生，而且更多的是从各省和直辖市产生，因此各省和直辖市在选举全国人民代表大会代表的时候，必须注意到使少数民族有适当名额的代表。为此，把第二十三条的第二款也作了相应修改，修改后的条文特别指出，在选举法中应当规定少数民族代表的名额和产生办法。

对全国人民代表大会专门委员会有关条款的修改。依照第三十四条的规定，全国人民代表大会设立民族委员会，法案委员会、预算委员会、代表资格审查委员会和其他需要设立的委员会。这些委员会都是经常性的组织。根据工作情况，民族委员会和法案委员会在全国人民代表大会闭会期间还要协助全国人民代表大会常务委员会的工作，而预算委员会和代表资格审查委员会只是在全国人民代表大会开会期间才进行工作。为了表明这两类委员会工作情况的区别,根据人民群众提出的意见,对第三十四条的第二款作了一点修改,写明"民族委员会和法案委员会,在全国人民代表大会闭会期间,受全国人民代表大会常务委员会的领导。"

全国人民代表大会为调查特定问题组织的委员会是临时性的组织,是全国人民代表大会为了监督其他国家机关的工作而组织的一种委员会,所以这种委员会和第三十四条规定的委员会具有不同的性质。因为原文对这种委员会的性质和任务规定不够明确,所以作了修改。又依照宪法草案第三十一条的规定,全国人民代表大会常务委员会有责任监督其他国家机关的工作,为实行这种监督,常务委员会应当有权组织这种调查特定问题的委员会。所以修改后的第三十五条把原来的"全国人民代表大会设立的各种委员会"改为"全国人民代表大会认为必要的时候,在全国人民代表大会闭会期间全国人民代表大会常务委员会认为必要的时候,可以组织对于特定问题的调查委员会"。这样就把第三十四条和第三十五条规定的两种委员会的区别表明了,而且也可以把常务委员会组织这种委员会的权限补充进去。

对最高人民法院有权监督地方各级人民法院和专门人民法院工作条款的修改。由于中国面积大,人口多,许多地方交通不便,如果按规定只有最高人民法院有权监督地方各级人民法院和专门人民法院的审判工作,那么,就是不符合实际情况的。宪法草案第七十九条第二款增加了"上级人民法院监督下级人民法院的审判工作"的规定。作这样的修改,更便于及时纠正审判工作中可能发生的错误。

对有关检察机关的有关条款的修改。其中主要是对于第八十一条到第八十四条的修改。从修改后的条文可以看出,中国的检察机关将是最高人民检察院、地方各级人民检察院和专门人民检察院。人民检察院除了设检察长、副检察长和检察员以外,并且设立检察委员会。

检察委员会是在检察长领导下处理有关检察工作的重大问题的组织。设立这样的合议组织，可以保证集体讨论问题，使人民检察院可以更加适当地进行工作。

全国人民在讨论中热烈地称赞宪法草案，同时提出了很多修改和补充的意见。根据这些意见，宪法起草委员会对原来的草案再度作了修改。1954年9月9日中央人民政府委员会第三十四次会议讨论通过，决定将宪法草案提交全国人民代表大会审查。

1954年9月15日，第一届全国人民代表大会第一次会议在北京召开。刘少奇代表宪法起草委员会作了《关于中华人民共和国宪法草案的报告》。经过认真的讨论，出席代表于1954年9月20日以无记名投票方式一致通过了《中华人民共和国宪法》，并由大会主席团公布，中华人民共和国第一部宪法正式诞生了。

全国人民代表大会的召开与宪法的颁布，是中国民主政治建设的一件大事。中国人民第一次实践了人民选举政府的权力。斯大林所担忧的"敌人可以说你们是用武力控制了位子，是自封的，共同纲领不是全民代表通过的……"的情况也自然消失了。甚至一些西方学者也认为，"具有重大政治意义的是，由军事统治到文职统治的转变趋于正式化。"

3. 社会主义类型的宪法

1954年《中华人民共和国宪法》除序言外，有总纲，国家机构，人民的基本权利和义务，国旗、国徽、首都四章，共106条。

它明确规定了中华人民共和国是人民民主国家。宪法第一条明确规定："中华人民共和国是工人阶级领导的、以工农联盟为基础的人民民主国家"。世界上有许多国家和民族，在脱离封建主义之后，建立了资产阶级共和国。但是，在半殖民地半封建的中国，资产阶级共和国始终是一种幻想。中国资产阶级没有能力领导中国人民战胜外国帝国主义和本国反动派的联合力量，它不可能使中国变为资产阶级共和国，当然也不可能使中国出现资产阶级性质的宪法。而中国工人阶级在领导人民革命取得胜利之后，理所当然地不会建立资产阶级专政的共和国，而一定要建立工人阶级领导的、以工农联盟为基础的人民民主专政的共和国。这个工人阶级领导的共和国只能把中国引向社会主义。宪法第四条规定："中华人民共和国依靠国家机关和社会力量，通过社会主义工业化和社会主义改造，保证逐步消灭剥削制度，建立社会主义社会。"宪法在总纲和其他条文中作了许多明确规定，确立了建设社会主义社会这一总目标以及实现和建设社会主义社会的具体步骤。

它规定了我国人民民主的政治制度是人民代表大会制度。宪法第二条规定："中华人民共和国的一切权力属于人民。人民行使权力的机关是全国人民代表大会和地方各级人民代表大会。"全国人民代表大会是最高权力机关，是行使国家立法权的唯一机关。全国人民代表大会由各省、自治区、直辖市、军队和华侨选出的代表组成。全国人民代表大会行使修改宪法，制定法律，监督宪法的实施，选举中华人民共和国主席、副主席，决定国务院的组成人员的人选，决定国民经济计划，审查、批准预决算，决定大赦，决定战争和和平的问题等职权。"全国人民代表大会、地方各级人民代表大会和其他国家机关，一律实行民主集中制"。宪法的其他条文的一些规定也都表明，中华人民共和国的政治制度是人民代表大会制度。

它明确规定了公民的基本权利和义务。宪法的许多条文规定了我国公民享有广泛的自由和权利。"中华人民共和国公民在法律上一律平等。年满18岁的公民，不分民族、种族、性别、职业、社会出身、宗教信仰、教育程度、财产状况、居住期限，都有选举权和被选举权。"公民享有言论、出版、集会、结社、游行、示威的自由。国家供给必需的物质上的便利，以保证公民享受这些自由。宪法规定："公民的人身自由不受侵犯。任何公民，非经人民法院决定或者人民检察院批准，不受逮捕。""公民的住宅不受侵犯，通信秘密受法律的保护。"公民有劳动的权利和受教育的权利，劳动者有休息的权利和在年老、疾病或者丧失劳动能力的时候获得物质帮助的权利。此外，宪法明文规定公民有宗教信仰的自由。

人民的权利和义务是完全一致的。宪法同时规定，公民必须遵守宪法和法律，遵守劳动纪律、遵守公共秩序，尊重社会公德；并且规定公民有爱护和保卫公共财产的义务，有依照法律纳税的义务，有依照法律服兵役的义务。在人民民主制度和社会主义制度下，人民有了完全的民主权利，同时也有完全的义务。人民既然完全行使了国家权力，也就会以主人的身份尽完全的义务。

宪法是在新中国成立五年后颁布的，是第一部社会主义类型的宪法。

原则性和灵活性的结合。1954年宪法有两个原则，一是社会主义原则，二是民主原则。在制定1954年宪法时，我国正处在向社会主义社会过渡的时期，因此宪法序言明确宣告："国家在过渡时期的总任务是逐步实现国家的社会主义工业化，逐步完成对农业、手工业和资本主义工商业的社会主义改造"。它不仅巩固了我国人民革命的成果和中华人民共和国建立以来政治上、经济上的新胜利，并且反映了国家在过渡时期的根本要求和广大人民建设社会主义的共同愿望。所以说整部宪法贯穿着建设社会主义这一基本精神。这就是1954年宪法的原则性。但由于我国幅员辽阔，人口众多，各地区、各民族发展很不平衡，经济文化非常落后，阶级关系也极为复杂，因此在中国搞社会主义革命和建设，都不能采取一刀切的办法，而要照顾到各方面的特点。这就需要在坚持原则性的同时，发挥一定的灵活性。宪法很好地体现了这种必要的灵活性。比如宪法总纲规定："中华人民共和国依靠国家机关和社会力量，通过社会主义工业化和社会主义改造，保证逐步消灭剥削制度，建立社会主义社会"。但实现生产资料所有制社会主义改造的步骤和方法，又有很大的灵活性，在个体农业、手工业的社会主义改造方面，把半社会主义的劳动群众部分集体所有制作为走向劳动集体所有制的过渡形式，在资本主义工商业的社会主义改造方面，创造各种不同形式的国家资本主义经济，逐步以全民所有制代替资本家所有制。在民主原则方面，宪法关于我国基本政治制度的规定，关于国家机构的设置及其相互关系的规定以及关于公民的基本权利和义务的规定，都体现了社会主义民主的原则。比如在选举制度上，剥夺了反动阶级分子的选举权，规定了城乡选民人数与代表人数的不同比例，采用直接选举与间接选举相结合、无记名投票与举手表决并用的办法等等。

体现了本国经验和国际经验的结合。1954年宪法是中国革命和建设经验的总结，必然要带有中国的特点。因此制定宪法时十分注意从中国的实际情况出发，使它能适合中国国情。尽管1954年宪法是社会主义类型的宪法，但由于我国当时尚处于从新民主主义社会到社会主义社会的过渡时期，生产资料私有制的社会主义改造还没有大规模地进行，民族资产阶级作为一个阶级还存在，农民大多数还处在小生产者的地位，因此1954年宪法充分反映了过渡时期的特点和我国历史的特点。比如，宪法总纲部分就确认了国家所有制、合作社所有制、个体劳动者所有制、资本家所有制同时存在的事实，在国家结构形式方面，我们根据中国是统一的多民族国家的历史和现状，不实行联邦制而实行单一制的形式。新宪法也没有少数民族区域可以自决脱离国家的假设性条款。中国宪法设置了国家主席职位，行使国家元首的职能，而不是像苏联那样，国家元首由最高苏维埃主席来担任。同时，我们在考虑中国的具体情况和特殊经验的前提下，也吸收了和参考了当时苏联和各人民民主国家宪法中好的经验，例如1954年宪法的结构，就接近苏联1936年宪法的结构，关于总纲、国家机构和公民基本权利和义务三章的某些条文，也参考了苏联和各人民民主国家的有关规定。

体现了领导智慧和群众智慧的结合。1954 年宪法的制定，历时 1 年又 8 个月，经过三次大规模的讨论。第一次是各方面代表人物的讨论，参加讨论的有 8000 多人，讨论进行了两个多月；第二次是全民讨论，也进行了两个多月；第三次是全国人大代表的审议。这样，宪法起草委员会就可以在充分民主讨论的基础上，对宪法草案进行修改，中央的意见和人民群众的意见很好地结合起来。毛泽东在《关于中华人民共和国宪法草案》中特别指出："这就是领导和群众相结合，领导和广大积极分子相结合的方法。过去我们采用了这个方法，今后也要如此。一切重要的立法都要采用这个方法。这次我们采用了这个方法，就得到了比较好的、比较完全的宪法草案"。这是 1954 年制宪工作的一条很好的经验。

1954 年制定的《宪法》是我国依法治国的重要开端，这部宪法也是以后历次修宪的基本依据。

第二章
国民经济的全面恢复

一、接管城市和没收官僚资本

城市是国家财富之所在。为此，新中国成立前后，中共中央一直把接管城市作为主要任务之一。近代中国大量资产集中于官僚资本手中，没收他们的财产既是消灭官僚资本、完成新民主主义革命任务的需要，又是建立社会主义国营经济基础的需要。

1. 妥善接收和没收官僚资本

新中国经济建设的起步，是从建立新民主主义经济开始的。而建立新民主主义经济的物质基础，是旧中国留下来的，历经连年战火破坏的现代工商业和农业。将其继承下来并加以改造，使其为新生的人民共和国国民经济服务，这一过程在新中国成立之前新民主主义纲领确立的过程中就已经开始了。

在战争中，旧中国原有的本来就十分薄弱的现代工商业基础，又受到了严重的破坏：国民党军队在败逃时，往往蓄意炸毁工矿企业和基础设施；而人民军队在力量尚不足以长期占领城市和工矿企业时，有时也不得不将一些设施破坏，以免为敌人所用。

1948年11月2日，辽沈战役胜利结束，陈云率领军管会成功地接收了沈阳市，创造了成功接管大型工业城市的范例。1948年11月28日，陈云就接收沈阳的经验写出报告，呈报中共中央东北局并转中共中央。这个报告总结了"各按系统，自上而下，原封不动，先接后分"的快速完整接收城市的方法，并指出，迅速恢复秩序，做到比较稳当而无大波动，要解决五个关键问题：首先恢复电力供应，没有电的城市是死城，秩序无法控制；迅速解决金融物价问题，保持市场稳定，办法有收兑旧币、介绍解放区物价表等；敌警察徒手服务；依靠报纸传布政策，稳定人心；妥善解决工资问题，采取发生活维持费、按原定底薪等级发工资等。

陈云在报告中强调："要保证接收得好，最重要的还必须入城部队有良好的纪律教育。此次入沈部队很多，都懂得保护工厂、保护城市。""此次接收沈阳，使我们有一感触，即接收一个大城市，除方法对头外，需要有充分准备和各方面能称职的干部。依目前形势看，中央和各战略区野战军，均需准备有专门接收大城市的班子，待工作告一段落，即可移交给固定的市委等机关。"

沈阳经验为完整接收城市、尽快恢复生产提供了比较系统、可行的成功经验。党中央非常重视，将其转发给各中央局和各前委。到北平、上海和其他各大中城市解放时，接收工作已经做得有条不紊了。

保护城市和企业免遭反动派破坏，以便将来为人民所用，在这一方面，工人阶级作出了很大贡献。国民党败逃时，曾阴谋将大批企业迁往台湾，来不及迁走的就大肆破坏。此时，广大工人奋起护厂、护矿，使敌人的阴谋难以得逞。即使是一些被国民党反动派诱骗、挟持到香港的企业，在中国共产党政策的感召下，员工们也纷纷起义，投奔光明。1949 年 11 月 9 日，被蒋介石集团劫持到香港的原中国、中央两航空公司的 12 架飞机，在公司职工响应中央人民政府的号召起义后，飞回内地。招商局的多条轮船，甚至国民党资源委员会人员，也纷纷起义。中国银行等金融机构的海外分支机构的员工也纷纷起义，接受新中国的领导。

没收官僚资本归新民主主义国家所有是新民主主义革命的三大经济纲领之一，也是新中国顺利向社会主义过渡的重要经济因素。新中国成立前后，随着民主革命的胜利，没收官僚资本成为当时经济方面的主要改革之一，它为新中国成立以后的新民主主义经济体制起了奠基作用。

什么是官僚资本？这是没收官僚资本面临的第一个问题。1949 年 4 月，由中国共产党代表团提出的《国内和平协定（最后修订草案）》确定的官僚资本有三条标准：看其所有者是否属于国民党统治时期的官僚；看其所有者是否属于著名的大官僚；看其所有者是否于国民党统治时期犯有严重罪行。凡符合以上标准中的任何两项者，其私人资本及财产均在没收之列。

由于上述标准还不够具体，为了避免在实施过程中因理解不同而出现偏差，在解放战争后期，党和人民政府规定：凡一时难以确定是否属于官僚资本的企业和财产，不公开宣布没收，而是采取监管、代管或冻结的方式不使企业和财产受到损失及暗中转移，然后着手调查，留待以后处理。

1950 年初，中央人民政府一方面将鉴定权收归政务院，另一方面责成中央财经委员会着手制定比较具体的标准。中财委从考虑政治影响，不致影响私人生产积极性，更有利于台湾解放和争取外逃资金返回四个因素出发，提出"官僚资本"的定义应该是：

凡利用政治特权积累巨大财富者谓之官僚资本，时间则从国民党反动统治时期起算，在此以前的官僚资本（除汉奸外）概不追究。根

◎ 后排自左至右：宋子文、蒋介石、孔祥熙；前排自左至右：宋美龄、倪桂珍、宋霭龄

据上述原则，属于应予没收的私人所有的官僚资本范围仅包括：四大家族的财产；现行战犯的财产；虽不在战犯名单内，但罪恶昭彰、作恶多端者的财产；既未起义亦未立功的各地战犯豪门的财产；国民党党团特工假借私人名义经营的企业。

在没收过程中，界定工作又采取了以下具体的标准和办法：

第一，看其是否属于战犯或现行反革命分子。由于1948年11月，人民解放军总部发布惩处战犯命令，对战犯的定义和标准作了比较明确的规定。因此解放后对国民党大官僚的私人资本主要是以战犯罪名加以没收的。对于那些官职不大而又作恶多端者的财产则多是以反革命分子罪名加以没收的。

第二，看其是否属于四大家族成员。在四大家族中，除蒋介石、宋美龄、宋子文、孔祥熙、陈立夫、陈果夫被列入战犯名单，其资产以战犯罪名没收外，其家族的其他成员的私人资产一般以官僚资本的名义予以没收。

第三，看其现行政治态度如何。解放战争时期和建国以后，党和人民政府始终鼓励和欢迎国民党政府官僚弃暗投明、起义立功，对起义立功的官僚采取既往不咎的政策，并保护其家庭其财产的安全。对于那些流亡国外的原国民党高级官员，凡政治态度不明朗，有可能被争取回国者，对其留在国内的资本，一般也不宣布没收，而是采取代管的形式。

第四，看其资产是否属于化公为私、侵吞公产得来的。对于国民党官僚私人资本中来源于贪污、盗窃、隐瞒、侵吞公产或其他化公为私等非法行为的那部分资产，不论所有者是否属于大官僚或前述标准，凡证据确凿者，一律予以清理追还。

总之，界定私人资本中的官僚资本是一个比较困难和复杂的问题，但是由于中共中央和人民政府制定了比较明确的标准并借用了没收战犯、汉奸、反革命分子财产的标准和规定，因此没收官僚资本的工作尚比较顺利，没有出现什么偏差。

没收官僚资本的办法是解决官僚资本的途径。从 1948 年至 1949 年上半年，中共中央逐步制定出一套行之有效的接管官僚资本企业的办法。1948 年 4 月，中共中央在《再克洛阳后给洛阳前线指挥部的电报》（该电作为中央指示同时转发给各地）中首次明确提出了接管官僚资本企业的办法，该电指出：

对于那些查明确实是由国民党中央政府、省政府、县政府经营的，即完全官办的工商业，应该确定归民主政府接管经营的原则。但如民主政府一时来不及接管或一时尚无能力接管，则应该暂时委托原管理人员负责管理，照常开业，直至民主政府派人接管时为止。对于这些工商业，应该组织工人和技师参加管理，并且信任他们的管理能力。如国民党人已逃跑，企业处于停顿状态，则应该由工人和技师选出代表，组织管理委员会管理，然后由民主政府委任经理和厂长，同工人一起参加管理……对于著名的国民党大官僚所经营的企业，应该按照上述原则和办法处理。

这封电报，对于如何接管官僚资本企业提出了一条正确的思路。

1948年8月，中共中央在给东北局的指示中对上述思路阐述更为明确具体，指示说："在接收这些工厂、企业之时，首先要求其恢复秩序，继续生产。"

1949年1月15日，中共中央发出"关于接收官僚资本企业的指示"，提出了"三原"原则，即接管官僚资本企业时，要保持企业原有机构，保持职工原有职务，保持职工原有薪金。指示还要求派往企业的军代表主要起贯彻上级命令和维护生产正常进行的保障监督作用。随后，中共中央又发出了《中央关于改造旧职员问题给北平市委的指示》、《中央对〈关于接管江南城市指示草案〉的指示》、《关于接收平津企业经验介绍》等文件，使接收官僚资本企业有了一整套行之有效的方针政策和办法。这就是在城市解放时，根据事先的调整的结果，由该市军管会立即派出军代表，按照官僚资本企业原属系统，自上而下，原封不动，整套接收。

随着社会的稳定和政府已充分了解和掌握企业情况，从1950年起，这些企业都先后开展了民主改革（后期与"镇反"结合在一起），废除了企业中遗留的半封建半殖民地残余，改革了不合理制度，并通过建立企业管理委员会，实行民主管理和劳动竞赛，使企业真正成为社会主义性质的国营企业。

对于私营企业中官僚资本的清理，中央财经委员会制定了如下原则：官僚资本以私人名义所办的企业，应加没收，如有化名隐匿或非法转移者，应彻底清查；民营企业在国民党统治时期为应付环境，利用国民党要人出任公司董事长的，要分别情形，加以处理，若仅挂一空名，既未出资，亦未操纵公司行政者，不加清算，若实际出资者，应将官僚资本部分没收归公（未出资"红股"亦应没收）；凡利用其在国民党统治时期的特殊政治地位、经济地位与社会地位，运用国家资金作私人投资，应视为官僚资本，予以没收。

在清理这部分官僚资本过程中，中财委和主管机构交通银行还针对侵占股权问题（包括"私侵公"和"公侵私"）的 9 种具体情况，提出了不同的处理办法，做到了公平合理，既不使国家利益受损，又考虑到历史情况，使私营企业感到合理满意。

人民政府通过没收官僚资本归新民主主义国家所有，建立了力量雄厚的国营经济，并使之在五种经济成分中居于领导地位。

据不完全统计，在金融方面，共没收官僚资本金融机构 2400 多家，并利用没收来的官僚资本股份对十几家大银行实行了公私合营，从而为人民政府控制金融业这个有关国民经济命脉的行业奠定了坚实的基础。

在工矿业方面，共没收企业 2858 个，职工 129 万人，其中产业工人 75 万人。这些企业虽然在数量上仍少于私营企业，但从其产业结构和规模来看，在重工业和设备技术上占有绝对优势。

在交通方面，国家接管了大陆上的全部铁路交通设施，计铁路 2 万余公里，机车 4000 台，客车 4000 多辆，货车 4.7 万辆。在航运方面，除接管了原属大陆上全部港口及大部分码头设施外，还接管了约 20 多万吨位的各种船舶，并通过没收官僚资本的股份，对全国最大的私营轮船公司民生公司实行了公私合营。

在航空方面，除接管了大陆上全部机场及设施外，原中国中央航空公司在香港的 12 架飞机也起义飞回祖国怀抱。此外，还接收了铁路车辆和船舶修造厂约 30 个。在商业外贸方面，则接管了复兴、富华、中国茶叶、中国石油、中国盐业、中国蚕丝、中国植物油、中国进出口等几家大型贸易公司及其分支机构和经营网点。

通过没收官僚资本，新中国不仅掌握了金融、交通等有关国计民生的重要部门，而且控制了能源（电力、煤炭、石油）和许多生产资料的生产，从而为确立新民主主义经济体制（国营经济领导下多种经济成分并存，计划管理与市场调节相结合）和向社会主义过渡奠定了基础。

2. 企业改革和肃清帝国主义势力

在接收中提出"不要打烂旧机构"和"保存原职原薪原制度"的口号，有利于完整地接收企业；但与此同时，也不得不把国民党反动统治时代在企业内所造成的许多不统一、不合理、无政府、无组织的混乱现象和搜身制、封建把头制等腐败制度暂时地延续下来。

在旧官僚企业的各种制度中，封建把头制是影响最恶劣的。各个地方、各个行业名目繁多的封建把头，如所谓"头佬"（武汉）、"包工头"（上海）、"拿摩温"（上海）、"包工大柜"（煤矿）、"脚行头"（搬运业），过去骑在工人头上作威作福，新中国成立以后暂时没有受到清理，他们的气焰虽然有所收敛，但仍然是发展生产，建立新民主主义秩序的隐患。他们当中有的人甚至伪装进步，混进了工会、党团组织，把持了基层组织的领导权，继续压制工人。

1950年2月12日，中共中央发出《关于讨论和执行人民日报〈学会管理企业〉社论的指示》，要求以社论作为管理企业、提高生产的指导方针，各地党委要指令和督促企业管理部门及各企业中的行政、党与工会组织负责人召集会议，切实检讨，根据企业情况定出具体执行办法，并督促其切实执行。

指示要求各地党委在1950年3月底以前将当地各公营企业的状况及执行指示的情况，作出总结并报告中央，"不得有误"。指令中央各企业管理部门及各全国性工会组织，由陈云、李立三负责督促。于是，企业制度改革在各地全面展开。这次改革分为两个阶段。

第一阶段进行民主改革。内容是废除企业中旧的官僚主义管理制度，建立工厂管理委员会和职工代表会议，清除隐藏在企业内部的反革命分子和封建残余势力，彻底废除压迫工人的各种制度，如包工制、把头制和侮辱工人的搜身制等等。

第二阶段是生产改革。民主改革的完成，为在这些企业中进行生产改革奠定了基础。

◎ 天津市青年资本家宣誓积极接受社会主义改造

生产改革的基本要求是，按照社会主义企业生产管理的原则，废除旧的不合理的生产管理和技术管理制度，建立新的生产管理和技术管理制度，实现经营企业化和生产现代化，进一步解放和发展生产力。生产改革的主要内容是建立经济核算制和采用新技术。

工矿企业的民主改革和生产改革，大体在 1951 年告一段落。民主改革和生产改革的胜利，使这些企业面貌焕然一新，从所有制关系到经营制度都按照社会主义原则建立起来了，变成了名副其实的新型的社会主义企业。

在没收并改造官僚资本的同时，新中国还采取坚决措施，斩断帝国主义对中国经济进行侵略的"黑手"。

海关是主权国家的门户和保护本国民族经济的国家行政机关。旧中国海关长期为帝国主义所把持，成为他们对中国搞经济侵略的工具。人民解放军所到之处，立即将海关收回，并对旧海关进行全面的改革。

1949 年 10 月 25 日，中央人民政府设立海关总署，由政务院直接领导，统一管理全国海关。新中国海关裁减了外籍职员，对旧海关员工，除清洗少数劣迹昭彰的反革命分子、坏分子外，其余都量才留用；对旧海关的业务制度、规章、条例，凡属维护帝国主义利益的半殖民地、半封建性质的东西，一律予以废止；对验估、检查、统计等仍然有用的管理技术，吸收过来加以改造。1951年5月，周恩来向中央人民政府委员会作外交报告时庄严宣告：中央人民政府已经完全收回了海关的主权。

旧中国是帝国主义倾销商品和掠夺廉价原材料的大市场。洋货泛滥成灾，严重打击了中国的民族工商业和农业，加剧了中国的经济危机。新中国成立后，立即实行对外贸易管制，根据国家的利益，执行独立自主的外贸政策，彻底改变了旧中国对外贸易的半殖民地性质。主要的措施有：在没收国民党政府和官僚资本家的进出口企业的基础上，建立新中国的对外贸易机构，并确立其在对外贸易中的统治地位；建立和加强海关工作，根据国家的需要和利益，对进出口贸易实行监督和管理；对外贸易由国家统制，重要进出口货物由国家统购统销；私营进出口企业必须向国家外贸管理机构登记，服从国家管理；规定货物进出口须经许可后才能办理相关手续；国家禁止进出口的货物，任何人不得经营；进出口业务一般采取结算方式，外汇由国家统一管理；在平等互利基础上与外国政府和人民恢复与发展贸易关系。

在旧中国，帝国主义列强曾大量进行对华资本输出，大肆盘剥中国人民。大陆解放时，在中国还有1000多家外资企业，大部分属于英美两个国家的资本。它们大都是伴随帝国主义对中国的经济侵略和依靠各种特权发展起来的。由于新中国废除了帝国主义特权，一些倚仗帝国主义特权在中国经营的外国企业难以立足，纷纷被转移到新中国手中。朝鲜战争爆发后，美英等国实行敌视新中国的政策，美国还于1950年12月26日悍然宣布管制中国在美国的公私财产。

因此，中央人民政府政务院也于当年 12 月 28 日发布命令，对在中国境内的美国政府和美国企业的一切财产实行管制，进行清查，并冻结美国在华的公私存款。此后，一些英美在华企业陆续被接管。通过管制、征用、代管、转让等方式，关系国计民生和带有垄断性的外资企业等转归政府所有，再加上对海关等的接管、对外贸易的统制，我国经济彻底摆脱了帝国主义的控制。

3. 社会主义国营经济的建立

社会主义国营经济，是全民所有制经济，一般说来它是在社会主义革命过程中对私人资本主义经济国有化的结果。但在我国则不同，我国的社会主义国营经济，是在继承和发展根据地、解放区的公营经济和通过民主革命没收官僚资本，以及将某些外资企业转归国有的基础上建立和发展起来的。

全国解放前，在抗日根据地和解放战争时期的解放区，就已经存在一些公营企业，它们是中国最早的社会主义性质的经济。

在艰苦的战争岁月，中国共产党和根据地军民为了支援艰巨的革命战争，打破敌人的经济封锁，满足生活需要，依靠自力更生、艰苦奋斗的精神创办了一批公营工业和商业。早在井冈山根据地时期，红军就建立过修械所和被服厂。此后，中央根据地和其他根据地都相继建立了一批兵工厂、子弹厂、炸弹厂、被服厂、纺织厂、炼铁厂，一般拥有工人数百人以至数千人。

据 1934 年 3 月的不完全统计，中央根据地有较大的军需工厂 33 家。川陕苏区所属的兵工厂不但规模较大，而且内部组织也比较严密，下设有翻砂厂、烘药房、子弹厂及枪房，拥有工人千余人，每天能造枪 120 支，子弹 1 万发。另外还办有两个钢铁厂，一个在万源，一个在南江，各有工人数百人。除军需工业外，有的根据地还经营了一些民用工业。如川陕苏区开凿了一批盐井，"组织万余工人，无分昼夜熬盐"。闽浙赣苏区经营了若干煤矿，其中乐平煤矿的职工达到 2 万余人。

到抗日战争时期，随着抗日根据地的扩大和巩固，根据地的公营经济得到进一步的发展。1938 年，陕甘宁边区政府先后建立了纺织厂、造纸厂、被服厂、农具厂和制药厂。1940 年为了打破国民党顽固派对根据地的封锁，陕甘宁边区出现了建设工业的热潮。

到 1941 年，公营工业中已有纺织厂 36 个，造纸厂 12 个，木工厂 10 个，化学厂 8 个，机械修理厂 6 个，印刷厂 3 个，此外还有石油、瓷窑、皮革、制毡、面粉、麻绳、打铁等工厂，总计有 97 个工厂，职工 7000 余人。为了使经营更加合理，避免浪费，1942 年曾将原有 97 个工厂合并调整为 62 个。

到 1943 年，公营工业在巩固提高的基础上又发展为 82 个，在经营规模、机器设备、技术水平，以及产品的数量和质量等方面都比以前有较大的发展和提高。边区所需要的煤炭、石油、工具制造、火柴基本上达到自给，布匹、纸张也可以达到半自给。

1944 年，各公营工厂的工人已达到 12000 人，机器制造业已开始为印刷、造纸、纺织、肥皂等工厂配制机件，使以往许多手工操作逐步向机械化和半机械化过渡。同时，公营贸易事业也有了很大发展。1942 年，边区政府物资局所属土产公司已有 8 个分公司，盐业公司有 123 个骡马店，陇东联合商店也在各地设立了分支机构。在其他根据地，公营经济也有较大的发展。晋绥区 1945 年有纺织厂 6 个，年产布 54600 匹。山东根据地 1945 年各类公营工厂达到 88 个，其中有 17 个染织厂、9 个丝绸厂、7 个肥皂厂、7 个造纸厂、8 个化学工厂。此外，还有金矿、煤矿，矿工约有 1 万余人。1944 年产金 1000 余两，产煤 1800 万斤。

抗日战争胜利后，解放区拥有若干中等城市和工矿区，如烟台、张家口、临清、临沂、长治、安东、旅大等城市和淄博、焦作、峰峰、龙烟等矿区，在接收日伪资产的基础上，公营经济得到进一步发展，并拥有一批现代化工业企业和交通运输业，各解放区都陆续建立了或扩大了金融机关。

全国解放后，各解放区的公营企业自然转归中华人民共和国所有，转变为社会主义性质的国营企业，成为新中国社会主义国营经济的来源和基础之一。这些企业虽然数量不多，规模不大，但从历史渊源来说，它们是社会主义国营经济的最初最早的前身。它们在战争年代对支援革命战争，打破敌人的经济封锁，满足根据地解放区军民生活需要，以及对夺取民主革命的胜利和创建中华人民共和国都发挥了非常重要的作用。它们还为人民政府积累了管理经济的经验，培养了一批经济管理人才，这对新中国成立初期没收和接管官僚资本，建立和管好社会主义国营经济具有不可忽视的作用。

随着解放战争的节节胜利和中华人民共和国的建立，中国人民解放军在所到之处，立即将国民党反动政府和官僚资产阶级所控制的工厂矿山、银行邮电、铁路航运、码头仓库，以及对内对外贸易机构全部收归人民政府所有，把它们转变为归全体人民拥有的社会主义国营经济。随后，又通过征用、代管、征购、管制、转让等方式，把一部分帝国主义国家在华企业转为我国政府所有。

在旧中国，由于官僚资本和帝国主义资本控制了国家的主要经济命脉，对它们的没收，使社会主义国营经济集中了国民经济中绝大部分近代化的大工业，控制了社会生产力最先进强大的部分。这不仅使社会主义国营经济得到空前的发展和壮大，而且树立了自己在国民经济的领导地位。据 1949 年统计，社会主义工业的固定资产占全国工业的固定资产的 80.7%。在全国大型工业的总产值中，社会主义工业所占的比重为 41.3%。在全国生产资料生产（包括手工业）中，社会主义工业占 48%。

在全国主要工业产品的产量中，社会主义工业所占的比重如下：

电力产量为 58%，原煤产量为 68%，生铁产量为 92%，钢产量为 97%，机器及机器零件产量为 48%，水泥产量为 68%，棉纱产量为 49%。同时，社会主义国营经济还控制了全国的铁路和其他大部分现代化运输工具，以及绝大部分银行业务和对外贸易。许多重要的物资和工业原料，如粮食、棉花、煤炭、钢材、铜、钨、锡等，均为社会主义国营经济所控制。

社会主义国营经济的建立，在中华人民共和国的发展史上具有十分重要的意义。社会主义国营经济，是以生产资料的全国人民所有制为基础的，生产资料和产品归代表全体人民的国家占有和支配的经济。

它的建立，首先为新生的中华人民共和国奠定了可靠的经济基础，成为新中国发展生产，繁荣经济，建国立业的主要物质基础，这就使中华人民共和国在成立初期的艰苦日子里能够依靠自己的力量，战胜帝国主义的经济封锁和战争威胁，保卫了国家的独立和民族的尊严。

其次，社会主义国营经济的建立，使中华人民共和国能够有力量和有条件对脱胎于半殖民地半封建社会的具有浓厚的殖民地色彩的国民经济进行必要的调整和改组，把它由半殖民地半封建的轨道转向新民主主义轨道，使各种经济成分（包括合作社经济、国家资本主义经济、私人资本主义经济，以及农民和手工业者的个体经济）沿着新民主主义轨道，在国营经济的领导下分工合作，各得其所，促进了整个社会经济协调和稳步的发展。

再次，社会主义国营经济的建立，使人民政府控制了国家经济命脉和足以操纵国计民生的事业，牢牢地掌握了国民经济的领导权，政府能够调整社会需求，稳定市场物价，打击投机资本，扶持正当工商业，组织和发展工农业生产，迅速恢复了被战争破坏的国民经济，并为有计划的经济建设和逐步向社会主义过渡奠定了经济基础。

二、统一国家的财政经济

国民党政府留给共产党的城市是一个烂摊子。工厂停工，工人失业，经济崩溃，投机商人趁机兴风作浪，囤积居奇。中共中央重拳出击，成立中财委，统一处理全国经济问题。1949 年 4 月到 1950年 3 月，党和政府平抑了四次大规模的物价上涨，结束了国民党统治时期延续十余年的恶性通货膨胀和物价暴涨的混乱状态，建立起物价稳定的新民主主义经济秩序，并迅速统一了全国的财政经济工作，为恢复发展国民经济创造了良好的开端。

1. 中央财政经济委员会成立

1949 年，是中国人民解放战争走向全国胜利的一年，同时又是解放区财政经济困难的一年。由于帝国主义长期侵略和掠夺，国民党政府的腐败统治，加上长期战争的破坏，到了 1949 年，财政枯竭，投机倒把猖獗，城乡交通阻隔，原料匮乏，产品滞销，工人失业，正常经济活动受到严重破坏，并出现通货膨胀，物价飞涨的局面。1949 年，全国已解放的地区出现四次大的物价波动。

1949 年 4 月下旬，北平、天津两大城市物价波动，经国营贸易机关大力平抑后，各种商品价格稳定下来。到 1949 年 7 月，北平、天津地区物价上涨速度比上次更甚，各种商品价格平均上涨了一倍半左右。以天津为例，7 月 24 日与 6 月 30 日比较，大米上涨 117%，小米与面粉皆上涨两倍，玉米上涨 110%，棉纱上涨 141%，布匹上涨 105%，食油上涨 140%。自 1949 年 10 月 15 日以来，以天津、上海为先导，华中、西北跟进，全国币值大跌，各种商品价格又一次猛涨。到 11 月 13 日止，以 7 月底为基数，物价平均指数京、津已涨达1.8 倍，上海涨达 1.5 倍，华中、西北亦与此相近。混乱动荡的市场和金融业，已成为经济生活中最突出的问题，也是对中国共产党一个新考验。1949 年 10 月 10 日，毛泽东在为中共中央起草的对党内的通知中指出：目前解放区的经济状况和财政状况，存在着很大的困难，虽然我们的困难比较国民党的困难要小得多，但是确实有困难。这主要是物资和兵员不足供应战争的需要，通货膨胀已到了相当大的程度。

造成解放区经济困难和人民生活困难的直接原因：

一是天灾。1949 年是个灾荒年。华北各地雨水面积达 1.2 亿亩，灾民 4000 多万，其中重灾面积 0.28 亿亩，约 700 多万灾民需要救济。由于雨水较大，交通被阻，各地运往北平、天津、上海等地粮食及其他物资大为减少。

二是人为的因素。南京、上海、江浙一带，新中国成立之前，国民党政府实施恶性通货膨胀政策，滥发纸币，抢购大批物资和黄金运走海外，造成通货集中物资短缺现象。上海、天津等地的不法资本家乘机兴风作浪，进行投机倒把活动。1949 年 7 月底，北平、上海通车后，上海投机商人携带大批现钞，到平津抢购大量物资，私购金银南运走私，囤积各种进口物资及粮、纱、布等，造成平津物价飞涨。

三是敌人封锁。美英帝国主义在沿海进行军舰、飞机、水雷封锁。在经济上不买我们的出口货物，不卖给我们需要的物资。占据台湾的蒋介石还对上海进行狂轰滥炸，对沿海港口进行封锁，使解放区对外贸易处于停滞状态。

四是客观上在任何一个新解放的区域，由于新旧政权的更迭，必不可免地要经过一个暂时困难时期。加上解放战争涉及地区广，作战费用和 600 万脱产人员的费用开支，还有中国共产党对原国民党政府旧职人员实行包下来的政策，增加了财政的负担。

　　五是"我们的组织工作，特别是财经方面的组织工作不够，则是形成这种困难的原因之一。"

　　面对严重的经济困难局面，1949 年 3 月 20 日，中央决定建立中央财政经济委员会，以便对解放区的财政经济工作实行统一领导。中央财政经济领导机构的建立，是对各解放区分散的财政经济工作形式向统一过渡而采取的重大措施。4 月 10 日，中共中央致电东北局，调陈云来中央参加筹划财经委员会工作。5 月 13 日、14 日、15 日、16 日、20 日朱德、刘少奇、陈云等出席在北平香山召开的财政经济工作会议，讨论研究关于财政经济委员会组织机构的设置问题。

　　5 月 31 日，刘少奇根据香山会议讨论的情况，为中央起草了《中国人民革命军事委员会关于建立中央财政经济机构大纲（草案）》。机构大纲草案对建立中财委的目的、组织机构、职能等作了详细说明。由于人民革命战争正在取得全国范围的胜利，为了尽可能地和有计划地恢复和发展人民经济，借以供给目前人民革命战争的需要及改善人民生活之目的，在中国人民革命军事委员会之下立即建立有工作能力的中央财政经济委员会，并陆续建立若干中央财政经济部门，作为目前中央的财政经济机构。

　　中央财政经济委员会设主任一人，副主任一人至数人，负责处理日常事务。中央财政经济委员会本身工作机关设立 6 局 1 处，有中央计划局、中央财经人事局、中央技术管理局、私营企业中央事务局、合作事业中央管理局、外资企业中央事务局和秘书处。

　　还陆续建立各中央财政经济部门：中央财政处、中国人民银行、海关总署、中央商业处、中央铁道部、中央交通处、中央燃料处、中央金属处、中央纺织处、中央工业处、中央农业处、中央林业处、中央水利处等 13 个部门。毛泽东、周恩来在这个大纲草案上作过修改。毛泽东的批语是："此件很好。"

　　6 月 3 日晚，周恩来在北平宣布成立中央财政经济委员会及各工作部门。6月4日，周恩来在北京饭店主持召开会议，通报关于成立中央财政经济委员会及各工作部门的情况。在北平的各级党政机关负责人参加了会议，会议还邀请了各党派和无党派民主人士参加。会上，刘少奇发表了《财政经济政策及有关成立财经委员会问题报告》。刘少奇在报告中指出：

关于组织中央财政经济委员会，这事很急迫，建立中央财经统帅部，其紧急不亚于军事及其他问题。因为军事上得到很大胜利，接到了很多东西，外国人要来做生意，交通需要统一，因此财政经济上需要高度的集中。如要把生产搞好，许多事必须统一，而且许多事可以统一，但需要总的统帅机构。建立统一的财经机构本来可以等联合政府成立。但是实际情况是马上需要，等不得了。即是从现在就着手，直到联合政府成立以后，是不是可以做得很好，还成问题。现在开始着手做统一工作，又怕统一得过多。中国地方很大，很多事有地方性，需要分别办理。

陈云在会上作了《关于成立中央财政经济委员会的报告》。陈云在报告中就成立中央财政经济委员会的必要性指出：有些问题过去没有接触过，今天也需要研究。例如上海解放后，就有了江、浙、皖、赣、两湖、川等地通过上海进出口物资的问题。又如天津解放后，就有了西北地区通过天津进出口物资的问题。这些问题需要中央的财政机构来解决。这个机构初成立是带有临时性的，暂时属军管会管，时间也只是几个月，中央人民政府成立之后就交给政府。

中财委成立后抓的头一件大事，就是召开上海会议，研究部署以稳定金融物价为中心的经济工作。上海会议解决了统一的财政支出；统一了金融管理；统一了重要物资的调拨。在中财委的直接领导下，上海、武汉、天津、北平的物价很快平稳下来。稳定物价为恢复生产、发展经济铺平了道路。中财委的建立，使制止通货膨胀有了组织保证。

2. 对投机商的两次毁灭性打击

从 1949 年 8 月到 10 月，新解放区工商业开始恢复，农业生产进入秋收季节，因此物价呈现暂时相对的稳定。与此同时，人民解放军正向华南、西南迅速挺进，军费开支仍在增加，全国军政公教人员超过了 700 万人，另外，秋收后粮棉收购也要增加货币投放，因此货币发行额仍然以较快的速度增加。到 10 月底，人民币累计发行增至 1.1 万亿元，比 7 月底增加了近 3 倍，11 月底又增至 1.89 万亿元，比 7 月底增加 6 倍多。

而此时物资供应明显不足，西北、西南、华南、新解放地区，需要大批物资（主要是粮食、纱布）支援，而华北主要产粮区又受灾。10 月中旬，华南商人北上套购纱布，导致纱布价格上升。10 月 27 日，京绥铁路因察北发生鼠疫暂时封闭，运粮通道堵塞，粮食价格也开始上涨。在这种情况下，投机商人趁机蠢动，在北方主要是囤积粮食，在南方主要是囤积纱布，以期取得暴利。于是在新中国成立一个月后，即 11 月又发生了第三次物价大波动。

在平息这次物价波动的斗争中，由于党和政府有了 1949 年 4 月和 8 月两次斗争经验，对货币和价格运动的规律更加熟悉，从而表现出高度的领导艺术和巧妙的斗争策略。当时国家公粮收入中，除供给制人员的口粮外，还可以拿出一部分来供应市场，加上国营公司和供销社收购的粮食可用作商品调用的粮食已不低于 50 亿斤；国营中纺公司所掌握的棉纱将近全国产量的一半，棉布则超过一半，因此政府手中的实力足以削弱物价涨风。问题是怎样和何时向市场抛售才能取得最佳效果。

11 月中旬，中财委具体分析了市场上商品和流通中货币的情况，预计物价综合指数要比 7 月底上升 2.2 倍，才能使两者大体平衡，在此以前，物价难以稳定，如果以低价抛售，不仅不足以平抑涨风，反而可能让投机商人占便宜。因此，必须周密部署，选择适当时机，全国一致行动，才能打垮投机势力，刹住涨风。

11月13日，中财委作出果断决策，指示各地国营公司在抛售物资上大踏步后退，保存实力，除必须应付的门市以外，暂时不将主要物资大量抛售。目前应当在中财委统一部署下，努力调集主要物资于主要地点，争取于11月底12月初在全国各主要城市一齐抛售，平息涨风，同时给投机势力以沉重打击。

按照中财委指示，各地紧张地进行了准备工作。一方面加强物资的调运。东北自11月15日至30日每天运粮1000万斤至1200万斤入关支援京津；财政部调拨贸易部2.17亿斤公粮以增加棉产区的销售量；陇海路沿线积存的纱布迅速运到西安；华北、华中以大量煤炭和粮、棉支援上海。另一方面尽量设法紧缩通货。中央规定国营企业现金不得存入私营行庄，必须存入人民银行；人民银行除特殊批准者外，一律暂停贷款，并按期如约收回以往货款；工矿投资和收购资金，除特殊批准者外，一律暂停支付；地方经费一部分推迟半个月或20天发放；继续推广折实储蓄。经过上述准备，国家在市场上全面进攻的条件已经具备。鉴于市场形势，决定提前采取行动。

11月25日，各大城市统一行动，趁当时市场物价高涨大量抛售。投机商人认定物价还将上涨，不惜高利拆借巨款继续吃进，使市场日折暗息由16日的5.1%上升到8%—10%。但是国营公司实力雄厚，敞开抛售并逐步降价，这使投机商人开始叫苦连天，急于抛货还债，结果越抛越贱，几天之内许多奸商赔了老本还偿付高息。仅上海粮食批发商就倒闭数十家。据统计，在这次稳定物价斗争中，棉布行业的投机商人亏缺253亿元。投机资本遭到了一次毁灭性打击，使得这次波及地区最广、持续时间最长、物价涨幅最大的物价波动风潮，在几天之内就迅速平息下去，事后一位资产阶级代表人物说：6月银元风潮，中共是用政治力量压下去的，此次则仅用经济力量就能稳住，是上海工商界所意料不到的。

这次稳定物价的斗争与前两次相比有很大不同。国家不仅能够主动地对付物价波动，而且能够有计划有步骤地达到预定的要求。无论是物价总数，还是各主要商品的具体价格水平，经过斗争都能平息在原来预定的水平上。

◎ 投机商挤兑黄金

经过第三次稳定物价的斗争，国家取得了对市场的控制权，但是由于财政收支还不能平衡，物价波动仍然在所难免。1949 年年底，解放战争仍在华南、西南、西北向边疆推进，军费开支一时还降不下来，同时政府负担的公职人员到 1950 年 1 月已增至 900 万人，而财政收入一时难以较大幅度增加，因此当时估计从 1949 年 12 月至 1950 年 2 月，财政赤字可能达到 2.5 万亿元。根据这种情况，中财委指出，市场物价要继续有计划地允许上涨，但应使之逐步上升，防止短期内突然暴涨。

形势的发展和中财委的预测相符。12 月增发货币 1 万亿元，至 1950 年 2 月 1 日，人民币累计发行达 4.1 万亿元（1949 年 11 月底为 1.89 万亿元）。物价则在国家控制下比较稳定地上升，以 12 月底为基数，1 月上旬物价平均上升 30%。按照计划，国家准备让物价在春节（2 月 17 日）前继续上升 30%。这一计划本来是可以实现的，但是 2 月 6 日国民党飞机轰炸上海，发电厂被炸毁，一时全市工业企业除自备电力的工厂以外，大部分停工，人心动荡，商人只购不售，囤积观望，上海的纺织企业在全国纺织行业中占有很大比重，因此上海的停产也影响到全国的供求关系。结果从"二六"轰炸到春节前后的半个月内，出现了第四次物价波动。

这次物价上涨波及地区较小，主要集中在上海、天津、汉口、西安等几个大城市。为了平息涨风，中财委于2月9日下达指示，命令上海以外各地纺织厂延长生产时间，突击增产，并规定本年度减发军衣，停止机关部队团体向市场买布。与此同时，中财委给上海规定了稳定粮食和棉布价格的具体目标（2月9日每石粮食在27万元左右，要求春节后稳定在26万元至28万元；布价与米价之比由2月1日的0.7：1改变为一匹布合大米1石至1.2石）。遵照中财委命令，上海国营粮食公司在2月平均每日抛售大米2万石，占市场成交总额的80%，使大米在春节前后始终稳定在每石28万元的水平上。从3月上旬开始，棉布的价格逐渐稳定在每匹30万元左右，实现了中财委关于一匹布折合大米一石二的要求。

在平抑这次物价波动的斗争中，人民政府在抛售物资的同时，还采取了紧缩通货的措施。早在1949年12月，中央人民政府就决定发行1.2万亿元人民胜利折实公债，从1950年1月1日开始发行。在1月至2月，多数职工积极认购并迅速交款。而作为认购大户的工商界一般是表面拥护，内心不舒服，虽然认购，但多数拖延交款。2月下旬政府要求认购者按数交款，到3月基本交齐，再加上加征工商税滞纳金，使银根大大紧缩。另外，从1953年3月起，人民政府开始实施"统一财政经济工作的决定"，大大减少了财政赤字，所以从3月起，物价涨风不仅停息，4月还开始下降。自此，不仅建国前后的第四次物价大波动终于平息下来，而且中国长达十几年之久的剧烈通货膨胀也最终结束。毛泽东主席对这场斗争给予了很高的评价，认为它的意义不亚于淮海战役。

3. 统一国家财政和经济

统一全国财政和经济是 1950 年 3 月中央人民政府采取的一项重要的财政经济方针。这项方针的确定和实行，使国家集中掌握了主要的收入、资金和重要物资，扭转了财政收支不平衡的困难局面，控制和制止了延续 12 年的严重的通货膨胀，保证了战争的需要，改变了建国初期资金与物资管理上的混乱状态，从而保障了我国国民经济的恢复和发展。

这次统一财经工作的范围很广，基本内容有三项：第一，统一全国财政收支；第二，统一全国物资调度；第三，统一全国现金管理。其中主要是统一全国财政收支，重点又是统一收入，保证中央财政的需要。

其一是统一全国收支。首先是财政收入问题，当时的财政收入，主要是公粮和城市税收。公粮是当时国家货币回笼的主要手段，军需民用的基本保证。新中国成立初期，公粮收入掌握在县、市、省的手里，收入的多寡迟早，中央无法掌握。统一财经工作要求：公粮的征收、支出、调度均统一于中央；征收公粮的税则、税率，统一由中央人民政府政务院规定，征收任务的分配，由政务院依据当地实际情况而定；在不违反征收政策、法令的前提下，超额完成规定任务后，对超过部分实行二八分成，20% 上交中央，80% 留归地方；各地附加征收的地方公粮的比例为正税的 5%—15%，不得超过 15%，所定比例，须报省审查后转报大行政区批准；在新解放区的农村，土地改革以前，对不同的阶级实行不同的累进税制度。公粮除地方附加粮外，全部归中央人民政府统一调度使用，各省、市、县、区人民政府，非依粮食局支付命令，不得支取公粮；各省、市、县、区人民政府负有保管公粮不使其损失腐烂以及协助运输的责任，公粮的调拨由中财委拟定统一计划，除人马口粮和集中起来的残废军人优待粮、救济粮、婴儿保育粮外，不经批准各地不得以公粮拨作经费，中央人民政府财政部发出调拨命令以后各省不得拒绝调运。同时，还规定了严格的公粮入库制度、支付制度、保管制度和调度制度。公粮收支、保管和调度制度的统一与健全，有力地保障了军需民食，对调节市场供求和实现1950年国家收支概算起了重要作用。在重重困难之下，税收干部为征收公粮作出巨大的牺牲，全国约有4000名干部在征粮工作中惨遭残敌杀害，人们永远纪念他们。税收也是国家财政的主要收入，是财政开支所需现金的最大来源。统一财政收支要求，除中央批准征收的地方税外，所有货物税、工商业税、盐税、关税的一切收入，均归中央人民政府财政部统一调度使用。一切公私企业及合作社，均须按照中央人民政府财政部的规定，按时纳税。税则、税目、税率由财政部报请政务院决定施行，不经批准，各地人民政府不得自行增减或变动，在符合税法和政策的前提下，超额完成税收任务，对超收部分实行三七分成，即30%上缴中央，70%留归地方。为了完成征税任务，全国各大城市及各县人民政府必须委任最好的干部担任税务局长。税收的统一，加强了税收管理工作。除公粮、税收之外，所有中央政府或地方政府可经管的企业，都要将利润和折旧金的一部分，按隶属关系按期解缴的数量，由中财委及地方政府根据具体情况分别规定。同时，建立了人民海关，"把中国大门的锁匙放在了自己袋子里"，使关税成为捍卫中国权益，促进中国经济发展的重要工具。

为了统一国家财政收支设立中央金库。中央和地方分别设立中央金库、中央区金库、中央分金库、中央支金库。中央所属各级金库均由中国人民银行代理，中国人民银行还代理地方金库业务。自1950年3月起，所有税款均逐日入库，禁止延期缴库和挪借行为。

统一支出，主要是保证军队和各级人民政府的开支及恢复国民经济所必需的投资。为此，在预算拨款上坚持先前方、后后方，先军队、后地方的原则。对军队和地方的经费，按编制确定人数，根据供给标准和概算数字，按月、按季批准，按期支付。为了使支出厉行节约，人民政府实施了三项主要措施：

第一，制定编制，规定统一的供给标准。1950 年 3 月建立全国编制委员会，由薄一波任主任，聂荣臻任副主任。各大行政区、省、大城市也都建立编制委员会。编制委员会制定和颁布各级军政机关人员、马匹、车辆等编制，规定供给标准，不准虚报冒领。各机关不经批准不得自行增添人员，编外和编余人员由全国和各地编制委员会统一调配。从而做到了编制有定员、供给有标准、经费有定额，显著缩减了行政费用。

第二，反对百废俱兴，百业并举。对一切可省的支出和应该缓办的事，统统节省和缓办，以集中一切财力用于军事上消灭残敌，经济上重点恢复。

第三，节省支出的重点在于提高效率。为提高工作效率，各机关和公立学校都规定了工作人员的数量及每个人员的工作任务。所有国家工厂和企业，除规定职工人数及生产产品的质量和数量外，必须实行原料消耗的定额制度，铲除囤积物资和材料的浪费行为。一切经济部门，都要努力提高资金周转率，保护机器资材，建立严格的保管制度，严惩贪污浪费人员。对于包下来的旧人员，也应有步骤地加以改造和合理使用，而不采取消极地包饭的态度。上述方针政策执行后，1950 年行政费支出比概算减少 4.5%，对平衡财政收支起了重要作用。

其一是统一财政收支，还必须严格执行预决算制度、审计会计制度及严格的财政监察制度。具体要求是：核实人数，核实开支，节余缴公；无预算不拨款，无计算不审核预算；随时检查各部门收支情况，检查财政收支计划的执行情况；建立严格的支领手续及报表制度等。

其二是统一全国的物资管理。把国家所有的重要物资，如粮食、纱布、工业器材等，从分散的状态下集中起来，用于国家的急需方面。为此，1950 年 3 月成立了全国仓库物资清理调配委员会，由陈云任主任，杨立三任副主任，各大行政区、省、市、县、各后勤部、各工商企业，均分设仓库物资清理调配委员会，进行全面清仓查库工作。所有库存物资，由中财委统一调度，合理使用。到1950年6月，基本上查明了所有仓库存货，并逐级报告全国仓库物资调配委员会，供中财委统一调度使用，从而减少了财政支出和向国外订货。同时，各地国营贸易机构的业务范围的规定和物资的调动，均由中央人民政府贸易部统一负责，各地不能改变贸易部的业务计划，从而有利于调节国内供求，组织对外贸易，有计划地供售物资和回笼货币。

其三是统一现金管理。政务院指定中国人民银行为国家现金调度的总机构。外汇牌价和外汇调度均由人民银行统一管理。公营经济部门和各机关请求外汇，统由中财委审核，一切军政机关和公营企业的现金，除留若干近期使用者外，一律存入国家银行，不得对私人放贷，不得存入私人行庄。其间的相互往来，使用转账支票，由人民银行汇拨。国家银行尽量吸收公私存款。银行对现金收支按期编制平衡计划，以节省现金使用及有计划地调节现金流动。

这次财经工作的统一，尽管范围广、集中程度高，但也不是绝对的集中统一，仍有一些项目是分散经营的。例如按规定比例征收的地方附加粮和地方税；依据税则、税目、税率，因努力工作，严查漏税而超过原定任务的款额，以分成办法留给地方部分资金；东北地区的货币于1950年仍暂维持原来的状况，在财政上也暂时只采取抽调物资的办法；对于农业生产，在中央的统一政策和方针下面，仍然主要由地方组织领导；对于国家所有的企业，划分为三种：一种是属于中央各部直接管理的企业，再一种是属于中央所有，委托地方管理的企业，第三种是划归地方管理的企业，等等。这些分散经营的项目，给了各地一些经营的余地。

由于统一全国财经的决定适应了市场稳定和经济发展的急切需要，并且在中共中央的要求下，各级党委用一切办法保障这个重要决定的全部实施，所以政务院的决定和中共中央的通知下达后仅4个月，到1950年6月，全国的财政经济工作已按照决定的要求实现了统一，做到了全国财政收支由中央统一调度。自建立全国税收日报制度以后，全国城市税收，包括工商业税、货物税及其他税收，中央财政部隔日即可得到56个较大城市的报告，其数额约占每日各项税收总额的3/4；关税、盐税的数额隔日也可得到报告，约占该两项税收总额的9/10；其他小城市、乡村以及较小关、卡、盐场的收入隔旬也能得到报告。在征收公粮的季节中，每旬可得到全国征收与入库的报告，各地征收的公粮，大部分可以按时入库。财政部可以随时了解全国收入的情况。除公粮附加及市政建设附加收入和小学及县简易师范经费支出外，其他收支都由中央统一管理，按编制及分配的预算，分月或分季由各级财政部门或后勤部门向中央财政部支领。在现金方面，中央财政部可以根据税收及金库解款的报告，开发支票，支拨款项。

统一全国财经工作有着重大作用：平衡了财政收支；减少了货币发行；市场物价基本稳定；保证了重点需要。毛泽东曾高度评价它的意义不下于淮海战役。它使国家摆脱了十多年通货膨胀的困扰，人民生活得到了保障，国民经济走上了正常运行的轨道，从而有利于经济的恢复和人民政权的巩固。究其原因，最根本的是由于统一财经适应了当时的中国国情。

三、争取国家财政经济状况的基本好转

在党的七届三中全会上，毛泽东明确指出要为争取国家财政经济状况的基本好转而斗争。为此，要做好八项重点工作，不要四面出击。同时，国家财政经济状况的基本好转取决于土地改革的完成、现有工商业的合理调整和国家机构所需经费的大量节减。

1. 做好八项工作和不要四面出击

新中国成立初期国内矛盾错综复杂，工作千头万绪，但处于中心地位的任务是恢复被战争破坏的国民经济，实现国家财经状况的基本好转。早在七届二中全会上，中共中央就提出逐渐实现工作重点转移的问题，提出如果不能很快学会经济工作，并获得确实成绩，"那我们就不能维持政权，我们就会站不住脚，我们就会要失败。"1950年6月6日到9日七届三中全会在北京召开，毛泽东在会上作了题为《为争取国家财政经济状况的基本好转而斗争》的报告。

毛泽东在报告中向全党和全国人民指出，目前国际国内形势对我们是有利的。在国际上，和平民主的力量比过去更加壮大，新的世界战争是能够制止的。这就为我们提供了一个良好的国际环境，使我们能够放手地和较快地进行国内的建设工作。

在国内，中央人民政府和各级地方政府已经成立。战争已经在大陆上结束，除西藏、台湾及若干其他海岛以外的国土已经全部解放。人民政府在最近几个月内实现了全国范围的财政经济工作的统一管理和统一领导，争取了财政的收支平衡，制止了通货膨胀，稳定了物价，国家财政经济情况开始呈现好转的趋势。全国大多数人民热烈地拥护共产党、人民政府和人民解放军，他们用交公粮、纳税、买公债等实际行动支援人民政府。这是国际国内客观形势的主流和基本的方面。

毛泽东在报告中也指出和分析了形势的另外一个方面，这就是：在国际上，帝国主义战争的威胁依然存在，对此不可以掉以轻心。在国内，由于中国是一个大国，情况极为复杂，革命是在部分地区首先取得胜利然后取得全国胜利的。因此，在老解放区土地改革已经完成，社会秩序已经安定，经济建设工作已经开始走上轨道，东北地区已经开始了有计划的经济建设，大多数人民的生活已经有所改善。但是，在占全国土地面积和人口的大多数的新解放区，因为新中国成立的时间只有几个月、半年，或者一年，还有 40 多万分散在各个偏僻地方的土匪有待我们去消灭，土地问题还没有解决，工商业还没有得到合理的调整，失业现象还严重地存在着，社会秩序还没有安定。我们虽然在经济战线上取得了一批胜利，争取了国家财政经济状况的开始好转，但这并不是根本的好转，被战争破坏的工农业生产还没有恢复，国家财政经济方面的困难还没有过去。毛泽东把以上情况概括为一句话，就是我们还没有获得有计划进行经济建设的条件。

根据上以情况，毛泽东在报告中指出，当前全党全国人民所面临的中心任务，是争取在三年内实现国家财政经济状况的基本好转，为开始有计划的经济建设创造条件。其他一切工作必须服从和服务于这个中心。毛泽东早在七届二全会上就指出，进入城市以后要把恢复和发展生产作为一切工作的中心，如果我们"不能使生产事业尽可能迅速地恢复和发展，获得确实的成绩，首先使工人生活有所改善，并使一般人民的生活有所改善，那我们就不能维持政权，我们就会站不住脚，我们就会要失败。"

为了实现国家财政经济状况的基本好转，毛泽东指出，这需要三个条件，即土地改革的完成；现有工商业的合理调整；国家机构所需经费的大量节减。

为了获得这三个条件，保证争取国家财政经济状况基本好转任务的实现，毛泽东号召全党和全国人民必须一致团结起来，做好以下八项工作：

有步骤有秩序地进行土地改革工作，尽快解放农村生产力，以促进整个国民经济的恢复和发展，并为工业化创造条件；

在坚持统一财经管理，巩固财政收支平衡和平稳物价的条件下，按照统筹兼顾的方针合理调整现有工商业，切实而妥善地解决公私关系和劳资关系，使各种经济成分在具有社会主义性质的国营经济的领导之下，分工合作，各得其所，以促进整个社会经济的恢复和发展；

在保证有足够力量用于解放台湾、西藏和巩固国防的条件下，对人民解放军和国家机关进行整编和精简，以节省军事行政费用，加强经济事业；

有步骤地谨慎地进行旧有学校教育事业和旧有社会文化事业的改革工作，争取一切爱国知识分子为人民服务；

认真做好失业工人、知识分子和灾民的救济和安置工作；

认真团结各界民主人士，开好各界人民代表会议，以便团结一切可以团结的人为争取国家财经状况的根本好转共同工作；

必须坚决肃清一切危害人民的土匪、特务、恶霸及其他反革命分子，以保证争取国家经济建设事业的正常进行；

坚决执行中央有关加强党的建设的指示，做好 1950 年的整风工作，克服骄傲自满情绪、官僚主义、命令主义，密切党和人民群众之间的联系。

毛泽东在报告中还总结了前一段工作中的经验，批评了在某些干部中存在的急于消灭资本主义，提前实现社会主义的主张，以及粗暴对待知识分子和在少数民族工作中不顾客观条件急于进行改革的"左"的情绪，阐述了在各项工作中应严格遵守的方针和政策。

毛泽东的报告及时而正确地向全党全国人民指明了前进的方向和道路，

◎ 1950 年 6 月 6 日毛泽东在中共七届三中全会上讲话

得到了全党和全国人民的拥护和支持，成为国民经济恢复时期具有纲领性的文件。整个国民经济恢复时期，党和政府的工作基本上是按照毛泽东在报告中所指出的方向和步骤前进的，并胜利地达到预期目的，在1952年圆满地完成了争取国家财政经济状况基本好转的历史任务。

中共七届三中全会还讨论了为实现国家财政经济状况基本好转，在政治方面应采取的战略策略方针。

不要四面出击的方针，中心是要解决无产阶级和资产阶级的关系，纠正急于消灭资产阶级的"左"的思想，在公私兼顾、劳资两利的方针和统筹兼顾的原则下，团结资产阶级共同为争取国家财政经济状况的基本好转而奋斗。

不要四面出击的方针，在新中国建立初期具有十分重要的意义。它从战略高度划清了敌友关系，明确了打击的对象和团结、依靠的力量，孤立了少数敌人，为争取国家财政经济状况的基本好转组织了浩浩荡荡的队伍，有力地保证了争取国家财政经济状况基本好转任务的顺利完成。

2. 实现了种田人的梦想

千百年来，中国农民的梦想就是拥有自己的土地。新中国成立后，在新解放区约有三亿农民仍旧受着封建土地制度的束缚。党为继续完成民主革命遗留下来的基本任务——彻底废除封建土地所有制，为争取国家财政经济状况的基本好转，于1950—1952年，在广大新解放区有领导、有计划地开展了大规模的土地改革运动，废除了封建土地所有制，土地回到了种田人的手中。

1950年6月，在中共七届三中全会上，毛泽东把土地改革的完成作为国家财政经济情况根本好转的首要条件，把土地改革工作列为八项工作任务的首要任务，并在报告中正式指出："我们对待富农的政策应有所改变，即由征收富农多余土地财产的政策改变为保存富农经济的政策，以利于早日恢复农村生产，又利于孤立地主，保护中农和保护小土地出租者。"强调了"有步骤有秩序地进行土地改革工作"。

七届三中全会还听取了刘少奇关于土地改革问题的报告，通过了《中华人民共和国土地改革法草案》。6月14日，召开了以土地改革为中心议题的政协第一届全国委员会第二次会议。刘少奇在会上作了《关于土地改革问题的报告》，对土地改革政策的基本内容、进行土地改革的具体办法，作了深刻的阐述。

在闭幕会上，毛泽东又进一步指出了土地改革的伟大意义，号召一切革命的人，都要站在革命人民一边，过好土地改革这一关。经过这次会议及6月28日中央人民政府委员会第八次会议讨论并通过了《中华人民共和国土地改革法》，30日颁布施行。

同年7月、8月，中央人民政府还颁布了《农民协会组织原则》、《人民法庭组织通则》和《关于划分农村阶级成份的决定》等文件。这些法令、通则和决定，根据党过去的历史经验和当时的实际情况，明确地规定了土地改革的路线、方针、政策，是全国土地改革的基本指导文件。

其主要内容有：制定了土地改革总路线，即"依靠贫、雇农，团结中农、中立富农、有步骤有分别地消灭封建剥削制度，发展农业生产。"这条总路线是多年来党进行土地改革运动经验的继承的总结，是符合新中国成立后农村的实际的，又是土地改革中各项具体政策和措施的总依据。

新解放区的土地改革，涉及华东、中南、西南、西北四大行政区，二亿六千多万农业人口。范围广、规模大、人数多，各地的情况也千差万别，为历史上所仅见。为顺利地完成土地改革，党中央根据当时的情况，在时间顺序的安排、农闲农忙的区别和工作方法上都作了周密而细致的部署。

党中央根据新解放区的情况不同，决定采用分期分批进行的办法。计划从 1950 年冬开始，用三年左右的时间完成除少数民族区域暂缓外的全国性的土地改革。具体来说，从 1950 年冬到 1951 年春，在约一亿农业人口的地区进行土地改革；1951 年秋后在约一亿六、七千万农业人口的地区进行土地改革。

同时，土地改革必须兼顾生产的需要，要求根据南北方不同的农业种植情况，农闲时搞土改，如水稻地区，即在冬闲时和水稻秧后至收割前的两段时间内进行土地改革。另外，在工作方法上，先典型试验少部分地区，再波浪式地扩大至部分地区，最后完成剩下地区。应该说，这样的整体部署既能保证土改有步骤地顺利进行，又不违农时和妨碍生产。当时中国农村所进行的土改一般都经过了以下阶段。

第一阶段为广泛深入的宣传动员阶段。

土改刚开始时，农村中的各个阶级各自从自己的地位出发，怀有种种不同的顾虑：贫、雇农囿于小生产地位，主张打乱大平分，不同意照顾原耕基础；中农怕贫、雇农损害其利益；富农怕共了自己的产；地主有的千方百计进行破坏，反对土地改革，也不相信会给他们分田；工人、雇员、自由职业者则纷纷要求下乡分田等；更有甚者，有许多农民受了地主的欺骗宣传，对分田缺乏信心，担心变天。

由此可见，要消灭地主阶级，实行土地改革，并不是一件容易的事。一方面地主阶级绝不会规规矩矩地把土地财物拿出来，另一方面，农民层次不一、思想不一，也不会轻而易举地得到土地。怎么办呢？只有做好广泛深入的宣传动员工作，才能把群众发动起来，以革命手段推翻地主阶级的统治，摧垮地主阶级的经济特权。

宣传动员工作主要采用大会讲解与小组座谈会相结合的方法，针对不同的对象从不同的角度反复讲解实现土改的基本理由和目的，对待贫、雇农，重点是讲土改的目的在于消灭地主阶段的剥削制度，实现"千年土地还老农"，讲解"分田发农，勤劳致富"的道理；对中农则强调照顾原耕基础，进行"分了田，人工省一半，收入多一倍。"

"租田变自田，一亩抵两亩"的算账教育；对于地主阶级，则着重于指出其改善从新的前途，强调老实守法，使他们看清形势，赞成土改，减少破坏。

为了更加深入地发动群众，各地都组织了大批土地改革工作队到农村，总数达30万人以上。工作队一般采用访贫问苦、诉苦串连与召开农民代表会议、举办农民积极分子短期培训班相结合的方式，逐步深入地而又广泛地把农民组织起来，由少数人的贫雇农小组逐步发展到包括中农在内的群众性的农民协会，同时向农民宣传解释政策，以提高农民的政策水平，然后由广大农民群众自觉行动起来，同地主阶级进行面对面的斗争。

第二个阶段为划分阶级成分，健全农民协会，没收登记地主财产阶段。

这阶段一开始时，党就要求必须紧紧把握住政策规定，反复讲清剥削是划分阶级成分的基本依据。边学边划，把政策交给群众，由群众自己进行，先划出地主和明显好划的人户，然后细划不明显的人户；最后以自报公议的办法划农民。全部划好后，张榜公布，复评定案，送上级政府批准。在阶级成分划定、阵线明确后，开始调整健全农会组织，命令地主交出占有土地、房屋的红白文契，将运动推向深入。

土地改革是消灭封建势力最后的、也是最激烈的阶级斗争。在土地改革中，地主阶级不甘心自动退出历史舞台，竭力抵抗和挣扎，进行拼死的反抗和破坏，而这一阶段是整个土改中最为复杂和重要的一环。因此，地主阶级破坏土改的行动大多集中在这一步中。主要有：地主阶级分散和隐藏土地、财产和其他生产资料、生活资料，企图逃避没收和斗争；宰杀和毒死耕牛、毁坏农具、拆毁房屋、砍伐森林、破坏水利等，以破坏生产；散布谣言、蛊惑农民，以致阴谋杀害乡村干部和农民积极分子，甚至组织武装暴乱；美人计也是地主阶级很利害的一种武器；直截了当贿赂也是一种常用的手段；地主阶级采用的最阴险毒辣的手段是打入内部。

面对地主阶级这些多方面的进攻、破坏，广大的农民群众在党的领导下，团结起来，识破地主阶级的阴谋诡计，运用正确的战略、策略，帮助同志，同地主阶级进行了坚决的斗争，打击了地主阶级的嚣张气焰，使运动顺利地改革到第三阶段。

第三阶段为查实田亩，评实产量。这一步主要是解决好农民内部的问题。要强调"天下农民是一家，团结起来力量大""一人瞒产，大家吃亏"的道理。在方法上，可以动员农民插标自报田亩和常年产量，验田公议（农会派人到田内根据自报进行公议），张榜公布，互审定案（村与村互派代表交叉审查后定案）。要切实防止过高和过低地定田地的产量，才能公平合理地分配田地和征收公粮。

第四阶段为按土地改革法规定分配土地。

首先，田地已种上的庄稼，谁种谁收。其次要定好分田标准，一般是以分配单位每人所得田地的平均数为基准，算出每人可分到的最高与最低数目。如每人平均可分 1 亩，可规定最低数目为 0.8 亩，最高数目为 1.2 亩。在这个原则下，原耕农民按最高标准分配田地，分人田地者按平均数或最低标准分进，地主一般按最低标准分田。再次，在确定分田标准后，具体分配时通常采用自报公议，先确定应分数，后确定地段；先确定住房，后确定土地；山林果树随田地、住房分配，不强调平分。土地、房屋等不动产分配后，再分配耕畜和农具。总之，分配土地、财产时一定要做到公平合理和井然有序，围绕有利于发展生产这个总目的。

第五个阶段为烧旧契，发新证（土地证），庆祝翻身，动员生产阶段。

焚旧契、发新证的大会开得庄重欢快，千百年来束缚农民的枷锁被付之一炬，祖祖辈辈耕种他人土地的农民，终于有了自己的土地。

◎ 1950 年《中华人民共和国土地改革法》颁布

这标志着封建土地所有制的彻底废除和农民土地所有制的确立。因此农民将获得土地后的高涨情绪很快转到了劳动生产、勤俭致富的大道上来了。在这过程中，各级党组织和农会组织还提倡团结互助，解决贫雇农在生产中的资金、技术等困难，帮助他们订好安家生产计划。

各地的土地改革基本上都是按以上五个阶段进行的，其进展情况大致如下：

华东地区，包括苏、皖、鲁、浙、闽、沪五省一市，农业人口约有一亿一千多万，建国后尚有约七千多万的地区没有实行土地改革。在这个地区，占农村人口 4% 的地主占有的土地及公地达土地总数的38% 左右，而占有人口 50% 左右的贫雇农，却只占有土地的 18%。地租一般占农业正产物的 50% 左右，高的竟达 70%。1950 年 2 月，华东军政委员会提出准备土地改革的任务。各地建立了农会，并且改造了乡政权，普遍着手农村土地情况的典型调查。1950 年年底，广大群众的反封建斗争在各地普遍开展。据1952年12月统计，全区土地改革总乡数是43394个，到1951年4月底，已有35656个乡完成和正在进行土地改革，占总数的82.17%。1952年5月，完成土地改革的乡数达到43330个，占总乡数的99.85%。由此可见，华东地区用了不到两年时间，完成了土地改革的任务。农民高兴地说："贫雇农得地开心，中农有利称心，富农不动定心，地主劳动回心。"农村的面貌为之一新，贫苦农民翻了身。

中南地区，包括鄂、豫、湘、赣、粤、桂六省，及广州、武汉两市，农业人口约一亿五千三百万人。在封建制度下，广大农民缺少土地或没有土地。在不同地区，占人口5%左右的地主，占有土地少则30%，多则70%至80%；贫雇农占人口的50%至60%，占土地多则15%，少的只有4%；贫苦农民终年所得，有60%至80%无代价地转入地主手中。"虽系鱼米之乡，贫苦人民同样难得温饱。"中华人民共和国土地改革法公布后，各地开始典型试验。1950年9月，中南地区土地改革计划制定。据中南地区1954年3月的统计，全区在土地法公布后进行土地改革的总乡数是64770个。为了彻底打倒地主阶级，使其再难复辟，在完成了土地改革的地区还进行了土地改革复查工作，更好地贯彻实现和结束好土地改革，又为生产运动作直接准备。

经过土地改革，全区有一亿五千一百八十一万五千多亩土地（占耕地总面积的41%）从封建地主阶级转移到农民手中，此外，农民还得到了1700多万间房屋，160多万头耕畜，1700多万件农具等，农民对土地及其他生产资料和生活资料的要求得到基本上满足。以上的事实充分说明，中南地区封建剥削制度已被推翻，地主阶级统治已被打倒，广大农民翻了身，农村的面貌已发生了根本变化。

西南地区，除西藏未计入外，包括川、滇、贵、西康四省和重庆市，农业人口8500多万人。地主占农业人口的3.5%，占有耕地总面积的30%到50%；占农业人口90%的中农、贫农、雇农，只占有 35% 到 50% 左右的耕地。1951 年初，全区土匪已经基本肃清，社会秩序已经安定，群众的觉悟程度及组织程度业已提高，普遍要求提早分配土地。根据形势的发展，西南军政委员会提出凡属清匪、反霸、减租、退押运动告一段落的地区，及时转到土地改革方面来。到 1953 年春，除暂不实行土地改革的六百多万人（占总人口的 7.4%）的少数民族地区外，西南土地改革的任务，也胜利完成了。没收征收的土地八千一百三十六万一千九百二十二亩，占总土地数的 49%，没收房屋一千五百三十七万九千九百三十八间，没收耕牛八十三万九千二百四十五头，没收农具一千零八十七万七千七百一十三件等。封建的土地所有制已经变为农民的土地所有制。

西北地区，包括陕、甘、宁、青、新五省，地区辽阔，交通不便，人口稀少，民族复杂。1949 年 9 月各省基本解放，西北地区人口共二千六百五十万，各兄弟民族近七百万人。在土地占有上，有的地区如关中地区，土地比较分散，地主约占耕地总量的 8%，富农约占 5%，其余土地为中农、贫农和其他阶级或社团所占有。有些地方几乎没有地主，但封建剥削很严重，地租和高利贷以及其他强横霸占、额外勒索等超经济剥削的总和，就夺去农民劳动所获的 70% 至 80%，地租率占至 30% 至 40%，甚至 70% 至 80%，利息率达 70% 至 80%，以至 100%。因此，农民还是强烈要求废除封建和半封建剥削制度。1950 年 7 月，土地改革工作计划制定。1952 年春，西北地区关内四省的土地改革基本上完成，新疆于 1952 年秋后也开始了土改。

总之，新中国建立后，从 1950 年冬季开始，全国新解放区分三批发动群众改革土地制度。到 1953 年春为止，除了约有 700 万人口的少数民族聚居的地区以外，土改已全部完成。通过土改，不仅使广大无地少地的农民分得了几亿亩土地和其他大量生产资料，每年不必再向地主交纳几百亿斤粮食的地租；更加重要的是，比较彻底地摧毁了封建土地所有制，挖掉了我们民族贫困落后的一条重要根子，解放了农村生产力，巩固了工农联盟和人民民主专政，为国家工业化和农业的社会主义改造创造了有利条件。

3. 调整工商业和私营金融业的改造

新中国成立以后，必须对旧的社会经济结构进行改造与改组，把半殖民地半封建经济转变成独立自主的新民主主义经济，为进行有计划的经济建设创造条件。统一财政管理和调整工商业，是新中国成立初期所进行的两项重要工作。陈云曾说："统一和调整，'只此两事，天下大定'"。

统一财政经济工作和打击投机资本，迅速扭转了长期物价上涨的局面，实现了全国物价的稳定，为恢复和发展国民经济创造了良好的条件。但是，紧缩银根后，1950 年春夏之交，全国经济生活中出现了市场萧条、私营工商业经营困难的情况，主要表现在：商品滞销，价格倒挂，工厂生产的产品卖不出去，商店的货物难以销售，市场成交量远远低于商品上市量，并出现了产地价格大于销地价格的价格倒挂现象。生产减少，开工不足。开业减少，歇业增加。

据统计，14 个较大城市在 1950 年 1 月到 4 月倒闭的工厂合计 2945 家，16 个较大城市歇业的商店合计 9347 家。由于停业、歇业情况严重失业人数也大量增加。全国 29 个城市的失业、半失业人数达 166 万，仅上海一地，失业工人就有 15 万人左右。这种状况，激化了一些社会矛盾，失望和不满情绪在一部分工人和城市贫民中迅速蔓延。1950 年 3 月、4 月，上海人心浮动，匪徒趁机活动，市面上发生了吃白食、分厂、分店、抢糕饼、打警察、聚众请愿和捣乱市场等一类的事件。经济问题已经影响到了社会的和平安定。

1950 年 3 月、4 月，中央先后召开了有各大区负责人参加的工作会议和政治局会议，为七届三中全会作准备。

1950 年 5 月 8 日至 26 日，中财委召开 7 大城市（上海、天津、武汉、广州、北京、重庆和西安）的工商局长会议，讨论和分析了私营工商业大批停工歇业的原因，提出了解决的办法。

1950 年 6 月 6 日至 10 日，中共七届三中全会在中南海怀仁堂召开，毛泽东作了《为争取国家财政经济状况的基本好转而斗争》的书面报告，把现有工商业的合理调整作为重中之重。

在七届三中全会上，陈云作了《关于财政经济工作》的重要发言，阐明了调整工商业的必要性、调整的内容和有关政策。七届三中全会进一步明确了调整工商业的重要意义，决定合理调整工商业，调整税收，使工厂开工，解决失业问题，改善同资产阶级的关系。之后，调整工商业的工作在全国范围内普遍展开。到 1950 年 9 月，调整工商业的工作基本完成。

调整工商业所涉及的范围非常广泛，须调整公营工商业与私人工商业的关系、公营与公营的关系、私营与私营的关系、工业与商业的关系、金融与商业的关系、城乡关系、国内各区域间的关系、各企业内部关系和进出口关系，等等。其中最突出的是三个基本环节，即调整公私关系；调整劳资关系；调整产销关系。

一是调整公私关系。这是调整工商业的重点，它包括调整公私工商业关系和调整税赋两项基本内容。调整公私工商业关系是调整公私关系的主要内容，它的基本出发点是：既要保证国营经济作为一切社会经济成分的领导力量，又要保护一切有利于国计民生的资本主义工商业，并使各种社会经济成分在国营经济领导下各得其所，同时反对一切有害于国计民生而从事投机倒把的行为。其主要措施如下：

扩大加工订货和收购包销。这是调整公私工商业关系中最重要的一项措施。通过这种办法，国家一是可以充分利用资本主义工业的生产能力，增加商品生产，二是切断资本主义工业在原料收购和成品销售方面同市场的联系，使之受到国家计划的控制，逐步纳入国家计划的轨道；三是通过这种办法帮助私人资本主义走向国家资本主义的初级形式。在当时工业严重缺少原料和商品普遍滞销的情况下，这是国家对私营工业的扶助。所以，并不是对任何一家工厂都采取加工订货和统购，而是对那些有发展前途，但困难又比较大的行业，如纺织工业和机械工业，即是所谓的重点选择和重点维护生产。1950年，全国私营工业产值中，加工订货和收购包销部分已占27.3%。从占私营工业产值近1/3的棉纺业来看，1950年下半年，为国家加工的部分已占其生产能力的70%以上。1951年1月，政府颁布了《关于统购棉纱的决定》，此后私营棉纺厂的生产就全部纳入了国家计划的轨道。其他工业的加工订货工作也有了很大进展。

划分公私经营范围。国营商业把主要力量集中在批发上，扩大批发阵地，适当缩小国营零售范围。1950年6月以后，减少了国营零售商店经营品种，现有国营零售业务只经营粮食、煤炭、油品、布匹、食盐和生产工具等少数重要物资，掌握货源的1/3到1/2，其他零售业务则由私营商店或小商贩经营。关于农副产品的收购，国营商业只经营主要的大宗的农产品和外销农产品的一部分，其余则由合作社和私营商业者收购、贩运。

调整价格政策。在兼顾生产、贩运、销售三者的利益前提下，保持批发价格与零售价格之间，各种物资产区与销区之间的合理差价，使私营商业者有利可图。例如浙江，龙头细布批零差价从4%提到9.3%，棉纱从无差价调整为2.9%，中白米由3.65调为5.9%，食盐由1.3%提到12%，白糖由1%调为12.8%，香烟由无差价调为0.5%，土产品由5%调为10%—15%，地区差价也有所扩大。

调整贷款。对有利于国计民生的私营工商业，国家银行增加贷款，并调整贷款的使用方向，对工业的放款主要结合加工订货等任务来进行，对商业放款主要放在城乡贸易上，以促进商品流通。据不完全统计，国家银行对私营工商业的贷款，1950年5月为2186万元，9月为 4963 万元，增加 1 倍多，并连续两次降低利率，帮助私营工商业加快资金周转。

调整市场管理制度。在保护正当贸易、打击投机倒把、稳定物价的前提下，适当放宽市场管理，取消某些不必要的限制，便于鼓励私营者下乡采购，活跃城乡物资交流。

调整税赋是调整公私关系的另一重要内容。首先是减轻农业税赋。另外，还修正工商税法，减少税种税目，降低税率，改变征收办法。如工商税税种由原来的 14 种减为 11 种。货物税税目从原规定的 1136 种减并为 358 种，其中停征的税目 387 种，合并征收的 391 种。印花税税目由 30 个减为 25 个。多数税率调低，利息所得税由 10% 降到 5%，工商业税收严格依率计征，不得超过应征税率。另外，政务院作出了《关于减半征收盐税的决定》，从 1950 年 6 月 1 日起实行。调整税赋不但保证了国家财政收入，而且调整了公私关系，发挥了私营工商业的积极作用。

二是调整劳资关系。调整的原则是：必须确认工人阶级的民主权利；必须有利于生产；劳资间的问题，用协商方式解决，协商不成，由政府仲裁。总之，要劳资两利，既要保障工人群众的民主权利，又要使资本家能获得合理利润，以利于恢复发展生产。1950 年 4 月 29 日，中央劳动部公布了《关于在私营企业中设立劳资协商会议的指示》，指出要根据劳资两利和民主原则，用协商的方法，解决企业中有关劳资双方利益的一切问题。据统计，到 1950 年 6 月底，北京、天津、上海、武汉、广州、济南等地已建立了 923 个劳资协商会议。其中 270 个是产业或行业协商会议。据沈阳、北京、武汉、天津四大城市劳动局的统计，1950 年上半年处理的 2199 件纠纷案件中，经协商解决的占 27.5%，经调解解决的占 57.95，经仲裁解决的占 1.85%，经法院处理的只占 7.5%，还有一些是通过其他方式解决的。在协商过程中，一方面责成资方积极改进经营，精减冗员，节省开支，降低成本，反对他们抽调资金，躺倒不干；另一方面工人努力提高劳动生产率，或担负更多的劳动任务。有不少工人还主动减薪，轮班回家或疏散，为维持私营企业的生产经营作出了很大牺牲。当时有个口号"降低工资，劳资团结，渡过难关"。国家则大力救济失业工人，并且有重点地尽量把失业工人组织起来参加国家公共工程的建设，如兴修水利、修建市政工程等。

三是调整产销关系。主要目的在于解决当时私营工业生产中的无政府状态，使生产和销售之间尽量取得平衡。1950 年 6 月至 9 月，中央人民政府财经各部门，先后召开了粮食加工、食盐、面货、煤炭、火柴、橡胶、毛麻纺织、印染、卷烟、金融和进出口贸易等全国性专业会议。公私代表一起协商，具体议定各行各业产销计划，合理分配生产任务。另外，财经部门在调查统计的基础上，将主要商品的产销情况向全国公布。这一切对指导私营企业的生产和经营，克服无政府状态，起了一定作用。

实践证明，1950 年的合理调整工商业取得了明显的成效。它帮助资本主义工商业渡过了困难时期，鼓励了资本家经营的积极性，繁荣了经济。具体表现在：第一，私营工商业企业开业、复业户数增加，停工、歇业户数减少。北京、上海、天津、武汉、广州、重庆、西安、济南、无锡、张家口 10 个大中城市的私营企业，第三、第四季度开业32674 家，歇业 7451 家，开业超过歇业 25223 家。第二，私营工业的产量增加。1951 年同 1950 年相比，全国私营工业总产值增长了 39%，以上海为例，7 种主要工业产品，8 月比 4 月增长了约 1—4 倍。第三，主要商品的市场交易量大幅度增长。北京、上海、天津、武汉的市场交易量，10 月同 4 月相比，面粉增加了 54%，大米增加 2.9 倍，棉纱增加 1.3 倍，棉布增加 2.3 倍。有的工商业者认为，市场繁荣状况是抗战以来十余年所没有的。

私营工商业的发展带动了金融业。全国 7 大城市公私合营及私营行庄，10 月比 4 月存款余额增长 80%，放款余额增加 1.5 倍，汇出入总额增加近 3 倍。国家税收也大量增加，全国 10 大城市的私营工商业税收，1950 年第三、第四季度比第一季度分别增加了 90% 和 80%。

总之，合理调整工商业不仅帮助私营工商业渡过了困难，繁荣了经济，而且限制了资本主义企业的利润额和无政府状态，把它们在一定程度上纳入了国家计划的轨道，使国营经济的领导地位更加巩固。

1952 年 11 月 15 日，中共中央发布调整商业的指示，一般称为第二次调整商业。具体内容有三点：一、调整差价，适当扩大批零差价；二、调整经营范围，适当划分公私间在商业上的经营范围，允许私人经营零售和贩运业务；三、调整市场管理，放宽管理措施。这次调整重在商业，内容是调整公私关系、劳资关系，以便改进我们某些商业政策的缺陷，充分利用私人资本有利于国计民生的一面，使之服务于国家建设。事实证明，只要人民政府加强领导，私营商业对国民经济的恢复和发展是有积极作用的。

4. 国家机构的整编和精简

中华人民共和国成立时，解放战争还在大陆上继续进行，军事费用开支十分庞大。1949 年的军事费用支出竟达到全年财政收入的一半。随着全国各级政权的建立和对文化教育事业的接管，以及对国民党遗留和起义人员实行"包下来"的政策，三个人的饭五个人吃，国家负担的公教人员也急剧增加，1949 年为 700 万人，1950 年很快增加到 900 万人。这样，国家的行政费用也急骤增加。据 1950 年全国财政收支概算，当年行政费用的支出占国家总支出的 21.4%，加上军事费用的支出（约占总支出的 38.8%），共占当年财政总支出的 60.2%，占用了国家的大部分财力。庞大的军事行政费用的支出，对新生的共和国无疑是一个沉重的负担，长期如此，势必要影响国家财政经济状况的根本好转。

为了大量节减行政军事经费，尽快实现国家财政经济状况的根本好转，中共中央七届三中全会提出，在保证有足够力量用于解放台湾、西藏，巩固国防和镇压反革命的条件下，人民解放军应在 1950 年整编复员一部分，同时对国家行政系统进行必要的精简。全会强调指出，国家机构所需经费的大量节减，是实现国家财经状况基本好转的三项重要条件之一，是在国民经济恢复时期全党全国人民必须努力做好的八项工作中的重要一项。

早在这一年的 3 月 3 日，中央人民政府政务院第 22 次政务会在讨论统一全国财政经济管理的决定时，就曾对统一全国各级人民政府、党派群众团体员额的编制和统一各级人民政府的供给标准两个问题进行了讨论，并指定专门小组对有关文件进行审查。10 日召开的政务院第 23 次政务会议，讨论通过并颁发了中央人民政府政务院《关于统一全国各级人民政府、党派群众团体员额暂行编制（草案）》和《全国各级人民政府 1950 年度暂行供给标准（草案）》。

政务院在上述两个文件中指出，由于过去各解放区长期处在战争和被分割的状态，政府工作部门的设置和工作人员的数目不能统盘筹划，以致形成行政人员员额无法统计，财政开支难以掌握的局面。现在中央人民政府已经成立，大陆上的战争业已基本结束，全国已经基本统一，战争和被分割的状态已不复存在，中央人民政府又早已制定和通过了 1950 年年度财政收支概算，为了提高工作效率，调整现有行政工作人员，有必要对全国各级人民政府、党派、群众团体的编制和供给标准作出统一的规定。

政务院依据全国政治协商会议通过的《中央人民政府组织法》，政务院制定的《省、市、县人民政府组织原则》和提高工作效率、精简节约的原则，对中央人民政府、大行政区人民政府、省（市）人民政府、专员公署、县人民政府、区公所的编制（包括区域规模、机构设置、人员配制）和供给标准作了统一的和明确的规定，为整编和精简全国行政机构提供了统一的标准和法规。

为了保证上述决定的实施，中央人民政府成立了以薄一波为主任，聂荣臻为副主任的全国编制委员会。各大行政区、省、大市均分设编制委员会。各级编制委员会的任务，是根据中央人民政府的有关规定，制定并颁布各级军政机关人员、马匹、车辆等等编制，领导、检查和督促精简整编工作的进行。中央人民政府要求，在整编工作中各机关首长必须亲自负责，核实现有人员马匹，消灭虚报估计数字。立即停止各级机关不经批准自行添招人员及招人开训练班的现象。政府及企业部门编外多余人员，不得擅自遣散，均由全国各地编制委员会统一调配使用。各部门各企业如需增添人员，在适当机关批准之后，必须先向全国编制委员会请求调配，只有调配不足又经适当机关批准时，才能另外招收。在精简整编中，对旧军政人员一齐包下来的政策不变，但不应采取消极的包饭态度，对包下来的人员应该有步骤地加以改造和合理使用。

政务院有关统一编制的决定下达后，各级地方人民政府和政务院各直属机构立即行动，首先是按政务院的规定成立了由首长负责的编制委员会，负责本地区和本部门的整编工作。紧接着组织全体工作人员学习中央有关文件，统一思想，提高认识。随后在充分发动群众，认真调查研究的基础上核实现有人员和调整精简机构，按新的编制定机构定人员；同时健全和改进机关行政管理工作，检查和纠正铺张浪费现象。最后是制定和健全各项规章制度，慎重处理编余和编外人员。在精简整编工作中，政务院以身作则，雷厉风行，对所属单位的精简整编进行了多次审查，仅在1950年就召开了15次审查会议。另外，政务院还成立了精简节约检查组，负责检查政务院和政务院所属各委、部、会、院、署、行执行精简任务的情况，一方面检查工作人员是否超过编制人数，工作人员条件如何，工作态度如何，编制本身是否切合实际需要；另一方面检查房屋修建，汽车使用，家具设备，召开会议，办公用品和日常开支有无铺张浪费现象，以及经费开支是否符合预算，等等。

在中央人民政府的正确领导下，国家机关精简整编工作进行得十分顺利，到1950年10月基本告一段落。通过这一工作，各级政府初步核实了人数，统一了编制，遏制了各地任意扩充机构，招收人员的现象并节约了开支。据10月统计，全国各级政府机关行政人员比2月减少1/4左右，1950年行政费用的实际支出比概算减少4.5%。通过这次精简整编，各地都裁并了机构，调整了干部，初步克服了机构重叠臃肿，某些机关人浮于事，某些机关又人员不足的现象，特别是充实了急需加强的各级财经机关和区、乡基层组织。通过这次精简整编，对于帮助广大干部树立为人民服务的思想，改进工作作风，克服官僚主义、铺张浪费等不正之风也起到了很好的作用。

在国家行政机关进行精简的同时，人民解放军也在保存实力、巩固国防的前提下对所属部队进行了整编。1950年5月，人民解放军在北京召开了全军参谋会议，研究了人民解放军的整编问题，确定了陆、海、空军和公安部队的编制定额，提出了进行整编的原则和要求。6月，中央人民政府人民革命军事委员会和政务院联合发出《关于人民解放军1950年复员工作的决定》。决定指出，中国人民解放战争已经基本结束，除台湾和西藏尚待解放仍有严重的战斗外，全国已开始进入经济建设的新阶段，人民解放军也将随之从战争状态转入正规建军的新时期。在国家生产建设开始时，人民解放军必须复员一部分，去参加经济建设，以帮助国家经济的恢复和发展。

复员工作是人民解放军整编工作中牵扯面较广，难度较大的一项工作。为了保证人民解放军整编，特别是复员工作的圆满完成，中央人民政府人民革命军事委员会与政务院共同组成了中央复员委员会，由周恩来负责领导和指挥人民解放军的复员和复员人员的安排工作。

各大行政区、省、专署、县、区、乡和人民解放军团以上单位都相应成立了复员委员会，负责本地区、本部队的复员和安排工作。各级复员委员会在各级党委和政府的领导下，在人民群众中和部队中就复员工作的必要性和意义进行了广泛的宣传和教育，做了大量的组织工作和物资准备工作。各级人民政府都专门发出指示，要求干部和群众热烈欢迎复员军人，认真做好复员军人的安置工作，积极创造条件帮助他们参加生产和安排好他们的生活。人民政府强调，在政治上要给他们以应有的尊重，在物质上要给他们以确实的保证，使复员军人一心一意投入新的经济建设工作。

中国人民解放军进行大规模的整编和复员，这在历史上还是头一次。新中国成立初期，人民解放军在编人员约有500余万，通过这次整编大约复员了140多万人。人民解放军的整编工作，还包括另外一项重要内容，即统一全国编制，包括部队的编制和武器的配备两个方面。

新中国成立初期，人民解放军的整编复员工作是和部队正规化的建设紧密地结合在一起进行的。在中华人民共和国成立时，人民解放军基本上是由单一的步兵组成的，既无空军，又无海军，只有少量特种兵部队。在整编过程中，人民解放军缩小了步兵部队，开始和加强建设空军、海军和其他兵种，并建立了一批培养军队在各方面的指挥人员、政治工作干部和技术人员的军事院校。在1950年正式建立的军兵种有：中国人民解放军炮兵、装甲兵、防空军、公安部队等。11月，还在北京召开了军事学校及部队训练会议，讨论了教育方针，教育计划，教育制度，教材、器材供应计划和学校编制等问题。

人民解放军的整编，不仅减轻了国家的负担，加强了经济建设战线，同时也加速了人民解放军的正规化和现代化，提高了人民解放军的战斗力。这对保卫祖国安全和世界和平，对于尽快恢复和发展生产，实现国家财政经济状况的根本好转起了重要的作用。

为了帮助国家渡过困难阶段，尽快地实现财政经济状况的根本好转，中国人民解放军还开展了大生产运动。1949年12月，中央人民政府人民革命军事委员会发布《关于1950年军队参加生产建设工作的指示》，要求中国人民解放军除继续作战和服勤外，应当负担一部分生产任务，使人民解放军不仅是一支国防军，而且是一支生产军，借以协同全国人民克服长期战争所遗留下来的困难，加速国家经济建设。

指示还强调指出，人民解放军参加生产，不是临时的，应从长期建设的观点出发。指示对部队从事生产的项目、领导生产的组织以及各项政策，也都作了明确的规定。遵照上述指示，中国人民解放军各部队在1950年掀起了生产热潮，取得了丰硕的成果。1950年一年内，全军开垦耕地达到330多万亩。

新疆军区部队在王震的领导下，发挥南泥湾大生产的光荣传统，在1950年开垦荒地80万亩，并全部播种完毕。同时还修灌渠8条，水库1座，建立煤窑37座，油坊11座，面粉坊85座，肥皂厂8个，榨油厂4个，毛毯厂、毛巾厂、织袜厂各1个，造纸厂3个，金矿2处，养牛5000头，养羊70000余只，养猪14万头。西北、西南军区派遣10多万指战员参加天宝、天兰、成渝等铁路线的修筑工程，等等。

中国人民解放军参加生产，减轻了国家的负担，创造了大量物质财富，有力地支持了争取国家财政经济状况基本好转的工作。人民解放军参加生产的行动，还扩大了人民解放军的政治影响，密切了军政、军民之间的关系，对加强部队建设，改善部队生活也起到了重要的作用。

四、国家财政状况基本好转的实现

经过三年恢复时期，在以毛泽东为首的党中央领导下，交通能源重工业得到恢复，城市工商业恢复生机，国内外贸易迅速发展，农业也蒸蒸日上，我国的财政经济状况基本好转得以实现。

1. 重点恢复交通、能源重工业

恢复交通特别是铁道交通，是经济恢复的重点之一。铁路是国民经济的大动脉。长期以来，交通线被国内外反动派用来为战争服务，因此，中国共产党在战争中，习惯于对铁路交通线发动大规模的破袭战。平汉路、津浦路、陇海路等主要铁路干线因此而常年无法贯通，被搞得焦头烂额的敌人甚至咒骂人民武装是"扒路军"，指责共产党人专事破坏交通。铁路归于人民以后，工厂因原材料严重短缺而停工，矿山开采了煤炭、矿石却运不出去；农村生产的粮食、棉花不能及时运往城市；城市生产出来的工业品也因销路不畅而价格猛跌。铁路交通成了活跃经济的"瓶颈"。

随着战争的胜利，昔日的"扒路军"逐渐变成了修路军。毛泽东向铁路部门提出了"解放军打到哪里，我们的铁路就修到哪里"的任务。周恩来于1949年7月23日在全国工会工作会议上的讲话中提出，中国两万多公里铁路，当年要恢复80%，次年再恢复余下的20%，而且还要有新的发展。他说："我们要恢复生产，必须靠交通运输畅通。"

在人民群众的大力支援和广大铁路职工的努力下，上海解放不久，中断十二年之久的津浦路就通车了，从北平到上海开通了直达列车。在上海出海口被封锁的情况下，铁路运输的开通有力地支援了华东的解放战争，并为上海市场的稳定和生产恢复作出了巨大贡献。到全国解放前夕，铁路部门已经修复了5446公里的铁路线。一年以后，全国铁路就由抢修阶段过渡到了正常运输阶段，铁路营业通车里程达到2.17万多公里。由于铁路交通迅速恢复，全国得以在国家统一调拨之下，及时、大量地利用铁路调剂煤、粮、木材、盐、棉花等主要物资，平衡各地物价。当时煤的运量占了铁路总运量的58%，使沈阳、上海、天津、青岛等工业城市和其他城市的生产和生活用煤得以保障。

1950年春季,人民政府组织全国范围空前规模的粮食调运工作,铁路运输作出了巨大贡献。据统计,仅由东北铁路运进关内的粮食就有8000多万吨,对平抑市场物价、防止谷贱伤农起到了很好的作用。以前海盐由于运输不畅,销路很不好,而内地人民因为盐太贵,又吃不起。铁路畅通后,内地人民也能吃到廉价的食盐了。主要产棉区山西、陕西、河南、河北等地的棉花,大部分经同蒲、京汉、津浦等铁路线供应沿海大城市的纺织厂,使因海口被敌人封锁而中断了进口棉花来源的工厂免于停产,反过来也刺激了内地棉花的生产。城乡交流、沿海与内地交流、内外交流,都因铁路的畅通而活跃起来。

新中国重工业的恢复和建设是根据国家独立自主的需要进行的,其具体步骤是根据当时需要,恢复旧有厂矿和在原有基础上进行新建。重工业恢复的核心是钢铁工业。

由于战争的摧残和破坏,钢铁工业的厂矿企业都受到极大的损失,但在共产党的领导与广大职工的积极支持下,由东北而华北、华东、华中,各地厂矿均于解放后的最短期间内相继复工生产。其中有一批厂矿在职工的英勇护厂行动下,不曾遭受敌人破坏,如石景山、太原、华东等地的厂矿。

人民政府于接管了各地厂矿后,首先对过去在帝国主义或国民党统治下实行的不合理的制度和机构断然予以废除或适当改造,同时实行民主管理,提高工人政治地位,改善工人生活,加强劳动组织,逐步推行超额计件工资及劳动保险制度,极大地调动了职工的生产积极性。在东北,更采取了一系列进步的措施,实行生产定额管理,推广经济核算制,特别是自1949年10月起开展的生产新纪录运动,在工人阶级中涌现了一大批劳动英雄和劳动模范,鞍山、本溪、安东、沈阳各钢铁厂矿都创造了生产新纪录。鞍山炼钢炉过去出一炉钢需用10

小时，开展新纪录运动后，迅速减低到 5 小时多一点出一炉。石景山、太原、天津各地工厂亦轰轰烈烈地开展了这一运动，并且有了惊人的创造。在各地钢铁工人创造新纪录的热潮当中，又有苏联专家协助，为生产的发展提供了更有力的保证。

据统计，仅东北一地，炼焦、炼铁、炼钢的平均产量，由于苏联专家的积极协助，比日寇统治时期提高了 10%。根据全国各主要厂矿的报告，新中国成立以来，在恢复与生产同时并进的方针下，产量已较解放前有显著的增高。1949 年，各地生产任务胜利完成，对支援解放战争及工业交通的建设作出了重要贡献。

1949 年 12 月 16 日至 25 日，中央人民政府重工业部召开全国钢铁会议。与会的有东北、华北、中南、华东、西北各大行政区的有关负责人和专家。会议制定了 1950 年全国钢铁生产的初步恢复计划，确定了 1950 年生铁、钢锭、钢材的生产任务以及新建工程计划与投资分配均以东北为重点。对若干有关的技术问题也作了明确的决定，最重要的是平衡炼铁、炼钢、轧钢能力。过去，轧钢能力小于炼钢能力，炼钢能力小于炼铁能力，以致不能不仰赖帝国主义。会议为此决定了若干具体办法。东北是钢铁工业恢复的重点，但技术人员奇缺，会议决定全国支援东北，从全国各地抽调技术人员前去。会议还着重讨论了技术人才的培养问题，强调此事应作为各地区有关部门主要业务之一，要求大力办好企业附设的学校和训练班，办好工人夜校和补习班，加强对在职干部的培训。此外，会议对全国钢铁事业的组织机构问题、职工工资福利问题、财务调拨、产品分配及原材料供应等大问题，都作了具体的决定。朱德、周恩来、财委主任兼重工业部部长陈云等都讲了话，提出了以恢复和发展重工业为重点，创立国家工业化基础的伟大任务。

全国钢铁会议检阅了全国钢铁工业的情况，订立了 1950 年全国钢铁生产计划，并根据实际情况，规定了以东北为钢铁工业建设重点，华北、华中等地以恢复为主，这是完全适应新中国钢铁工业具体情况的正确方针。东北除了拥有最大的钢铁资源及工业基础以外，特别重要的是：东北的经济条件在当时大大有利于工业的发展。首先，东北地区已全部实行土改，农业生产已有显著的增长，农民购买力逐渐提高，显然为工业发展提供了有利的条件；其次，东北物价稳定，币值稳定，能很好地保障企业利润，有助于生产发展；最后，东北解放较早，革命秩序巩固，尤其在工人阶级与苏联专家的共同努力下，不仅恢复了生产，而且积累了许多宝贵的生产经验与方法。因此，只有当东北的工业特别是钢铁工业大大地发展起来的时候，才能有效而迅速地发展全国的钢铁工业。

从1950年1月到8月，全国钢铁工业稳步发展。与上年同期相比，生铁产量为11.4倍，钢产量为7.8倍，而且质量有了很大提高。

煤炭是当时工业生产的主要燃料。1949年11月17日至30日，当时的燃料工业部在北京召开了全国煤矿会议，并通过了决议。出席该次会议的有东北、华北、山东煤矿管理局及抚顺、淮南、淄川等主要煤矿的主要干部及工程技术人员。会议决定，1950年全国国营煤矿的生产方针，是以全面恢复为主，部分建设则以东北为重点。决议指出，在人民政府的正确领导及职工的积极努力下，东北、华北、华东等地矿井已恢复了74%，但过去外国帝国主义对中国煤炭实行掠夺性开采，多数是临时性的小斜井，当时预计到1952年以前，将有55个矿井因储煤采完而废弃。因此，除大力生产和恢复外，还需建设若干新矿井。东北除计划恢复29个矿井外，从1950年至1952年，应以建设为主，新建11个新式立井、两个露天矿及4个斜井，保证1952年东北工业需煤的最高数量，其余地区均以恢复为主。1950年全国煤矿工作的任务，主要是改进技术，提高生产效率，提高质量与降低成本。

经过努力，仅仅一年之后，煤炭生产就基本恢复了原有规模，煤炭生产量提高了37.5%。煤矿劳动生产效率，东北、华北已达到每工

0.54 吨，比上一年提高了 25%；鹤岗煤矿效率甚至达到 0.842 吨。采用新技术采煤的矿山，产煤成本约减低 9.3%—17%。

2. 主要工商业城市恢复生机

当时工业比较集中的几个主要大城市，根据毛泽东关于首先关注生产的指示，加大力量抓紧工业生产的恢复工作。

由于紧密依靠工人阶级，北京市的公有企业在 1949 年不但全面恢复了生产，而且获得初步发展。以北京市营的工业来说，人民政府接管时，14 个公营工厂，开工的只有 6 个。燕京造纸厂、新建玻璃厂、新建制药厂，都是停工了几个月或几年的。到 1950 年，20 个生产单位全部开工，而且普遍超过了解放前的生产水平。此外，石景山钢铁厂开展新纪录运动，采纳了苏联专家的建议，改进了技术，打破了生产上的保守观点，经全体职工的努力和党政工团的密切配合，12 月铁产量曾达到 331 吨，创造了该厂有史以来的最高纪录，产量超出国民党统治时期最高产量的 73.3%。北京机器厂是解放前的几个修械所合并而成的。从 1949 年 6 月后转为民用工业，出产水鹤（火车用）和自动给煤机。它的总厂的机器开车率，1950 年初已达 80%—90%，而解放前只有 20%—30%。

在恢复和发展生产的过程中，职工的贡献是极其明显的。石景山发电厂、公共汽车公司等单位职工，曾献交过不少器材。石景山钢铁厂工人 5 月底检修华北最大的炼铁炉，比解放前缩短工时 1/3，使该厂在 6 月底全面恢复生产。热风炉清灰时，工人程德贵、胡基瑞等在摄氏 120 度高温下入炉工作，受伤和熏昏后还不肯休息。人民造纸厂工人林福昆，为使工厂早日复工，曾仰卧在烂泥地上修水管。在提高劳动生产率方面，北京被服厂在完成冬装任务时，前车工人每日做出 14 套，超出计划 1 倍多。各厂职工不仅积极工作，靠增加劳动强度提高产量，而且努力改良技术，创新工具。七〇兵工厂工人傅万煜创造斜齿车刀，提高产量 9 倍。自来水公司工人刘桂生、李玉启等自制化铅炉，比旧式炉子节省 80% 的焦炭、90% 的木柴。为了克服机件缺乏的困难，石景山发电厂工人唐明汉自造了与美国货效能相同的高压保险丝。在精简节约方面，清河制泥厂 1948 年 6 月烧煤 265.5 吨，1949 年 6 月用的煤气比过去多了，却只烧了 92.3 吨煤。石景山钢铁厂每度电省煤 0.189 公斤，1949 年一年省煤 253258 吨。此外，各厂初步建立了工作制度、管理制度，工人自发订立了劳动纪律。依靠这些，首都的公营企业从恢复走到了发展，为 1950 年的进一步发展打下了基础。工人积极性的来源主要有三：政治觉悟提高；生活得到基本保障；一部分工厂发动工人参加民主管理。

北京市的私营工业，由于长期处在帝国主义、封建主义、官僚资本主义及其集中表现的国民党反动统治下，遭受了严重的压迫与摧残，奄奄一息，朝不保夕。其中绝大多数为轻工业或生活消费品的制造业，仅有一小部分机器制造业和其他生产资料的制造业，规模小且十分分散，力量微弱，解放前夕大都陷于半停顿状态，停工者约有 1/4。在解放之初，许多资本家不明了人民政府的工商业政策，存在着思想顾虑；有的甚至抽走资金，缩小营业，已停产的厂家则持观望态度，拖延着不愿复工。

经过多方面的宣传解释和实际的扶植，市场逐渐扩大，私营工厂陆续复工。1949 年 4 月，中共北京市委分别召开了有私营工厂工人和资本家代表参加的座谈会，解释了劳资两利、发展生产的方针。会后，资本家表示："这样生产就好办了"，消除了对发展生产的顾虑。5 月以后，工业生产开始走上正常的轨道。6 月，北京市政府举行工业生产展览会，随即组织贸易小组去东北和西北。这对于沟通城乡贸易，打开北京市工业产品的销路，起了很大作用。同月，劳动局成立，并开始用签订集体合同的办法系统地调整劳资关系。第二届各界人民代表会议又通过了解雇和救济失业工人的办法，一方面保障了工人的生活，另一方面使经济困难的厂家不敢因解雇纠纷而妨碍生产的发展。在税收方面，采取了工业轻于商业、生产工具及生产资料的制造业轻于生活资料的制造业、必需品轻于非必需品的征税原则。国家银行和贸易机关对私营工业也给予了许多具体的扶植。银行在一年中向私营厂家贷款 353688 元，贷款对象达 363 户，帮助厂家解决了资金周转的困难。贸易公司供给原料，收购成品和订货，对活跃许多行业的生产起了重大作用。私营工业绝大部分已经恢复，部分行业还有所发展。私营工业户数 1949 年 12 月比 1950 年 2 月增加了 51.08%，职工人数增加了 47.05%。

上海是当时一个比较重要的工业城市。解放后的上海工业，继承了解放前的种种不利因素，解放后又遭遇一系列困难，出海口遭到反动派的封锁，大部分或一部分依赖国外原料的工业，如棉纺、面粉、造纸、橡胶、卷烟、搪瓷、毛纺、电工器材等，原料不继，而国内或者产量不足、或者不能出产，同时交通运输也有困难，不能充分供应，因而开工不足，销路也成问题。再加上物价猛涨，原料和工资成本大增，工业品价格疲软，使得整个上海的工业在 1949 年 6、7、8 三个月呈现生产萎缩、销路呆滞、产品售价低于成本的颓势，市面上一片萧条。

从 1949 年 9 月起，上海工业开始走向复苏。其原因，首先是解放区不断扩大，交通逐渐恢复，秋收后农村购买力增强，政府正确执行了新民主主义的经济政策，全力发动各解放区支援上海粮食，把米价平抑下来，并对价格下跌过多的工业品以合理价格予以收购，促使工业品与粮食的比价逐渐恢复正常。在 8 月中旬以后，上海先后举办了运输保险、埠际押汇及出口押汇，帮助沟通了城乡和内外的物资交流。由于金融管理加强，金融业逐渐走入正轨，游资跑进了行庄，利息降低，减轻了工业的财务负荷。此外，吸收了三个月来的经验教训，劳资双方都纠正了若干偏向，劳资关系也逐步正常，这不但提高了劳方的劳动积极性，更重要的是提高了资方的生产兴趣。

上海棉纺业解放前是比较发达的。解放后，私营纱厂有 140 万个纱锭，7 月只运转了七成左右。1949 年年底升至八成，产量提高了 75%。国营各厂纱锭运转率也由 7 月的 77% 升至年底的 80%。机器工业，解放初开工厂数不过 20%，还有些小厂因不能维持而陆续停工。9 月以后，由于北方解放区特别是淮南煤矿、山东矿区急需矿山机器，上海规模较大的机器厂，或多或少接到了订货，机器工业逐步开始好转，开工厂数迅速增加到六成左右，大型厂差不多已全部开工。10 月以后，政府开始造船工作，几十家机器厂和造船厂接到订货充分开工，更趋向稳步复原。钢铁业，9 月上旬开工的还只有七八家；9 月中旬，30 家工厂中已有 17 个工厂开工，原因在于重工业的大力扶持，各厂纷纷接得订单承制角铁、车轮、钢锭、铁路器材等，因此有若干厂已增开半夜班甚至日夜班了。由于钢料市价的上扬，已可达到保本自给，1949 年年底开工的工厂已达 90 左右。

天津解放后，政府接收了 69 个国营工厂，遇到的困难主要是缺乏资金和原料。如中纺公司没有原棉，华电发电所没有煤，火柴厂没有木材，烟厂没有盘纸和甘油，灰堆纸厂没有纸浆，铁丝厂没有盘条，发工资没有钱，等等。

人民政府首先向各厂预支一部分资金和粮食，暂时解决职工的工资问题。又采取相互借贷和调剂的办法，暂时解决原料的困难。如钢铁公司借给机器公司铁条，煤炭公司借给华电发电所煤炭，贸易公司拿出玉米给食品饮料厂加工等。在解放后的一个半月中，使 69 个工厂先后复工。与此同时，各级干部亲自领导砸冰通船，积极兴修水利和水陆交通，沟通城乡贸易。1949 年 3 月至 5 月间，运津的煤、棉、粮等达 1011399 吨，出津的纱、布、食盐、肥料等达 684015 吨。人民银行大力举办工业贷款，使恢复生产遇到的资金、原料、销路等困难基本上得到解决，复工由此稳步前进。各厂开始改造国民党官僚机构，使广大职工以无比的劳动热情投入生产。许多厂长开始注意提高质量，改进技术，节约材料。如天津制钢厂轧钢，每吨盘条用煤由407斤减至356斤，用电由86度减至69度，所产钢含磷与硫的成分降低到0.5以下。中纺的次布率由8.48%下降到4.87%，每件纱用棉量由415斤减至400斤，20支纱强力由标准量65磅提高到87磅以上。许多产品产量超过解放前的2—6倍。如以解放前最高月产为100，解放后钢锭产量为404.6，锰铁为703.5，印刷纸为590，织布机为265.2，再制盐为373，棉纱为115.4。

对于从战争转向全面恢复国民经济的中国共产党人来说，各地轰鸣的机器声，无疑是奏响了中华民族几千年来最优美动听的乐章。

3. 国内外贸易事业的发展

新中国建立初期，国民经济的严重困难，不仅表现在工农业生产的衰落，而且也表现在国内外贸易的萎缩和停滞。由于抗日战争以来的长期战乱和水陆交通的阻塞，以及帝国主义的封锁、禁运，中华人民共和国成立时，我国城乡物资交流几乎陷于停顿状态，对外贸易也遇到重重障碍。城乡物资交流的不通畅和对外贸易的停滞，又加重了国民经济的困难，城市工业所需要的原料、燃料和许多器件无法满足，生产出的产品又销售不出去；在农村，农民生产的农副土特产品无人收购，他们所需要的生产资料和生活资料也无法买到。这种城乡阻隔、货流不畅的情况，不仅严重地阻碍着工农业生产的恢复和发展，为人民的生活带来困难，而且也影响到工农之间、工人阶级和资产阶级之间的关系。因此，努力恢复和发展国内外贸易事业，沟通城乡经济，发展内外交流，就成为建国初期实现国家财政经济状况的基本好转，巩固人民民主专政的一项重要工作。

为了恢复和发展国内外贸易事业，沟通城乡经济，发展内外交流，人民政府采取了以下一些措施。

第一，建立和发展国营社会主义商业体系，使之成为恢复和发展国内外贸易事业、繁荣社会经济的领导力量和中坚。

社会主义性质的公营商业，在抗日战争时期的根据地和解放战争时期的解放区就已经存在。但是，由于那时的根据地和解放区都处在战争环境下并被分割包围在落后的农村，各根据地、解放区的公营商业无论从组织规模，或业务范围来说都是比较狭小的，它所担任的主要任务是打破敌人的经济封锁，支援革命战争。新中国成立后情况发生了根本性的变化，这时全国已经连成一片，形成一个统一市场，社会主义国营商业已经担负起组织全国商品流通，调剂社会供求，满足人民需要，稳定市场物价，活跃城乡经济，促进工农业生产等繁重任务，成为组织、领导整个社会商品生产和商品交换，实现扩大再生产的重要杠杆。尤其在建国初期，它对稳定市场，活跃经济具有不可替代的作用。这就要求国营商业不仅在组织机构、网点部署、人员配置等方面迅速建立和健全起来，而且要求在全国范围内形成一个集中的、统一的强大的国营商业体系。

1949 年 10 月 1 日，中央人民政府组建了贸易部，直属政务院领导，为代表国家统一领导和管理全国贸易事业的最高行政领导机关。随后，国家又在各大行政区、省、市、自治区设立了贸易部和商业厅（局）。从 1950 年至 1951 年，中央贸易部相继组建了粮食、土产、花纱布、百货、盐业、茶叶、油脂、工业器材、石油、煤建等 20 个专业公司，并根据业务需要在全国各地建立了分支机构。各专业公司的任务，是按照分工，在中央贸易部的领导下专门负责某一方面商品的经营和管理工作。1952 年，为了适应日益发展的贸易事业的需要，特别是加强对外贸事业的领导，中央人民政府又把贸易部划分为对外贸易部和商业部，前者专管对外进出口贸易，后者专管国内贸易。经过几年努力，到 1952 年年底，基本上形成了一个从管理到经营，从批发到零售，从商业到服务业，从上到下的一套比较完整包括各种门类的国营商业系统。据统计，1952年年底，全国共有28个国营专业公司，33282个国营商店，拥有53万名职工。国营商业的商品批发额在全国商品总批发额中占60%，商品零售额在全国商品总零售额中占34.4%，并掌握了粮食、棉花、纱布、煤炭、食油、食盐以及其他一些重要商品的供应。

社会主义国营经济的建立，在打破帝国主义对我国的经济封锁，活跃城乡经济，稳定市场和发展工农业生产方面发挥了巨大的作用。在建国初期打击投机资本稳定市场的斗争中，国营商业在全国范围内组织了大规模的物资调运，从西北、华北收购和调运大批棉花和煤炭，从东北收购和调运的大批粮食和木材供应上海、南京、广州、天津、北京等大城市，在保障供给、稳定市场方面显示了它的重要的作用。仅据1950年的不完全统计，国营贸易公司即从农村收购运往城市的粮食达50亿斤，棉花600余万担，还有其他大量的农副土特产品。同时国营商业部门还把城市生产的工业品源源不断地运往农村，其中有农民在生产和生活中急需的农药、化肥、水车、新式步犁、喷雾器，以及布匹、食糖、食盐、自行车、热水瓶、手电筒、搪瓷用品、自来水笔等物品，有力地沟通了城乡物资交流和促进了工农业生产。另外，在新中国成立初期，国营商业还通过加工订货、收购产品，一面扶持和帮助资本主义工业恢复和发展生产，另一面也逐步地把它们引上国家资本主义道路。

第二，在城乡大力发展合作社商业，使其成为国营商业发展城乡贸易，调剂社会需求，稳定市场物价和联系群众，特别是联系几亿农民的重要助手。

我国是一个地域辽阔、人口众多的国家。为了做好城乡贸易工作，特别是搞好广大农村的农副土特产品的收购和推销，生产资料的采购和供应，仅仅依靠国营商业是远远不够的。根据解放前在根据地和解放区的经验，人民政府积极帮助农民在流通领域组织起来，自愿集资，实行供销合作，在国营商业的扶助下通过供销业务为自己的生产和生活服务。在城市，人民政府也提倡和帮助机关、企业的职工开展消费合作。为了加强对合作社的领导和管理，1950年7月，中央人民政府专门设立了合作事业管理局，在政务院的领导下组织和管理全国的合作社商业。随后陆续在各级人民政府设立了合作事业管理局和成立了各级合作社联社。1950年7月，合作事业管理局和全国合作社联合总社筹委会召开了中华合作社工作者第一次代表会议，制定了《中华人民共和国合作社法〈草案〉》，通过了《中华全国合作社联合总社章程〈草案〉》，正式成立了中华全国合作社联合总社，为全国的供销合作、消费合作、信用合作和手工业生产合作的最高联合组织。

为了推动和扶持合作商业的发展，人民政府从各个方面给以支持和帮助，国营商业部门不仅在货源上，而且在价格上都给了合作商业以优惠和照顾。1950年10月，国营商业部门决定，在批发给供销和消费合作社商品时，均按当地牌价予以折扣，棉布、植物油折扣2%，百货、煤油折扣3%，食盐折扣5%，煤炭折扣6%。1951年又扩大折扣率，棉布为6%，煤油为12%，食盐为7%，煤炭为8%，等等。中国人民银行在供销合作社贷款时，利率较国营商业低10%。税务部门规定，新成立的供销或消费合作社，在一年内免缴所得税，系统内上下级之间调拨商品免缴营业税，所有合作社商业的营业税减征20%。铁路部门规定，合作社商业运输货物时，运费降低一等。

在人民政府的大力倡导和扶助下，合作社商业在全国范围内迅速发展起来。到1952年年底，全国共有基层供销合作社35096个，社员14796万人（占农村人口的29.4%），拥有职工100万人，股金23900万元，还有零售网点7900余个。1952年，供销合作社的商品零售额为49亿元，约占社会总零售额的19.64%；收购农副产品额为37亿元，约占国家对农副产品收购总额的60%，其中粮食为40%—50%，棉花为 79%，麻为 72%，烤烟为 51%，茶叶为 56%，羊毛为 24%，蚕茧为 95%。1952 年，供应农民的肥料有油饼 200 余万吨，化肥 29 余万吨，以及各种农具几十万件。另外，供销合作社还采取订立"预购合同"、"结合合同"等形式，帮助农民解决生产中缺乏资金、化肥、农具、种子，以及产品销售等困难。到 1952 年年底，已有 1782 个基层社与 691 个农业生产合作社和 5845 个农业生产互助组签订了结合合同。

第三，在国营商业的领导下，充分利用和发挥私营商业在扩大商品流通、沟通城乡物资交流中的积极作用。

新中国成立初期，私营商业在全国商业中占有相当大的比重，它在促进商品流通，活跃城乡经济中具有不可取代的作用。据 1950 年统计，全国共有私营商业 402 万户，占全国商业总户数的 98.4%，其商品销售额为 182 亿元，分别占全国商业机构批发总额的 76.1% 和全国商业机构零售总额的 85%。尤其是在农村集镇有为数众多的小商小贩，他们走乡串户，兼搞短途运输，在贩运工业品下乡，以及在收购和推销农民生产的农副土特产品中具有十分重要的作用，是联系城乡、活跃农村经济的一支不可缺少的力量。

中华人民共和国成立后，人民政府对国营和私营商业采取了统筹兼顾的方针，在确保国营经济的领导和稳定市场的条件下，对有利于国计民生的私营商业采取了扶持和发展的政策，在经营范围、批零差价、税收政策、银行贷款、市场管理、劳动条件等方面均给以照顾，并帮助他们端正经营方向，改进经营作风，积极下乡推销工业品和收购农副土特产品。在人民政府的支持和扶助下，私营商业获得了很大的发展，在发展商品流通、活跃社会经济、促进工农业生产方面起到了一定的积极作用。1951 年和 1950 年比较，全国私营商业由 402 万户增加为 450 万户，增加了 11.9%，从业人员由 662 万人增加为 740 万人，增长 11.8%，资本额由 19.9 亿元增加为 22 亿元，增加了 10.6%，商品销售额由 183.33 亿元增加为 238.19 亿元，增加了 30.5%，

其中批发额增长 36%，零售额增长 26%。1951 年，私商从农村收购的
土特产品价值为 24.6 亿元，占全国农村土特产品收购总价值 44 亿元
的 55.4%。又据中南区统计，该区 1950 年收购的烟叶、松香、信石等
17 种土特产品中，有 89% 以上的是私商深入农村、产地收购的。

第四，广泛采用物资交流会的形式，开展物资交流，活跃城乡经济。

为了沟通城乡经济，刺激工农业生产，新中国成立初期各级人民
政府还广泛利用民间固有的集市、庙会、骡马大会，因地制宜地把它
们发展为物资交流大会，为城市工业品下乡，农村土特产品的出售打
开销路。一些省市和大区还组织了更高一级的以省、市和大区为范围
的物资交流会，这些物资交流会不仅覆盖面广，而且均以大宗商品的
批发为主。新中国成立初期各种形式的物资交流会，在沟通城乡物资
交流，推动工业品下乡，推销农副土特产品，活跃全国经济等方面发
挥了重要的作用。1951 年 10 月 5 日到 11 月 20 日召开的华北城乡物
资展览会，共接待 900 多个贸易代表团，有 4000 多农民到会参观，各
地贸易团之间共订立合同、协议 3000 余件，成交额达 15000 余万元。
又据 1952 年统计，全国各地举行的各种形式的物资交流会达 7789 次，
成交总额为 339354 万元。一般估计，从 1950 年秋到 1952 年止，通过
各种形式的物资交流会，从农村推销出去的农副产品总值达 100 亿元
以上。

第五，在恢复和发展国内贸易的同时，人民政府还冲破重重障
碍，积极发展对外贸易。

新中国成立前，旧中国的对外贸易严重地依附于帝国主义，具有
浓厚的殖民地半殖民地性质。中华人民共和国成立后，人民政府首先
对对外贸易实行了国家统制，废除了帝国主义在中国的一切特权，取
消了帝国主义在对外贸易经营，以及与此有关的外汇、金融、航运、
保险、商检等方面的垄断，把对外贸易的大权完全控制在政府手中。
其次，在没收和改造国民党官僚资产阶级的进出口贸易企业的基础上，

建立了新的社会主义性质的国营对外贸易体系。再次，在扩大与苏联、东欧等国家的贸易的同时，在平等互利的基础上也积极争取与资本主义国家建立和发展贸易关系，并利用某些港口的转口作用，打破帝国主义对我国的封锁。

经过积极努力，在恢复时期的 3 年中，我国的对外贸易事业获得了很大的发展。到 1952 年，我国先后同苏联、波兰、匈牙利、罗马尼亚、保加利亚、民主德国、捷克斯洛伐克、阿尔巴尼亚、朝鲜、锡兰、缅甸、印度、巴基斯坦，以及英国、法国、瑞士、西德、芬兰、荷兰、智利、日本等国建立或发生贸易关系。1950 年，进出口总额为 41.6 亿元，已经超过了 1931 年"九一八"事变之后的任何一年。1951 年，进出口总额上升为 59.5 亿元，比 1950 年增加 43%，1952 年进出口额再上升为 64.6 亿元，比 1950 年增加 55%。

在这 3 年中，我国对外贸易事业还发生了如下的变化：（一）改变了历史上长期存在的进口大于出口的入超情况，实现了进出口贸易的基本平衡；（二）改变了进出口货物的构成，在进口货物中，我国经济建设所需要的工业设备、交通器材、农业机构、化学农药等生产资料大幅度增加，奢侈品几乎绝迹。据 1950 年统计，当年生产资料进口价值达到该年进口总额的 78%。

对外贸易的迅速发展，有力地支持了国内工农业生产的恢复和发展。据 1952 年统计，该年通过对外贸易进口工农生产所急需的钢材45.99 万吨，有色金属 2.76 万吨，化肥 21.17 万吨，天然橡胶 2.49 万吨，纸浆 3.28 万吨，水泥 1.43 万吨，棉花 7.68 万吨。同时出口大米33.49 万吨，棉布 1620 万米，绸缎 1.738 万米。对外贸易的迅速发展，还在政治上扩大了我国在国际上的影响，发展了我国同世界各国人民的友好关系。

4. 农业得到全面恢复

解放之初，农业特别是粮食的形势是非常严峻的。中国共产党人对形势的认识是清醒的，对农业是非常重视的。1949 年 7 月，周恩来提出，恢复生产首先就得恢复农业，第一步先做到不减产，第二步就可以增产。农业生产提高了，原料增加了，工业生产就更有基础。

1949 年 12 月，全国农业会议在北京召开，周恩来对与会代表谈及财经形势的时候说，农业的恢复是一切部门恢复的基础，没有饭吃，其他一切就都没有办法。轻工业的原料，输出的产品，现在绝大部分都要依靠农业。

中国共产党把工作重心从乡村转移到城市，但对农业并没有放松。周恩来指出，无论什么时候，都不能取消或忽视乡村这个广大的农业基础。如果没有广大农业的发展，工业发展是不可能的。目前的任务首先要恢复农业生产，然后再进一步发展农业生产。要以三五年的努力，使农业恢复到年产 2800 亿斤的抗战前最高水平，这样就可以提高 4 亿农民的购买力，增加他们对工业品的需要和对工业原料的供应，也就可以在恢复和发展农业的基础上发展工业生产。如果缺少棉花，纺织厂就要停工；如果没有粮食，城市人民就不能生活下去。

周恩来总结说：城市离不开乡村，而且要依靠乡村，工业离不开农业，而且要以农业为基础。我们必须在发展农业的基础上发展工业，在工业领导下提高农业生产的水平。没有农业基础，工业不能前进；没有工业领导，农业就无法发展。这个辩证的正确的方针是毛泽东思想在工农业关系、城乡关系上的运用。

救济灾民，对保证灾区来年生产的顺利恢复是至关重要的。但救灾毕竟只是一种消极的办法，积极的办法是防灾。中国是一个自然灾害频繁的国家，一年大大小小的旱灾、水灾、蝗灾、雹灾等不断。其中水旱灾害影响最大，防治水旱灾害的办法是兴修水利，可以说，水利是农业的命脉。

1949 年 11 月，中华人民共和国成立才一个月，水利部就召开了各解放区水利联席会议，研究和确定新中国水利建设的方针和任务。会议确定，新中国水利建设的基本方针是防止水患，兴修水利，以达到发展生产的目的。水利建设的任务是，依据国家经济建设计划和人民的需要，根据不同的情况和人力、物力及技术等条件，分别轻重缓急，有计划有步骤地恢复与发展防洪、灌溉、排水、放淤、水利，以及疏浚河流、兴修运河等项工程。

从 1949 年到 1952 年，国家在财政经济十分困难的情况下，仍然拿出大笔资金用于水利建设。1950 年，人民政府用在水利建设上的经费合粮食 27 亿斤，相当于国民党统治时期水利经费最多年份的 18 倍。1951 年该数据上升为 42 倍，1952 年再上升为 52 倍。从 1950 年到 1952 年的三年中，用于水利建设方面的经费约为 10 亿元，对全国 42000 余里堤防的绝大部分进行了培修和加固，对一些水灾比较严重的河流，如淮河、沂河、沭河、永定河、大清河、潮白河，进行了全流域的治理，还修建了荆江分洪工程。这些工程的规模之大为历史上罕见。

从 1950 年到 1952 年的三年里，在水利工程上所完成的土方有 17 亿立方米以上，等于 10 条巴拿马运河或 23 条苏伊士运河所完成的土方。另外，还修建现代化的灌溉工程 358 处，新建和整修小型渠道和蓄水塘堰 336 处，新凿和修复水井 66800 眼，添置铁轮水车 349000 辆。

三年中，全国共扩大灌溉面积 4950 万亩，另有 18400 万亩农田因为增加和改善了水的供应而免于旱灾威胁。1950 年，由于兴修水利，水灾面积从上一年的 1.2 亿亩骤降至 7000 万亩，相当于增收了 90 亿斤粮食。大规模水利工程的修建，对促进和保证农业生产的恢复和发展起了十分重要的作用。据粗略估计，由于兴修水利、防止水患和扩大灌溉面积而增产的粮食以数百万吨计，同时还在发电、航运等方面收到明显的效益，大大增强了农业抵御自然灾害的能力，初步改变了几千年来靠天吃饭的局面。

为了恢复农业生产，人民政府在进行土地改革的同时，还针对农业税方面的畸轻畸重问题，进行了一系列的调整，适当减轻了农民的负担，使税收更趋公平合理。调整的基本精神：一是只向农业正产物征税，对农村副业和牲畜免税；二是正税负担率由原来的平均17%减为13%；三是征收以常年产量为标准，对于农民群众由于努力耕作而超过常年应产量的部分不加税，以鼓励农民的生产积极性；四是区别不同阶级成分，规定不同的负担率。

1950年9月，政务院正式发布了《新解放区农业税暂行条例》。这个条例是根据《共同纲领》关于税收政策的规定，并参照新解放区农村的实际情况制定的。其基本精神是，按不同的阶层，规定不同的负担率；在不同阶层内部，按收入的多少规定不同的负担率。具体内容是：

第一，以户为单位，按农村人口每人平均的土地常年应产量累进计征，由收入所得人交纳。第二，每户农业人口全年平均每人收入不超过150市斤主粮者免征，超过者，按农业收入的不同税级用3%到42%的累进税率课税，并规定出租收入100斤作120斤计算，佃农收入100斤作80斤计算，公营农场按农业总收入的10%计征。第三，开垦荒地，一年至五年免税；因兴修水利或采用其他办法改良土壤提高常年应产量者，三年至五年不改订其常年应产量；因受灾减产，以及革命工作人员家属和老弱孤寡残废等特别贫困者，减免其税额。

按照上述规定推算，各阶层的负担率，贫农一般是8%左右，中农一般是13%左右，富农一般是20%左右，地主一般是30%左右，最高不超过50%，特殊户亦不超过80%。这个条例的公布与执行，促进了农村经济的恢复和发展，同时也有利于中国共产党在农村中阶级政策的贯彻，有利于推动土地改革运动的开展。

此后，1951 年、1952 年，又对农业税的征收进行了适当的调整。调整农业税负担的结果，使农业税法统一了。农业税法的统一，尤其是将实行两千余年的田赋改为按产量征收的农业税，是一项重大的改革。它对于实行合理负担，促进农业生产的恢复和发展，都具有重要的意义。

中国农业是一种传统的自然经济。土地改革以后，以农民的土地所有制代替了封建地主占有制，但仍然是一种个体经营方式，存在许多个体生产所难以克服的困难。如农村地少人多，自然灾害频繁，新翻身农民资金、耕畜、农具都不足。许多农户无法形成独立的生产能力，遇到疾病、灾害等情况往往在生产生活上都出现严重困难，而且农田水利、机械耕作等工作更不是在一家一户的经营方式下能够解决的。这些都直接影响到农业生产的恢复和发展。因此，在土地改革的基础上，广大农民响应毛泽东"组织起来"的号召，开展了大规模的互助合作运动。

1950 年 3 月 10 日，政务院发布《关于春耕生产的指示》，号召已经实行土地改革的老解放区人民，继续在自愿互利的原则下贯彻组织起来的政策，反对互助变工中的不等价交换、强迫命令和自流倾向。

1951 年 12 月，中共中央又发出《关于农业生产互助合作的决议》，并以草案形式发给各地试行，使互助合作运动走向深入。

广大农民积极响应人民政府的号召，在 1950 年到 1952 年的三年中，全国农民组织了 8 万多个互助组，3644 个农业生产合作社，共有 4542 万户农民参加了农业生产互助组或生产合作社，约占全国总农户的 39.9%。实践证明，凡是组织起来的农户，都增加了产量和收入，而且常年互助组增产的幅度比临时互助组高，合作社增产的幅度又比互助组高，初步显示了互助合作组织在发展农业生产中的作用。

人民政府还开展群众性的农业生产技术改进工作，包括推广优良品种、新式农具和改进耕作技术等。三年中，粮食作物的优良品种已经推广到 2 亿多亩，棉花的优良品种已占棉田总面积的一半以上，推广新式农具 250536 件。人民政府还帮助农民改进耕种和栽培技术，实行合理密植和深耕，并在整地、施肥、育种、播种、中耕、灌溉、防治病虫害等方面创造了不少先进经验。这些措施的推广，对于促进粮食等作物的增产起了巨大的作用。黑龙江省肇源县推广"等距宽播、间苗保苗、分期追肥"的先进耕作法，使全县粮食作物的单位面积产量普遍提高了 1 倍。

"铸剑为犁"是饱经战乱的中国人民的呼声。在人民解放战争已在全国范围内取得基本胜利的条件下，人民军队迅速转向生产特别是农业生产，为农业的恢复作出了特殊的贡献。

1949 年 12 月 5 日，中央人民政府人民革命军事委员会发出《关于一九五〇年军队参加生产建设工作的指示》，号召全军除继续作战和服勤务者外，应当负担一部分生产任务，使人民解放军不仅是一支国防军，而且是一支生产军，借以协同全国人民克服长期战争所遗留下来的困难，加速新民主主义的经济建设。人民解放军参加生产，不是临时的，应从长期建设的观点出发，在农业、畜牧业、渔业、水利事业、手工业、各项建筑工程等范围内进行。这个指示发出后，得到了人民解放军全体官兵积极响应。

重庆市警备部队在繁重警备任务的空隙中，进行垦荒种菜，到 1950 年 3 月中旬，已开荒 457 亩，吃上了自己种的蔬菜。川西著名的都江堰，经千年风雨，已经残破不堪。经解放军某部积极整修，只用了 95 天时间，1950 年 4 月 2 日完工放水，可灌溉 350 万亩农田，为即将到来的春耕生产打下了良好的基础。云南军区部队普遍成立生产小组，利用剿匪空隙开展生产开荒。某部刚经千里行军抵达滇西后，立即提出生产节约的计划，各单位热烈开展生产竞赛，昆明警备部队不到一个月即开荒 500 亩。

西北军区部队提出口号："安下心，扎下根，半耕半读，勤劳建设大西北。"战士们知道，英勇作战是为了争取人民的解放，而辛勤劳动则是为了巩固胜利和建设祖国。指战员们在整修宝鸡天水段铁路中，还开垦铁路两旁荒地，山谷中到处是欢快的歌声，一边唱："小伙子要想身体壮啊，血脉要流通；咱们的祖国要富强啊，火车要畅通"；另一边就响应："我们是人民的子弟兵啊，打仗立过功；我们是人民的好儿女啊，生来爱劳动。打仗啊，劳动啊，样样都能成啊，行行都要打先锋"。

王震将军在陕北时，就以领导开展大生产运动，将荒凉的南泥湾变成陕北好江南而闻名。解放战争中，他率领十多万人马进军新疆，以天山南北为家，天当被子地当床，克服了难以想象的困难，扎根大西北，建设大西北。王震大军积极垦荒，到1950年4月上旬，已能开始春耕播种工作。南疆驻军及军区直属队就开荒达10万亩，并已有7万亩下种，配套水利工程已经完成，可保证灌溉50万亩。不久，这里已是到处一片绿野，成千上万亩小麦、大豆、油菜苗茁壮成长，千里荒漠变成了绿洲。王震兵团为大西北的开发作出了卓越的贡献。

陕西某军驻地的居民说："你们刚来挖地时，我们认为是在演习，现在才晓得是真种庄稼，减轻我们的负担。这种队伍真是古来少见啊！"驻宁夏某军养猪2300余口，羊3000只，鸡千余只，并从事运输、打柴、烧炭、捕鱼、编席、做鞋、淘金，采集药材等工作。

此外，华东、华北、东北、中南军区都开展了大规模的生产运动。全军参加水利建设等工程，开垦种植了330余万亩农田。军队战时作战，和平时期投入生产，展示了中国历史上少见的盛世景象。

在全国人民的努力下，农业生产的恢复异常顺利。从抗日战争开始到1949年十二年间，由于连年战火和帝国主义、国民党反动派的掠夺破坏，农业生产水平下降了1/4左右，某些地区甚至下降了1/3。老解放区虽然经过了几年的生产劳动，但仍较战前水平降低15%左右。新中国成立后仅一年，全国农业生产就扭转了连续十二年的下降趋势，粮食生产已恢复到战前的 85.7%，产量达 2400 亿斤，已经能够自给；棉花产量达 1400 万担，接近战前水平。这是一个非常重大的转变。艾奇逊之流对中国人民不能解决吃饭穿衣问题的悲叹，已经被永远地抛进了太平洋。

新中国建立初期国民经济的恢复证明，中国共产党不仅有能力领导中国人民取得新民主主义革命的胜利，而且也有能力领导中国人民迅速地恢复与发展经济，使中国逐步走上繁荣昌盛的道路。

第三章

建立新的思想文化秩序

一、接管与改造旧的文教事业

新中国成立后，旧有文教事业已远远不能适应新社会的需要。旧有文教事业的主要缺陷是，文盲众多，基础教育落后，现代教育，尤其是高等教育大多为帝国主义控制，教育思想中充斥着买办西化内容，学校的地理分布毫无计划，政治、文学等人文学科的研究过度膨胀，忽视科学技术，教育界与社会发展相隔离。新中国建立伊始，中共中央就着手对旧有文教事业进行彻底改造。

1. 接管与改造工作

旧中国文教事业非常落后，80% 以上的人是文盲，农村中文盲的比重更大。全国学龄儿童入学率通常在 20% 左右。中等以上的学生中工农子女极少。据国民党政府教育部统计，1947 年高等学校在校学生共 15 万人，1946 年中等学校在校生共 179.8 万人，小学在校生共

2285.8 万人。按当时全国 4.7 亿人口计算，平均每万人中仅有高等学校学生 3 人，中等学校学生 38 人，小学生 486 人。

在广大的农村地区，普遍的初等教育形式仍然是上私塾。这种私塾教师是科举制度的牺牲品。他们苦读多年，却没有得到功名，并由于他们对现代职业如雇员、会计等的文化偏见而只能选择私塾教师，教学内容多是封建道德的陈词滥调。

中等和高等教育，大多集中在上海、北平、天津、南京、武汉、广州等大城市和沿海地区。并且，其中相当一部分接受外国教会津贴。

不仅如此，旧中国的文教事业是半殖民地半封建社会的产物，是为少数剥削阶级和统治者服务的，是附属和服从于国民党统治政权的。

旧中国的文化教育事业另一个突出特点就是帝国主义的文化侵略活动。一百多年来，帝国主义国家对中国除了政治、经济和军事侵略外，尤其注重文化教育的侵略活动，主要是通过津贴宗教、教育、文化等各项事业的方式加以控制。其中，美国影响最大。

旧中国文化教育事业的这种状况，显然无法适应和满足新中国的政治、经济和社会发展需要，因此，对旧有文化教育事业的改造势在必行。

在 1949 年 9 月召开的中国人民政治协商会议全体会议上通过的带有根本法性质的《共同纲领》中，规定：

中华人民共和国的文化教育为新民主主义的，即民族的、科学的、大众的文化教育。人民政府的文化教育工作，应以提高人民文化水平，培养国家建设人才，肃清封建的、买办的、法西斯主义的思想，发展为人民服务的思想为主要任务。

提倡爱祖国、爱人民、爱劳动、爱科学、爱护公共财物为中华人民共和国全体国民的公德。

努力发展自然科学，以服务于工业农业和国防的建设。奖励科学的发现和发明，普及科学知识。

中华人民共和国的教育方法为理论与实际一致。人民政府应有计划有步骤地改革旧的教育制度、教育内容和教学方法。

有计划有步骤地实行普及教育，加强中等教育和高等教育，注重技术教育，加强劳动者的业余教育和在职干部教育，给青年知识分子和旧知识分子以革命的政治教育，以应革命工作和国家建设工作的广泛需要。

这是改革教育事业的基本依据。

中华人民共和国成立后，于1949年10月建立教育部，任命马叙伦为部长，钱俊瑞、韦悫为副部长。同年12月23日召开了第一次全国教育工作会议。会议讨论了如何对旧教育进行有计划有步骤的改革问题，提出："我们采取的是坚决改造，逐步实现的方针。""因此，在原则上不坚持新民主主义教育的总方针，或者和旧教育采取无原则的妥协，这是不能允许的。另一方面，我们也反对对旧教育采取否定一切，不批判吸收历史遗产中优良的部分的态度，或对新解放区的教育工作者采取排斥的态度并违反争取改造和团结的方针；同时我们也反对不顾情况，单凭主观愿望，不讲求步骤急于求成的那种急躁和盲目的态度。"

确定教育改革的方针是："以老解放区新教育经验为基础，吸收旧教育有用经验，借助苏联经验，建设新民主主义教育"。明确了新教育的发展方向，"除了必须维持原有学校继续加以改进外，教育应着重为工农服务，而当前的中心环节，应是机关、部队、工厂、学校普遍设立工农中学，吸收大批工农干部及工农青年入学，培养工农知识分子干部，同时大量举办业余补习教育，准备开展识字运动"。

根据上述精神，1950年6月教育部召开了第一次全国高等教育会议，9月召开了第一次全国工农教育会议。1951年3月和8月又分别召开了第一次中等教育和初等及师范教育会议，1951 年 3 月召开了第一次中等教育会议，6 月召开了第一次全国中等技术教育会议，对各级各类教育的改造进一步作出规定。

1950 年 6 月 6 日，毛泽东在中国共产党七届三中全会上作的报告中，提出了国民经济恢复时期，中国共产党在文化教育方面的基本方针是：

有步骤地谨慎地进行旧有学校教育事业和旧有社会文化事业的改革工作，争取一切爱国的知识分子为人民服务。在这个问题上，拖延时间不愿改革的思想是不对的，过于性急、企图用粗暴方法进行改革的思想也是不对的。

毛泽东的这一指示，对旧文教的改造和新文教的发展有重要的指导意义。

国民党统治时期，学校一般分为公立和私立两种，公立高等学校又有国立和省立之分。

考虑到国民党政府垮台后，原国立或省立学校已无经费来源和主管领导部门，因此，新中国成立后，首先接管公立学校。新解放区各级学校的接管并不是在中华人民共和国成立后才开始的。解放战争期间，随着解放区的开辟，各地学校随之也由军事管制委员会（军管会）或人民政府所接管。

北平市军管会为接管一切属于国家的公共文化教育机关及一切文物古迹，于 1948 年 12 月 21 日成立了文化接管委员会。1949 年 2 月，中国人民解放军进入北平后，开始接管工作。接管时，先召开校负责人及员生工警代表会由军管会代表宣布接管方针、政策，征询他们的意见；接着召开全体大会，宣布正式接管。接管以后，学校员工生活、业务，即由军管会处理。接管时期，发放了生活维持费和有关经费，初步改革了课程。1949 年 6 月，华北人民政府公布了《华北高等教育委员会组织规程》，规定了华北高等教育委员会的职权。从此，所有在北平的被接管的高等学校都移交华北高等教育委员会管理，北平市军管会接管高等学校的工作至此结束。上海、西北等地的接管工作基本与北平相同。

在旧中国的高等学府中，最早被我解放军接管的是清华大学。清华大学前身为清华学堂，是 1911 年清朝政府用美国"退还"的一部分庚子赔款办的一所留美预备学校。1911 年 10 月辛亥革命后，清华学堂改名清华学校。1925 年开始设大学部，1928 年国民党政府接管后，校名改为国立清华大学。翌年旧制全部结束，完成了从留美预备学校到大学的过渡。抗日战争爆发后，清华大学南迁昆明，与北京大学、南开大学三校联合组成西南联合大学。在极度困难的条件下，艰苦办学，创造了很大成就。抗战胜利后，于 1946 年复员迁回北平。清华大学在学制、课程、教材和教学方法上多仿照美国。

1948 年 12 月 15 日，人民解放军进驻北平海淀，解放了清华园。1949 年 1 月，北平军管会派出代表，正式接管了清华大学。接收清华大学时，有人主张撤换原校务会议代主席冯友兰，认为他是反动教授。但接管人员没这样做，而是先召开教授座谈会，向十几位名教授宣布接管方针，征求他们的意见，他们很同意，一切仍由冯友兰负责。结果感动了冯友兰，他在大会上宣布：我们是光荣的，是受人民解放军第一个接收的大学，我们是人民的大学了。冯友兰的留任，影响了中间的多数，稳住了北平各院校的教授，甚至影响遍及全国。

旧中国，私立学校占有很大比重。据统计，1947 年全国有专科以上学校 207 所，其中私立的 79 所，占 38.16%。新中国成立初期，中国有些地方，私立高校多于公立高校。如上海市有高校 40 所，其中私立的 30 所，占 75%。南京、武汉的公私立高校各占一半。私立中小学数也很大。据第一次全国教育工作会议统计，全国已解放地区（缺西南六省、西北三省数字）共有私立中等学校 1467 所，占中等学校总数的 48%。仅京、津、沪、宁、武汉五市的统计，有私立小学 1452 所，占小学总数的 56%。

私立学校既然占了这么大的比重，因此，如何正确对待私立学校，加强对私立学校的领导与管理，便成了解放初教育事业发展中的一个重要的问题。就新中国成立初期的基本状况而言，政府要在短时期内将众多的私立学校全部收归国家接办，存在困难。面对这种情况，政府对私立学校采取了"积极维持，逐步改造，重点补助"的方针，以便在为国家建设培养人才的总目标下，使公立、私立学校各尽其力，各得其所。

"积极维持"是指，除极少数过去为反动派所创办，而解放初仍然为反动分子控制，以及个别办得太腐败，成绩太坏或实在办不下去的私立学校予以停办或合并外，一般私立学校都要维持下去。如有困难，一方面学校本身，要用一切可能的正当的办法力求自力更生，另一方面政府在财政许可的情况下，作尽可能适当的补助。政府要克服忽视私立学校，任其自生自灭的偏向。

"逐步改造"，是指，私立学校应根据人民政府的方针政策，积极和主动地，并有计划有步骤地改革学校的制度、教育内容和教学方法。政府要加强对私立学校的领导，积极帮助他们实行改造，适当地解决他们的困难。

"重点补助"，是指，对于办理成绩特别优良或者当前建设所十分需要的私立学校，如因经费困难不能维持或不能发展的，政府要指定专款予以补助，逐步地把它们纳入国家建设的正轨，发挥更大的效能。

根据以上方针，当时对私立学校进行了整顿。主要采取了两项措施：一是改组、健全董事会。二是重新立案，给私立学校以合法地位，提高他们的办学积极性。

中国私立高校通过 1951 年、1952 年的院系调整，到 1952 年年底已全部改为公立。这一方面是由于私立高校在经济上越来越难维持，学生越来越少；更重要的是由于中国大规模的工业建设将开始，需要大批建设人才，如果不把私立高校改为公立，不把一些力量单薄的规模较小的学校加以合并或调整，国家就难以统一规划，全盘考虑。

私立中小学的完全接办要晚一些。到1956年，随着社会主义改造的基本完成，中小学也全部改为公立。

新中国建立初期，对待各种教会学校，当时决定在遵守中国人民政府政策法令的原则下，允许接受外国津贴的文化教育救济机构继续接受津贴。但是，某些外国教会，藐视中国的这个原则，甚至继续不断地利用教会学校，暗中进行反动的宣传和活动。尤其在美帝国主义侵略朝鲜和侵占台湾后，破坏活动更加活跃起来。为了永久占领这些文化侵略据点，他们还施展种种阴谋，对学校师生威迫利诱，阻挠改革，甚至用断绝经费来源相要挟。在这种情况下，我国政府开始了接办教会学校的工作。

首先接办的是辅仁大学。辅仁大学是罗马教廷于1925年创办的，当时经费主要由罗马教廷筹划、捐募，学校最高领导由教会直接派遣，学校大权全操其手。所以，成立时是由本笃会奥图尔作校长，中国人作副校长。从1927年开始在形式上改由中国人担任校长。每次董事会在人数上虽然中国人占半数以上，但属于天主教会的董事，每次也都在半数以上，所以整个学校的大权仍然由天主教会操纵，中国的行政人员并没有实际权力。北平解放后，在人民政府的指导下，辅仁大学先后成立了工会和学生会，增添了马列主义课程，教会权力有所削弱。但天主教方面认为这对他们不利，用尽一切办法企图阻止。1950年7月，教会驻校代表芮歌尼先后致函陈垣校长，公然提出下列四个条件，作为拨付经费的前提：

一个新的董事会将由教会选任；教会经过代表对人事聘任有否决权；附属中学经费自给自足；圣言会所在地仍由教会保留，不准任何人侵扰。并提出将补助费由每年16万美元减至14.4万美元。信中还附有根据第二项条件提出解聘五位进步教授的名单。这是明目张胆地对学校行政权的干涉，是人民政府的法令所绝不能允许的。他们的无理要求遭到拒绝后，便于8月停拨了一切经费。

教育部长马叙伦于9月召见了芮歌尼，阐明人民政府对教会学校的原则态度，正式声明中央人民政府在认为不能容忍的时候，即将学校收回自办，责令芮歌尼放弃一切无理要求，但教会仍坚持反动立场。为了整个人民教育事业的恢复和发展，中央人民政府教育部报准中央人民政府政务院于10月明令将辅仁大学正式接收自办。

大批教会学校的接办是从1950年年底开始着手进行的。1950年12月底，中央人民政府发布了《关于处理接受美国津贴的文化教育救济机关及宗教团体的方针的决定》，中央教育部根据这个决定的精神，于1951年1月发出了《关于处理接受美国津贴的教会学校及其他教育机关的指示》，要求各地把这件关系国家教育主权的重大工作做好。这些为具体接办教会学校提供了依据。

1951年初，全国接受外国津贴的高等学校共20所（辅仁大学已接办，未计入）；接受外国津贴的中等学校共514所；接受外国津贴的初等学校共1133所。被接办的教会大学，分别情况或由政府接办改为公立，或由中国人民自办但仍维持私立、政府予以补助。在1952年和1953年院系调整中，这些学校全部由国家接办，改为公立。

接办教会学校，收回教育主权，割断了文教机构同帝国主义的联系，由中国人民自己办教育和办宗教事业。这从根本上改变了旧教育为帝国主义服务的性质，发展了人民教育事业。但是，在接办教会学校的过程中，也出现过一些"左"的偏差，如没有把文化侵略与文化交流区别开，有些学校甚至连同外国大学交换图书、资料的工作也由此中断了；对在教会学校工作的外国教员，不分好坏，全都任其回国，其中有不少教员对中国人民是友好的，并且愿意以自己的学识为中国人民服务，有的本人不愿意离开中国，然而也被停止了在学校的工作。对教会学校的办学经验，也缺乏辩证的全面的分析。

2. 建立新学制，调整高校院系

随着对旧有文教事业改造的深入，与之相适应的学制改革也提到议事日程。

1951 年 10 月 1 日以中央人民政府政务院命令颁布了《关于改革学制的决定》。决定指出：为改正原有学制的缺点，有必要与可能确定原有的和新创的各类学校的适当地位，改革不合理的年限与制度，并使不同程度的学校互相衔接，以利广大劳动人民文化水平的提高、工农干部的深造和国家建设事业的发展。

决定的颁布，产生了新中国的第一个学制。决定共分五个部分，具体规定了各级各类教育的任务、入学条件及修业年限等。具体包括：

幼儿教育。实施幼儿教育的组织为幼儿园，收 3 岁至 7 岁的幼儿，使他们的身心在入小学前获得健全发展。

初等教育。对儿童实施初等教育的学校为小学，给儿童以全面发展的基础教育。学习年限 5 年，实行一贯制。对青年和成人实施初等教育的学校为工农速成初等学校、业余初等学校和识字学校，施以相当于小学程度的教育。

中等教育。实施中等教育的学校为中学、工农速成中学、业余中学和中等专业学校。前三者给学生以全面的普通文化知识教育。中学修业年限为 6 年，分初、高两个阶段，各为 3 年；工农速成中学修业年限为 3 年至 4 年。中等专业学校按照国家建设需要，实施各类中等专业教育，修业年限为 2 年至 4 年。

高等教育。实施高等教育的学校为大学、专门学院和专科学校。大学和专门学院修业年限为 3 年至 5 年；专科学校为 2 年至 3 年。

各级政治学校和政治训练班。对青年知识分子和旧知识分子实施革命的政治教育。

这个新学制最主要的特点是：第一，从实际出发，突出"教育为国家建设服务"的方针。学制明确规定了技术学校、专门学院、专科学校和专修科的适当地位和制度，以适应培养大量国家建设人才，首先是技术人才的需要。第二，新学制突出了"学校向工农开门"的方针，把教育工农干部和工农群众的学校，按其程度，分别列入正规的学校系统之内，并使其相互衔接，保障了工农劳动人民和工农干部受教育的机会。这是对旧教育制度最为彻底的改造。如初等教育除儿童的初等教育外，特别规定有成人的初等教育，它包括工农速成初等学校、业余初等学校和识字学校等，从根本上改变了旧社会劳动人没有受教育权利的制度。

总之，新学制的颁布，使中国人民自己的学校系统在新的政治经济的基础上，以法令的形式明确地建立起来了，它标志着中国劳动人民在文化教育上的新胜利，标志着人民教育走上了有计划有系统的发展的新阶段。

值得指出的是，新学制制定和颁布过程中存在的关于小学学制的争论。新学制规定取消小学四二分段制、实行五年一贯制，事实证明这是不正确的，也没有被推行。在决定发布以前，教育界曾广泛讨论过小学学制的问题，当时有许多人不赞成五年一贯制，认为会遇到两大困难；一是师资质量低，不适应；二是经费困难。因此，有些人主张仍维持四二制。但是，当时领导部门的指导思想出现了偏差，表现在：

一是片面地认为小学四二制是一种"反动的教育制度"，"根本不适应今天新中国人民大众的要求"，所以"必须予以废除"，甚至在政务院文教委员会会议上，到会委员都反对维持四二制，把小学四二分段制视为"是使劳动人民处在不平等地位的教育制度"，因此"不应再予以维持"。正是这种片面的认识，导致了作出实行五年一贯制的决定。

二是思想上过分强调所谓教育的统一性，强调消除城乡差别，忽视中国的国情，急于使农村四年制初小教育与城市六年制小学教育这两种不同程度的基础教育统一起来。显然，这是不切实际的想法。所以，五年一贯制未能在全国推行，绝不是单纯的师资等条件准备不足的问题，实际上反映出当时教育改革上漠视中国国情，简单否定原有教育制度的"左"倾情绪。

旧有高等教育的缺陷之一就是人文学科膨胀。多所高校在同一地区重复设置，它们做着几乎完全相同的工作，几乎都有美国式的文学院，培养的毕业生却难以找到工作。同时，国家建设所必需的专业人才却无处可以培养。1952年，中央决定在高等学校进行了院系调整和专业设置的工作。当时中央确定的方针是："以培养工业建设人才和师资为重点，发展专门学院与专科学校，整顿和加强综合性大学。"这次院系调整和专业设置，是以苏联的高等教育为蓝本的。

高等学校的院系调整工作，从1951年10月开始准备，1952年暑假大规模展开，1953年基本完成。调整的原则是：基本取消原有系科庞杂，不能适应培养国家建设干部需要的旧制大学，并改造为培养目标明确的新制大学；为国家建设所迫切需要的专业，予以分别集中或独立，建立新的专门学院，使之在师资、设备上更好地发挥潜力，在培养干部的质量上更符合国家建设的需要；将原来设置过多过散的摊子，予以适当集中，以便整顿；学校条件太差，一时难以加强，不宜继续办下去的予以撤销或归并。

根据调整原则的精神，从1951年下半年起，逐渐在全国范围内开展了有计划、有重点的院系调整。1951年主要是对华北、华东、中南三个地区的工学院作了适当调整。到1952年夏，全国高校进行了一次大规模的调整，从此奠定了中国高等学校的基本格局。在院系调整过程中，私立大学全部改为公立，教会学校撤销。

全国高校基本完成院系调整任务后，结束了院系庞杂、设置分布不合理的状况。通过院系调整，在中国高等工科学校基本建成了机械、电机、土木、化工等主要工科专业比较齐全的体系，这对从根本上改变半殖民地半封建的旧中国不能完全培养学科品种比较配套的工程技术人才的落后状况来说，具有深远的战略意义。通过调整，各校的师资、设备、校舍等也都得到了较合理的充分的利用，加之领导力量的加强，使高等教育事业有了较大的发展。通过调整，将大学本科分为三类，即文理科性质的综合大学、分科性理工学院和单科性的专门学院。

通过院系调整，全国共有高校 182 所，计综合大学 14 所，工业院校 38 所，师范院校 31 所，农林院校 29 所，医药院校 29 所，财经院校 6 所，政治院校 4 所，语文、艺术、体育、少数民族等院校 31 所。学校的任务、性质更加明确。学校的规模也扩大了，由调整前每校学生平均为 700 人，提高到 1953 年的 1172 人。学校布局也有所改善，保证了当时中国为奠定工业基础和发展普遍教育对专门人才的需要。

但是，这次院系调整也存在一些问题。要求过高过急，在一定程度上影响了高等教育的质量。在调整过程中，有些院校独立得过早，以致某些独立出来或新设的院校，内容并不充实，而同时却使调整后的个别大学的力量被削弱、被分散，弄得两头都不容易办好。对院系设置的历史经验和苏联、欧美的教育制度缺乏认真的系统的研究和辩证的分析，过于机械地照搬苏联的做法。

当时强调专业教育，批评西方的"通才"教育。这表现在院系调整中，致使理工文分家，专业分得很细，造成了学科的分割，对学科之间的渗透、综合、发展不利。文法、财经等系科被砍得多了。重理工轻文科，造成新的学科结构不合理和人才结构不合理。当时认为政治各专业是为反动阶级培养人才的，财经各专业是脱离中国实际的，没有充分认识到政法、财经和文科各专业在社会主义建设中的重要性，不适当地把文科有些专业砍掉，使财经、政法、哲学社会科学多数学科、专业受到了严重削弱。

总之，从院校结构、系科专业结构、层次结构来看，这次调整奠定了新中国高等教育的格局，取得了很大成绩，同时也产生了新的结构不合理。

新中国建立初期对旧有文教事业的改造，经过接管各类学校、知识分子思想改造、学制改革和高等院校系调整等工作，取得了很大成绩，改变了旧教育半殖民地半封建的性质，建立了社会主义教育体系。总的来说，它是成功的。它的负面影响在较长的历史时期中才显现出来，有有形的，也有无形的，有可挽回的，也有不能追回的。作为历史，都已沉淀在无言的以往中。

3. 对知识分子思想的改造

毛泽东曾指出："没有知识分子的参加，革命的胜利是不可能的"，"全党同志必须认识，对于知识分子的正确的政策，是革命胜利的重要条件之一"。从1951年9月到1952年年底，在全国范围内开展了一次声势浩大的知识分子思想改造学习运动。

"脱裤子割尾巴"，是毛泽东对新中国建立初期知识分子必须改造思想的形象比喻。

新中国建立初期，中国从旧社会过来的知识分子，大约有700多万人，他们主要集中在学校，其次在宣传机构、文化团体、企事业等单位，这是建设新中国一支不可忽视的力量，也是旧中国留下的一份重要的遗产。但是，如何发挥这个力量的作用，就需要党来制定正确的知识分子政策。

为此，党在领导发展国民经济的同时，在全国又开展了改革旧的教育制度和对知识分子的思想改造学习运动。1950年6月6日，毛泽东在七届三中全会上作了《为争取国家财政经济状况的基本好转而斗争》的报告，明确指出：

有步骤地谨慎地进行旧有学校教育事业和旧有社会文化事业的改革工作，争取一切爱国知识分子为人民服务。在这个问题上，拖延时间不愿改革的思想是不对的，对于性急、企图用粗暴的方法进行改革的思想也是不对的。

这就说明在对旧教育事业的改革中，真正要争取一切爱国知识分子为人民服务，离开在知识分子中进行思想改造学习是不行的。

针对知识分子的这种思想状况，1949 年 9 月 29 日全国第一届政协通过的《共同纲领》中曾明确提出："给青年知识分子和旧知识分子以革命的政治教育，以应革命工作和国家建设工作的广泛需要。"

毛泽东在中共七届三中全会上进一步指出："对知识分子，要办各种训练班，办军政大学、革命大学，要使用他们，同时对他们进行教育和改造。要让他们学社会发展史、历史唯物论等几门课程。"

周恩来在全国政协庆祝新中国建立一周年大会上强调指出："大规模地训练旧公务人员和知识分子，使他们在较短期间抛弃旧的错误的政治观点，取得新的为人民服务的观点。"

全国各地按照《共同纲领》和中央的要求，通过举办各种学习班、训练班、组织报告会、学文件、座谈讨论等多种形式，学习马列主义、毛泽东思想，学习《共同纲领》，学习党的方针、政策，特别是结合中国革命与新中国建设的实际，学习毛泽东的《新民主主义论》、《实践论》、《矛盾论》等著作。了解中国革命的性质、道路、动力和前途，区别唯物主义与唯心主义，学会用辩证唯物主义和历史唯物主义的立场、观点、方法研究、分析、认识和解决问题，以克服资产阶级和封建主义思想的影响，树立革命的人生观和科学的世界观，把思想提高到工人阶级的思想标准。

为了帮助知识分子进行思想改造，中央强调要让知识分子参加当时正在进行的土地改革、镇压反革命、抗美援朝三大革命运动，使他们能在火热的斗争实践中接受教育和锻炼；对知识分子的进步行动及时给予支持和鼓励。

之后，中央又多次指示各地，一定要打破神秘主义和关门主义，大力发动和吸收民主人士及知识分子参加三大运动，使他们了解党的政策，了解共产党和人民政府，取得他们的拥护和支持，并在实践中转变他们的思想。

1951年9月29日，周恩来在北京、天津高等学校教师学习会上作了《关于知识分子的改造问题》的报告，明确提出知识分子的改造首先要解决两个问题，即立场问题态度问题。知识分子的立场要站在工人阶级立场上来，他指出："因为工人阶级是最先进的，是为人民的，也是为民族的，将来要实现共产主义，使社会达到无产阶级的境地。"另一个是态度问题，也即政治态度，就是"在学习时必须有敌我友的观点"。否则，就谈不上站在工人阶级立场上来的问题。因为站在工人阶级的立场上，"首先应该巩固工农联盟，还要团结小资产阶级、民族资产阶级以及其他爱国分子。"

北京大学，是五四运动的主要策源地，成立过中国最早的马克思学说研究会，是中国共产党创始人李大钊、毛泽东等研究、传播马克思主义的地方，曾是宣传反帝、反封建、民主与科学等新思潮的阵地，曾为中国革命培养了许多革命者和优秀人才。正是这所具有光荣革命传统的学校，在1951年9月又率先发起了知识分子思想改造学习运动。恰如一石击水，激起层层波澜，先是波及京津各高校，继而成为全国性知识分子思想改造学习运动的先导。

以北京大学为发端，继而扩展到京津两市高等学校的教师思想改造学习运动，为全国各界知识分子进行思想改造提供了有益的经验，各地纷纷依照他们的做法，自觉投身到思想改造学习的热潮中去。

1951年10月23日，毛泽东在中国人民政治协商会议第一届第三次会议的开幕词中指出："思想改造，首先是各种知识分子的思想改造，是我国在各方面彻底实现民主改革和逐步实行工业化的重要条件之一。"新中国知识分子肩负着重大的历史使命，要为教育后代、培养人才贡献不可替代的智慧与才能，为振兴中华、建设国家服务，使落后的农业国逐步变为先进的工业国。知识分子要完成这些使命，就必须进行思想改造。

在会上，毛泽东进一步指出："在我国文化教育战线和各种知识分子中，根据中央人民政府的方针，广泛地开展了一次自我教育和自我改造的运动，这同样是我国值得庆贺的新气象……思想改造，首先是各种知识分子的思想改造，是我国在各方面彻底实现民主改革和逐步实行工业化的重要条件之一。因此，我们预祝这个自我教育和自我改造运动能够在稳步前进中获得更大的成就。"

毛泽东热情洋溢的讲话，饱含着对知识分子的诚挚鼓励、殷切希望和高度重视，同时也是对知识分子进行思想改造的再动员。全国教育界、文艺界、科技界、工商界、宗教界和各民主党派的知识分子，积极响应毛泽东的号召，踊跃地加入思想改造学习的行列。

11月25日，教育部向全国教育系统发出通报，要求所有高等学校、中等学校参照京津高校的做法，在教师中展开思想改造学习运动。30日，中共中央又发出《关于在学校中进行思想改造和组织清理工作的指示》，指出：学校是培养干部和教育人民的重要机关。党和人民政府必须进行有系统的工作，以期从思想上、政治上和组织上清除学校中的反动遗迹，使全国学校都逐步掌握在党的领导之下，并逐步取得与保持其革命的纯洁性。因此，必须立即开始准备有计划、有领导、有步骤地在所有的大中小学校的教职员中和高中学校以上的学生中，普遍地进行初步的思想改造工作，并在此基础上，组织忠诚老实交清历史的运动，清理其中的反革命分子。《指示》强调：知识分子的思想改造是一个长期的、细腻的和艰苦的过程，必须首先实行重点试验，待取得经验后，再逐步进行。

全国各级党委及教育部门，遵照中央的指示，在各类学校中逐步开展了思想改造学习运动。如西南局为搞好教师的思想改造学习，文委召开了有各学校代表参加的扩大会议。会议期间，他们发动积极分子带头进行批评与自我批评；采用民主的方法，提倡自由辩论，展开分析批判；领导亲自参加座谈讨论，严格掌握方针政策。从而使与会人员统一了思想认识，明确了教师的思想改造是改造旧学校的关键，进行正确的批评与自我批评是教师思想改造的正确途径。1951 年 12 月 19 日西南局将会议的情况向中央作了报告，中央于 24 日即批转各中央局，要求各中央局要仿照西南局的办法，有准备地召开一次大规模的学校教职员的思想改造。对于大学生的思想改造，主要通过上政治课进行政治思想教育。

教育部提出明确的教育方针，即必须严格遵循《共同纲领》，首先坚决肃清封建的、买办的、法西斯主义思想，其次才是有步骤、有重点地帮助他们克服违反科学真理和人民大众利益的思想；教学方法要着重以系统的理论知识，联系学生的思想实际，实事求是地解决思想问题，提高政治思想水平，反对采取以思想总结、思想检查、整风、坦白、反省和斗争大会的方式。

在中央的领导下，教育界的思想改造学习运动开展得广泛而深入，收效甚大。据统计，全国高等学校教职员的 91%，大学生的 80%，中等学校教职员的 75%，参加了这次运动。这不仅卓有成效地促进了教职员和学生的思想发生变化，也有效地推动了学校教育制度的改革，加强了党对教育工作的领导。

1951 年 11 月中旬，文艺界也发起了文艺整风学习运动，党号召文艺工作者进行思想改造。11 月 17 日全国文联召开了扩大会议，分析建国后两年来文艺创作和文艺工作者队伍的状况，在肯定成绩的同时，也指出文艺界普遍存在的脱离政治、脱离实际、脱离群众以及资产阶级、小资产阶级倾向等问题，决定首先在北京文艺界组织整风学习。

11 月 24 日北京文艺界举行了整风学习动员大会，参加会议的文艺工作者 800 余人，中宣部副部长胡乔木在会上作了《文艺工作者为什么要改造思想》的演讲，他说：许多文艺工作者还没有树立工人阶级的世界观，对文艺还抱着资产阶级、小资产阶级的见解，因而作品往往缺乏新的人物、新的事件、新的感情、新的主题，不能与劳动人民新的生活相呼应；有的消极怠工，饱食终日，无所用心，醉心于行政事务和交际活动；有的创作态度马虎，粗制滥造。因此，他指出：目前文艺界的出路，就是必须认真学习马克思主义，改造思想，走与劳动人民相结合的道路；必须整顿文艺事业的领导及文艺团体、文艺出版物，克服各种错误。

全国文联副主席周扬在会上作了题为《整顿文艺思想、改进领导工作》的演讲，号召一切文艺工作者都要自觉地进行思想改造，用马列主义、毛泽东思想的文艺观去批判各种错误文艺思想，树立起革命的文艺观，著名的文艺工作者丁玲、欧阳予倩、老舍、李伯钊、黄钢、瞿希贤、华君武、李广田等也都在会上作了发言，带头进行批评与自我批评，并表示要积极参加整风学习，努力改造思想。

会议还决定把毛泽东的《实践论》、《反对自由主义》、《在延安文艺座谈会上的讲话》等著作及中共中央关于文艺问题的四个决定、《人民日报》社论《应当重视电影〈武训传〉的讨论》为学习文件；为加强领导，文联成立了"北京文艺界学习委员会"，各文艺机关、团体、学校也成立了"学习领导小组"。由此，文艺界的整风学习运动拉开了序幕。

中央对文艺界的整风学习极为关注，在 11 月 26 日转发中宣部《关于文艺干部整风学习的报告》的批语中指出：

请各中央局、分局、省委、市委、区党委自己和当地从事文学艺术工作的负责同志都注意研究这个报告，仿照北京的办法在当地文学艺术界开展一个有准备的有目的的整风学习运动，发动严肃的批评与自我批评，克服文艺干部中的错误思想，发扬正确思想，整顿文艺工作，使文艺工作向着健全的方向发展。为使这一整风运动获得良好的结果，各中央局、分局、省委、市委、区党委的负责同志和宣传部负责同志必须亲自抓紧对文艺界整风运动的领导，望将你们的计划报告中央和中央宣传部批准。

各地遵照中央的指示，对当地的文艺机关、团体、学校及文艺工作者队伍的状况进行了分析，制定了整风学习计划。到 1952 年 5 月中下旬，各地以纪念毛泽东《在延安文艺座谈会上的讲话》发表 10 周年为契机，采取举行报告会、座谈讨论等方式，掀起了文艺整风学习的高潮。广大文艺工作者自觉按照《讲话》精神，结合自己的思想和工作，认真开展批评与自我批评，围绕文艺的方向、领导、立场、态度、对象、源泉、形式、标准等问题，展开了热烈的学习讨论，使文艺界的整风学习步步深入，澄清了诸如文艺应为谁服务和如何服务，文艺的源泉是书本还是劳动人民的实践，文艺批评的标准等问题，促使文艺工作者树立起马克思主义的文艺观。

方兴未艾的知识分子思想改造学习运动也震动了科学界。1951 年12 月 18 日，中国科学院举行了思想改造学习的动员大会，院长郭沫若针对一些科学工作者的"超阶级"、"超政治"的错误观点，诸如："你做你的革命家，我做我的科学家"，"中国的政治水平已经够高，现在应主要提高科学水平而不是政治水平"，进行分析和批评。郭沫若号召科学工作者："要以对祖国的热爱，对人民的热爱，对劳动的热爱，对科学的热爱，对国家有用人力物力的热爱，来努力学习，纠正自己错误的思想，克服科学研究中的缺点。"

广大科学工作者学习的热情高涨，自觉地拿起批评与自我批评的武器，加入到思想改造的行列。如中国科学院近代史研究所所长范文澜针对科学界存在的"门户之见"问题进行了严肃的批判，他说：知识分子身上有一种通病，即"自高自大、自以为是"，如魏文帝所说：

"文人相轻，自古尽然……名以所长，相轻所短"。读书人常生这种通病，"老子天下第一"，"名列天下前茅"等片面性的思想方法。所以知识分子必须勇于革自己的命，进行思想改造，用毛泽东思想武装起来的"新我"战胜旧观念的"旧我"，做一个人民的科学家。

植物病理研究所所长戴芳澜于1951年11月24日在《人民日报》上发表了《从头学起从头做起》的文章，对自己过去研究工作中轻视实践，轻视劳动人民的思想进行了认真的检讨清算，并说：经过清算之后，好像洗了一个澡，去掉了很多障碍，精神上倒很痛快，不但没有丧失反而增添了自信心，坚定了为人民服务的思想。

为了动员各民主党派、工商界、宗教界、各级人民政府、人民团体、企事业等各界知识分子都参加思想改造学习运动，全国政协于1952年1月7日也作出了《关于开展各界人士思想改造的学习运动的决定》，要求各级政协要负责组织和领导各界知识分子学习马克思列宁主义、毛泽东思想，以求了解中国革命的前途，取得正确的革命的观点；学习《共同纲领》和共产党的政策，以求理解和自觉执行政策；认真开展批评与自我批评，以求纠正违反国家和人民利益的错误思想和行为。

1952年初，"三反"、"五反"运动相继进入高潮，中央又发出指示，要求各界知识分子都应毫无例外地参加运动，并强调指出这是最实际的思想改造。还规定在"三反"、"五反"运动中，对知识分子采取"保护"的方针，着重进行思想教育。思想改造学习运动与"三反"、"五反"运动的结合，为知识分子的学习增添了新的内容、新的实践，推动了思想改造学习运动的深入发展。

全国知识分子思想改造学习运动，到1952年年底基本结束。在党组织的领导下，广大知识分子基本上肃清了帝国主义，封建主义和买办阶级的思想影响，划清了敌我界线，转变了立场，开始树立正确的政治观点和为人民服务的思想。这场学习运动对于促进知识分子逐步向工人阶级方面转变，对于逐渐扩大工人阶级知识分子队伍，起到了积极的重要的作用。事实证明,党对知识分子的思想改造的政策是必要的、正确的。完成对知识分子思想的初步改造,是党争取、团结、改造政策的胜利,是马列主义、毛泽东思想的胜利。

二、批武训·批胡适·批胡风

新中国成立后,党和政府是通过几次运动来完成知识分子的思想改造这个大问题的。第一次是批判电影《武训传》,主要是批其改良主义思想;第二次是批俞平伯和他的《红楼梦研究》,其目的是批判旧中国的文化"班头"胡适,清除资产阶级思想的影响;第三次是批胡风。

1. 批判电影《武训传》

对电影《武训传》的批判是新中国建立以来文化、教育和思想界的第一次批判运动,它对知识分子的震撼是强烈的,其影响是深远的和多方面的。

《武训传》是昆仑电影公司历时三年拍摄的,主要描写清朝末年武训行乞兴学的故事。

武训,山东堂邑人,生于1838年12月5日,殁于1896年5月24日。武训原名武七,"训"字是后来清朝政府嘉奖他"行乞兴学"、"为天下后世训"而替他取的名字。武七少年家贫,无以为学,他一无钱财,二无学识,三无靠山,但要办义塾。

武七以似乎残酷的苦行走上了办义学之路。他首先卖掉了自己的头发,接着便是讨饭,打短工,变戏法,居不求安,食不择美,终身不娶,衣服褴褛,卧无枕,锱铢累积,一文文,一吊吊,如是10年,攒下120吊钱,结果又被人骗走。他一如既往,重新开始。武七以苦

◎ 电影《武训传》剧照

行甚至自我虐待的形式既反抗了旧秩序的黑暗和荒诞，又生生不息地追求对穷苦无助的孩子的救助。

临终前的 1896 年，武七在临清县办起了第三所义塾。清朝政府最后封他为"义学正"，赐"黄马褂"，称其乞讨兴学"为天下后世训"。蒋介石题词称他"独行空前，坚苦卓绝"。统治阶级几乎无一例外，都很欣赏武训，欣赏武训怨而不怒、逆来顺受的品格，欣赏武训行乞兴学的温良改进方式，欣赏武训对统治阶级顶礼膜拜的态度。

对武训表示赞赏的还有一种人，就是一部分知识分子。陶行知便是其中最具代表性的一位。1923 年发起组织中华平民教育促进会，倡导乡村教育，并在南京北郊创办晓庄师范。1930 年，晓庄师范被国民党封闭，陶行知受到通缉，逃亡日本。之后他不断受到国民党的迫害，抗战期间，他在重庆创办育才学校和社会大学，并开始宣传武训。

1944 年，陶行知说："武训精神可以三无与四有来回答。一无钱，二无靠山，三无学校教育。有此三无，照一般想法，那能做什么事？可是他有四有，即有：一有合乎大众需要的宏愿，二有合乎自己能力的办法，三有公私分明的廉洁，四有尽其在我、坚持到底的决心。"

1944 年夏，为了让更多的人了解武训，陶行知在重庆北温泉找到电影导演孙瑜，送给他一本《武训先生画传》，并希望他能拍一部武训传记片，以呼吁社会各界关心孩子们的教育问题。

1947 年 7 月，孙瑜带领《武训传》摄制组赴北平郊外，开拍了影片的第一个镜头，多灾多难的《武训传》由此开始。至 10 月，已完成了影片三分之一的镜头，却因经费紧缺，中国电影制片厂决定停拍。

1949 年年底，昆仑影片公司讨论下一年度的拍摄计划，决定继续把《武训传》拍完。1950 年 2 月，孙瑜率《武训伟》赴山东堂邑柳林镇武庄，开拍《武训传》。1950 年年底，《武训传》完成了它的艰难的拍摄之路。

1951 年 2 月，《武训传》在上海、南京上映，立即引起了热烈的反响。2 月 21 日，该片导演孙瑜亲自带拷贝送北京公映。

《武训传》在北京公映的反应比在上海、南京更为热烈。褒奖赞誉的文章频频见诸报刊。据不完全统计，《光明日报》、《工人日报》、《新民报》、《天津日报》、《新闻日报》、《大公报》、《文汇报》、《大众电影》等报刊，在短短 3 个多月时间里，发表的赞扬文章有 30 多篇。《大众电影》把《武训传》列为 1950 年 10 部最佳国产影片之一。

评论文章说，《武训传》制作态度严肃。在新中国方兴未艾的扫盲运动中，摄制这部片子有非常大的教育意义。武训代表着广大农民反对压迫、向往文明的追求，应当把武训精神带到全中国的每一个地方，中国需要大量的新"武训"。文章说："武训站稳了阶级立场，向统治者作了一生一世的斗争。他对本阶级的热爱使他终身劳动，忍受艰苦，坚韧地、百折不挠地为穷孩子们兴办义学。""武训是一个充满了聪明智慧，心眼深，记性强，能说能行，富有反抗精神的人物。""他甘心做人民大众的牛，他全心全意为人民服务。""武训是中国第一位热心办教育的人。他是中国历史上劳动人民企图本阶级从文化上翻身的一面旗帜。"一些文章还号召人们学习武训那种赤诚的始终如一为人民服务的精神去教育工农。总之，对于武训和《武训传》是好评如潮，口碑载道。

《武训传》在教育界引起的反应尤为强烈。《人民日报》发表读者来信说，电影在京公映时，各界观众达 13 万人左右，绝大部分人崇尚武训的"行乞兴学"的奇行；河北省立师范学校（校址在北京）曾组织全校师生看《武训传》。崇德中学的一些教师看后，想编武训兴学的短剧；一位青年教师在文章中说："我做教育工作仅仅两年，好几次不安心于自己的工作，在工作中患冷热病……当我看到老年的武训摇晃着歪辫，坚定地走在北方原野上时，我流泪了，《武训传》教育了我，虽然武训的斗争方法与道路，不是我们所要学习的，但他那坚忍不拔的性格，将引导我更踏实、更细致、更专一地为孩子们工作。"不少教育界人士把《武训传》与苏联电影《乡村女教师》并列，认为具有同等意义。

与此同时，出版界还推出了三本关于武训的书。一本是孙瑜的电影小说《武训传》，一本是李士钊编、孙之隽绘的《武训画传》，一本是柏水的章回小说《千古奇丐》。中央文教委员会主任郭沫若为《武训画传》题了封面，写了序言。

在对电影《武训传》的赞扬宣传热潮中，江青曾经对当时主持文艺工作的周扬表示，《武训传》是改良主义的，要批评。周扬拒绝了这种批评。1951 年 3 月底，批评意见开始见诸报端。

3 月 25 日，《进步日报》发表文章——《武训不是我们的好传统》；

4 月 4 日，《光明日报》发表署名史洪的文章——《关于对武训先生的看法问题》；

《文艺报》四卷一期发表贾霁的文章——《不足为训的武训》。同时，还特意重载鲁迅 1936 年 2 月发表的批评国民党借宣扬"武训精神"，进行奴化教育的《难答的问题》。《文艺报》四卷二期接着发表了杨耳的文章《试谈陶行知先生表扬"武训精神"有无积极作用》，批评"武训精神"没有什么积极作用。

1951 年 5 月 20 日，《人民日报》发表了题为《应当重视电影〈武训传》的讨论》的社论。

社论写道：电影《武训传》的出现，特别是对于武训和电影《武训传》的歌颂竟如此之多，说明了我国文化界的思想混乱达到了何等的程度！

昆仑影业公司得到指示，立即通电各地，停映《武训传》。

中共中央发出通知，号召各级文化、教育等部门重视并参加这场讨论。中央教育部、中央文化部等都进行了批判电影《武训传》的活动。北京、上海、山东等地开始批判《武训传》。在各级党组织的推动下，从旧社会过来的文化教育界知识分子，自觉不自觉、自愿不自愿地进了社会主义"澡堂"，开始平生第一次"洗澡"。

从 5 月 20 日到 8 月底，《人民日报》、《光明日报》、《文汇报》等报刊杂志发表了大量的批判文章，形式各异的批判会、座谈会、讨论会一个接着一个，一大批文化教育界知名人士纷纷在报刊上公开检讨错误，田汉、郭沫若、于伶、戴伯韬……都进行了自我批评。郭沫若在自我批评中说："我曾经在 1945 年冬重庆武训纪念会上对武训的'功绩'作过一次极其夸张的发言。"

1951 年 6 月，文化部和人民日报社组织了一个武训历史调查团，到山东省武训的家乡进行实地调查。这个调查团由李进（中央文化部，李进是江青的化名，她以电影事业指导委员会委员的身份参加）等 13 人组成。

调查团带着特殊的政治使命，奔赴山东。在调查团中，李进是最主要的成员，是调查团的实际带领者和调查工作的主持者。山东省知道李进就是江青，知道江青非同一般的身份，当然更知道调查团的意图和倾向。所以，山东各级对调查团的接待隆重而谨慎，并且在被调查地区预先做了布置和准备。调查团在山东省的堂邑、临清、陶馆三县进行了安排周密的调查工作，收集、查阅了多种历史文献，包括县志、有关武训的著作和纪念文集、地亩账、碑文、土地契约、匾额等，并且直接、间接访问了 160 多名各阶层的人物。20 多天之后，调查团返回北京。李进等三人执笔写成洋洋万言的《武训历史调查记》，（以下简称《调查记》）。该文于 1951 年 7 月 23 日至 28 日在《人民日报》连载发表。

《调查记》分五个部分：和武训同时代的当地农民革命领袖宋景诗；武训的为人；武训学校的性质；武训的高利贷剥削；武训的土地剥削。《调查记》得出的结论是：

武训是统治阶级的走狗，这是历史唯物主义的观点。《调查记》驳斥了那种认为"不能用今天的尺度来衡量历史人物"的观点。认为同时代的武训家乡就出现过地方性的农民革命军。虽然《武训传》中也出现了一个革命农民周大，但武训不能与他类比。可与武训类比的却是屠杀农民革命的柳林团团长杨鸣谦。他们一个被清王朝赐与"乐施好善"的奖语，一个被封为"銮仪卫"，二者一文一武，成为清王朝对人民剿抚兼用的工具。

武训的为人实际上是不孝不友、无情无义。与电影歌颂武训的孝行与友爱相反，《调查记》认为武训没有孝行和友爱的品德，并举例说，武训宁可把要饭得来的干粮卖给人家喂牲口，也不愿给母亲和哥哥吃一口；母亲去世，他说没有哭钱就不回去发丧。

武训所办的义学实际上是为地主和商人办的学校。《调查记》认为，"崇贤义塾"的学生入学资格是很高的，不但经班中没有贫苦农民的子弟，就是蒙班中也很少有穷苦人家的子弟。教师的资格也很高，须进士、举人或拔贡才行。对于劳动人民来说，这些义塾实为"不义之学"。具有迷惑性的是，武训不变的形象是行乞，与其他普通乞丐不同的是兴学，这两点互相结合在一起，为一切时期统治者所喜爱。

武训"行乞兴学"积聚钱财，是通过高利贷地租和对农民的掠夺实现的。《调查记》列举了武训的土地文约，指出大多文约都是只有

一、二亩，或二、三亩。置地数目之小说明农民卖地的万般无奈。武训成为大地主，是用各种残酷的方法，逐步积累起来的。

结论是，武训是劳动人民的叛徒、大流氓、大债主兼大地主，用武训这个僵尸欺骗中国人民的恶作剧应当结束了。

上述几篇权威性结论性的文章发表后，对电影《武训传》持赞扬态度的文章很快从全国各级报刊上消失了。各地文教部门普遍组织学习讨论，批评武训的改良主义。

对电影《武训传》的批判运动，在各个方面都产生了长远的影响。

通过对电影《武训传》的讨论，中央更加深入地认识到了知识分子思想改造的重要性。1951 年 11 月，中共中央作出了在教育界开展思想改造的学习运动的决定。此一学习运动很快从教育界扩展到文艺界和整个知识界。

2. 对俞平伯《红楼梦研究》的批判

1954 年 10 月，一封由毛泽东亲笔署名的信件，摆在了中共中央政治局委员和党的有关方面负责人的办公桌上。那时人们没有意识到，这是一场波及全国范围的思想文化领域批判运动的开端。而引发毛泽东写这封信的，是被称为"小人物"的两位青年作者在发表文章时的际遇。这是一篇关于重新评价中国古典文学名著《红楼梦》的文章，它被认为触动了"红学"界素负盛名的大"红学"家和某些阻挠文章发表的"大人物"。由此，中国的学术文化界掀起了一阵轩然大波。

《红楼梦》作为中国古代优秀的现实主义文学巨著，历来受到学术研究者的关注。对它的各种不同评价和不同的研究方法，形成了不同的学术流派，并共同构成了一个专门学问——"红学"。以 1919 年的五四运动为界，在此之前的一般称为"旧红学"，此后的则为"新红学"。

"旧红学"中的主要流派是"索隐派",即主要把《红楼梦》看成是影射清朝的具体人物和事件,为了"索"出"隐"去的真人实事,极尽穿凿附会;或者是把《红楼梦》看成一部单纯的政治小说,认为写的都是康熙雍正年间的满汉斗争,为了推求小说中的人物故事的"底本",不惜滥加猜度臆测。

五四运动以后,以胡适为代表的一些资产阶级学者批驳了"索隐派"的种种谬说,开始采用新的方法研究《红楼梦》,特别是对作者曹雪芹和他的家世以及历代各种版本作了周密的考据。通过"大胆的假设、小心的求证",得出《红楼梦》是作者的"自叙传"的新结论。胡适 1921 年写成《红楼梦考证》,俞平伯 1922 年写成《红楼梦辨》,这两部书当时并称为"新红学"的代表作。

俞平伯作为"新红学派"的肇始者,与胡适的观点并不完全一致。在出版《红楼梦辨》以后不久(1925 年),俞平伯就曾表示不同意胡适的"自叙传"说,认为《红楼梦》中贾家的事虽偶有跟曹雪芹家相合或相关,却决不能处处比附,而流于"索隐派"的窠臼。此后,俞平伯的"红学家"的声名一直不减。

新中国成立以后,由于胡适在政治上依附国民党而逃离大陆,俞平伯便处于大陆红学界举足轻重的地位,他的著作也得到有关方面的推崇。俞平伯新版《红楼梦研究》发表后,中国文联的机关刊物《文艺报》1953 年 5 月出版的第 9 号,向读者推荐这部著作,给予了很高评价,以后俞平伯又出版了一批有关《红楼梦》研究的文章。

然而,由于历史和认识的局限,"新红学派"仍然没有从各种谬误中解脱出来,没有也不可能提出或采用马克思主义的科学论证方法,因而也就不可能正确评价《红楼梦》的现实主义的思想意义和艺术价值。

1954 年,两位初涉文艺研究领域的青年——李希凡、蓝翎合写了一篇文章,对俞平伯的"红学"观点提出了尖锐的批评。他们先写信问《文艺报》,可不可以批评俞平伯,《文艺报》没有答复。他们又写信给母校山东大学的老师，获得了支持。山东大学学报《文史哲》1954 年 9 月号发表了李、蓝的文章《关于〈红楼梦简论〉及其他》。该文着重批评俞平伯贬低《红楼梦》的"反封建现实意义"，宣扬《红楼梦》的"主要观念是色空"，是一部"怨而不怒"的书等"反现实主义的唯心论的观点"。指出《红楼梦》"以完整的艺术现象"体现了曹雪芹对"本阶级必然灭亡"的预感，写的是"活生生的现实人生的悲剧"，"人们通过作者笔下的主人公的悲剧命运所获得的教育，不是坠入命定论的深渊，而是激发起对于封建统治者及其他全部制度的深刻的憎恨"。文章严厉批评俞平伯研究《红楼梦》的观点与方法，"基本上没有脱离旧红学家们的窠臼"，因而得出了一系列"反现实主义的形式主义的结论"。

这篇文章一开始就在有关方面引起不同的反响。9 月中旬，当时在文化部文艺处任职的江青，拿着这篇文章到《人民日报》编辑部，要求中共中央机关报予以转载，以期展开对资产阶级唯心论的批判。《人民日报》及有关主管部门领导周扬等认为，"党报不是自由辩论的场所"，不同意转载。后经折衷，指定在中国文联机关刊物《文艺报》第 18 期上全文转载。

10 月 10 日，《光明日报》副刊"文学遗产"专栏发表李希凡、蓝翎的另一篇文章《评〈红楼梦研究〉》。该文批评俞平伯的新版《红楼梦研究》中所持的"自然主义的主观主义见解"，认为这种"把红楼梦作为一部自然主义（作品）来评价，而抽掉了它的丰富的社会内容的见解，无非是重复了胡适的滥调"，即符合胡适所说"红楼梦的真正价值在这平淡无奇的自然主义上面"。文章说俞平伯与胡适的目的也许不同，"但其效果却是一致的"。这里第一次把俞平伯同胡适直接联系起来批判。《光明日报》专栏编者按肯定了作者试图从"如何运用马克思主义科学观点去研究古典文学"方面，"提出一些问题和意见，是可供我们参考的"，希望以此引起大家的注意和讨论。

这个由两个"小人物"挑起的古典文学研究领域的尖锐的学术争端，引起了中共中央主席毛泽东的特别重视，抓住了这一偶发事件，从中透视出重大的"政治意义"。1954年10月16日，毛泽东给中共中央政治局成员和有关方面领导人写了《关于红楼梦问题研究的信》，由此发动了一场远远超过原来学术批评范围的政治批判运动。

　　毛泽东采取给中共中央最高层次领导人写信的方式，发表对某一具体事情的看法，其政治含义非同寻常。这封信开宗明义就点明了关于《红楼梦》研究问题的性质和实质，即李、蓝二人的文章"是三十多年以来向所谓《红楼梦》研究权威作家的错误观点的第一次认真的开火"。毛泽东在信中表示了他对有关方面处理李、蓝文章的态度的不满。他说，"作者是两个青年团员"，他们的文章几经周折才得以发表，却未被重视。本来有人（即江青）"要求将此文在《人民日报》上转载，以期引起争论，展开批评，又被某些人以种种理由（主要是'小人物的文章'，'党报不是自由辩论的场所'）给以反对，不能实现；结果成立妥协，被允许在《文艺报》转载此文"，"看样子，这个反对在古典文学领域毒害青年三十余年的胡适派资产阶级唯心论的斗争，也许可以开展起来了。"接下来，毛泽东开始提出尖锐的批评："事情是两个'小人物'做起来的，而'大人物'往往不注意，并往往加以拦阻，他们同资产阶级作家在唯心论方面讲统一战线，甘心作资产阶级的俘虏，这同影片《清宫秘史》和《武训传》放映时候的情形几乎是相同的。"

　　在这里，毛泽东重提1951年涉及电影界、教育界的那场批判风云，并不是偶然的。这表明他对近年来诸如此类的文艺现象总是被漠然视之的状况十分不满。他说，"被人称为爱国主义影片而实际是卖国主义影片的《清宫秘史》，在全国放映之后，至今没有被批判。《武训传》虽然批判了，却至今没有引出教训，又出现了容忍俞平伯唯心论和阻拦'小人物'的很有生气的批判文章的奇怪事情，这是值得我们注意的。"

毛泽东在信的结尾里说,"俞平伯这一类资产阶级知识分子,当然是应当对他们采取团结态度的,但应当批判他们的毒害青年的错误思想,不应当对他们投降。"

毛泽东这封信所表达的政治意向是极为鲜明的。批评俞平伯的《〈红楼梦〉研究》,实际上只是一个导火索、突破口,而批判的主要目标则直接指向胡适,发动批判运动的意图也是清除以胡适为代表的资产阶级思想在政治、哲学和文化学术领域的影响。这个大的政治背景和意图,是和他发动对电影《武训传》的批判一脉相承的。这封信当时只是在很小范围内传达,但通过间接的方式,很快就向文艺界、理论界宣布了信中的基本精神,并通过报纸宣传媒介传向社会各界。

首先是《人民日报》10 月 23 日发表了署名钟落的文章《应该重视对〈红楼梦〉研究中的错误观点的批判》,提出这个问题的"实质","是工人阶级对资产阶级在思想战线上的又一次严重的斗争"。

10 月 24 日,《人民日报》又发表了李希凡、蓝翎的第三篇文章《走什么样的路?——评俞平伯先生关于〈红楼梦〉的错误观点》。这篇文章比起前两篇更多地带有了政治批判的色彩,激烈地抨击"新红学"的实质是"士大夫阶级意识和买办思想的混血儿,是反动的实验主义在古典文学研究领域中的具体表现";指责俞平伯在解放以后新的政治条件下,"却把旧作改头换面地重新发表出来","而骨子里的立场、观点和方法都毫无改变地保留下来";断言俞平伯"以隐蔽的方式,向学术界和广大青年读者公开地贩卖胡适之的实验主义,使它在中国学术界中间借尸还魂"。

文章特别点明"有人对俞平伯先生的考证工作备加赞扬,这就使俞平伯所继承的胡适的反动思想流毒","在过渡时期复杂的阶级斗争的环境里"得以"挣扎"。这些文章都紧扣了毛泽东信中所强调的"政治主题"。

毛泽东在信中对"大人物"阻挠"小人物"的严厉批评，使当初曾对两位青年的问询"置之不理"的《文艺报》陷入了困境。首先是《人民日报》副主编袁水拍署名发表了《质问〈文艺报〉编者》一文，严词斥责《文艺报》编者（即指冯雪峰）对"权威学者"的资产阶级思想"委屈求全"，对唯心论观点"容忍、依从甚至赞扬"，对青年作者、"小人物"则阻拦、压制的"资产阶级贵族老爷式态度"。

　　这样由中央一级党报公开"质问"中央一级文艺领导机关刊物，自新中国成立以来是第一次。实际上这是根据毛泽东的亲口指示而采取的超乎寻常的做法，以便一开始就把问题提到足够尖锐的程度。毛泽东审阅了这篇"质问"，还亲笔加了一条："《文艺报》在这里跟资产阶级唯心论和资产阶级名人有密切联系，跟马克思主义和宣扬马克思主义的新生力量却疏远得很，这难道不是显然的吗？"在有这样大来头的"质问"下，《文艺报》主编冯雪峰非立即公开检讨不可。

　　11月4日，《人民日报》登出冯雪峰《检讨我在〈文艺报〉所犯的错误》一文。他承认在处理李、蓝文章问题上，一是没有认识到这是马克思列宁主义反对资产阶级唯心论的严重思想斗争，表现了对于资产阶级唯心论的投降；二是贬低了李、蓝文章的战斗意义和影响，同时又贬低了马克思列宁主义的新生力量，因此感到"责任的重大，感到深刻的犯罪感"，自责"这是立场上的错误，是反马克思列宁主义的错误，是不可容忍的"。

　　毛泽东不满意冯雪峰的检讨，在发表这篇检讨的报纸上作了多处批注，说冯雪峰不是感染有资产阶级作家的"某些"庸俗作风，"而是浸入资产阶级深潭里了"；说他不是"缺乏"马列主义战斗精神的问题，而是"反马克思主义的问题"；说他不是"不自觉地"轻视新生力量，而"应该是自觉的，不是潜在的，而是用各种方法向马克思主义作坚决斗争"；说他"不是丧失锐敏感觉，而是具有反马克思主义的极锐敏的感觉"，等等。最终确定以"反马克思列宁主义"为主题，批判冯雪峰。

毛泽东这封信的传达、学习和贯彻，在整个文化学术界形成了强烈的冲击波。中国作家协会党组紧急召集会议，对照毛泽东的信进行思想检查，布置开展批判运动。中国作协古典文学部迅即邀集全国著名专家教授，召开关于《红楼梦》研究的讨论会，指出在古典文学领域以马克思主义的立场、观点、方法来批判资产阶级的立场、观点、方法，"是一场严重的斗争"。

从10月底到12月初，中国文联主席团和作协主席团连续召开八次扩大的联席会议，就反对《红楼梦》研究中的胡适派资产阶级唯心论倾向和《文艺报》的错误等问题，展开讨论，统一思想，提高对这场斗争意义的认识。总之，整个文化学术领域在极短时间内都紧急动员起来了。

11月8日，郭沫若以中国科学院院长身份对《光明日报》记者发表了关于"文化学术界应开展反对资产阶级错误思想的斗争"的谈话，着重强调要扩大斗争的范围，即"讨论的范围要广泛，应当不限于古典文学研究的一方面，而应当把文化学术界的一切部门都包括进去；在文化学术界的广大领域中，无论是在历史学、哲学、经济学、建筑艺术、语言学、教育学乃至自然科学的各部门，都应当来开展这个思想斗争。作家们、科学家们、文学研究工作者、报纸杂志的编辑人员，都应当毫无例外地参加到这个斗争中来。"这番谈话，最准确地反映了最高领导层发动这场运动的主旨和意图。

1954年12月8日，中国文联主席团和作协主席团第八次扩大联席会议通过了关于《文艺报》的决议，确认《文艺报》的主要错误是对于文艺上的资产阶级错误思想的容忍和投降，对于马克思主义新生力量的轻视和压制，决定改组《文艺报》的编辑机构，重新成立新的编委会，并责成中国各文学艺术家协会和所属各地分会以及省市文联所属机关刊物，都根据这个决议的方针检查并改进工作。

在这次会议上，全国文联主席郭沫若作了题为"三点建议"的总结性发言，把这场斗争的性质和意义进一步概括为"适应当前国家过渡时期总任务的文化动员"。他检查到 1951 年对电影《武训传》的批判"没有充分地展开到文化领域的各个方面去"，结果又犯了同样的错误，这表明胡适派资产阶级唯心论的影响，"依然有不可忽视的潜在势力"。为此，提出必须坚决地开展对于资产阶级唯心论的思想斗争，准备有计划地对胡适思想进行系统的批判，以便把胡适的反动思想在文艺界和学术界的遗毒彻底地肃清。

郭沫若还谈到了展开学术上的自由讨论问题，但是有一个前提，这就是："对资产阶级错误思想的批判，是一项迫切的对敌战斗，我们的目的一定要尽可能迅速地把这种错误思想肃清，再也不能允许它有存在的自由"，而这种批判，是和学术上的自由讨论"有所区别"的。这样一种政策性说明，本意是想把学术问题和政治问题区别开来，但又把一场思想批判说成是"对敌战斗"，这就已经混淆了思想问题和政治问题的界限。随着批判运动不断发展，两类不同性质的问题相互混淆的情况愈益严重起来。

总之，由《红楼梦》研究问题引发的思想批判运动，从上到下向全国范围推开，其来势甚猛，涉及面甚宽，先是中央到地方的各级报刊文章及讨论会、批判会形成对俞平伯的政治性围攻，接着将运动引向对胡适唯心论及其在各个学术文化领域的"代表人物"的批判。

在这场批判运动中，全国各报刊就《红楼梦》研究问题发表了数百篇文章，其中有 129 篇由作家出版社编入《红楼梦讨论集》，共 4 集，约 100 万字。这些文章集中论述《红楼梦》是一部伟大的现实主义作品，具有鲜明的反封建主义的倾向，深刻暴露了封建贵族阶级的内外矛盾和斗争，深刻揭示了贵族统治阶级和封建制度即将崩溃的历史命运。这些文章着重批判俞平伯承袭胡适的观点和方法，割弃作品的社会意义和艺术价值，否定作品的现实主义性质，用烦琐考据把人们引向不可知的迷津。

以对俞平伯和"新红学"的批判为契机，冲开突破口以后，面临的问题便是如何清除五四以来胡适派资产阶级思想在整个思想界的流毒和影响。为此，中国科学院和中国作家协会举行联席会议，决定联合召开批判胡适思想的讨论会，推举郭沫若、茅盾、周扬、潘梓年、邓拓、胡绳、老舍、邵荃麟、尹达等9人组成委员会，郭沫若为主任，商定从胡适的哲学思想、政治思想、历史观点、文学思想、中国哲学史观点、中国文学史观点及其他等9个方面开展批判和讨论。

从1954年12月底到1955年3月，由这个委员会主持的对胡适思想的批判讨论会，共举行了21次。这一期间，全国各地都有组织有计划地开展了对胡适思想的批判，各高等学校举行各种讨论会、座谈会和批判会，全国省、市级以上的报纸和学术刊物发表了几百篇批判文章。1955年由三联书店出版了《胡适思想批判论文汇编》共8册，收入文章150多篇，200多万字。

这些文章集中批判了胡适的实用主义哲学思想，包括他的实用主义世界观和真理论，实用主义的唯心史观及美学、教育学和心理学；批判了胡适的改良主义政治思想和反对人民革命的反动立场；批判了胡适"大胆的假设、小心的求证"的治学方法及其反科学的历史观；批判了胡适的文学思想、文学史观中的虚无主义态度和"全盘西化"的主张，以及烦琐考据造成的危害，等等。这些批判对于清除胡适思想中的有毒成分在中国文化学术界的影响，具有一定的积极意义。

1955年1月，中共中央发出《关于在干部和知识分子中组织宣传唯物主义思想批判资产阶级唯心主义思想的演讲工作的通知》，强调思想战线是社会主义革命中的一条极端重要的战线，不"首先"在这条战线上取得胜利，就不能保证在实际斗争中取得社会主义的胜利。为此，提出必须在党的、军队的、文教系统、经济系统、政治系统及其他部门各人民团体的大约500万有阅读能力的党内干部和党外知识分子中具体地批判唯心主义的思想，树立唯物主义的思想，并规定采取演讲的方式进行宣传。

这实际上是配合生产资料私有制的社会主义改造，进行思想文化战线的总动员，掀起宣传唯物主义批判资产阶级唯心主义的高潮。与此相适应，批判运动延伸、扩展到其他许多领域，如文化社会学方面，批判梁漱溟的"封建复古主义的文化观"和"乡村建设运动理论"以及否认中国社会存在阶级和阶级斗争的历史观；在教育界，批判杜威、胡适的实用主义教育思想；在医药卫生界，批判贺诚"排斥中医"的资产阶级思想；在工程建筑方面，批判梁思成"复古主义"和"形式主义"设计思想；在文艺界，批判胡风的唯心主义文艺思想和理论，等等。

1955 年 3 月，中共中央发出《关于宣传唯物主义思想批判资产阶级唯心主义思想的指示》，充分肯定了将批判运动扩展到各个领域的做法，强调在各个学术领域中对资产阶级唯心主义思想的"代表人物"进行批判，是在学术界及党内外知识分子中宣传唯物主义、推动科学文化进步的"有效方法"，并认为在学术问题上的资产阶级唯心主义思想，是社会生活中形形色色的资产阶级思想的"理论化、系统化、集中化了的表现"，所以反对唯心主义的斗争就决不只是学术界内部的事情，要求各级党的组织必须注意领导和发展这种思想斗争，并用各种方法使它的影响首先扩大到党内外广大知识分子中，然后普及到广大人民群众中。

根据这一指示精神，许多有关部门上挂下联地寻找各自领域的所谓资产阶级唯心主义思想的"代表人物"的做法愈益发展，一方面在反对对资产阶级"名人"的偶像崇拜的口号下，鼓励和提倡批判学术"权威"；另一方面对认为是坚持资产阶级错误观点的"代表人物"，视为"思想上的敌人"展开斗争。这样，就不可避免牵涉知识界许多有名望、有影响的人士，使他们不同程度地受到了不公正的对待，从而伤害了一批愿意从事有益于人民的工作的知识分子，否定了他们既有的学术成就和对科学文化事业的贡献，挫伤了他们在各自的研究领域不断探索的进取精神，实际上在学术文化领域设置了许多人为的障碍。

3. 对"胡风反革命集团"的批判

胡风事件作为文化界一起政治事件，从 1955 年 5 月胡风等人被捕到 1979 年 1 月胡风出狱，历时 24 年。如果把中共中央正式下达平反文件作为下限的话，则是 25 年。胡风事件不仅持续时间长，而且涉及人员多。

胡风（1902—1985）湖北蕲春人，本名张光人。胡风在 20 世纪三四十年代的中国文坛占有非常重要的地位，特别是在文艺理论和培养文学新人方面有突出的成就。但是，在这漫长的文学生涯当中，由于他多次卷入论争而树敌不少。特别是他在论争中总是毫无顾忌、针锋相对、直抒胸臆，这种咄咄逼人的文风使他得罪了包括周扬在内的不少文化人。新中国建立以后，胡风一直未得到重用，愤懑之心日趋激烈。

1951 年 1 月，胡乔木约胡风面谈，批评胡风存在宗派主义的错误，同时提出三项工作（人民文学出版社总编，《文艺报》负责人，中央文学研究所教书）由胡风任选一项，并作书面答复。胡风对胡乔木的批评有抵触情绪。对工作安排，他在给胡乔木的回信中申明愿意听从分配，同时却固执地要求中央先纠正周扬等人的错误，他才能接受具体的工作。胡乔木没有再作答复。不久，文艺界就有传言：胡风拒绝了组织安排的三项工作。

1951 年年底开始，文艺界开始了整风运动。在领导运动的机构出版的《内部通讯》上，发表了批评路翎的通讯，说他在整风运动中仍然宣扬胡风的文艺理论。《文艺报》分发了《胡风文艺思想研究资料》，要读者们发表意见。结果是，许多读者要求批判胡风。

1953 年 1 月 29 日，全国文协召开在京作家会议，批判胡风文艺思想。

1954 年 2 月，中共七届四中全会解决了高岗、饶漱石"反党联盟"的问题，但没有很快向外公布这个事件。新闻界特别强调要反对高级干部骄傲自大，提倡开展党内正确的批评与自我批评。胡风对全会《公报》和《人民日报》社论很感兴趣，他觉得其中的许多话非常切合文坛的实际。胡风觉得时机成熟了，决定上书中央，总题目为《关于解放以来的文艺实践情况的报告》。

报告于 1954 年 3 月动笔，7 月完成，由胡风执笔，路翎、徐放、绿原、谢韬直接参与了写作。胡风的妻子梅志、卢甸的妻子李嘉林承担了抄稿的任务。胡风还要罗洛、张中晓、贾植芳、耿庸、方然、冀汸、卢甸、阿垅、欧阳庄等搜集材料，提供意见。《报告》分四大部分：一、几年来的经过简况；二、关于几个理论性问题的说明材料；三、事实举例和关于党性；四、附件——作为参考的建议。全文约 27 万字，被称为"三十万言书"。

第一部分指责了作为文艺界领导的周扬等将他视为文艺界"唯一的罪人或敌人"。这部分又分三个小题：（一）《补充说明》，陈述自己从进入解放区至 1952 年 2 月间的经历和遭遇。（二）《斗争经过》，陈述 1952 年 4 月至 1953 年 5 月全国批判胡风文艺思想的情况；（三）《一年多以来》，陈述 1953 年 5 月至 1954 年 5 月他的生活和工作情况。

第二部分反驳 1953 年初发表的林默涵的《胡风反马克思主义的文艺思想》，何其芳的《现实主义的路，还是反现实主义的路？》；对"关于生活或生活实践"、"关于思想改造"、"关于民族形式"、"关于题材" 4 个具体问题进行了商讨；首次提出五把理论刀子的问题，即关于共产主义世界观、工农兵生活、思想改造、民族形式、题材等理论问题。这部分的 3 个小题是：《有关现实主义的一个基本问题》；《关于几个具体论点》；《关键在哪里》。

第三部分涉及 9 个问题，包括：小宗派——小集团问题、关于舒芜问题、关于陈亦门（阿垅）问题、关于路翎问题、关于党性等问题。这些都与胡风文艺思想密切相关。

第四部分提出关于文艺界的领导、组织、业务等工作的设想和建议。内容包括：文艺领导、文学运动的方式、话剧运动的方式、关于电影剧本 4 个方面。

7 月 7 日，胡风写了一封长信，说明上书中央的原因和目的，同时替自己鸣冤。他说："但由于我的问题是从客观情况所产生的主要现象之一，完全不是个人问题的性质，我就只能直接向党中央提出我的报告。"7 月 22 日，胡风将"三十万言书"及附信一起面呈中央文教委员会副主任，请其转呈中共中央。胡风迫切希望最高层领导的直接干预，以改变文坛的现状和他本人的处境。

1954 年 10 月，开始了关于《红楼梦》的学术争鸣，并由此而引发了对《文艺报》的批评。这个突发事件造成了胡风的错觉，他以为这是"三十万言书"发生了作用。

11 月 7 日、11 月 14 日，胡风两次发言，横扫学术界和党的文化工作者。

同时，阿垅给《人民日报》总编邓拓写信，重提旧账，批评文艺组的袁水拍压制他。路翎则在会上慷慨陈词，批评文艺评论中的极左倾向。

正当胡风、路翎侃侃而谈之际，全国文联、作协决定将"三十万言书"交中国作协主席团，准备在文艺界进行研究和讨论，但实际上是准备批判。

首先还击胡风的是袁水拍。11 月 17 日，袁水拍在联席会上逐条反驳 11 月 14 日胡风对他的指责，他还给阿垅一封信，退回了阿垅的稿件。

在 12 月 8 日的会议上，通过了《关于〈文艺报〉的决议》，改组了编委会；此外，揭开了全国批判胡风思想的序幕。这次会议后随即

◎ 胡风

公布"三十万言书"。

12月9日，迟出的《文艺报》第22号发表了胡风和袁水拍的发言。这时，胡风才如梦初醒。12月13日，他在致方然的信中说："文章都已出来，想已见到。由此事，浪费一定很大。被斗争需要和中枢决心所鼓舞，被乐观估计所蔽，终于冒进，没有具体地分析具体情况，责任主要在我。愧对党和事业，愧对战斗者们。"12月30日，《我们必须战斗》在23、24号合刊的《文艺报》上再次刊出。胡风面临选择：是检查，还是抗拒到底？他的朋友们意见不一。胡风考虑再三，决定检查。

1955年1月11日，他写下《我的自我批判》；1月16日写出《对〈关于几个理论性问题的说明材料〉的检查》，2月5日修改。

胡风在检查的同时，从1月20日到2月2日，分别给张中晓、方然、冯异、贾植芳、任敏夫妇写信，通报情况，要他们保持冷静，不要轻率地介入，"万不得已时，就可以批判的地方说一点自己的意见。"

1月17日，"三十万言书"的第三、四部分被公开发表，以供批判。1月30日，《文艺报》免费随刊物送一册《胡风对文艺问题的意见》。另两部分印成两个小册子，在极小范围内传阅。

从此，胡风取代了胡适，成为文化界批判的主要对象。当时作家出版社编辑出版了6辑《胡风文艺思想批判论文汇集》，集中了20世纪40年代和当时主要的批判文章。1955年6月，新文艺出版社出版

《胡风文艺思想批判》，该书附有《批判胡风文艺思想作品索引》，共编录了从 1955 年 1 月至 5 月 12 日的全国省级报刊上的 446 篇文章（含诗 4 首、漫画 10 幅），分别载于 35 种报纸、35 种杂志。

处在台风中心的胡风却显得格外平静，他每天打拳，与友人闲聊、打牌、串门。5 月 11 日，他给李正廉写了被捕前的最后一封信，还只是估计"《我的自我批判》可能还会受到批评"。

5 月 13 日，《人民日报》加编者按发表了胡风的检查和舒芜的《关于胡风反革命集团的一些材料》。

5 月 18 日，《人民日报》在《提高警惕，揭露胡风》的通栏标题下，发表了各界人士的声讨文章。

5 月 24 日，《人民日报》公布《关于胡风反党集团的第二批材料》，发表了经过剪裁的 68 段"密信"。

5 月 25 日，中国文联主席团和作家协会主席团召开联席扩大会议。与会的 700 多人除吕荧一人外举手通过了决议：根据《中国作家协会章程》第四条，开除胡风的中国作家协会会籍，并撤销其所担任的中国作家协会的理事和《人民文学》的编委职务；撤销胡风所担任的中国文联的全国委员会委员的职务；向全国人民代表大会常务委员会建议：依据宪法第 38 条的规定撤销胡风全国人民代表大会代表的资格；向最高人民检察院建议：对胡风的反革命罪行进行必要的处理。

到 5 月 31 日，胡风集团又被定为"反革命集团"。6 月 10 日，《人民日报》公布《关于胡风反革命集团的第三批材料》。同时，中国科学院学部成立大会全体会议通过《关于建议依法严惩胡风反革命集团的决议》。6 月 20 日，人民出版社出版了《关于胡风反革命集团的材料》一书。该书《序言》说明："第一、第二两篇题目中的'反党集团'字样，统照第三篇那样，改为'反革命集团'，以归一律。"

对"胡风反革命集团"的声讨从 6 月初向全社会蔓延。但这一切对胡风等人，已经没有实际意义。5 月 16 日，胡风夫妇在家中被捕。

8 月初，胡风被送进北京的一个旧式监狱。几个月后，又被送至京郊秦城监狱。1965 年 12 月 30 日，胡风获释，监外执行刑期。1966 年 2 月胡风夫妇又被关押，直到 1979 年 1 月重新获得自由。

三、召开知识分子问题会议

> 1956 年 1 月，中共中央召开了知识分子问题会议，就进入全面建设社会主义时期后，如何正确估计、对待知识分子和发展科学文化问题进行了决策。这次会议，从酝酿准备到会议召开和对会议精神的贯彻执行，自始至终是在周恩来操持下进行的。会议提出两个著名思想：知识分子"已经是工人阶级的一部分"，"科学是关系我们的国防、政治和文化方面的有决定性的因素"。"我们将以一个具有高度文化的民族出现于世界"。

1. 迫切需解决的问题

"人才缺乏，已经成为我们各项建设中的一个最困难的问题。"新中国成立后，国民经济的恢复，各项建设的开展，特别是第一个五年计划开始后，时时处处都碰到建设人才缺乏，建设亟须知识分子积极参与这一无法回避、亟待正确回答的严峻问题，同时，需要不断地及时妥善地解决知识分子的有关问题。

在这一历史环境中，中共中央主要领导人、国务院总理周恩来，对知识分子在国家建设中的地位和作用一贯给予高度重视。

1950 年 8 月 24 日，在中华全国自然科学工作者会议上，周恩来作《建设和团结》的报告时明确指出：我们国家的"方向和目标是确定了的"，这就是"建设独立、民主、和平、统一和富强的新中国，要把中国由一个农业国变为工业国"。但是，我们是在旧中国留下的满目疮痍的"破烂摊上进行建设，首先必须医治好战争的创伤，恢复被破坏了的工业和农业"。恢复工作"不可能百废俱兴，只能先从兴修水利、修筑铁路、制造化学肥料这几项工作入手"。"单说这几件大事，都需要科学家的努力。现有的专家不是太多而是不够。"

1951 年 8 月 22 日，在来自全国各战线的 18 个专业会议代表和政府部门负责人参加的会议上，周恩来又说："现在人才缺乏，已成为我们各项建设中的一个最困难的问题"。"只要我们的工作开展了，中国的知识分子就不是太多，而是太少了。""这是旧社会遗留给我们的一个困难，也是中国的一特点。"

从 1952 年 7 月开始，周恩来以很大精力参加研究和制定第一个五年计划。搞五年计划建设，使他更感觉到建设人才缺乏的问题。

到 1955 年年底，第一个五年计划即将进入有更多建设项目要铺开的关键性的第四年。各种人才匮乏的问题显得更加现实、迫切和尖锐了！

周恩来在 20 世纪 20 年代和 50 年代曾两次到欧洲，亲眼目睹科学技术的进步在这 30 年中给西欧人民的物质生活以及整个社会生活带来的飞速变化。因此，他清楚地认识到作为科学知识载体的知识分子在中国社会主义生活中的重要作用。他大声疾呼："我们现在所进行的各项建设，正在愈来愈多地需要知识分子的参加"。不仅如此，"知识分子已经成为我们国家的各方面生活中的重要因素"。我们"必须依靠知识分子的积极劳动"，尤其需要知识分子积极参与建设的社会历史条件，为知识分子大显身手提供广阔的用武之地。

新中国成立以来，中国知识分子通过积极参与各项政治运动的实际锻炼和政治理论的学习，他们的政治面貌"已经发生了根本性的变化"。他们从新中国社会主义建设事业的迅猛发展中，看到了在旧中国所无法见到的与自己命运紧密相连的中华民族的光明前途，产生了强烈的为把贫穷落后中国建设成为社会主义现代化强国而服务的内在动力。同时，知识分子在业务水平上也有了显著提高。

钱学森、汪德昭等许多身居海外的知识分子在新中国欣欣向荣、蒸蒸日上前景的吸引下，怀着满腔爱国热情，排除重重阻力，毅然抛弃自己在国外的优裕工作条件和舒适生活，回到祖国效力。

虽然，最充分地发挥知识分子在国家建设的各个领域中的作用，已经成为一个紧迫的关系到社会进步、国家与民族兴旺发达的战略性问题，但是，这时中共党内却较为严重地存在着不尊重知识分子的宗派主义倾向。主要表现在：

在贯彻执行"团结、教育、改造"知识分子政策过程中，不少地方出现要求过高过急、不实事求是、不尊重知识分子等问题。

在许多人中间还流行着"生产靠工人，技术靠苏联专家"的不正确思想。

有的人则对知识分子抱有一种盲目的排斥和嫉妒心理，把他们当作"异己分子"，利用某些机会加以压制和打击。

这时，中国民主同盟也反映了一些情况，并将在民盟中央宣传部部长费孝通主持下整理的关于高级知识分子情况的一批材料，送给中共中央统战部。这批材料经统战部分类整理后，把存在的问题概括为"六不"："估计不足，信任不够，安排不妥，使用不当，待遇不公，帮助不够。"随即，统战部部长李维汉向周恩来汇报了这6个方面的问题。

以上情况表明，几年来国家社会主义建设形势迅速发展，知识界发生了很大变化，党和政府在执行知识分子政策上出现一些问题，随着世界科学技术日新月异发展，召开一次关于知识分子问题的会议已经迫在眉睫了！

1955年11月22日，曾在年初就有过召开知识分子问题会议设想的周恩来，向刚从外地回到北京的毛泽东汇报了有关知识分子问题的情况，并陈述了自己的意见。

11月23日，毛泽东召集中央书记处全体成员刘少奇、周恩来、朱德、陈云和中央有关方面负责人会议,进行商讨,决定应不失时机地在全面社会主义建设即将到来的这一重大历史关头,作出战略抉择——在 1956 年 1 月召开一次大型会议,全面解决知识分子问题。同时,会议决定成立由周恩来负总责的,有彭真、陈毅、李维汉、徐冰、张际春、安子文、周扬、胡乔木、钱俊瑞参加的中共中央研究知识分子问题 10 人领导小组,下设强有力的办公室进行会议的筹备工作。

2. 《关于知识分子问题报告》

筹备工作一开始,周恩来首先抓了全面调查知识分子情况,认真收集、研究知识分子问题材料的工作。1955 年 11 月下旬,周恩来邀请了中国科学院、北京地区部分大学等具有代表性的一些单位的有关人员座谈,进行调查研究,并详细研究了北京地区 26 所大学中关于知识分子问题的各方面情况。

同时,周恩来指导 10 人小组对统战部、北京市已经上送的调查材料加以分类整理和分析研究,写出解决知识分子的工作条件、社会活动过多与兼职过多、待遇问题、发展党员问题等 11 个专题报告。

周恩来还认为,各省市、自治区党委是一支调查研究和解决知识分子问题的基本力量。为了发挥这支力量的作用,11 月 24 日,在中共中央政治局召集的有各省市委、自治区党委负责人参加的关于资本主义工商业改造问题座谈会上,他专门布置了各地如何开展调查研究知识分子问题的工作,并要求各地在 12 月下半月先召开一次知识分子问题会议,还指示各地也像中央那样成立一个领导小组,认为"这样可以上下通气,收集材料,研究问题,便于党领导这项工作"。当天,周恩来又召集中央和政府各部门负责人开会,布置了这项工作。周恩来要求各地、各部门向中央送交的调查研究材料应包括高等院校、科学研究机构、卫生部门、文化艺术界、中小学校等 6 个方面;每个方面都要有好、中、差 3 类典型；同时要求有近年来党的知识分子政策贯彻执行情况、对知识分子队伍所发生的变化做出基本估计和提出解决问题的具体意见等 3 项内容。

为了更好地从理论和实践的结合上解决知识分子问题，周恩来进一步责成 10 人领导小组继续从马克思主义关于知识分子的基本观点、中共中央对知识分子政策的基本观点等 12 个方面更系统地、全面地整理和研究知识分子问题的材料。他努力从宏观与微观、正面与反面等各不相同的角度去调查知识分子问题，这样就为制订正确的、新的全面社会主义建设时期的知识分子政策打下了坚实基础。

在调查研究知识分子问题的同时，周恩来把中国科学技术落后的实际情况同西方先进的科学技术现状，进行了严密精细的、比较全面的对比研究，努力寻找切实可行的改变这一落后面貌的方针、政策和办法。

经过以上紧张、有节奏、深入和科学的调查研究工作后，12 月 17 日、19 日，周恩来两次约胡乔木商谈关于知识分子问题的报告的起草问题，就起草报告的指导思想、稿子的结构、基本内容和重点提出了系统的意见。

由于起草报告稿的目的和思路明确，可资参考和利用的材料量多面广，质量比较高，因此到 1956 年 1 月上旬报告初稿已经写成。

1 月 6 日，周恩来召集中央 10 人领导小组会议讨论修改报告稿。随后，他一遍又一遍、一丝不苟地，逐段、逐句、逐字地对稿子进行推敲和修改，并增写了一些重要的思想理论观点。报告稿数易其稿后，稿子的整体结构更严密，逻辑性更强，思想理论观点更鲜明，稿子内容随之变得更加充实、准确和全面。

1956 年 1 月 14 日，在中南海怀仁堂，中国共产党中央委员会关于知识分子问题会议隆重开幕。会议规模宏大，出席会议的 1279 人济济一堂。他们中有中共中央委员、中共中央候补委员；各省市委、自治区党委和 27 个省辖市市委书记或副书记，以及这些省市委、自治区党委所属组织部、宣传部、统战部的负责人；全国至要高等院校、科研机关、设计院、厂矿、医院、文艺团体和军事机关党组织的负责人。

会议主席刘少奇宣布大会正式开幕后，周恩来便代表中共中央作《关于知识分子问题的报告》（以下简称《报告》）。他第一次把知识分子问题、发展科学技术问题作为全党面前的重大问题，并围绕这两个问题进行阐释和论证。

周恩来列举事实雄辩地说明"我国知识界的面貌在过去 6 年来已经发生了根本的变化"，明确宣布知识分子"已经成为国家工作人员，已经为社会主义服务，已经是工人阶级的一部分。"并且强调：既然如此，那么，就应该同全心全意地依靠工人、农民一样，"最充分地"依靠这些更多地掌握人类智慧即科学技术知识的知识分子。但这时人们还没有普遍地意识到这个问题的重要。

于是，周恩来有针对性地合乎逻辑地提出："发展社会主义建设，除了必须依靠工人阶级和广大农民的积极劳动以外，还必须依靠知识分子的积极劳动，也就是说，必须依靠体力劳动和脑力劳动的密切合作，依靠工人、农民、知识分子的兄弟联盟。""知识分子已经成为我们国家的各方面生活中的重要因素。"知识分子"已经是工人阶级的一部分"的著名思想的提出，标志着中国共产党对知识分子的认识已进入新的阶段。

周恩来在《报告》中还对世界现代科学技术的特点和它在社会发展中的重要地位与作用给予了深刻透彻的分析。他说："人类面临着一个新的科学技术和工业革命的前夕。"这个革命，就它的意义来说，远远超过蒸汽和电的出现而产生的工业革命。世界科学技术的进步已"把我们抛在科学发展的后面很远"。他又说："在社会主义时代，比以前任何时代都更加需要充分地提高生产技术，更加需要充分地发展科学和利用科学知识。""只有掌握了最先进的科学，我们才能有巩固的国防，才能有强大的先进的经济力量，才能有充分的条件……在和平的竞赛中或者在敌人所发动的侵略战争中，战胜帝国主义国家。"

在这一认识的基础上，周恩来提出了"科学是关系我们的国防、经济和文化各方面的有决定性的因素"的著名思想。实际上，这就是说，谁想在当今世界的经济、政治、军事斗争中取得主动或者赢得胜利，谁就必须依靠在科学技术上的优势做基础。因此，科学技术对我们国家国力的强弱盛衰有着决定性的影响。

以上两个著名思想，成为中国共产党在全面社会主义建设时期制订知识分子政策和科学技术政策的根本依据，成为中国共产党领导和加强知识分子工作和科学技术工作的指导思想。

在知识分子"已经是工人阶级一部分"和"科学是关系我们的国防、经济和文化方面的有决定性的因素"这两个著名思想指导下，他把报告的重心放到阐明如何大力发展我国科学技术的正确的战略考虑和规划上。

周恩来强调要坚决摒弃对知识分子的宗派主义倾向，消除让他们学非所用、闲得发慌的"浪费国家最宝贵的财产"的现象，并提出了"最充分动员和发挥知识分子力量"的3项措施："第一，应该改善对于他们的使用和安排，使他们能够发挥他们对于国家有益的专长。""第二，应该对于所使用的知识分子有充分的了解，给他们以应得的信任和支持，使他们能够积极地进行工作。""第三，应该给知识分子以必要的工作条件和适当的待遇。"其中包括改善生活待遇和政治待遇，确定和修改升级制度，拟定关于学位、学衔、发明创造和优秀著作奖励等制度。

在上述措施中，周恩来尤其重视对知识分子的信任和支持问题。他在1955年11月就曾指出：信任的中心问题，就是要尊重这些知识分子。所谓尊重，"是要尊重他们那个知识"，"尤其是向他们学习"，使他们能够心情舒畅地运用其知识，哪怕是一技之长。他说，这样做，对于国家和各项建设，对于国家的今天和明天，"都是有用的"。对于他们的使用应该做到"用而不疑"。

正是基于这一认识，周恩来在《报告》中批评了对知识分子所采取的敬而远之的做法，认为"这样，既缺乏了解，也容易形成隔膜"。周恩来一向把向知识分子学习，同他们交朋友，作为信任和支持知识分子的一项基本内容。

与此同时，周恩来还高度重视根据实际可能提高知识分子的生活待遇问题。1955 年 11 月，周恩来就曾指出：我国知识分子在生活待遇上的状况，应当说，"比抗战时期好"，但"比抗战前差"，就其整体情况看"比旧社会稳"。如果同政府官员的工资比较，现在除极少数教授的工资同司局长差不多外，其他的只相当于副司局长甚至更低，这都是因为等级制度和平均主义倾向影响的结果。因此，知识分子的工资一定要调整，这件事将由党中央直接抓。

基于以上认识，周恩来在《报告》中进一步提出"应该根据按劳取酬的原则，适当调整知识分子的工资"问题，指出提高的目的是为了增强他们在业务上的上进心，加强新生力量的培养，刺激科学文化的进步，同时也是为了使他们"能够把更多的精力用于工作"。他强调，如果他们"为了日常生活琐事，往往不必要地费去太多的时间，这应该看作是国家劳动力的损失。"在周恩来的过问和主持下，1956 年 6 月，高级知识分子的工资有了普遍的增长，其中教授、研究员的最高工资由 253 元提到 345 元，增资幅度为 36.4%。

周恩来代表中共中央提出的对待知识分子的政策和措施，为掀起"向现代科学进军"的热潮创造了良好条件。

鉴于科学对于国力盛衰和社会发展的巨大作用，而中国科学技术又很落后的现状，周恩来向全党和全国人民发出紧急呼吁："我们必须急起直追"，必须"认真而不是空谈地向现代科学进军"。

怎样做到这点呢？周恩来认为，这意味着我们既要瞄准世界先进水平，又要在务实精神指导下，确定正确的发展中国科学技术的战略决策，制定具体的方针政策。据此，他以世界战略家的眼光和恢宏气魄，在《报告》中提出了追赶世界先进科学技术的战略决策：要在12年内，即"要在第三个五年计划期末，使我国最急需的科学部门接近世界先进水平，使外国的最新成就，经过我们自己的努力很快地就可以达到。有了这个基础，我们就可以进一步解决赶上世界水平的问题"。

为此，周恩来指出：我们将要制定的从1956年到1967年科学发展的远景计划，"必须按照可能和需要，把世界科学的最先进的成就尽可能迅速地介绍到我国的科学部门、国防部门、生产部门和教育部门中来，把我国科学界最短缺的而又是国家建设的急需的门类尽可能迅速地介绍到我国的科学部门、国防部门、生产部门和教育部门中来，把我国科学最短缺的而又是建设所急需的门类尽可能迅速地补足起来。"应该说，这一决策，是现实的、突出重点的明智之举。

为了真正有效地实现这一决策，周恩来强调：国家除了拟定一个大规模的培养干部规划外，还要"集中最优秀的科学力量和最优秀的大学毕业生到科学研究方面"。要"用极大的力量来加强中国科学院"，各高等院校也要"大力发展科学研究工作"，同时政府各部门"应该迅速地建立和加强必要的研究机构"，再就是"必须为发展科学研究准备一切必要条件"，如图书、档案资料、技术资料和其他工作条件等，"以便尽可能迅速地用世界最新的技术把我们国家的各方面装备起来"。

周恩来认为，还应正确处理基础理论研究和应用科学研究的关系，使之"保持适当的比例"，纠正忽视基础理论研究的偏向。他强调：我们"必须打破近视的倾向，在理论工作和技术工作之间，在长远需要和目前需要之间，分配的力量应该保持适当的比例，并且形成正确的分工和合作，以免有所偏废"。目前的主要倾向，"是对于理论研究的忽视"。这种倾向，在自然科学和社会科学方面都同样存在着。他指出："没有一定的理论科学的研究做基础，技术上就不能有根本性质的进步和革新。"

周恩来在报告快要结束时，提高了声音，说：我们相信，只要我们坚定地依靠全国工人、农民、知识分子在社会主义事业中所形成的这个联盟，"我们一定可以在不很长的时间内，把我们的国家建设成为一个完全现代化的、富强的社会主义工业大国，一定可以在不很长的时间内，实现毛泽东同志的伟大号召——'我们将以一个具有高度文化的民族出现于世界'。"他这铿锵有力、掷地有声的富有鼓动性的结束语，赢得了与会者兴奋而持久的热烈掌声。

周恩来在《报告》中所阐述的知识分子政策和科学技术政策，是对会议的最重要的贡献，成为会议的两个基本议题。会上，与会代表一致同意周恩来所作的《报告》，普遍感到知识分子确实将在迅速发展的社会主义建设事业中发挥越来越重要的作用，今后应该努力改善对他们的使用和安排，努力改善他们的工作条件和待遇，并采取其他各积极措施推动中国科学事业的发展。这次会议 1956 年 1 月 20 日闭幕，在会议闭幕的当天，毛泽东称赞：这个会议开得很好。

3. 贯彻知识分子问题会议精神

为贯彻执行知识分子问题会议精神，周恩来首先抓了有关具体贯彻执行会议精神的指示、决定等文件与材料的修改定稿，以及下发实施和检查落实工作。这是一项细致而又必须做好的工作。从中央到地方的有关部门都积极参与了这项工作。

1956 年 2 月 14 日，中共中央发出了《关于知识分子问题的指示》。《关于知识分子问题的指示》进一步确认了周恩来的《报告》中对知识分子问题的分析和有关政策。在周恩来的过问和指导下，这以后，针对党内在知识分子政策上所存在的 6 个方面的问题，中共中央、国务院陆续发出有关解决知识分子问题的指示、规定、通知以及典型材料。

这年四五月间，中共中央先后转发了中央组织部《关于在知识分子中发展党员计划的报告》、《关于高级知识分子中一部分人社会活动过多和兼职过多问题的意见》等文件。

这年 7 月 20 日，国务院转发了会后由研究改善高级知识分子工作条件小组提出的《关于高级知识分子工作条件问题的情况和意见》（以下简称《情况和意见》）和关于这个文件的《通知》。《情况和意见》就有关知识分子工作条件的 14 个问题（图书、资料、情报、学术交流、仪器、试剂、实验用地、研究经费、工作时间等），提出改进意见和措施。国务院《通知》除规定由新成立的专家局"负责研究有关高级知识分子工作条件问题"外，还开列了一个个应由有关单位办理有关事情的目录，要求有关单位在规定的期限内作出工作进展情况的报告。

同时，中央知识分子问题 10 人领导小组会同国务院专家局，在1956 年内有计划检查了高级知识分子较为集中的中国科学院和国务院10 多个部委解决知识分子问题的工作进展情况，并深入到这些部门若干有代表性的单位，通过同高级知识分子座谈、对他们进行访问等形式，了解情况，总结成绩，找到差距并明确了方向。

以上工作，有力地推动了全国范围的全面解决知识分子问题工作的开展。中央各部委、各省市纷纷召开各种会议，成立有关办事机构，有效地解决了知识分子的工作条件、安排使用、政治与生活待遇、入党等问题。而在全国知识分子中，他们则普遍感到：知识分子问题会议的召开和会后对会议精神的贯彻执行，已经使过去较为严重的宗派主义倾向受到严厉批判和很好清算，知识分子的地位和作用受到充分肯定，工作条件、生活待遇等也正在改善中。现在是贯彻执行知识分子问题会议精神的热潮，同时掀起一个"向现代化科学进军"的高潮。

为贯彻执行知识分子问题会议精神，周恩来所抓的另一项主要工作是制订科学技术发展的远景计划。

在科学规划制订过程中，不可避免地会遇到一些发展科学技术的方针性问题。周恩来总是以他可贵的领导科学事业的高度民主的作风，特有的考虑复杂问题的全面性、系统性，以及决策时的战略家的干练、明确、果断，及时妥善地处理和解决了所遇到的一些问题。

在规划制订过程中，负责规划制订的 10 人小组曾向周恩来做过多次汇报。当汇报到基础理论的发展时，规划小组提出一个"任务带学科"的口号。周恩来听取大家意见后，略为迟疑了一下，提高嗓门说："那么还有一些任务带不起来的学科，将怎么办？"又说，是不是再补充一个基础科学的规划？根据周恩来的意见，在原来 56 项重大任务中又增加了《现代自然科学中若干基本理论问题的研究》，由此扩展为 57 项。此外，又在这个基础上专门制订了基础科学研究规划。

周恩来能够在科学规划的制订过程中，发现他人未能发现的问题，并能够提出解决问题的正确的方针性意见，是他虚心向内行学习，较为熟悉自然科学的一般情况，并能站在战略家的高度去认识和理解科学技术的发展规律的结果。

在周恩来积极参与和推动下，在陈毅、李富春、聂荣臻的具体领导下，1956 年 12 月中国《1956—1967 年科学技术发展远景规划纲要（修正草案）》（以下简称《规划纲要（修正草案）》）定稿。

《规划纲要（修正草案）》共确定 57 项国家重要科学技术任务和 616 个中心问题。在这个基础上，又挑选出对全局有决定性意义的 12 个重点，在人力、物力上优先给以保证。另外，对于某些重要而又紧迫的任务，采取了特殊的紧急措施。比如为发展计算技术、半导体技术、无线电电子学、自动化和远距离操纵技术等而采取的紧急措施，再加上当时并未公开的发展原子弹和导弹研究两项绝密任务，总共是

◎ 1956 年 6 月 14 日，毛泽东等接见参加制定全国十二年科学技术发展远景规划的代表

6 项紧急措施。这 6 项构成了我国发展尖端科学技术所采取的最重要措施。正是这 6 项紧急措施，为我国依靠自己的力量在不太长的时间内突破尖端技术，使原子弹、导弹腾空而起，奠定了基础。

不幸的是，由于受旧有意识惯性的影响，以及当时国际政治风波的消极影响，周恩来关于知识分子"已经是工人阶级的一部分"的思想，在我们党内未能获得稳定的持久的支持。

但是，由于中国知识分子的艰辛努力，周恩来等在党的知识分子政策发生某些偏差后，仍能继续采取某些积极的实际措施来维护和坚持正确的知识分子政策，还由于中国科学规划瞄准的是世界先进水平但又实事求是，即方针正确，措施具体有力，组织落实等原因，原定时限为 12 年完成的科学发展规划的主要任务，大都提前 5 年即到

1962 年就完成了，使中国科学事业有了极大发展，有效地解决了一批国家急需的科学技术问题，大大地缩小了中国科学技术同世界先进水平的差距，促进了我国社会生产力的发展。同时，中国科学研究机构也由 381 个发展到 1296 个，科技人员由 18000 余人增加到 86000 余人，初步改善了我国科学力量薄弱的状况。1963 年开始执行新的全国科学发展 10 年规划，后因"文化大革命"的严重干扰而未能实现预期目标。

第四章

新的社会秩序和
社会风尚

一、镇压反革命运动

　　新中国建立初期，在全国范围内进行的镇压反革命运动，是同抗美援朝、土地改革并称的三大运动之一。镇反运动从 1950 年 10 月在全国大张旗鼓地开始，到 1951 年 10 月基本结束。运动的重点是打击土匪、特务、恶霸、反动党团骨干及反动会道门头子等反革命分子。

1. 对反革命分子不能宽大无边

　　新中国成立后，已溃逃到台湾孤岛上的蒋介石，并不甘心自己的失败，他一面指挥华东、华南、西南等地区的残兵败将进行负隅顽抗，一面出动大批飞机窜到上海、南京、杭州、广州等大城市及沿海一带狂轰滥炸，进行骚扰破坏。

蒋介石逃窜台湾后，在大陆遗留和有计划潜伏下来的土匪、特务等反革命分子数以百万计。他们狼狈为奸，互相勾结，啸聚散兵游勇地痞流氓，煽动胁迫落后群众，或以土匪游击战的方式，或策划反革命暴乱，袭击围攻地方政府，甚至颠覆夺取基层政权。

他们利用暗杀、绑架、投毒等卑鄙凶狠手段，血腥残杀基层党政军干部和群众，丧心病狂地进行泄愤报复；公开抢劫财物，焚烧民房，奸污妇女，制造恐慌，破坏社会安定；破坏交通、工厂、矿山、仓库，干扰经济事业和破坏生产；制造散布谣言，蛊惑人心，离间党群关系，诋毁党的政策，损坏共产党和人民政府的威信。

他们受美蒋特务机关的授意与派遣，或伪装积极、投机钻营打入我党政军机关及经济、文化部门，或建立与发展反革命组织，或建立反动武装，充当美蒋的别动队与坐探。

反革命分子的破坏活动，严重威胁着人民民主专政的巩固和人民生命财产的安全，为国民经济恢复工作的顺利进行带来巨大威胁。如不对其进行迎头痛击，严厉镇压，则将国无宁日，民无宁日，中国人民浴血奋战 28 年的胜利势必毁于一旦。

对国民党反动派的破坏活动，中国共产党和人民政府的态度和方针是十分明确的。1949 年 6 月 15 日，新政协商筹备会召开，毛泽东郑重宣布：中央人民政府一旦成立，一是要肃清反动派的残余，镇压反革命的捣乱；二是要加紧经济、文化的恢复与建设，尽快医治战争创伤。9 月 29 日政协一届一次全会通过的《中国人民政治协商会议共同纲领》第七条明确规定：中华人民共和国必须镇压一切反革命活动，严厉惩罚一切勾结帝国主义、背叛祖国、反对人民民主事业的国民党反革命战争罪犯和其他怙恶不悛的反革命首要分子。对于一般的反动分子、封建地主、官僚资本家，在解除其武装、消灭其特殊势力后，仍需依法在必要时期内剥夺他们的政治权利，但同时给以生活出路，并强迫他们在劳动中改造自己成为新人。假如他们继续进行反革命活动，必须予以严厉的制裁。

这条规定不仅为镇压反革命提供了法律依据，也是号召全国人民积极投入镇反斗争的行动纲领。

1950 年 3 月，中共中央发出了《关于严厉镇压反革命的指示》，各级政府遵照中央的指示，对各类反革命分子也进行了清查和镇压。在农村，结合土地改革开展反恶霸、斗地主。在城市中逮捕和处决了一批反革命首要分子，破获了大批特务间谍案件，并勒令反动党团骨干、特务等反革命分子进行登记；对罪恶昭著、顽固狡赖、隐瞒欺骗、拒绝或逃避登记者，予以严厉制裁。在一些地区，还通令取缔各种反动会道门及秘密反动组织。

1950 年 6 月 6 日，中共七届三中全会在京召开。毛泽东强调：不要"四面出击"，我们当前总的方针："就是肃清国民党残余、特务、土匪，推翻地主阶级，跟帝国主义斗争到底。"七届三中全会对镇反斗争进行了再动员，再部署，推动了镇反斗争的继续深入发展。

为贯彻落实党的七届三中全会关于镇反的精神，加强对镇反的领导，中央人民政府采取了一系列的重大措施。7 月 23 日，政务院和最高人民法院联合发布了《关于镇压反革命活动的指示》，再次重申："积极领导人民坚决地肃清一切公开的与暗藏的反革命分子，迅速地建立与巩固革命秩序，以保障人民民主权利并顺利进行生产建设及各项必要的社会改革，成为各级人民政府当前重要任务之一。"

在中共中央和中央人民政府的领导下，经过全国人民的努力，到 1950 年 9 月底，镇反斗争已取得很大成绩。全国除广东、广西、福建、浙江及解放最晚的西南地区尚有部分股匪外，其他地区的武装股匪均已消灭，共剿匪 100 余万。仅西南地区就剿匪 85 万人，缴获各种枪支 40 余万支。湘西、湘南数十年来匪患不绝的现象也基本上被清除。破获一大批特务间谍案件。

新中国建立后的一年，镇反工作虽取得了很大的成绩。但在工作中也确实存在着极为严重的右倾偏向。镇反斗争中所发生的"宽大无边"右倾偏向主要表现在三个方面：

一是量刑轻。该杀不杀，该抓不抓，重刑轻判，免罪释放。东北对密谋杀害李兆麟将军的蒋匪特务组长南守善，杀害我16名工作人员的特务分子李仁田，仅判以短期徒刑。对反革命分子毫无原则的宽大，招致人民群众的强烈不满。有的群众说："天不怕，地不怕，就怕共产党讲宽大。"有的批评政府"有天无法"、"宽大的没了门框"。有的群众说："好了坏人，坏了好人。"

二是处理慢。久押不问，拖延判决，积案甚多。曾任石家庄特务机关审讯股长的王钧，罪大恶极，但捕后押了3年始被处决。群众埋怨说："政府睡着了"，"人民政府什么都好，就是对敌人这样客气不好。"

三是管得松，监而不牢，管而不严。有的地方监狱管理制度不严密，不能正确执行"惩罚管制与教育改造相结合"的政策，相信"教育万能"，把监狱看成是普通的工厂、学校。有的特务分子公然说公安局是"公安店"，称人民法院是"司法旅馆"。有的群众说："反革命活动是政府给惯的。"

右倾偏向问题的存在，不仅损害了人民政府的威信，也严重地窒息了群众参加镇反斗争和经济建设的积极性。有的群众害怕报复，不敢大胆检举揭发反革命分子，并说："得罪政府没关系，得罪反革命分子要杀人。"

中共中央为了尽快扭转镇反工作的被动局面，从1950年10月之后，采取了一系列的重大措施。10月10日，中共中央向各地发函《关于纠正镇压反革命的右倾偏向的指示》，严肃指出：各级党委对右倾偏向必须引起高度重视，立即采取步骤，坚决加以克服，正确执行"镇压与宽大相结合"的政策，根据已掌握的材料，经过审慎地研究，分别加以处理。当杀者，应即处以死刑；当监禁和改造者，应即逮捕加以改造；对罪恶较轻又愿意悔改者，应即实行管制并加以考察，若继续作案应严厉制裁。

10 月 13 日，政务院和最高人民法院联合发出《关于人民司法机关须迅速清理积案的指示》，指出：各级人民政府司法机关要采取慎重负责和切实有效的措施抓紧清理积案，对证据确凿、罪大恶极的反革命分子要立即处决，对有重大影响的反革命案件，迅速予以审判。并要求各地要统一计划，组织协调各部门的力量，简化诉讼手续，提高工作效率，尽快完成。

接着最高人民法院召开了由各大行政区分院及华北五省和北京、天津两市院长会议，公安部召开了第二次全国公安工作会议，两会认真学习、讨论了中共中央和中央人民政府的指示，揭发、批判了"宽大无边"的右倾偏向，并对大规模开展镇反斗争进行了具体的研究和部署。

12 月 26 日，《人民日报》发表了《彻底纠正曲解"宽大无边"的偏向》的社论。之后，公安部长罗瑞卿、司法部长史良、最高人民法院院长沈钧儒以及著名民主人士许德珩、章伯钧等纷纷撰文，对"宽大无边"的右倾偏向的表现、危害、原因进行分析和批判，在广大人民群众中引起了强烈反响，对纠正右倾偏向起到了巨大推动作用。

自"双十"指示发出到 12 月底，从中央到地方，从党政机关到广大人民群众，经过三个月的努力，镇反中的右倾偏向基本上被扭转，一场声势浩大的镇反运动蓬勃兴起。

2. 毛泽东亲自坐镇指挥

1950 年"双十"指示发出后，各地行动如何？落实怎样？毛泽东一直萦怀于心。为统筹全局，及时掌握全国镇反斗争的情况，他曾多次电令督促各地，要求各中央局、分局、省委、大中城市市委、各大军区及军党委，直至县委，都必须向他和中央及时做镇反工作的专题报告，并指示各级主要领导必须亲自挂帅，一抓到底，抓出成效。

凡各地送来的报告，毛泽东都废寝忘食，夜以继日地批阅，发现经验就及时推广，察觉问题就立即采取措施。仅据《建国以来毛泽东文稿》一书中记载，从 1950 年 11 月至 1951 年 6 月，毛泽东批转各地的镇反报告，为中央起草的电报指示及有关信件即有 129 件。仅 3 月30 日这一天，就批阅转发了中南局，湖南、山东及空军党委等 4 份镇反报告，还发指示电报及有关信件各一份。

对一些行动迟缓、镇反不力的地区，毛泽东更是严加督促指导，直至局面彻底改观。广西地处边陲，山高林密，向为匪患频仍之区。据统计，广西解放后仍有匪众 9 万余人，散落在民间的枪支达 20 余万支。加之解放较晚又剿匪不力，一度匪祸甚烈。境内的土匪又往往与特务、恶霸相勾结，发动暴乱，烧杀抢掠，无恶不作。1950 年发生反革命暴乱数十次，大肆袭击围攻地方政府，甚至多次攻打县城，被杀害的干部和群众就有 7219 人，烧毁房屋 25600 余间，抢劫耕牛 20 万余头。柳江县板里村农民刘兆安，全家四辈 51 口人，被首匪刘甫全部杀光。

毛泽东获悉这一情况后，于 1950 年 11 月 14 日给中南分局第一书记叶剑英等去电，对广西提出严肃批评：广西剿匪为全国最差者，其原因必有严重缺点，并令叶剑英立即前往广西帮助剿匪，务必在 6 个月内肃清匪患；待有成绩再回，否则不要回来。11 月 16 日在转发西南军区《剿匪简报第 4 号》的批语中，再次提出批评："广西解放在西南之前而剿匪成绩落在西南之后，为什么这样，请你们加以检讨并以结果告诉我们。我提议广西军区从 12 月起仿照西南办法每月发一次剿匪通报，总结成绩，纠正缺点，务使全省匪患在几个月内基本解决。"

中南军区根据毛泽东的指示立即开会研究落实办法，并决定派政治部主任陶铸前往广西，同叶剑英一起共同帮助广西抓剿匪工作。11月17日毛泽东又电告陶铸：在广西应久留一些时间，直至剿匪问题基本解决再回。11月22日，毛泽东又电告广西省委：必须限期剿灭股匪，加速进行土改，发展地方武装和坚决镇压反革命活动。12月29日毛泽东又电告中南军区第二政委邓子恢：对广西剿匪望加紧督促，务于1951年5月31日前彻底完成任务。

广西党政军领导在叶、陶的指导下，遵照毛泽东的多次电示，深刻检查"宽大无边"的右倾偏向，研究制定剿匪作战方案。发动党政军民协同剿匪部队作战，把集中兵力、重点进剿武装股匪与反霸肃特、收缴民间枪支相结合，迅速取得重大进展。到12月下旬即歼匪55891人，处决匪首、惯匪、恶霸及其他反革命首要分子3000余人，使匪焰大降，民气大伸。毛泽东接到广西12月28日镇反情况及下一步剿匪计划的报告后，于1951年1月2日与9日两次复电省委书记张云逸，对广西镇反成绩及剿匪计划给以褒奖肯定。

1951年1月16日叶剑英向毛泽东报告：广西剿匪大为开展，已歼匪9万余人，并镇压了一大批反革命分子。毛泽东24日复电叶剑英，广西剿匪"成绩很大，我及中央同志都很高兴。"在此基础上，毛泽东向广西驻军提出了更高的要求，指出："必须把一切股匪潜匪肃清，一切匪首捉起，一切非法枪支起掉。"并具体指示：要从部队抽调一大批干部配合地方干部工作，"用

◎ 南岸区大兴场反霸斗争大会

包干制办法，划分区域，负责到底，将剿匪、清匪、起枪、枪杀匪首、恶霸、特务，减租，退押，直到分配土地，建立政权，建立地方武装，全套工作做完，方算完成任务。"经过广大军民半年的艰苦奋战，到1951年5月中旬，广西全省境内除少数散匪逃到边境山林外，武装股匪基本被消灭。

为取得广大民主人士对镇反斗争的赞成和支持，毛泽东殚精竭虑思考对策：首先，强调要十分注意把握镇反的政策与策略，"不要四面出击，要集中力量稳、准、狠地打击反革命首恶分子，使社会各界人士无隙可击。"1950年12月19日，毛泽东在给中南局的电报中说："对镇压反革命分子，请注意打得稳，使社会各界没有话说。"30日，又电示各地：在目前镇反高潮中，务望注意策略，达到团结各界人民彻底镇压反革命的目的。否则就会"为反革命所利用，为民主人士所不满，为人民所不同意"，使我党陷入被动。

1951年1月17日，毛泽东又电示各地党政军领导：在土匪恶霸甚多，特务集中的地方要大杀几批，以打击敌焰，伸张民气，只要我们注意策略，"不杀错，资产阶级虽有叫唤，也就不怕他们叫唤。"其次，毛泽东坚决纠正镇反中的关门主义和神秘主义，坚决主张让民主人士与闻其事，参与其事。毛泽东经常将各地有关镇反的报告送给张澜、黄炎培、史良、沈钧儒等民主党派主要负责人及著名民主人士参阅，让他们深入了解镇反情况，并与他们面商或通信交谈，做一些说服和解释工作。

如2月17日，毛泽东先后给民主建国会主要负责人黄炎培送去广东、广西两省有关纠正"宽大无边"右倾偏向的报告，同时附了一封信，说明为什么必须坚决镇压反革命："不杀匪首和惯匪，则匪剿不净，且越剿越多。不杀恶霸，则农会不能组成，农民不敢分田。不杀重要的特务，则破坏暗杀层出不穷。"因此，"必须采取坚决镇压的政策，群众才能翻身，人民政权才能巩固"。

21日,《中华人民共和国惩治反革命条例》公布施行。为保证《条例》的顺利贯彻执行,争取民主人士及社会各界的支持,毛泽东于28日为中央起草了《关于向各界人士解释镇压反革命的必要性的电报》,明确指出:各地应利用条例发布之机,"结合当地反革命活动的具体情况,向知识分子、工商界、宗教界、民主党派、民主人士广泛地解释镇压反革命的完全必要,使他们赞同我们的方针"。

遵照毛泽东的指示,各地纷纷召开民主人士座谈会、社会各界代表人物联席会、协商委员会扩大会等,大力宣传解释镇反的路线、方针、政策及重要性与必要性。如北京市在判决反革命罪犯前,向民主人士介绍罪犯案情,参观罪证展览,听受害人控诉,使他们深入了解反革命破坏活动情况,然后认真听取意见,从而得到广大民主人士的大力支持。

中国民主同盟代表张曼筠说:"听了被害人的血泪控诉,心里感到无限愤慨。我们坚决支持严厉镇压反革命。"工商界代表张献庭说:"对反革命分子该杀则杀,该关则关,我们坚决要求严惩一切反革命分子。"清华大学教授周培源慷慨激昂地说:"我代表清华全体师生保证,要用行动来支持政府镇压反革命的政策。"毛泽东接到北京市的报告后,也不无感慨地说:"由北京的经验看来,民主人士和资产阶级是可以取得拥护的,只要我们的工作做得好。"3月27日将北京市的报告批转各地:"北京的办法很好,望你们均照这样做。你们如何做的,请写报告来。"

北京市的经验在全国各地,特别是在各大中城市得到普通推广,不少地方又有新的发展。如华东局在杭州、无锡等地,不仅让民主人士与闻其事,而且组织他们参与其事,吸收他们参加"反革命案件审查委员会",协助政府审查罪犯案卷材料,参与审判定案。毛泽东对他们的做法也倍加赞赏:"实行这种办法,民主人士真正得到了学习机会,去掉了怀疑,和我们更加靠拢,我党也就更加主动了。"

同时，毛泽东也对一些地区仍小手小脚，不敢吸引广大民主人士参加镇反工作的错误做法，提出尖锐批评：这是对民主人士积极性估计不足的表现，是关门主义和神秘主义的表现，此种作风必须即刻改变，且越快越好。毛泽东还主张组织大批民主人士到各地参观考察和参加镇反与土改，让他们在实践中受锻炼、求共识。3月30日，毛泽东电示各地：在夏、秋、冬三季，要从各大中城市分几十批组织民主人士、教授、教员等下乡参观或参加土改与镇反工作，好的坏的都让他们看，让他们纷纷议论，自由发表意见，只有好处，没有坏处。

许多民主人士积极响应毛泽东的号召，走出书房、办公室奔向全国四面八方，一些年老体弱的民主人士也主动要求下乡，到轰轰烈烈的镇反与土改运动中去经风雨、见世面。实践证明，毛泽东关于吸引民主人士参加镇反斗争的决策是非常正确的，不仅取得了他们对镇反运动的理解、拥护和大力支持，也使他们的思想感情及精神面貌发生了巨大变化，从而也进一步巩固和扩大了统一战线。

3. 轰轰烈烈的镇压斗争

自"双十"指示之后，随着右倾偏向的逐步纠正，群众性的镇反运动日渐高涨。为推动运动深入发展，准确而及时、迅速而坚决地惩治一切反革命分子，中央人民政府于1951年2月21日公布了《中华人民共和国惩治反革命条例》，对各类反革命分子的惩处作了具体而明确的规定。这不仅表明了中央要坚决、彻底、干净、全部镇压反革命分子的决心，同时也为公安、司法部门提供了统一的量刑标准，为广大人民群众提供了强大的法律武器。自此，镇反运动大张旗鼓展开，迅速掀起高潮。

中共中央明确指出：目前在全国进行的镇反运动，是一场伟大的和复杂的斗争，各地必须坚持党的群众路线，打破关门主义和神秘主义，广泛进行宣传教育工作，放手发动社会各界人士，统一计划、统一行动，唯此才能保证镇反运动的完满胜利。党中央一声号令，党政军民及社会各界热烈响应。

北京是全国大中城市中率先大张旗鼓镇反的城市之一，其规模声势之大，宣传发动群众之广，实属空前，为全国的城市镇反树立了榜样，提供了经验。北京为了贯彻《条例》，尽快判决已捕的反革命首恶，以保证首都安全，维护首都安定，于1951年3月15日召开了由市政府委员及机关各部门负责人，各区协商委员会主席，各民主党派、工厂、学校及工商、宗教各界代表人物180人参加的联席会，会场周围布满了反革命破坏活动的罪证图片、案卷供词及迫击炮、长枪、短枪、无声手枪、钢笔手枪、马鞭手枪、暗杀弹、电台、关防、派令、密码和各种情报，并有记载我政府首长与各民主党派领袖职位、住址、电话号码、汽车牌号的情报卡片。

◎ 罗瑞卿作镇压反革命的动员报告

与会人员通过听公安部门介绍重要案犯的犯罪事实、参观展览、座谈讨论，对反革命分子的累累罪行无不万分愤慨，有 30 多人在会上发言，异口同声支持北京市政府严惩反革命。《新民报》经理陈铭德说："人民政府镇压反革命分子越彻底、越干净、越严厉，越合乎人民的要求。"著名画家徐悲鸿说："这些反革命分子罪恶滔天，'一死不足以蔽其辜'。"

民主促进会北京分会理事雷洁琼说："对已逮捕的反革命分子，该杀的一定要杀。"为了更加广泛地宣传和教育群众及各界人士，北京市于 3 月 24 日又在中山公园举行了各界代表联席扩大会。参会的有市、区两级人民代表，协商委员会委员，工厂、学校、郊区农民代表，各民主党派，各人民团体，以及工商界、佛教、天主教、基督教、少数民族、开明绅士等各方面的具有代表性的人物 5000 余人。先由罗瑞卿作了《关于彻底肃清反革命的破坏活动的报告》，历数反革命分子的罪恶活动，然后将反革命分子一一押赴会场，由 17 名苦主登台控诉。会议一直进行了近 6 个小时，自始至终群情激昂。

民革、民主建国会、民主促进会、农工民主党、致公党、九三学社等民主党派发言人纷纷发表谈话，一致拥护北京市政府严厉镇压反革命的行动。民革中央组织部部长朱光潜说："在各界代表扩大联席会上，我亲眼看到了排山倒海的愤怒浪潮，听到了雄壮的革命吼声，北京市倾听人民的呼声，按人民的意愿镇压反革命，我们万分拥护。"

各地大张旗鼓地镇压反革命，使敌焰大降、民气大伸，人民群众与反革命分子作斗争的热情更加高涨，积极协助政府控告、揭发、缉拿、追捕隐藏、逃窜的反革命罪犯。如曾勾结帝国主义捕杀李大钊等 20 余人的特务吉世安；帮助日寇逮捕和杀害抗日女英雄赵一曼的主谋吴树柱；残杀刘胡兰的凶手张全宝、侯雨寅；制造京汉铁路二七惨案，杀害工人领袖施洋、林祥谦的主要凶手之一赵继贤等等，都纷纷落入法网，受到人民的惩罚。

1951 年 5 月 10 日至 16 日，第三次全国公安会议在京召开。会议根据公安部部长罗瑞卿的报告及毛泽东的指示，于 15 日通过《第三次全国公安会议决议》，并经中共中央批准发至中央局及省市、区党委。《决议》全面地分析了全国镇反的形势，指出：自"双十"指示颁发 7 个月以来，在党委领导、全党动员、群众动员和全国公安机关积极工作之下，纠正了对待反革命"宽大无边"的右倾偏向，逮捕和处决了大量的反革命分子，使敌焰大降，民气大伸，使镇压反革命工作成为全国性的高潮。

随着群众情绪的高涨，为防止发生"左"的偏向，保证运动继续健康发展，中央决定采取迅即加以收缩的方针，并对下一步镇反斗争作了具体的部署，提出了明确的要求：各地杀反革命的数字，必须控制在一定比例以内：在农村中，一般应不超过人口的 1‰；在城市中以 0.5‰ 为宜；对党、政、军及文教、工商、宗教及各民主党派、各人民团体内部清出来的应判死刑的反革命分子，一般以处决十分之一二为原则，其余十之八九均应采取判处死刑缓期执行，强迫劳动改造以观后效的政策。同时明确规定：凡介于可捕可不捕之间的人一定不要捕，可杀可不杀之间的人一定不要杀。从 6 月 1 日起，逮捕人批准权收回到地委专署一级，将杀人批准权收回到省一级，对"中层"、"内层"反革命分子的逮捕与判罪由大行政区和大军区批准，有关统一战线的重要分子须报中央批准，以昭慎重。

由于各地采取了正确的政策和策略，恰当的方式和方法，谨慎而严肃的态度，使清查工作进行得既稳妥又富有成效。到 9 月底，全国性的镇反运动已取得决定性胜利。公安部长罗瑞卿 10 月 1 日在《人民日报》发表了《伟大的镇压反革命运动》一文，对镇反运动进行了全面的分析和总结。他说："镇反运动以无比沉重的力量，予帝国主义、封建主义、官僚资本主义的残余势力以摧毁性的打击。"到 1952 年 10 月，全国 80% 左右的反革命分子已受到杀、关、管各种惩处。

为夺取镇反斗争的彻底胜利，公安部召开了第五次全国公安会议，全面地总结了1950年来的镇反工作，提出了下一步的任务。会议要求各地结合本地区的中心工作，将一切不彻底的地方和不彻底的方面所隐藏的反革命分子，继续搜捕，严厉惩处，扫清残敌，圆满完成镇反任务。1951年年底，全国镇反运动胜利结束。

镇反运动的胜利，基本肃清了反动势力残余，彻底打垮了反革命分子的猖狂进攻，从而消除了威胁新生人民政权的隐患，割掉了政治动乱的祸根，荡涤了毒化社会的污秽，极大地提高了广大人民的政治觉悟和生产积极性，为抗美援朝、土地改革、国民经济的恢复和发展提供了可靠的保障。

二、大规模的剿匪斗争

从1949年5月至1953年5月，经中共中央军委的统一战略部署，中国人民解放军相继在华东、中南、西南和西北等新解放区，进行了中国有史以来规模最大的剿匪作战。各剿匪部队坚决贯彻执行"军事进剿、政治瓦解、发动群众武装自卫三结合"的剿匪方针，以及"争取多数，打击少数，利用矛盾，各个击破"的策略和"镇压与宽大相结合"、"首恶必办，胁从不问，立功受奖"的基本政策。经过3年，基本上肃清了匪患。

1. 边进军边剿匪

土匪，在中国数千年的历史上，其显赫其猖獗，源远流长。这不仅在整个东方，而且在世界上任何一个国家和地区都是极其罕见的。1949 年新中国成立之初，呈现在中华大地上的这场极为严重的匪患，实际上是这块土地上历经数千年来未绝匪患的再起，而已经失败的国民党反动派，为颠覆和破坏新生的中华人民共和国，趁机加入其中，组织、指挥、发动，使匪乱较之中国历史上任何一个时期都严重得多。

早在国民党军队主力部队即将被歼灭之时，国民党当局一面策划"政府"和军队撤逃台湾，一面准备在大陆失陷后组织全国性游击武装的应变部署，企图潜留大批国民党特务、军、政的骨干分子，到大陆各地收编土匪、收容国民党军残余部队，推行所谓"游击计划"，建立"大陆游击根据地"，与解放军进行持久的游击战，等待时机配合台湾国民党军队反攻大陆。

为此，在人民解放军突破长江、解放南京后，国民党开始制订"关于大陆失陷后组织全国性游击武装的应变计划"。"计划"要求"所有国民党员和各界同胞立即拿起武器。一切忠实的国民党员及我各地政府机关人员，立即转入地下，积极组织开展全国性的游击武装。""计划"在大陆共设 5 个"戡乱区"。建立 15 个重点"游击根据地"，并委任了戡乱区和各游击根据地的总指挥和总司令。"计划"给"游击武装"的任务是"一要保存，二要扩大，三要进击"，要求"游击武装"制造事端，与解放军作战。同时，国民党开始实施培养"游击骨干"的计划。

与此同时，国民党军的大批残兵散勇相继聚集为匪，与惯匪一道，占山为王，这些新旧土匪，互相勾结，形成一股股狰狞的反动势力，少则几十、多则成千上万人。他们主要分布在华东、中南、西南、西北地区各省的偏僻山区和沿海岛屿。这些土匪在偏居台湾的国民党反动派的策动和遥控指挥下，以推翻共产党领导的人民民主政权，恢复"中华民国"为目的，提出"反共救国"、"打倒解放军"、"饿死不如战死"、"保枪保命"等反动口号，有计划、有组织地进行暴乱、颠覆活动。

据不完全统计，1950 年 2 月 6 日至 23 日，全国被土匪包围并受到冲击的城市有 20 多个，农村区、乡级政权被土匪洗劫和捣毁的几乎占全国总数的三分之一，被土匪杀害的我地方干部、解放军指战员、征粮工作队成员等达一万余人。国民党有计划的残余武装与一直占山为王杀人越货的土匪强盗，趁新中国刚刚建立，新旧政权交替，社会秩序未稳，向人民政府发起了猖狂的进攻，人民政权面临严峻的考验。

中共中央军委、毛泽东主席对新解放区可能出现的严重匪情，早有预见。虽然如此，土匪的疯狂暴动暴行，仍然大大超出了中央的预料。1950 年初，土匪问题引起中央军委、毛泽东的高度重视。1950 年 3 月 16 日，中共中央、中央军委向全党、全军发出了"剿灭土匪，建立革命新秩序"的指示，提出：剿灭土匪，是当前全国革命斗争不可超越的一个重要阶段，是建立和恢复我各级地方人民政权，以及开展其他一切工作的必要前提，是彻底消灭蒋介石国民党在大陆的残余武装，迅速恢复革命新秩序的保证。不剿灭土匪，各地人民革命政权就无法建立，土改无法完成，广大的贫苦农民就不能真正翻身，各地的救灾和其他一切工作也都将根本无法进行。

在中共中央的指示下，长达三年多的大规模剿匪斗争在全国迅速展开。

打击土匪的军事行动，最早开始在解放全国的过程中。据不完全统计，到 1950 年 5 月第一阶段剿匪作战结束，共歼匪 37 万多人，其中自动投诚者 26 万余人，初步稳定了新解放区的社会局势，全面剿匪初战告捷。

华东地区。1949 年 7 月，华东地区包括山东、浙江、苏南、皖南、皖北和上海，土匪总数达 11.3 万多人。7 月 29 日，中共中央华东局发出剿匪指示，要求华东地区各级党政机关，紧急行动起来，认真开展剿匪肃特工作。华东军区和第三野战军随即决定，在进军福建和解放浙江沿海岛屿的同时，抽调主力部队结合地方武装，发动以浙、皖为重点的全面剿匪作战。8月9日，华东军区和第三野战军向所属军区和部队下达了剿匪作战的命令。

从8月27日起，剿匪部队陆续奔赴作战地区，对大股土匪实施重点进剿，至1950年1月底结束。期间配合鄂豫皖剿匪作战的第24军，歼匪3269人，其中71%的土匪是在军事打击和政治攻势之下投降自新的。第25军在浙西山区，全歼主要股匪"皖南边区游击队"，击毙纵队司令徐振东，生俘副司令徐建中，基本平息了浙江全省的匪患。与此同时，山东、苏南、苏北的剿匪作战也取得显著的成绩。其中苏南歼匪7000多人，山东歼匪1400多人，整个华东地区共歼灭土匪5.4万多人。

1950年初，华东地区的土匪势力又一度抬头。上半年整个华东地区新增加土匪1.8万多人。此时，退居台、澎的国民党残余势力，开始派遣特务头子和特务武装，潜入大陆充当土匪骨干，他们一方面将已被歼灭或击溃的散匪重新聚集起来，另一方面伪装进步，混入刚建立的乡政府和农民、民兵队伍中、充当土匪暴乱的内应力量。

鉴于土匪活动的新特点，1950年1月，华东军区和第三野战军决定抽出8个主力团全面展开对所辖区中、小股匪的清剿，并强调全区党政军民实行统一的部署和行动、从主力部队抽调干部到地方武装加强领导，抽调主力部队的部分连队编入地方武装作为骨干力量，并清除混入地方武装中的坏分子。这些措施的贯彻落实，再次掀起剿匪的高潮。从3月到6月，华东地区歼灭土匪2.7万多人。其中，在浙江、苏南、皖南等地的剿匪部队先后剿灭股匪"国防部第3纵队"、"苏皖军区第3纵队"，活捉土匪司令许均友、刘子贻等。

中南地区。1949年7月，中南军区和第四野战军决定首先在解放较早的河南及湖北、江西大部地区和湖南部分地区，对大股土匪实施军事进剿，重点是豫西、大别山区、湖南和赣西南等地区。7 月中旬，进剿豫西地区胡宗南指挥的所谓"豫西剿共总指挥所"，以及大别山区白崇禧培植下的"鄂豫皖边区人民自卫军"。剿匪部队经过近 3 个月的围追堵剿，基本肃清伏牛山区中的土匪。

与此同时，第 48 军在江西的剿匪作战中也取得了胜利。从 7 月到 12 月，剿匪部队发扬连续作战的精神，接连肃清了赣东北之鄱阳湖、赣西北之云山、赣西之武功山、赣南之翠微峰、井冈山等地区的主要股匪，歼匪 7 万之众。期间，剿灭翠微峰、井冈山之土匪作战，人民解放军打得十分漂亮。

湖南地区的剿匪作战。1949 年 8 月，湖南军区开始先以收编方式在湖南解决了 4.3 万多人的游击武装。11 月中旬，第 46 军在湖南，相继展开对土匪的清剿。在短短一个月之内，共歼灭匪众 2.1 万多人，匪首王春晖所率的交警"湘南纵队"，"保一师"和"湘赣反共救国军"陈光中部等主要股匪基本被歼灭。接着各部队乘胜追歼，扩大战果，至 12 月底，又收编游击武装 8 万之众，歼匪 4.6 万余人。初步稳定了湘东北、湘南的社会秩序，为湘西地区剿匪工作的全面展开打下了基础。

湘西地区和常德、邵阳的边沿地区，古往今来就是土匪的老巢。早在 300 多年前，这里土匪已开始成灾，尤其是近百年来的各色反动统治者又奉行养匪害民政策，对土匪头子封官加爵，使土匪成为难割的毒瘤。白崇禧、宋希濂在逃离湖南之前就曾数度前往湘西地区，召集各路匪首开会，把土匪武装编为国民党的"暂编军"和"反共游击队"。国民党的地方团队和散兵游勇成了土匪的骨干，土匪头子皆是国民党军官和地方官员。因此，湘西便成了解放后全国少有的匪患重灾区之一。

◎ 湘西剿匪的战士

　　1950 年初，湖南军区根据中南军区的指示，集中第 46 军、第 47 军和第二野战军驻湖南的第 114 师及地方部队共 20 万人，全面进剿匪患重灾区的土匪。头三个月，解放军先后经过在八面山、长田弯、沅（江）怀（化）黔（阳）边界、麻阳、兴隆场、古丈、江垭地区和牙冈地区的 8 次较大合围，共歼灭土匪 2.2 万多人，解放了湘西 8 座县城及广大农村地区，初步打开了湘西地区的局面。其中，攻打八面山"湘川黔反共根据地"是这个时期湘西剿匪的重要一仗。

　　广西是桂系军阀的老巢，匪情是中南地区最为严重的地区之一。1949 年 12 月中旬，广西军区集中 10 个师、连同地方部队共 14 万余人，开始进剿广西境内的土匪，剿匪部队巧妙地应用军事打击和政治争取两种手段，在不到两个月的时间内，运用和平改编和劝降的方式，就收降改编桂西北滇桂边区国民党残余武装 20 股，计 1.4 万多人。解放军声势浩大，动作迅速，土匪的骨干力量迅速被歼，各种反动措施未及开展即被打乱，使土匪来不及组织抵抗，全省获得暂时稳定局面。

与此同时，广东省军区也集中第 41 军 2 个师、第 48 军 1 个师和包括两广纵队在内的地方部队，从 1949 年 11 月至 1950 年 3 月底，重点进剿了北口地区的阳山、连山、连县和西江地区去浮县西山一带的股匪，全歼"广东反共救国军"第 9 军李楚瀛等主要股匪 3.8 万多人，使广东的匪情得到了暂时缓解，有力保障了解放军渡海作战。

西南地区，是解放最晚的地区。由于蒋介石亲自在该地区精心策划，使得西南地区刚解放时，土匪就掀起了大规模暴乱，匪情极为严重。1950 年 1 月下旬，解放军驻四川的部队，根据西南军区司令员贺龙、政治委员邓小平的指示，推迟进军西藏的准备工作，开始全面进剿四川各地的大股土匪。各剿匪部队经过一个多月的作战，在川东、川西 3 个地区共计歼匪 4.5 万多人，初步打击了土匪的气焰。

西北地区的初期剿匪是从 1949 年 11 月开始的。西北军区部队对境内股匪进行了全面清剿。1949 年 10 月中旬，盘踞甘肃临夏地区的阿里马匪残部马金山、马保等股匪约 3000 人，与"大陆忠义救国军西北回民支队"钱勇戈、马积福匪部近千人，围攻临夏、定西的新生政权。驻青海西宁的解放军第 1 军第 1 师，于 28 日赶赴临夏、定西，在 1 个月内共进行大小战斗 6 次，全歼阿里马匪 1000 余人。临夏、定西解围后，解放军第 4 军第 11、12 师和该军骑兵团相继开赴这个地区，分区驻剿残匪。12 月，钱勇戈被俘，马积福被迫投降。

1949 年 11 月，青海境内马步芳、马鸿逵残部近万人，在甘肃临夏、定西散匪配合下，先后在大通、门源、湟中等地及西宁附近，有计划发动一系列的武装暴乱。西北军区急令驻青海的第 1 军进行清剿，迅速平息匪乱。第 1 军第 2、3 师立即投入战斗。在强大的军事打击下，解放军模范执行民族政策，分化瓦解土匪，使土匪纷纷就歼、投降，至 11 月底，彻底平息了西宁周围地区的土匪暴乱。

与此同时，解放军第 19 军第 55 师的两个团，展开对陕南王凌云指挥的"鄂陕边自卫总队"、"川陕边人民自卫军"等土匪的清剿。全歼该地区土匪，共计 300 多人。解放军第 1 军第 1 师和第 4 军第 11、12 师及陕西榆林军分区第 5 团、伊克昭盟骑兵第 5 师等部，分别清剿陕北高怀雄、张廷芝，甘肃马英贵、马镇中，青海马成贤、马老五和宁夏马绍武等股匪，取得重大胜利，共歼匪 2600 多人。至此，西北除新疆省外，主要股匪大部就歼，残部被迫分散隐蔽起来。整个西北地区出现了一个暂时平静的时期。

1950 年春，新解放地区的全面剿匪作战取得了一定的成绩，在一些地区基本上平息了匪患。但是，由于多方面因素，使得匪患再度抬头。人民解放军在剿匪作战中，不仅对匪患的实质、严重性认识不足，造成军事上分散用兵，未能给土匪歼灭性打击，并且在剿匪过程中又普遍出现了"宽大无边"的政策性失误，许多土匪尤其是那些罪大恶极的匪首被轻易宽大处理，该杀的不杀，轻而易举地登记后又放走。对这些反动分子实行宽大，实际上是放虎归山，是对人民的犯罪。

这一失误产生了极严重的后果，一方面剿之不尽，造成军事上被动；另一方面助长了匪焰，使广大已解放地区又陷入土匪的控制之下，广大人民和新建立的人民政府受到了更加野蛮的摧残。大别山区的群众曾一度怀疑解放军是否和土匪是一伙的。

从 1950 年 3 月开始，新解放区的土匪在台湾国民党特务的操纵指挥下，重新整顿队伍，公开以"反共救国"为旗帜，并利用春旱造成的灾荒，蛊惑群众，扩大其势力，有计划有组织地进行全面的破坏活动。早有匪患的地区又重起祸乱，中南、西南、华东、西北各地区土匪又开始成倍增加，土匪暴乱的规模也更大，组织也更严密，手段也更为残忍。

华北地区，1950 年上半年新增加土匪万余人，土匪策动的暴乱达 40 起。1 月 8 日全区被土匪杀害和抓走的干部就有 2200 多人。西北地区的甘肃、新疆，1950 年 3 月起发生了大规模的土匪暴乱。陕西、宁夏的残匪也蠢蠢欲动。西南地区虽然是第一阶段剿匪较为彻底的地区，但因西南地区的封建势力、宗教迷信势力、国民党残余势力根深蒂固，自1950年2月以来也发生大规模土匪暴乱。匪患已成为威胁新生的人民民主政权乃至共和国安全的重大政治性问题。如果不彻底剿灭土匪，将会演成难以预料的局面，轻则国无宁日，重则会使新生的人民政权遭到颠覆。

2. 在新解放地区进行剿匪

1950年春的匪患，引起了中共中央、中国人民解放军总部以及全国人民的高度重视。从3月开始，中共中央、中央军委向全党、全军、全国发布了剿灭土匪的指示。人民解放军又在新解放的地区展开了剿灭匪患的第二阶段大规模作战。

中南地区在经过全面进剿股匪后，虽然在一些地区基本平息了匪患，但在大别山区、鄂西及广东一部分地区，仍有小股土匪及散匪活动，而在广西全省、广东一部、湖南西部及湖北西南部地区，土匪活动仍然十分猖獗，且有发展蔓延之势。为了迅速扭转中南地区剿匪作战的被动局面，1950年3月中旬，中南军区召开了高干会议，会上全面总结了前期剿匪作战的经验教训，严厉批评了某些地区存在的平分兵力，缺乏重点，党、政、军工作配合不够，执行政策上"宽大无边"的偏差，以及急于求成、轻敌麻痹的思想。

会议指出：今后剿匪作战须采取有重点的进剿清剿，有阵地地向前推进，占一块清一块，然后再搞另一块或几块地区，方才是解决问题的办法；力量不足时，某些次要地区可暂时空白起来，将土匪有意识有步骤地往一个地区或几个地区压缩，尔后集中力量一鼓而歼灭之。同时重申了必须正确认识和运用"首恶必办、胁从不问、立功受奖"的基本政策，反对"宽大无边"的右倾偏向。于是，从4月开始，中南地区各剿匪部队又先后投入重点清剿土匪的作战中。

4月下旬，湖南省军区以湘西为中心区，常德分区之太浮山区、邵阳分区之武岗和龙扳山地区为进剿重点，集中第47军和地方武装4万多人。与此同时，解放军对常德、邵阳等地区股匪的重点清剿也取得了胜利。先后剿灭了太浮山区"湘鄂反共救国军第4路纵队"侯宗汉部，"中国国民党反共救国军湖南游击队"尹立言、匡国军、李吉生、张云卿等部7000余人，以及其他股匪。随后，各剿匪部队按照"捉尽匪首，收尽匪枪，组织好民兵和地方武装"三条标准，对所有控制区进行深入的驻剿。

湘西边缘区的残余土匪，乘解放军集中力量在中心区清剿时，获得了喘息机会，又由分散走上集中，并在台湾当局指使下，大肆作乱。

湖南军区根据中南军区的指示，决定集中第47军主力、第136师和地方武装共4万多人，与湖北、四川等省的友邻部队协同，会剿湘西边沿地带股匪，并以湘西军区（第47军兼）为主，组成南北两个进剿指挥部，分别由湘西军区司令员曹显怀、副司令员刘贤权担任指挥。

1950年10月15日开始，南北两个方面的剿匪部分头行动。围剿以龙山为中心的湘西北部地区股匪的部队，将几股主要土匪全部击溃，并使散匪陷入包围圈中，紧接着部队又实行严密的重点搜剿。

剿匪部队除留下部分兵力协同地方进行清剿外，主力部队即刻转向九龙山、凤凰、麻阳边沿和晃县边境及通道地区，进行会剿。又消灭股匪8000多人，至1950年12月底，剿匪部队基本上肃清了湖南历史性的匪患，彻底粉碎了蒋介石在湖南建立"大陆游击根据地"的企图，打破了"湘西土匪永剿不灭"的迷信传说。正如湘西人民给剿匪部队写信说的一样："神仙办不到的事情，被你们办到了。"

广西剿匪。1950年1月底，瑶山外围的大股土匪大部被歼，只有小部窜入瑶山内部。2月初，剿匪部队乘胜向瑶山中心地区股匪展开进剿。

2月2日，剿匪部队以13个营兵力，对金秀、老山、圣堂山等地进行奔袭式合围。经过10多天清剿，全歼土匪骨干8000多人，匪首杨创厅被活捉。这一胜利对残存瑶山的土匪是一个惨重的打击，瑶山已无大股土匪，土匪组织系统也已全部被打烂。只有小股土匪，到处流窜，其主要匪首也只能带其残余藏匿深山，不敢出外活动。于是，剿匪部队即实行分片包干，在瑶山外围和腹地进行搜剿和驻剿。

在搜剿土匪的同时，党、政、军机关组织4200多人的工作队，深入到瑶山大小78个乡发动群众。工作队的工作很快产生了威力，瑶民广大群众很快被动员起来，投入到了剿匪反霸，建立人民政权的工作。瑶山作战2个月，共歼匪3.8万多人，主要匪首无一漏网。在这段时间里，广西军区集中17个团兵力，对桂南地区六万大山、十万大山和灵山、永淳、钦州等重点地区的股匪，给予了沉重打击，歼匪5万余人。

1950年3月以后，中南其他地区重点清剿股匪的作战，也取得了胜利。在鄂湘的边沿区和湖北恩施地区歼匪1.1万余人。在广东地区，重点清剿了英德、清远、阳山、珠江三角洲和海南岛等地区的股匪，歼灭6.8万多人。至1951年5月，中南全区取得了歼灭土匪47.8万多人的重大胜利，使中南匪情得以控制，并接近彻底平息匪患。

西南地区是解放最晚的地区。到1950年3月，许多地区的剿匪作战部队犯了"对匪患认识不足，战术上又分散使用兵力"的错误，所以西南地区的土匪实际上还没有遭到严重打击，土匪的气焰仍然十分嚣张。以刘、邓、贺为首的西南局、西南军区，决心把西南的剿匪作战，看作新形势下的一场"淮海战役"，发誓要打赢这一战役。为了取得剿匪斗争的更大胜利，西南局把剿匪反霸减租退押运动称为西南反封建斗争的"淮海战役"，是军队的中心任务，务必在1950年之内全部肃清土匪，为土改创造条件。

解放军驻四川、云南、西康、贵州部队，遵照西南局和西南军区指示，于 1950 年 3、4 月间，在举行西昌战役的同时，先采取分片包干办法对成股土匪组织会剿。1950 年驻川解放军共歼匪 60 余万人，基本消除了川境匪患。

云南省的剿匪作战，自陈赓将军率第四兵团进驻后，即行开始。1950 年 2 月陈赓先后以 2 个师暂时转为地方武装，并分别充实滇南、滇西等军分区的领导机关，加强剿匪力量。但由于当时云南还尚未完全解放，主力在滇南作战，因此对土匪打击不力。4 月间土匪乘机作乱，至 5 月中旬发展到 4.5 万多人，且烧、杀、掠、抢无恶不作，气焰异常嚣张。

鉴于这一严峻的势态，云南军区果断决定：自 5 月中旬起，各剿匪部队采取分片包干之办法，分赴各地区清剿大股土匪。驻滇南第 13 军、驻滇北的第 15 军第 43 师和驻滇西的第 14 军第 42 师等部队，先后对盘踞楚雄、玉溪、新平、昭通、华坪、永胜等地的股匪展开围剿。至 9 月底歼匪 8000 多人。随后剿匪部队转向边境地区。

10 月，云南军区由司令员陈赓、政治委员宋任穷、副司令员郭天民等组成剿匪委员会，指挥边沿地区的剿匪作战，并组织对腹心地区的清剿。至 1950 年年底，云南省剿匪取得了重大胜利，歼匪 6.2 万余人，收复了一度为匪占领的 10 多座县城。

贵州匪乱在整个西南地区可谓重灾区。1950 年 3 月间，土匪曾迫使解放军撤出不能控制的 23 座县城，并在交通沿线修筑碉堡。为扭转贵州剿匪被动局面，贵州军区司令员杨勇、政治委员苏振华决定：除以一部主力加强交通沿线战备外，集中大部主力部队，组成东西两个机动作战集团，对全省大股土匪展开清剿。

11 月中旬，贵州军区剿匪委员会又调动 4 个团的兵力，对盘踞黔南长顺、紫云、惠山的"贵州人民反共救国军"曹织华匪部和"黔桂边人民反共救国军"屠占庭匪部，实施包围。战后，杨勇司令员、苏振华政委发布命令：追授肖国宝"一等战斗英雄"和"模范共产党员"

称号，并命名第 140 团 2 连为"剿匪英雄连"。这次剿匪作战 4000 多次，歼灭股匪 19 万多人。基本上控制了贵州匪情，摆脱了被动局面。

东南沿海地区，面对台湾，情况复杂。国民党不断鼓动反攻大陆，派遣经过训练的特务潜入大陆，组织土匪，疯狂屠杀干部群众，破坏新政权的基础，匪患十分严重。同时，剿匪部队有轻敌思想，并存在着政策上"宽大无边"的错误倾向。为了彻底肃清土匪，华东军区要求各剿匪部队采取"以集中对集中"的办法，按照"先腹心地区，后边沿地区，先匪患严重及交通要道两侧地区，后其他地区，先对付最大最凶残的股匪，后对付较小股匪"的原则，集中兵力，有重点地对土匪开展军事进剿。这项剿匪战略很有成效，极大地打击了华东地区的土匪，稳定了社会。

华东剿匪有两大特点，一是必须遏制国民党的武装特务骚扰，二是必须坚决打击流动的海上土匪。据 1950 年年底的统计，浙江、福建海域和长江口外，有海匪 1 万余人，盘踞在靠近大陆的 40 多个岛屿上。海匪依托岛屿，不断袭扰大陆。所以，必须全部剿灭武装特务和海匪，才能真正稳定社会。为此，1950 年 6 月华东军区命令各海防部队全面对沿海岛屿上的股匪进剿，同时又令在陆上担任剿匪作战的部队对登陆海匪予以就地歼灭。随即进剿海匪进入高潮阶段。至 1950 年 10 月，华东沿海岛屿及在近海活动的土匪已全被歼灭，堵死了土匪外逃内窜、内外勾结的通路，为根除华东陆上匪患，提供了可靠保障。

在华东军民清剿海匪的同时，陆上的剿匪也在紧张进行。1950 年 8 月，为加速剿灭陆上股匪，华东军区召开了剿匪作战会议。会议总结了华东地区一年剿匪作战的经验教训，统一了思想认识，认真研究了剿匪的作战特点及应采取的战术。8 月 30 日，华东局和华东军区联合发出"集中必要力量，于 1951 年上半年前肃清华东地区内陆股匪"的通知，并决定抽调 3 个师的兵力，加强福建剿匪力量，进行先沿海后内陆式的有重点的清剿。

1950 年 10 月，华东军区又一次大规模重点清剿在福建全省展开。各剿匪部队依据股匪时散时集、流窜不定的特点，采取以主要兵力对付主要股匪，以少量部队、地方武装和民兵对付小股土匪，点面结合进行清剿的办法。一旦发现，便昼夜兼程奔袭，包抄合击，打散后即转入连续搜剿。

11 月中旬，华东局和华东军区根据毛泽东的命令，随即将福建剿匪主力增至 5 个师，组织党政军民，再次发动剿灭股匪的大规模攻势，同时抽调干部下乡，开展土改，配合剿匪作战。从此，华东地区剿匪进入了决胜阶段。自 1951 年 1 月开始，福建军区会同浙江、江西有关地区，组织了对闽、浙、赣三省边界地区股匪的联防会剿。2 月，又全面展开搜剿，围歼匪首，挖除匪根。1 月至 3 月的联防会剿，先后歼匪 3000 多人，剿灭"闽浙赣边区自卫总队"等 30 多股主要土匪，福建匪患被根除。同时浙江省内剿匪也取得歼灭 3.6 万人的重大胜利。至此，华东军区剿匪部队提前完成清剿股匪任务，毛泽东在 1951 年 2 月和 4 月，两次致电嘉勉，尤其高度赞扬了福建剿匪部队。

军政并举，穷追猛打，西北剿灭乌思满。西北地区是少数民族聚集区，解放前早已存在的民族间冲突、对立情绪，加上国民党反动残余分子的煽动，使这种情绪更加扩大化。土匪利用了这一矛盾，乘机掀起匪乱。为此，1950 年 5 月 23 日，西北军区针对土匪活动的新情况，发出剿匪指示，要求各剿匪部队在对反革命武装叛乱进行坚决镇压的同时，丝毫不放松政治瓦解工作，使军事打击和政治瓦解密切配合起来。随后，西北军区所属各级军区均召开了剿匪会议，成立了剿匪作战指挥部。从 5 月底开始对土匪展开清剿。

1950 年春，乌思满、尧乐博斯匪部的暴乱引起了中共中央、中央军委的重视。中央军委曾于 1950 年 3 月 13 日电示彭德怀："乌思满匪首与美特有关系，应坚决消灭之"。随即西北军区电示新疆军区司令王震"应迅速全力剿灭乌思满股匪"。4月11日，新疆军区集中第2军、第5军、第6军各一部和战车团等部队，共1.1万多人，附装甲车41辆，汽车20辆开始进剿乌匪巢穴大、小红排峡。乌匪遭歼一部后，率部逃窜纸房、黑山头地区，尧匪率残部数十人逃入甘肃境内。5月16日，解放军又以7个营及装甲部队，分3路再剿乌匪。并于23日攻克匪穴黑山头地区，歼匪众近千人。乌匪见势不妙，又率残部逃窜。解放军连续追击、堵截，打得乌匪狼狈不堪。随后解放军又展开政治瓦解攻势，至7月下旬，乌、尧匪部绝大部分被歼，其中毙435人，俘1368人，政治争取而自新者达2769人，乌思满率亲信200多人向甘肃安西、敦煌逃窜。

与此同时，驻甘肃解放军平息了发生在平凉地区的暴动。驻宁夏解放军平息了西吉、海原、固原地区的暴乱，歼匪900多人，并迫使匪首马保元及一部匪众被迫投降。

这时，西北地区漏网的中、小股匪尚有212股，计1万多人，且窜入各省边沿山区，躲避解放军的进剿。西北军区决定各剿匪部队实施突追猛打，以会剿方式剿灭匪患。按照西北军区的统一部署，西北军区第1、2、3、4军的骑兵团，骆驼兵团和步兵第27团，由第3军军长黄新廷指挥，大举追剿逃入青海柴达木盆地的乌思满、胡赛因等股匪。1951年1月28日正式发起，至3月初完成，匪首乌斯满被活捉，歼匪一部。

青海境内的股匪，经过连续半年多军事打击与政治争取后，基本上被消灭。只有项谦等少数匪首仍公开与人民为敌。人民政府多次派出包括青海省人民政府嘉饶加措副主席在内的代表前往谈判。项谦仍执迷不悟，继续袭扰工作队，包围青海驻军，并暗地准备更大规模的叛乱。为此，中共中央4月13日发出指示：项谦匪部经17次争取，仍怙恶不悛，应坚决予以歼灭。5月1日，西北军区集中8个团兵力，坚决平息了该匪，项谦向解放军投降。

西北军区经过两年多的重点清剿，基本消灭了股匪，为最后根绝匪患创造了条件。

3. 消灭一切残存的土匪

经过全面清剿和重点清剿两个阶段的剿匪作战，新解放区的股匪已基本上被歼灭，匪乱已基本平息。但仍然有极少数的股匪逃至边远山区躲藏，以及被击溃的散匪、残匪流窜于腹心地区，偶尔出动袭扰，进行破坏活动，危害社会。因此，彻底肃清残匪，仍然是一项艰巨复杂的任务。为此，1951年2月26日，毛泽东发出了"以地方武装及民兵继续坚持清剿，直至完全消灭匪人为止。"中共中央、中央军委也专门发布命令，指出："清剿残匪是一场全国规模的、极端复杂的、群众性的斗争，必须统一指挥领导，通盘周密计划，要求各级党、政、军、民十分重视和密切协同，在各地党委的统一领导下，组织各方面的力量，以公安部队为主，以民兵为辅，协同公安机关实行清剿。大股土匪由军区负责统一调集部队同公安机关认真搜捕与清剿。"总之，除恶务尽，不留后患。

从1951年下半年开始，各新解放区相继展开了大规模清剿残匪的作战。华东军区在肃清残匪的斗争中，采取分区包剿和区间联防的办法，普遍建立群众性的情报网，配合公安部门，利用一切线索侦破和捕捉残匪。还组织化装"飞行组"和"武工队"，在残匪活动区进行追踪、缉捕。由于有严密的联防组织，因此，无论残匪窜到哪里，都逃脱不了人民群众的天罗地网。到1953年年底，全区肃清了残匪，根除了匪患。

中南军区在肃清残匪中，除抽调大批部队干部和老战士，组成专职工作队外，各剿匪部队又组织大量精干的"飞行捕捉小组"和便衣队，在广大群众协助下，四处捕捉匪首和散匪，这一招使残匪闻风丧胆。如湖南剿匪部队沅陵军分区 416 团 8 连的捕捉队，在一个月内穿越湖南、贵阳、四川、湖北 4 省边界，追击 1500 多公里，毙捕逃匪 100 多人，被誉为"长追千里"的飞行捕捉队。至 1952 年上半年，中南军区胜利完成了肃清匪患的历史任务。

西南地区清剿残匪的任务进行得极为激烈。1950 年年底，西南全境尚有大量残匪，其主要残存在云南西南部边境地区、西南诸省结合部山区，尤以川西地区之匪特最为穷凶极恶。同时，台湾特务机关仍在不断操纵指挥西南地区土匪，派遣特务武装，用飞机空投物资，致使某些地区匪情仍然很严重。1951 年 1 月，西南军区根据这种情况，发出了剿匪指示，强调必须紧密依靠各民族人民群众、积极主动地开展肃清残匪的斗争，保卫胜利果实。

川西靖化（今金川）、懋功地区的匪特，是蒋介石、毛人凤等撤离大陆亲自拟定、部署的"甘青川边游击根据地"的守护神。匪首刘野樵、周迅予 1949 年 12 月发动暴乱赶走解放军后，即开始苦心经营，匪首自立法规，自收捐税，封锁交通，恢复原国民党县、区、方保等各级政权，公开组织训练"部队"，声言共产党的军队用五年时间也休想再夺回这一地区。1950 年 9 月和 1951 年 1 月，川西军区派部队两次三占该地区，两次均为土匪打退，被迫撤出这一地区。1951 年 4 月，川西军区又集中 5 个团的兵力，经过血战，最后终于平息了这一地区的暴乱，歼灭了"反共联盟军"副总司令刘野樵以下土匪 3000 多人，周迅予逃跑。

随后，西南军区剿匪部队又在川西北进行了两次会剿股匪作战。两次战斗均由西南公安部队副政委郭林祥和茂县军分区司令员张行中负责指挥。两次作战，共动用 3 万余人，历时两个月，将川西北地区的土匪全歼，彻底根除了川西地区之匪患。与此同时，川陕两省共歼灭"川东北游击第 10 纵队"司令黄天祥以下土匪 7.7 万多人。云贵地区共歼灭匪特 13 万多人。被土匪盘踞一年多的贵州册享、望漠、罗甸、荔波4座县城也全部收复。至1953年，川、康、云、贵4省共歼灭残匪24万多人，西南军区部队也彻底完成剿灭匪患的任务。

西北军区清剿残匪的作战主要在川、甘、青边界地区和新疆境内展开。1952年12月西北军区专门召开剿匪会议，部署全歼川、甘、青边界马良、马元祥股匪的作战。会议决定成立甘青、青南两指挥部，调骑兵1师、骑兵1团、甘肃军区独立团、青海军区独立团、两工兵团和西南军区空军第39团之一部（有伊尔—Ⅱ型运输机5架），共126个连1.9万人，在西南军区5个团又1个营的配合下，于次年3月下旬开始围剿。1953年3月下旬，剿匪部队分左、中、右3路，对马匪达成合围。27日，全线发起攻击，一举歼灭马匪主力，然后分区进行驻剿，至7月底全歼该匪1600多人。

新疆军区部队也于同时期，对流窜于天山地区的胡赛因股匪2000多人和乌思满残部1800多人进行了围匪，并全歼了股匪。随之，西北地区大股土匪被彻底歼灭。

◎ 战士们从当金山口翻越雪山冰川追剿匪徒

此外，西北军区各剿匪部队，在军事追剿的同时，配合地方人民政府，广泛开展统一战线工作，坚决执行党的民族、宗教政策，很快感化了少数民族的头人，争取了群众，孤立了匪特。许多头人断绝与匪特的联系，许多群众主动向解放军报告匪情，为解放军带路和提供军马粮草，大大加速了剿匪的进程。至 1953 年 4 月，西北地区的剿匪部队也顺利完成了肃清土匪的任务。

历时四年的剿匪作战，结束了中国长期以来剿之不灭的匪患。这一切只能在新中国成立后才成为可能，只有人民的军队才能竭尽全力剿灭匪患。

三、新中国的禁毒和禁娼壮举

为了彻底扫除在旧中国泛滥成灾、根深蒂固的毒品之害，新中国在 1950 年至 1951 年开展了严厉的禁毒斗争，随后又于 1952 年下半年发动了一场声势浩大的"禁毒运动"，将为害中国人民百年之久的毒品一举清除。在禁毒的同时，新中国也关闭了妓院，改造了妓女，取得了禁娼斗争的胜利。

1. 烟毒泛滥成灾

新中国要在半殖民地半封建的旧中国的废墟上进行建设，除了要抵御帝国主义的干涉、蒋介石国民党军及其残余势力的破坏和克服严重的经济困难外，还须清除旧中国的种种社会遗毒。解放初，卖淫嫖娼、吸毒贩毒、聚众赌博等丑恶现象随处可见；各行各业的封建把头、恶霸势力盘踞地方、鱼肉百姓；一夫多妻、男尊女卑的婚姻制度尚未废除。

中国在历史上深受鸦片烟毒的危害，到国民党政府覆灭前夕，已达到积重难返的境地。新中国成立初期，鸦片烟毒所造成的祸患仍然严重地影响着国民经济的恢复和社会的安定。

那时，在一些有种烟历史的地区，烟地面积占相当大的比例。据统计，解放前夕，中国种植罂粟的土地达 100 多万公顷。例如，西南全区的种烟土地，曾达到 1545 万亩，占耕地总面积的 9.4%。其中，云南省的烟地面积占耕地面积约 33%。西康省的烟地面积占耕地面积的 48% 以上。贵州的种烟土地，遍及全省各地，安顺一地几乎无户不种烟。

制造、贩卖毒品的活动也相当猖獗，几乎遍及全国。据估计，东北地区的几个大城市和铁路沿线的 55 个县城以及过去的产毒地带，从事制造、贩运的毒商、毒贩 1 万多人。华北的察哈尔、山西、绥远、河北 4 省及京津两市，有毒贩 1 万多人。华东的福建、皖北、苏南、苏北、上海等地，有毒贩 3000 多人。其中，历史名城南京，在解放前形成了"湖北帮"、"江西帮"、"南京帮"等贩毒集团，他们既有"批发中心"，也有"零售网点"。

华中的武汉是旧中国三大烟毒运销中心之一，当时有毒贩近 4000 人。如大毒贩王子骥，从 1950 年到 1951 年 6 月，先后 5 次由昆明、重庆等地贩运毒品来武汉出售，总数折合鸦片达 60 余万两，其活动范围、贩运路线、推销网络遍及上海、重庆、昆明、西安、兰州、衡阳、广州等大城市。从后来查明的贩运毒品人数估计，建国前后全国的贩卖毒品者不会低于 50 万人。

至于吸毒的人数之多就更为惊人了。据初步统计，全国约有 2000 万人，占当时总人口的 4.4%，其中西南地区约有烟民 600 多万，占总人口的 8% 多。有些地区烟馆林立，"生意"兴隆，仅昆明一市就有 1100 多家。众多的烟民不事生产，终日吞云吐雾，神魂颠倒，形体枯槁，甚至道德沦丧，为吸毒不惜倾家荡产，进而沦为盗匪、娼妓，危害社会。当时武汉地区流传着一副揭露吸毒害处的对联："竹枪一枝，打得妻离子散，未闻炮声震地；铜灯半盏，烧尽田园房廊，不见烟火冲天。"

从当时来看，烟毒问题不仅是一个严重的社会问题，而且是党和人民同反革命残余势力斗争的焦点之一。云南和平解放后，一部分国民党残余部队，溃逃到云南境外的缅甸和泰国。他们盘踞在中国西南国境线上，以种植、贩运毒品维持生计，并伺机入境进行破坏活动，有的则发展成为国际武装贩毒集团。潜伏在缅、泰的国民党特务机关，也以烟毒为诱饵，发展特务，窃取情报，不断向中国境内渗透。此外，残留在大陆上的一些反革命分子，也通过制毒、贩毒获巨款，充作匪特的活动经费。

比如，特务陈荣辉于1949年12月潜来南京，组织"苏鲁皖人民反共救国军第五纵队"，并连续三次由安徽贩卖烟土到南京出售，用于反革命活动经费。又如，南京反革命首犯肖明山，于1950年3月，串通一些原国民党的警察、特务，策划组织反革命武装，响应"国军登陆"。同年5月，肖明山指派同伙去江北贩运鸦片和海洛因，来南京出售，所获巨款作为这批特务匪徒的活动经费。再如，洪帮"中华山"头目张文杰，曾任国民党滇黔绥靖公署参议、军事委员会少将参议。他收罗惯匪，出资在南京大量制造海洛因，牟取暴利并扰乱市场。还有贵州安顺的大毒犯黄煜，系国民党复兴社特务、国民党安顺警察局刑警队长。解放后，他冒充公安人员招摇撞骗，大肆贩毒。

烟毒的蔓延，也使新中国政府工作人员中一些意志不坚定的党政干部，逐渐蜕化变质，违法乱纪，倒在毒烟之中。吉林省蛟河县有一个名叫梁启发的毒贩，为了放手贩毒牟利，采取各种卑鄙手段，把当时该县城前区区长殷某和区政府助理员崔某拉下水，合作贩毒。此后，殷某升任县委书记，崔某升任团县委书记。随着他们职务的升迁，权力的增大，罪恶活动也就更肆无忌惮了。他们一方面与梁启发紧密勾结，内外配合，贪婪地搞非法活动，坑害国家和人民；另一方面，拉周围的干部一起下水，扩大他们的"阵地"。于是，蛟河县公安局长、税务局长、县委组织部长，一个个倒下了。他们沆瀣一气，把共产党的县委机关，变成一个令人发指的贪污集团，

◎ 查处的烟毒犯

烟毒摧毁了共产党的整个县委。

上述情况表明，烟毒的蔓延，在政治上、经济上都造成了极其严重的后果。它阻碍经济的恢复和发展，影响人民政权的巩固，腐蚀人民干部队伍，污染社会风气。一个对人民和民族高度负责的无产阶级政党，决不能听任毒潮泛滥害国误民。中国共产党和中央人民政府怀着强烈的民族自尊心和历史使命感，决心在全国开展一场大规模的禁毒运动，彻底根除烟患，医治旧中国的痼疾。

2. 共和国向毒品宣战

1950 年 2 月 24 日，政务院发布了由周恩来总理签发的《严禁鸦片毒品的通令》。通令指出，自帝国主义侵略我国，强迫输入鸦片，毒害中国已有一百多年。由于封建买办的官僚军阀的反动统治，以及他们荒淫无耻的腐烂生活，对于烟毒，不但不禁止，反而强迫种植，尤其在日本帝国主义侵略下，曾有计划地毒化中国，屠杀人民生命，损耗人民财产。现在全国人民已经获得解放，为了保护人民健康、恢

复发展生产，特规定严禁鸦片烟毒及其他毒品的办法如下：

一、各级人民政府应协同人民团体，作广泛的禁烟禁毒宣传，动员人民起来一致行动。在烟毒较盛地区，各级人民代表会议或人民代表大会，应把禁烟禁毒的工作作为专题讨论，定出限期禁绝办法。

二、各级人民政府为使禁烟禁毒工作进行顺利，得设禁烟禁毒委员会。该会由政府民政、公安部门及各人民团体派员组织，民政部门负组织之责。

三、在军事已完全结束地区，从1950年春起应禁绝种烟，尤应注意在播种之前认真执行。在某些少数民族地区如有种烟者，应斟酌当地实际情况，采取慎重措施，有步骤地进行禁种。

四、从本禁令颁布之日起，全国各地不许再有贩运制造及售卖烟土毒品情事，犯者不论何人，除没收其烟土毒品外，还须从严治罪。

五、散存于民间之烟土毒品，应限期令其缴出，我人民政府为照顾其生活，得分配酌予补偿。如逾期不缴出者，除查出没收外，并应按其情节轻重分别治罪。

六、吸食烟毒的人民限期希望登记（城市向公安局，乡村向人民政府登记），并定期戒除。隐不登记者，逾期而犹未戒除者，查出后予以处罚。

七、各级人民政府卫生机关，应配制戒烟药品，及宣传戒烟戒毒药方，对贫苦瘾民得免费或减价医治。烟毒较盛的城市，得设戒烟所。戒烟戒毒药品的供应，应由卫生机关统一掌握，严防隐蔽形式的烟毒代用品。

八、各大行政区人民政府（或军政委员会）、中央直辖市、市人民政府，各按本地区情况，依据本禁令方针，制定查禁办法及禁种吸日期，呈报中央人民政府政务院批准施行。并于批准后，印发布告，进行广泛深入的宣传教育工作。

政务院的禁毒通令，是一份具有重大意义的肃毒檄文。它的发布，得到了人民群众的热烈拥护，也解除了众多军民的疑虑，对于禁毒运动的顺利开展起了重要的指导作用。从此，共和国拉开了全国性的禁绝烟毒的帷幕。

根据中央的指示，各级人民政府立即行动起来，纷纷成立禁烟禁毒委员会，以加强对禁毒工作的领导。各地根据政务院通令的精神和本地区的具体情况，下达了一系列关于禁毒的《实施办法》、《暂行条例》、《告人民书》、《治罪条例》以及各种布告，进一步宣传禁毒的意义和党的方针、政策，再次表明人民政府的禁毒决心。各地采取的主要措施有：

一是登记烟民。要求在规定期限内，所有烟民必须向当地公安机关或人民政府登记，并限定日期，收缴散存于民间的烟土毒品。

二是建立戒烟所，强制戒除烟民的毒瘾。由于人民政府的医药卫生部门制造戒毒药品，同时广泛宣传戒毒药方，对于生活困难的烟民则减收或免收医药费。

三是以公安部门为主，动员各方面的力量，在鸦片播种和收获时节予以铲除。

四是严惩一批制造、贩卖毒品的首要分子。

在具体工作中，针对毒品于种、运、贩、吸四个主要环节上的实际情况，各级人民政府和公安机关采取力劝两头、断斩中间的策略，打击的重点是卡死流通环节，着重打击贩运及出售毒品的罪犯，当时称之为"拦腰一棍"。

这样一来，种植鸦片的卖不出去，吸食鸦片的又买不着，因而禁毒成效较为显著，收到事半功倍的效果。据当时的报告说，毒品的销路断绝后，产地价格大跌，一两鸦片换一二斤大米还没人愿要，农民说："烟不值钱，哪个还种啊！弄点粮食还可饱肚子。"结果，鸦片产量长期居全国之首的西南数省，仅用一年的时间就基本禁绝了鸦片种植。

其他地区的禁毒工作也是成绩显著，据东北、华北、华东、西北四区不完全统计，从解放到 1952 年的"禁毒运动"前为止，共缴获毒品（折合鸦片）2447.3308 万两。当时全国除边疆少数民族地区和内地的偏僻地区尚有少量偷种外（产量约在 15 万至 20 万两左右，不到解放前年产量的 0.5%），对于农民来说，种植大烟已成为历史。

各地禁烟禁毒委员会同贩卖分子及土匪、特务进行了激烈的斗争。禁令颁布后，农村中的不法地主、恶霸、土匪、特务等，散布谣言，组织反抗，有些地方还发现美蒋特务以贩卖毒品作为反革命经费的来源。但因我们坚决执行政策，这些毒犯匪特的反抗阴谋完全破产。

在轰轰烈烈开展禁烟禁毒运动的同时，中央各有关部门及时地总结各地在毒禁工作中出现的新情况和新问题，不断适时地予以指导，领导着禁毒运动向着正确的方向发展。1950 年秋天，政务院内务部发布《关于贯彻严禁烟毒工作的指示》，要求各地纠正对烟贩处理过宽的现象，对烟贩一律严惩，对于查获的毒品，要全部当众销毁。对于禁种，要求抓住季节，重在发动群众。

在各级人民政府和公安机关等有关部门的共同努力下，对毒品运用治安管理等手段加以查禁，从而使公开制造、销售、吸食毒品的情况大为改观。据西南军政委员会民政部的不完全统计，1950 年，全区共破获烟毒案万余起，查获贩运制售烟毒罪犯万余人，其中 37 名巨犯已处死刑，1000 余人判处有期徒刑。缴获烟毒 94.8 万余两，又大、小 7000 余包；制毒原料 1700 余两；毒具 22 万余件。查封烟馆 5400 余家，没收运毒汽车 13 辆、制毒机器一部。

1951 年 2 月 6 日，周恩来向各行政区的各级政府重申了禁绝烟毒的命令。严格规定：所有机关、部队、团体均不得在国内外买卖毒品，违者受法令处分；对于旧存毒品，一律无偿地上交当地财委保管，不得隐瞒不交，违者受纪律处分……这个命令堵塞了机关、团体、部队对毒品管理的漏洞，这在当时是极为重要的措施。

人民政府还注意把禁毒和其他各项社会改革运动结合起来，从而收到相互推动的功效。在农村的剿匪、反霸和土改运动中，深入宣传禁绝烟毒的意义，逐步做到在内地禁绝种烟，到 1951 年 3 月，西南多数地区的烟田已基本铲除，改种农作物。妓院的封闭，使毒犯失去了逃避惩处的避风港。镇反运动中清除了一大批兼有反革命身份的毒犯。据统计，在 1950 年后的各项社会改革运动中，仅在北京、天津等六大城市，破获的烟毒案就达 8156 起之多。

在取得抗美援朝、土地改革、镇压反革命三大运动胜利的基础上，中国共产党又于 1951 年底发动了反贪污、反浪费、反官僚主义的"三反"运动。1952 年初，在"三反"运动的高潮中，经毛泽东主席提议，党中央又决定在大中城市，发动反对资产阶级行贿、偷税漏税、盗骗国家财产、偷工减料、盗窃经济情报的"五反"运动。"三反"、"五反"运动是我们党执政后自觉地抵制和克服资产阶级对党的腐蚀，保持共产党人廉政为民本色的一次成功实践。

在"三反"、"五反"运动中，从铁路、航运、邮政、公司、司法、税务等部门以及很多地区，暴露出来为数众多的国家机关内部人员包庇或勾结奸商、毒贩、流氓，甚至反革命分子从事贩运毒品的各种罪恶活动。禁毒与反禁毒的斗争成了这次运动的主要内容之一。

党中央在"三反"运动中作出的处决刘青山、张子善的果断决定，不仅在当时起到了振聋发聩、扶正祛邪的良好效果，而且几十年之后，人们仍记忆犹新。

刘青山、张子善分别是 1931 年和 1933 年入党的老党员，是经历过土地革命、抗日战争和解放战争严峻考验的老干部。

刘青山这位河北安国县的贫苦农民，在进城当官后，大肆贪污并挥霍人民的血汗，过着极端腐化堕落的生活，特别是竟然吸毒成瘾，借口有病，长期不工作，终于从一个共产党的高级干部，变成人民的罪人。烟毒，是刘青山腐化变质的一个重要因素。

刘青山、张子善罪行的暴露，向中国共产党和人民政府敲响了警

◎ 1952年2月10日，刘青山、张子善公判大会现场

钟。中共中央及时指出，必须严重地注意干部被资产阶级腐蚀发生严重贪污行为这一事实，注意发现、揭露和惩处，并须当作一场大斗争来处理。1952年2月，在毛泽东的亲自关注下，经最高人民法院核准，对大贪污犯刘青山、张子善处以死刑，立即执行。

在"三反"运动中，还揭发出公安政法系统内部，有人参与贩运、盗卖毒品并包庇毒犯的情况。

南京大毒犯程其宽，早年参加青帮，后又加入洪帮，是"中华山"的头目之一。解放前，他曾依仗日、伪、蒋的势力，大量贩毒，欺压百姓、强奸妇女，作恶多端。解放后，他继续贩毒。程在罪行暴露后，向市人民法院秘书长兼刑事庭庭长丁某等行贿8700万元。市法院收发员杨某，也经丁某同意，脱离革命队伍从事贩毒，并利用丁某的保护，私刻市法院公章，伪造证件，冒充干部，拉拢公安、司法部门的公务人员，与"湖北帮"相勾结，猖狂进行贩毒活动。南京青帮

"通字辈"头目车惠轩，从 1942 年起，就勾结汪伪特务、日本国际商社贩运毒品。解放后，车继续贩卖毒品，并用金钱、美女和毒品，拉拢派出所所长王某，使王吸毒成瘾，腐化堕落。

针对这种种情况，1952 年 4 月 8 日，当时任中央人民政府公安部副部长的徐子荣，给毛泽东写了专题报告，反映公安人员贩运、制售毒品，盗卖没收毒品及包庇毒贩的问题。

报告说，"三反"运动以来，揭发出公安机关的工作人员很多严重的贩卖犯罪行为。这些恶劣现象不仅给党和人民政府以及人民公安机关在群众中造成极坏的影响，而且更加助长了社会上毒焰的疯狂泛滥。为此，必须于"三反"运动末期，配合铁路、交通、海关等部门大张旗鼓地再搞一次群众性的消毒运动。公安人员不论吸食、盗卖、贩运、制售毒品和包庇掩护毒犯都是严重的犯法行为，必须一律严肃对待，大体上依照惩治贪污分子的办法，根据其犯罪程度、情节，分别予以惩处，决不宽恕。一般应放在处理贪污分子问题之后集中处理这批犯罪分子，以便造成痛斥贩毒的可耻行为的风气，根绝这种恶劣现象。

对徐子荣的报告，毛泽东十分重视，当天就作了指示，认为："徐子荣同志所提意见是好的"，并命当时任政务院财政经济委员会副主任的李富春"找徐子荣同志一商"。

在"三反"、"五反"运动中，通过海关缉私人员的努力，全国先后破获了一批与走私贩毒有关的大案、要案。

1952 年年初，在衡阳铁路局破获了一起特大走私案，引起了党中央的高度重视。衡阳铁路局南邻香港、澳门、海防三大港口，中连云贵烟土产区，北接长江及各主要铁路干线，通渝、汉、沪、京、津各大商业城市。解放前走私极为猖獗，解放后并未有所好转。在"三反"、"五反"运动中，衡阳铁路局清查出的走私案牵扯到 1800 多人，走私物资价值 7000 亿元以上，其中，有武器、黄金和白银，也有大量毒品。

3月18日，中共中央发出《关于严查私商勾结干部走私贩毒品案的指示》，强调指出："北京、锦州、沈阳、天津、上海均破获私商勾结干部，大量偷运物资或走私贩毒案。太原、西安抓获大批贩毒制毒犯。所有这些，均不及衡阳铁路局破获走私案之巨大。"中央要求各地党委，认真研究衡阳经验，严查此类案件。

3. 创造了世界禁毒史上的奇迹

1952年春夏之交，中共中央和国务院在经过充分准备后，集中力量、时间，在全国范围内领导、组织了一场大规模的群众性的禁毒运动，把禁绝烟毒的斗争推向了高潮。

为了充分发动群众投入禁毒斗争，1952年4月15日，中共中央发出《关于肃清毒品流行的指示》，对禁毒运动的方针、政策和打击的重点，都作了明确规定。指示说：在这次反对贪污、反对浪费、反对官僚主义的运动中，从铁路、航运、邮政、公安、司法、税务等部门，并从很多地区，暴露出为数甚多的国家机关内部人员包庇或勾结奸商、毒贩、流氓，甚或反革命分子贩运毒品、金银、私货的各种罪恶活动，在若干部队工作人员中也有发现。这些罪恶活动给予国家和人民造成的损失是很惊人的。这是旧中国遗留下来的一种污毒，全国解放以后在很多地区虽曾有所减少，但就总的情况看来，问题依然严重存在。为了根除这种旧社会的恶劣遗毒，在全国范围内有重点地大张旗鼓地发动一场群众性的运动，来一次集中的彻底的扫除，是十分需要的。为此，特作如下各项指示：

第一，首先集中解决贩毒问题。贩卖毒品、贩卖金银、走私三者虽互相牵涉，又往往同时暴露，但以毒品流行对于国家的损失最大，对于人民的毒害最深，因此，在这次运动中应集中解决贩运毒品问题。

如果同案牵涉贩卖金银、走私问题时可并案处理。对于毒品无关的贩卖金银、走私案件，可按政府已公布的法令处理。对以反革命为目的的毒犯，应以反革命论处。

第二，要根绝制造、贩卖毒品或包庇掩护毒犯的现象，必须依靠广大群众的觉悟程度和斗争的积极性。因此，目前正在进行"三反"、"五反"的地区，应对此问题引起重视，立即指定专人着手整理和研究现有材料，继续发现内外线索，遇有重大案件，组织专案侦查，适时破案，首先做到掌握全盘情况。然后在"三反"、"五反"运动末期，腾出手来，有重点地在机关和社会上，运用现有的"三反"、"五反"的队伍开展一次肃清毒品流行的运动。

第三，铁路、交通是毒贩借以偷运毒品的线路；公安、司法、税务等部门是毒贩勾结收买内部人员求得包庇掩护的主要对象；边防、海关是毒品出入国境的要隘。所以这次运动应以铁道、公路、海运、河运、邮政、海关、公安（包括边防）、司法、税务等部门作为重点，在各级人民政府集中领导下，认真进行，务将一切毒犯肃清。

第四，对于运动中被揭发或自动坦白的毒犯，在处理上应采取严厉惩办与改造教育相结合的方针，打击惩办少数，教育改造多数，即：制造者、集体大量贩卖者从严，个别少量贩卖者从宽；主犯从严，从犯从宽；惯犯从严，偶犯从宽；拒不坦白者从严，彻底坦白者从宽；今后从严，过去从宽。打击的重点放在集体大量的制毒、贩毒犯与严重违法的工作人员，对情节不是特别严重，只要彻底坦白，真诚悔过，检举立功者，可减轻或免予处分。对于单纯吸食毒品者，不应作为这次运动的斗争对象。

第五，关于种毒问题，目前主要发生在边疆少数民族地区，应在今后工作中逐步解决。内地的种毒问题，必须检查禁止，在这次反毒运动中，如不能同时解决，则可在运动结束后，另行处理。

5月21日，政务院发布《严禁鸦片烟毒的通令》，要求各级人民政府应在"三反"、"五反"所造成的有利条件下，有重点地大张旗鼓地开展一个群众性的反毒运动，粉碎制毒、贩毒的犯罪分子及反革命分子的阴谋，以根除这种旧社会的恶劣遗毒。

6月10日，中共中央发出《关于开展全国禁毒运动的指示》，着手部署"禁毒运动"，决定该运动由公安部负主要责任，其他有关部门加以配合。中央指定彭真定期召集公安、铁道、交通、邮电、海关、内务、卫生、法院等部门汇报情况，并在中央有关指示下处理问题。针对毒犯有组织、行动诡秘的特点，为了收一网打尽之效，中央决定由公安部统一部署，全国一致行动，在统一行动之前，各地的工作重点是做好侦查等准备工作。

7月，中共中央宣传部、公安部联合发出了《关于禁毒的宣传指示》。指示说，为了使群众充分了解禁毒运动的意义，动员他们积极地与贩卖、制造毒品的罪恶活动作斗争，积极地协助政府检举毒犯，以达到根绝毒品的目的，必须在人民群众中进行广泛的强有力的宣传。但为避免美帝国主义利用我禁毒运动进行造谣污蔑，这次禁毒宣传只限于在人民群众中进行内部的口头的宣传，不在报纸、刊物、新华社及广播电台作公开的文字的宣传。一切公开的报纸、刊物、新华社及广播电台不得发表关于禁毒运动的任何消息，违者应受处分。

为了加强对禁毒运动的领导，各地区在党委领导下，由公安、民政、卫生、铁路、航运、邮政、宣传、妇联、工会等各机关团体的负责人，联合组成禁毒指挥部，下设禁毒委员会，基层设禁毒小组，负责及时了解情况，掌握政策，统一指挥，开展宣传等工作，从组织上保证了禁毒运动的健康发展。

随后，在各级禁毒指挥机构的领导下，各地开展了多种多样，有声有色，生动活泼，通俗易懂的宣传活动。不少省市编发了禁毒简报。有的地方出动宣传车，组织街头有线广播。一些地区举办巡回展览，放映幻灯片。有的地方把禁毒的意义和内容，编成戏剧、快报和相声，利用各种文艺形式，在街头小巷巡回演出。有的区、街还组织了访问队，挨家挨户进行宣传。

7月30日，中共中央批准公安部《关于开展全国规模的禁毒运动的报告》，同意照此部署执行。该报告对"禁毒运动"作了如下部署：

目前运动主要集中力量在城镇中进行，农村一般应暂不动。

"禁毒运动"分三期进行，每期预定10天至15天。第一期为"大破案"，即先逮捕一批有证据有价值的毒犯，并立即着手组织审讯，扩大线索，为第二期的"扩大战果"做好准备；第二期为"继续深入和铺开其他重点"，经过第一、二两期，大部分重点城镇应力争基本解决问题；第三期为"追捕漏网毒犯和处理结束工作"。

大举破案后，必须迅速召集适当的群众大会，向群众宣传"禁毒运动"的政策和意义，动员人民积极参加运动，与毒犯作斗争。

在"禁毒运动"中，各省（市）之间，可直接交换材料和联合缉捕毒犯；各大行政区和省市应每5天向公安部汇报一次情况。

报告还对惩治毒犯的具体政策作了如下规定：

第一，凡在1951年1月以后有下列罪行之一者，均予以逮捕法办：出资制毒的业主及集资结伙制毒的组织者、主谋者和以职业为掩护专事制毒的惯犯；制造毒品的"技师"；贩运出售毒品的组织者、主谋者、惯犯、现行犯；开设烟馆为业的业主；一贯协助毒犯的窝主及依靠贩运毒品佣金收入为生的经纪人；偷运毒品进口的组织者和惯犯；武装贩毒者；以反革命为目的的制造、贩运毒品者及被管制分子；贿买勾结国家工作人员而情节严重恶劣的毒犯；毒犯派进我机关内部的"坐探"；利用职权包庇、协助毒犯或出资贩毒的严重违法的国家工作人员；在汉族地区一贯大量种毒的烟匪、恶霸、流氓及雇人种毒或串通农民种毒的主谋者；其他在运动中拒绝登记、拒缴毒品、拒不坦白而情节严重恶劣者。

第二，为根除毒害，对毒犯的处理可稍轻于惩治反革命分子，但必须严于"三反"、"五反"中的盗窃犯。逮捕毒犯的数字一般控制在现有毒犯总数的 20% 至 30% 之内，民政部特殊超出者，应报省（市）以上党委批准，并报公安部审核备案。杀人的数字，目前暂控制在毒犯总数的 1%（即占应捕毒犯的 5%），杀人批准权属于省级法院。判处徒刑或劳改的毒犯数字，一般应在已逮捕毒犯总数的 80% 至 90%，释放或交群众管制的人数，一般不得多于 20%。对于虽有罪恶，但其罪恶程度尚不须逮捕判刑的毒犯，应按《管制反革命分子暂行办法》实行管制，各地应予管制的毒犯数量，一般可控制在毒犯总数的 20% 左右。

第三，对单纯吸毒者，除号召其检举毒犯外，暂不要忙于过问，亦不要号召登记。

8 月 10 日，根据公安部的统一部署，全国 1202 个禁毒重点部门和地区同时进入第一期破案行动。广大群众在了解禁毒的意义和自己的责任后，便积极行动起来，协助政府开展禁毒斗争。

云南省各族人民，深刻认识到鸦片是帝国主义、封建主义维持其在中国统治的经济命脉，也是反动阶级盘剥人民的重要手段，是造成云南经济、文化落后的"祸根"。他们热烈拥护人民政府的禁毒措施，纷纷反映："共产党和国民党禁烟截然不同，国民党的官见了洋烟如同见了金银财宝，掳住不放，共产党烧大烟，才是真正禁烟。"

在禁毒运动中，全国各地的群众，争先投入检举毒犯的斗争。有的群众秘密监视毒贩的行踪，不分昼夜地向公安机关提供线索，反映情况；有的群众不辞劳苦，四处奔走，找知情人了解毒贩的材料；有的积极宣传党和政府的禁毒政策，分化瓦解毒贩亲属；有的打消各种顾虑，冲破种种阻力，检举自己的亲属。

各地召开的宣判大会，极大地调动了群众肃毒的积极性，而对继续顽抗或企图蒙混过关的毒犯，则起到震慑作用。在法律的威慑和群众的压力下，毒贩向政府坦白登记的数字，与日俱增。1952 年 9 月，南京坦白登记的毒贩占全市毒贩总数的82.3%。贵州省自首登记的毒贩占全省毒贩总数的66%。在整个禁毒运动中，全国主动登记的毒贩约有34万人。

随后，全国又进行了第二、三期的破案行动。在这一阶段，根据运动进展情况，为了充分显示肃毒运动的威力和政府肃毒的决心，更彻底地发动群众和打掉毒犯的威风，各级政府不失时机地集中处理毒犯，对那些罪大恶极、不杀不足以平民愤，特别是兼有反革命身份的毒贩，予以公开的宣判和公开的处决，并当众焚毁毒品、烟具、制毒机等。

据统计，在禁毒运动中，共发现制造、贩卖、运送毒品的毒犯约36万人，超过了原来估计的数字，共逮捕了82056人，占毒犯总数的22%。处决了民愤极大的大毒犯880人，占逮捕总数的1%。共缴获毒品（折合鸦片）3996056两，各种贩、运、藏毒工具263459件，并缴获迫击炮2门，机枪5挺，长短枪877支，子弹80296粒，手榴弹167颗，炸弹16个，发报机6部。运动中缴烟毒数量不大，其原因有二：一方面是各地自解放至禁毒运动前已有大批缴获，据东北、华北、华东、西北四区不完全统计，已缴获毒品（折合鸦片）24473308两。另一方面是农村尚有大量存毒，此次尚未收缴。

1952年9月，公安部起草完成了《中华人民共和国惩治毒犯条例草案》。当月17日，罗瑞卿部长将这一条例提交政务院政治法律委员会扩大会议。经过多方征求意见，10月3日，政务院第153次政务会议通过了这一条例。由于当时中央决定暂不公布，因而11月21日公安部通知各地公安机关内部执行《中华人民共和国惩治毒犯条例》。该条例详细规定了对各类毒犯的处理条款，肃毒工作走上正规化和法制化的道路。

12月12日，政务院作出《关于推行戒烟、禁种鸦片和在农村收缴存毒工作的指示》（以下简称《指示》）。《指示》要求为巩固前阶段肃毒成果，要将肃毒工作向前推进，戒除吸食、注射，并在广大农村收缴残余的毒品，进一步禁止种植鸦片。禁种工作是紧密结合土地改革运动进行的，以广大翻身的贫下中农为骨干，政治上已经成为国家主人的农民以高度的主人翁意识投入了这一斗争。在此期间，政务院内务部在国家财政十分困难的情况下，先后拨出旧币100亿元用于救济特殊贫困的烟民，拨出旧币290亿元作为研究、制造戒毒药品的专用经费。经过三年的强制戒毒，在中国大地上数量众多的烟民，彻底戒除了毒瘾，成为社会主义建设事业的新生力量。

12月14日，公安部长罗瑞卿向党中央、毛泽东主席汇报了此次肃毒工作。12月18日，中共中央转发了罗瑞卿《全国禁毒运动总结报告》。至此，轰轰烈烈的大规模禁毒运动宣告胜利结束。

这场群众性的禁毒运动，大体经历了半年左右的时间。到1952年年底，就取缔了种植、贩运、吸食毒品的活动，基本上禁绝了肆虐百年的烟毒，改善了社会风气，净化了社会环境，巩固了人民政权，振奋了民族精神，提高了党和人民政府的威信。禁毒成果举世瞩目，震惊中外。人民群众满怀激情地说："这下可把烟毒斩草除根了！""这真是亘古未有的好政府"。从20世纪50年代初禁毒运动到70年代末，中国一直以"无毒国"而享誉全球。

4. 娼妓变成了良家妇女

1953年，中国大陆宣告消灭娼妓，这是毛泽东为首的党中央领导中国人民所进行的又一惊天动地的大事。

公安部部长罗瑞卿遵照毛泽东的指示，召开了会议，确定了在全国大中城市采取两种方案：一是以北京等地为代表的，在短时间内摸清妓院的有关情况，集中力量，统一时间，一举将全部妓院予以封闭；二是以天津等大城市为代表的，采取"寓禁于限"的方针，在相对较长的时间内，逐步取缔妓院。

北京是中国的首都，她应以崭新的精神面貌出现在世界人民面前。经毛泽东直接授意，罗瑞卿等决定先采取第一个方案。

北京的妓院，在明清时就已经有了规模，集中在八大胡同。

至 1949 年新中国成立前，北京的妓院数尽管有所下降，但依然有 224 家，妓女人数 1268 人。

罗瑞卿针对以上情况，决定以迅雷不及掩耳之势封闭北京所有妓院。但封闭妓院也有一个形成共识的问题。因为妓院形成了一种独特的"服务行业"，除了妓女，还有一大批从业人员，妓院里有"司账"、"跟妈"、"伙计"，都是底层劳动者。对此，毛泽东打电话告诉罗瑞卿说：望向各界群众解释，并防止反革命分子的破坏，协助政府把这件事完全办好。

按照毛泽东的指示，罗瑞卿于 1949 年 11 月 12 日，在北京市公安局集体办公会议上对市局的处长、分局长们说："采取封闭妓院的行动，不是公安部门的单方面行动，这样做一定要通过人民代表会议，听听他们的意见，他们作出决定后再办。"按照罗瑞卿的意见，在这次办公会议上，起草了在北京立即封闭妓院的议案，报市委、市政府批准后，急送市人民代表会议作出最后决议。

封闭北京妓院的工作由北京市委责成公安局、民政局、妇联三家联合组成取缔妓院指挥部，总指挥由公安部部长兼北京市公安局局长罗瑞卿担任，统一领导封闭妓院的工作。与此同时，成立了由公安局、民政局、卫生局、妇联、人民法院、企业局等单位共同组成的"妓女处理委员会"，着力于封闭之后对妓女的教育改造工作，对老板和领家，则视罪行轻重依法惩办或强迫改造教育。

1949 年 11 月 21 日下午，北京市第二届各界代表会议在中山公园中山堂召开，会议通过了封闭北京所有妓院的决议。市委书记彭真、市长聂荣臻立即专门向毛泽东报告了北京市各界人民代表大会封闭妓院的决议。毛泽东听完他们的对妓院老板惩处，对妓女教育帮助的处理意见后，说："这个决议好！应立即执行！"

下午 5 时，罗瑞卿接到北京市市长聂荣臻下达的立即执行北京市第二届各届人民代表大会关于封闭妓院的决议的命令，便向封闭妓院行动小组发出了立即出发的命令，当晚 8 点，北京市 2400 余名干警，分成 27 个行动小组，出动 37 部汽车，扑向分布有妓院的 5 个城区及东郊、西郊。卫生部的一个消毒组带了消毒药水和药品，也同时出动。

当晚 12 点，各行动小组按照事先的计划，将全部 1268 名妓女进行有关卫生处理后，集中到设置在韩家潭的 8 个妇女生产教养院。妓女迁走后，干警对妓院的财产进行登记，对老板、领家的财产进行登记，并予以没收，并在各家妓院的门口贴上"北京市人民政府 1949 年封"的长封条，至 22 日凌晨 5 时，全市的妓院全部封闭，行动干净利落地完成了。

毛泽东很关心封闭妓院的事，他一直等待着罗瑞卿的好消息。11 月 22 日上午，罗瑞卿拿起电话，向毛泽东汇报封闭妓院的行动结果，说："毛主席，今晨 5 时止，北京市公安局采取了行动，已将全市 224 家妓院全部封闭，新中国的首都，党中央、国务院所在地北京市从此再也不会有蹂躏妇女、摧残妇女的野蛮的妓院制度了。"罗瑞卿在电话里详细汇报了此次封闭的战果：全北京市的妓院老板 269 人、领家 185 人一网打尽，全部在各区公安局看押着，让他们反省、交代罪行，等审查后分别处理。全市 1268 名妓女已经集中起来，在韩家潭 8 个教养院中进行教育改造，并帮助她们另谋正当的生路，集中工作很顺利，秩序很好。

毛泽东听后十分满意，连连称赞罗瑞卿干得好，并进一步叮嘱道：要注意做好善后工作，并且继续在全国其他城市采取适当的措施，使全中国的妇女真正当家成为自己的主人。

11 月 23 日上午，关押在各区公安分局的北京市妓院老板、领家被集中起来，罗瑞卿对他们训话，指出了他们的罪恶，说："你们是直接压迫妇女、剥削妇女的罪人，你们只有老老实实地向人民低头悔过，向政府坦白罪行，痛改前非，才有自新之路。否则，人们是不能宽容你们的！"

接着，向他们宣布了人民政府对妓院老板、领家的五条处理办法：一是妓院老板、领家毒杀妓女或残酷虐待妇女致死或自杀者，移送人民法院判处死刑，并没收全部财产；二是有买卖或包典妇女，逼良为娼，逼令妓女堕胎，强奸幼女，残酷虐待妓女，阻止妓女从良者，判处五年以上徒刑；三是勒索盘剥妓女10年以上者，判5年以下徒刑；四是盘剥妓女10年以下者，移送人民法院处劳役或罚金，并没收财产；五是盘剥妓女未满2年者，无重大罪行，可教育保释，没收财产。

对于北京1268名妓女，她们在教养院里得到了无微不至的关怀，真正感受到了在人民掌权的新中国做人的欢乐，感受到自己是不会被人民国家遗弃的亲生骨肉。教养院第二天就对她们进行教育，给她们检查身体、治病，对有家可归者发放路费遣送回家，有对象者帮助结婚，年幼者被安排送进学校学习读书，其余人员则安排学习生产技术。她们中的许多人在党的教育下，有了进步要求，有的积极要求入党，并终于成为工人阶级的先锋战士，在以后的几十年人生路途中，有的成为先进工作者，有的成长为国家干部。这真是"千年的冰河开了冻，万年的枯枝发了芽。旧社会把人变成了鬼，新社会把鬼变成了人"。

其他具备条件的城市诸如青岛、秦皇岛、洛阳、长沙等等，也都在统一的时间内封闭了妓院，并对妓女实施收容、教育、改造。这是以北京等地为代表的禁娼方式。

北京在一夜之间封闭了所有妓院的消息，在全国产生了极大的影响，也给其他地区的妓院老板和妓女以强烈的震动，同时也使他们陷入惊恐之中。

根据毛泽东示意，罗瑞卿继续采取措施，令各地公安机关针对这一新情况，结合着加强对妓院、妓女的治安管理，适时地作出部署，大张旗鼓地开展宣传运动，揭露娼妓制度的罪恶，鼓励妓女重新做人。

经过较长时间的工作，娼妓业已大为萎缩，大部分城市在 1951 年到 1953 年之间，选择适当时机在规定的时间内封闭了妓院，如武汉、西安、上海等。在其他一些城市，经过不同形式的反复工作和斗争，公开设立的妓院也在 1954 年前后被彻底禁止。到 20 世纪 50 年代中期，在中国延绵了两千多年的娼妓业被彻底禁绝，禁娼斗争取得了全面的胜利。

四、新《婚姻法》·爱国卫生·文字改革

旧的封建包办婚姻，与新的时代已经越来越不适应，如何保障夫妻双方尤其是广大妇女的权益，日益成了迫切的任务。为此，新中国颁布了新婚姻法，重新确立了新型的家庭关系。新中国还开展了爱国卫生运动，并进行文字改革，改变了许多不良习俗。

1. 新《婚姻法》的颁布

旧的封建主义的婚姻制度，不仅是家庭痛苦的一种根源，把占人口半数的大多数妇女投入被奴役的深渊，而且也严重地阻碍了社会的向前发展。如果不从根本上对旧的婚姻制度进行改革，必将严重地影响新中国的革命和建设事业。建立新型的婚姻制度，是新社会的需要，也是广大劳动群众，特别是劳动妇女的强烈需要。一部适应时代发展需要、反映人民要求的《婚姻法》就应运而生了。

早在新中国成立之前，中共中央妇女运动委员会和中共中央法律

委员会于 1948 年冬，即着手进行婚姻法的起草工作（解放以后由中央人民政府法制委员会负责），到 1950 年 3 月，前后约经过十七个月左右的时间。草案的各章各条，都经过了反复的研究、讨论和修改。除少数条文外，多的曾修改三十至四十次以上，少的也修改过十至二十次以上。草案在中央人民政府法制委员会与全国民主妇女联合会及其他有关机关代表联席会议原则通过后，又经过政务院第二十二次会议讨论；并经过由中央人民政府主席毛泽东主持，有中央人民政府委员会副主席、委员，政务院总理、副总理和委员以及政协全国委员等参加的联席座谈会讨论两次。

在制定婚姻法的过程中，中央人民政府法制委员会经常与全国民主妇女联合会、有关的司法机关合力工作。同时，曾向各主要有关方面（各民主党派人士、民政机关、群众团体、少数民族代表等），较广泛地征求了意见；对于反映中国新旧婚姻制度情况的一些实际材料（过去各解放区的婚姻条例、有关的书报杂志，以及几十个人民法院的工作报告，旧中国婚姻立法等）作了研究，并进行实地调查。为了使实际与理论联系，对于马恩列斯和毛泽东的有关论述加以学习。从婚姻法的起草过程来看，真正是体现了群策群力，体现了集体智慧。

在对婚姻法草案的讨论中主要遇到了下几个问题：

第一，关于离婚自由问题。有一种意见认为，一切的离婚都是人间的悲剧，所以最好不要有任何离婚的现象发生。经过讨论，多数人认为，事实证明，并不是一切的离婚都是悲剧。有正当原因迫不得已而要求离婚的男女，尤其是深受旧婚姻制度痛苦、不得已而坚决要求离婚的妇女，如果不能达到离婚的目的，只能使男女双方或一方忍受无限痛苦。

在山西、河北、察哈尔等地农村，以及上海、天津、北京、西安、哈尔滨等城市中，离婚与解除婚约的约占婚姻案件的 54% 和 51%—84%。离婚主要原因是包办、强迫、买卖、虐待等。提出离婚的主要是女方，占上述离婚案的 68%—90%。离婚自由已经成为一部分感受婚姻痛苦的男女，尤其是妇女的迫切要求。因此，婚姻法第十七条规定："男女双方自愿离婚的，准予离婚。男女一方坚决要求离婚的，经区人民政府和司法机关调解无效的，亦准予离婚。"

第二，关于结婚登记问题。有人认为这是一种"形式"，如果一切条件均符合婚姻法，就是没登记，也应算合法。这个问题讨论了很久，结果大多数人认为登记不是形式，而是政府审查、认可的必要手续。审查的意义，主要在于反对封建包办、强迫婚姻制度的继续存在。不登记的婚姻，原则上是不予承认的。婚姻法第十七条第二款对登记作了规定。

第三，关于夫妻双方对于家庭财产有平等的所有权与处理权的问题。有人提出，如一方任意挥霍，发生纠纷时应如何处理？讨论后大家认为夫妻双方如能按照婚姻法中第七条、第八条的精神过共同生活时，对财产的所有权与处理权才会是平等的。如一方任意挥霍，发生纠纷，法律就要维护进步的一方。

第四，关于非婚生子女享受与婚生子女同等权利的问题。有人认为，这样会产生偏差，会鼓励"打游击"的非婚男女。经过讨论，大家认为，新民主主义社会，应执行一夫一妻的婚姻制度，坚决反对对婚姻采取不正确、不负责任的态度。婚姻法第十五条中已经规定，非婚生子女的生父应负担子女必需的生活费和教育费的全部或一部，直至子女十八岁为止。这一方面保护了儿童的权利，另一方面加重了生父的负担，实际上是对不合法婚姻的一个很好的警告和限制。因此，婚姻法中规定了非婚生子女与婚生子女有同样的权利。

在上述讨论的基础上，1950 年 4 月中央人民政府委员会第七次会议讨论和通过了《中华人民共和国婚姻法》，中央人民政府法制委员会主任王明向会议做了《关于中华人民共和国婚姻法起草经过和起草理由的报告》。4 月 30 日会议通过了该法，毛泽东主席签发了命令，于 1950 年 5 月 1 日起公布施行。

1950 年的《中华人民共和国婚姻法》全文分为：原则、结婚、夫妻间的权利和义务、父母子女之间的关系、离婚、离婚后子女的抚养和教育、离婚后的财产和生活、附则共八章，二十七条。它以调整婚姻关系为主，同时也涉及调整家庭关系的内容。

作为一部新民主主义性质的婚姻法，它在原则部分中规定了："废除包办强迫、男尊女卑、漠视子女利益的封建主义婚姻制度。实行男女婚姻自由、一夫一妻、男女权利平等、保护妇女和子女合法利益的新民主主义婚姻制度。""禁止重婚、纳妾。禁止童养媳。禁止干涉寡妇婚姻自由。禁止任何人借婚姻关系问题索取财物。"从而确立了新中国处理婚姻家庭关系的基本原则，反映了新民主主义婚姻制度的特征，从根本上打破了旧的封建主义的婚姻制度。

在结婚一章中规定了："结婚须男女双方本人完全自愿，不许任何一方对他方加以强迫或任何第三者加以干涉。"这是对几千年来普遍存在的包办买卖婚姻和干涉婚姻自主的旧制度的彻底否定，保护了男女双方的合法权益。《婚姻法》还对结婚年龄、结婚条件、结婚程序作了原则规定。

《婚姻法》中关于夫妻关系和父母子女关系的规定，充分体现了它的新民主主义性质。在夫妻间的权利和义务中规定："夫妻为共同生活的伴侣，在家庭中地位平等。""夫妻有互爱互敬、互相帮助、互相扶养、和睦团结、劳动生产、抚育子女，为家庭幸福和新社会建设而共同奋斗的义务。"还规定了夫妻双方均有选择职业、参加工作和社会生活的自由。夫妻双方对于家庭财产有平等的所有权与处理权。在父母与子女间的关系中规定：父母对于子女有抚养的义务；子女对于父母有赡养扶助的义务；双方均不得虐待或遗弃。"父母子女有互相继承遗产的权利。"这些规定贯彻了"男女平等"的原则，是建立新式夫妻关系和幸福家庭的基础，也是中国劳动人民行之已久的传统道德在新民主主义社会内的发扬光大。

为了进一步保障男女的婚姻自由，特别是保护广大劳动妇女的利益。《婚姻法》作了有关离婚自由的规定，这对于解除封建婚姻，特别是妇女解放起了积极作用。

《婚姻法》还对离婚后的子女抚养和教育，离婚后的财产和生活，违反婚姻法的制裁等问题作了原则的规定。

新中国《婚姻法》诞生之后，党和政府十分重视它的贯彻和执行问题。1950 年 4 月 30 日，在《中华人民共和国婚姻法》通过的当天，党中央就发出了《中共中央关于保证执行婚姻法给全党的通知》，中央人民政府法制委员会于 1950 年 6 月 26 日作出了《就有关婚姻法施行的若干问题的解答》。1950 年和 1952 年，政务院、内务部和司法部发出了检查婚姻法执行情况的指示。《婚姻法》的贯彻实施，解除了封建主义婚姻家庭制度对人们的束缚，广大人民群众特别是广大妇女的合法权益得到了切实的保障，旧的不合理的婚姻家庭关系有了很大的变化。

因为中国是一个封建传统很深的国家，婚姻家庭领域里的旧制度、旧思想还有很强的社会影响力。一段时期内，在贯彻执行婚姻法的问题上，各地的发展很不平衡。包办、强迫与买卖婚姻，在许多地方，特别是在农村中，仍然大量存在。干涉婚姻自由与侵害妇女权益的事件时有发生。

据不完全统计，在婚姻法颁布实行的一年里，中南区有 1 万多名，山东省有 1245 名妇女，因婚姻不自主受家庭虐待。这些数字和情况引起了党和人民政府的高度重视。党中央于 1952 年 11 月 26 日，发出了《中共中央关于贯彻婚姻法的指示》，中央人民政府政务院也于 1953 年 2 月 1 日发出了《关于贯彻婚姻法的指示》，规定以 1953 年 3 月为贯彻婚姻法运动月；同年 2 月 18 日党中央再次发出了《中共中央关于贯彻婚姻法运动月工作的补充指示》。全国范围内，展开了一场贯彻执行婚姻法的运动。

这次运动的主要任务，是要普遍宣传婚姻法和检查婚姻法的执行情况，批判旧思想、旧制度、旧习惯，树立新思想，建立新制度。婚姻家庭制度中存在的矛盾绝大多数属于人民内部矛盾。因此，这次运动主要采取说服教育的方针。中央人民政府的指示说：在贯彻婚姻法运动月中，除对人民群众中极少数因干涉婚姻自由、虐待妇女、伤害人身的严重犯罪分子应主动地加以检查处理外，对一般人民群众应以进行婚姻法的宣传为限。关于婚姻法执行情况的检查，只限于在各级党委及县区乡（村）干部、县以上各级法院和民政部主管婚姻事务的人员中进行，而不要在一般人民群众中去进行。

为了使这场运动顺利进行，中央和地方均成立了贯彻婚姻法运动委员会。

这次运动取得了很好的效果。全国各农村、工矿、街道进行了广泛的婚姻法的宣传。1953 年 3 月、4 月陆续在全国 75% 左右的地区开展了学习婚姻法的运动，婚姻法基本上做到了家喻户晓。中国人民婚姻家庭关系发生了深刻的变化，旧的婚姻制度已经崩溃，新的婚姻制度得到了健康发展。

但在全国范围内来看，这次运动的发展很不平衡，有好有差，大体上可分三类。

第一类：按中央指示精神做到普遍深入地宣传婚姻法，并能按照《婚姻法》来处理婚姻问题；人民中 80%—90% 的成年人受到教育，新风气开始树立，成为今后贯彻《婚姻法》的阵地。这种地区占 15% 左右。

第二类：大部分干部划清了新旧婚姻制度的界限。人民中 60%—70% 的成年人受到教育，旧婚姻习惯已被冲淡，新婚姻制度开始实行，但有一部分人对婚姻自由、男女权利平等还有某些顾虑和怀疑。这种地区约占 60%。

第三类：干部和人民对《婚姻法》仅有粗浅认识，还有许多怀疑与误解；妇女被虐待的现象仍然严重存在。这种地区占 25% 左右。

新中国第一部《婚姻法》的诞生、施行，是中国人民反封建斗争胜利的成果，也是新中国建立初期的一项极为重要的立法。它以法律形式概括了党在婚姻家庭方面的各项方针、政策，从法律上根本废除了沿袭几千年的封建主义的婚姻家庭制度。它是摧毁封建主义婚姻家庭制度的有力武器，也是建立新民主主义新型婚姻家庭关系的法律准绳。

应该指出，新中国成立以后，从法律上废除旧的婚姻家庭制度，实行新的婚姻家庭制度，只是第一步。因此，《婚姻法》不能不带有一定的纲领性。由于当时经济发展和人们认识上的局限，有些婚姻家庭关系的基本原则还未提出（如保护老人合法权益、实行计划生育等）。这些在中国1980年的《婚姻法》中都得到了一定的修改和补充。

2. 爱国卫生运动

"爱国卫生运动"，是中国共产党和新中国政府领导的一项社会卫生运动。

"爱国卫生运动"的开展源于抗美援朝期间的反美"细菌战"。1952年2月29日，美国飞机共14批148架次侵入中国安东（丹东）、抚顺、凤城等地。先在抚顺后来又在其他地区撒布带有病毒、细菌的昆虫，对中国发动了细菌战争。抗美援朝、保家卫国浪潮推动了群众性卫生防疫运动的深入发展，人民群众称之为"爱国卫生运动"。党中央肯定了这个名称并指示各级领导机构，以后统称为"爱国卫生运动委员会"。在此同时，党中央把"卫生工作与群众性卫生运动相结合"定为卫生工作的一项原则。毛泽东号召："动员起来，讲究卫生，减少疾病，提高健康水平，粉碎敌人的细菌战争。"1952年3月14日政务院第128次会议决定，成立中央防疫委员会，下设办公室，其任务是领导反细菌战，开展爱国卫生运动。3月19日中央防疫委员会向各省、市、自治区发布反细菌战的指示，要求各地做好灭蝇、蚊、蚤、鼠以及其他病媒昆虫。

在 1949—1952 年，即国民经济恢复期间，为了改变旧中国不卫生状况和传染病严重流行的现实，在全国普遍开展了群众性卫生运动。抗美援朝、粉碎美帝细菌战争期间，在中央防疫委员会的领导下，各地迅速掀起了群众性卫生运动的新高潮。运动规模之大，参加人数之多，收效之显著，都是空前的。仅半年里，全国就清除垃圾 1500 多万吨，疏通渠道 28 万公里，新建改建厕所 490 万个，改建水井 130 万眼。共扑鼠 4400 多万只，消灭蚊、蝇、蚤共 200 多万斤，还填平了一大批污水坑塘。广大城乡的卫生面貌有了不同程度的改善。爱国卫生运动不仅得到全国上下的一致拥护和参与，而且得到了国际上的赞誉。在社会主义革命和社会主义建设的各个历史时期，显示出它的"移风易俗，改造国家"的伟大作用，取得了丰硕的成果。

◎ 爱国卫生运动宣传画

1953 年 1 月 8 日《人民日报》发表《卫生工作必须与群众运动相结合》的社论，指出经过 1952 年的爱国卫生运动，在推行卫生工作方面取得很多经验，而最根本的经验是，卫生工作与群众运动相结合。2 月 26 日《人民日报》再次发表《为彻底粉碎美国的细菌战而斗争》的社论。社论在揭露了美国在朝中进行的大规模细菌战罪行，号召全国人民继续大力开展爱国卫生运动，粉碎敌人的细菌战争。由此掀起了历史上规模空前的"除四害，讲卫生"的群众性爱国卫生运动，各族人民群策群力，出现了一些灭害的有效土方法。1955 年后，爱国卫生运动以除"四害"、讲卫生、消灭疾病为主要内容。

1956 年 1 月 26 日中共中央公布《全国农业发展纲要》，第 27 条除"四害"规定，从 1956 年起，在 12 年内，在一切可能的地方，基本上消灭老鼠、麻雀、苍蝇和蚊子（1959 年将麻雀改为臭虫）；第 28 条"努力消灭危害人民最严重的疾病"规定，从 1956 年起，在 12 年内，在一切可能的地方，基本消灭危害人民最严重的疾病，并指出爱国卫生运动的根本精神是，为了消灭疾病，人人振奋，移风易俗，改造国家。以后，爱国卫生运动不断向深度和广度发展。

3. 文字改革

文字改革即文字体系或制度方面的改革。它是一项巨大的社会改革，关系到新中国的社会进步和现代化建设，需要一定的社会政治条件。新中国成立为规范祖国的语言和文字创造了条件，有计划、有步骤的文字改革也随之进入了一个崭新的时期。新中国文字改革主要包括两方面的内容：

其一是汉字的整理和简化。

1949 年至 1955 年，是新中国文字改革的研究准备阶段。1949 年 10 月 10 日，新中国第一个全国性文字改革组织——中国文字改革协会成立。协会成立不到半年，就收到了几百种汉语新文字方案。

按照毛泽东"文字改革应首先为简体字，不能脱离实际，割断历史"的指示精神，1950 年 8 月，教育部召开了常用字的选定和汉字简化的研究座谈会，并于 9 月编成《常用汉字登记表》，收录了 1017 个汉字。1951 年又编成《第一批简体字表》，收录 555 个比较常用的汉字。

1952 年 2 月，成立了新中国第一个主管文字改革工作的国家研究机构——中国文字改革研究委员会，下设汉字整理组，负责整理汉字，并提出汉字简化方案。3 月，汉字整理组制定出第一批简体字表的四条原则。10 月，拟出了 700 字的简字表，送毛泽东审阅。

1953 年 3 月，中国文字改革研究委员会第三次会议传达毛泽东的意见：700 个简体字还不够简。做简体字要多利用草体，找出简化规律，做成基本形体，有规律地进行简化。汉字的数量也必须大大减缩。只有形体和数量的简化并举，才算得上简化。上述简体字表经过五易其稿，终于推出了收录有 4120 个简化字的《常用汉字简化方案草案》。同年 11 月，中央文字问题委员会第二次会议研究了整理和简化汉字问题，并向中央提出了可以首先实行的 4 项初步改革办法，即：1. 推行简体字；2. 统一异体字；3. 确定常用字，并对非常用字加注音；4. 极少数汉字改用拼音字母。

1954 年 12 月，"中国文字改革委员会"（简称"文改会"）作为国务院直属机构正式成立。同月，中共中央发出《关于讨论汉字简化方案的指示》，附有文改会主任吴玉章关于整理汉字问题向中央的请示报告。

1955 年 1 月，文改会发表《汉字简化方案（草案）》，向全国各地征求意见。7 月，国务院成立了以董必武为主任的国务院汉字简化方案审订委员会。9 月，文改会根据收集到的意见，对《汉字简化方案（草案）》做了修改。

为了总结新中国成立以来的文字改革工作，研究文字改革的方针，促进文字改革工作的全面发展，教育部和文改会于 1955 年 10 月 15 日至 23 日在京联合召开了第一次全国文字改革会议。会议通过了《汉字简化方案修正草案》和《第一批异体字整理表草案》。前者包括 515 个简化字和 54 个简化偏旁；后者收录了 849 组，最后公布时简缩成 810 组、1865 字。这次会议是中国历史上第一次全国性讨论文字改革问题的会议。10 月 25 日起，中国科学院又召开现代汉语规范问题学术会议。这两次会议标志着新中国文字改革和汉语规范工作研究准备阶段的完成而进入了全面实施的阶段。

从 1956 年 1 月 1 日起，全国报刊实行了横排横写。1 月 28 日，国务院第 23 次会议通过了《关于公布〈汉字简化方案〉的决议》；1 月 31 日，《人民日报》发表了国务院的《决议》和《汉字简化方案》。决议规定：从 1956 年 2 月 1 日起，在全国印刷和书写的文件上应使用汉字简化第一表所列的简化汉字 230 个，除翻印古籍和有其他特殊原因以外，停止使用繁体字。至此，新中国汉字简化工作取得了第一次突破性进展。

《汉字简化方案》的公布推行给汉字学习和使用者提供了极大的方便，受到广大群众的欢迎和好评。第一批简化汉字在使用过程中出现了一些问题，也为以后汉字的进一步简化、规范提供了契机。1960 年 6 月，教育部、文化部、中国文字改革委员会联合发出《关于征集新简化字的通知》。1964 年文改会编印了《简化汉字总表》，这个总表实施二十多年后，1986 年经国务院批准，国家语言文字工作委员会（原"文改会"）在原来的基础上稍作调整，重新发表了《简化字总表》，全表实际收录 2235 字。

1975 年文改会曾拟订过《第二次汉字简化方案（草案）》，并经国务院批准试行，但因这批简化字存在较多问题，已经国务院同意于 1986 年被废止。

其二是《汉语拼音方案》的颁行。

汉语是汉民族的共同语言。但它存在着严重的方言差异，最主要的是语音上的差异。因此，给汉字定音，即规定现代汉字的普通话读音、确定正音、消除不必要的多音和异读就成了新中国文字改革的另一项重要任务。1949 年 10 月，中国文字改革协会一成立，便立即着手进行汉语拼音方案的研究工作。

1952 年 2 月，中国文字改革研究委员会下设拼音方案组，制定汉语拼音方案的工作正式提上日程。根据毛泽东的指示和会议讨论，决定以民族形式的拼音文字为中国文字改革的方向。3 月，文改会开始制订汉字笔画式拼音方案。10 月，拼音方案组会议通过了一个汉字笔画式的汉语拼音字母表，其中声母 24 个，韵母 37 个，其拼音方法以双拼为主。经毛泽东审批并提出了一些批评意见。

经过两年多的深入探讨，1954 年 7 月，中国文字改革研究委员会会议对拼音方案组提出的主持试制 5 种民族形式的汉语拼音方案草案进行了审议，但未从中确立出一个令人满意的方案。

文改会成立后，1955 年 2 月设立了拼音方案委员会，吴玉章、胡愈之任正副主任。文改会在研究了自 1950 年以来海内外热心语言文字改革的 633 人寄来的 655 个汉语拼音文字方案的基础上，向教育部和文改会于 1955 年 10 月联合召开的第一次全国文字改革会议提出了 6 种汉语拼音方案草案，并确定了推广以北京语音为标准音的普通话——汉民族共同语——的方针、步骤。其中 6 种拼音方案中有 4 种为汉字笔画式，1 种为罗马字母式，还有 1 种为斯拉夫字母式。

1956 年 1 月 20 日，毛泽东在知识分子问题会议上讲话，明确表示他赞成未来的汉语拼音方案采用拉丁字母（罗马字母）。1 月 27 日，中共中央发布《关于文字改革工作问题的指示》，其所批准的文字改革方针说明，汉字改革要走世界文字共同的拼音方向。在 2 月 12 日，《人民日报》发表了《汉语拼音方案（草案）》和《关于拟订汉语拼音方案（草案）的几点说明》，向全国人民征求意见。根据各方面的意见，文改会拼音方案委员会于 1956 年 4 月到 1957 年 10 月召开了 10 次会议，对《汉语拼音方案（草案）》进行修订。为了把方案审核修订好，1956 年 10 月 10 日，国务院批准成立了汉语拼音方案审订委员会。

经过反复讨论和磋商，审订委员会于 1957 年 10 月提出《汉语拼音方案修正草案》，接着，政协全国常委会扩大会议同意《汉语拼音方案草案》（即修正草案）；11 月 1 日，国务院全体会议第 60 次会议通过了《关于公布汉语拼音方案草案的决议》。1958 年 1 月 27 日，第一届全国人民代表大会第五次会议开始讨论《汉语拼音方案草案》。2 月 11 日，一届人大五次会议正式批准了《汉语拼音方案》，并通过了《全国人民代表大会关于汉语拼音方案的决议》。至此酝酿已久的《汉语拼音方案》终于诞生了！汉语拼音也成为用罗马字母拼写汉语的国际标准。

《汉语拼音方案》规定了主要采用国际通用的罗马字母和"音素制"拼音方式；在语音标准上，拼写现代汉语普通话等原则。该方案具有字母数量少、书写便捷、便于检索、具有国际通用性、语音精密准确、拼法灵活、语音表现力强等特点，得到广大群众的喜爱。

《汉语拼音方案》由全国人民代表大会批准施行后，新闻、出版、广播、工商、交通、科技等许多领域都开始广泛应用，特别是在小学拼音教学和注音扫盲工作中，更显示了良好的效益，推行工作得到迅速的发展。此后，还颁行了《中国人名汉语拼音字母拼写法》、《中国地名汉语拼音字母拼写法》、《少数民族语地名汉语拼音字母音译转写法》、《中国地名汉语拼音字母拼写规则（汉语地名部分）》、《汉语拼音正词法基本规则》，它们极大地完善和丰富了《汉语拼音方案》。

在《汉语拼音方案》的制订和实行过程中，文改会、教育部一直提倡并推广普通话。其标准是："以北京语音为标准音，以北方话为基础方言，以典范的现代白话文著作为语法规范。"自 1960 年以来，教育部、文化部、中国文字改革委员会在全国多次举行普通话教学成绩观摩会。普通话的推广，有利于消除方言隔阂，促进社会交际，提高工作效率。

五、肃清暗藏的反革命分子

这一时期，国内暗藏的反革命分子进行了各种破坏活动，国内形势有所紧张。这样，1955 年 7 月至 1957 年年底，在全国范围内开展了肃反运动，并取得了巨大的成就。

1. 暗藏反革命分子的破坏活动

在对胡风思想的批判逐步升级到"反革命集团"的同时，在中共党内又出现了潘汉年、扬帆"反革命事件"。这直接导致了中共中央对国内阶级斗争状况的估计日益严重，认为："高饶集团、潘扬集团、胡风集团的揭露，仅仅是我们肃清暗藏的反革命分子的斗争的开始，而不是这场斗争的终结。正确的估计应当是：在许多部门，在很多地方，大量的暗藏的反革命分子是还没有被揭露和肃清的。"

客观上，新中国成立后，经过镇压反革命运动，虽然把很大部分的公开暴露的反革命分子镇压和肃清了，然而却有相当一批反革命分子在遭到沉重的打击下不得不转入隐蔽的状况。他们带着各种伪装钻到国家机关、企业、学校、群众团体等组织中，等待时机进行暗中破坏。当中国共产党提出过渡时期的总路线并进行了深入宣传之后，阶级敌人由于其阶级本能意识到，实现总路线就是要消灭剥削阶级和他们赖以存在的经济基础——私有制，就是实现社会主义革命。因此，在这巨大变革的紧要关头，一切反社会主义的反动分子都又冒出头来了，他们千方百计地破坏社会主义建设，破坏人民财产，妄图颠覆中华人民共和国，使中国退回到半殖民地半封建时代。反革命分子的罪恶活动有以下几种表现：

破坏建设。例如：1954年1月，安徽芜湖纱厂被反革命分子纵火，烧毁2.3万多纱锭，损失160余万元。1954年6月，沈阳建筑工程局第三分公司职员、蒋匪特务田玉昆，放火烧掉工地材料仓库的全部建筑器材和三幢宿舍，并把救火的工地中共支部书记张殿龙打昏。1954年10月，上海石油批发站反革命分子龚阿宝，利用国庆节值班的机会偷偷将该站202号油池打开，使石油流入通黄浦江的河沟，企图引起严重火灾，幸亏河沟事前已被堵塞，未酿巨祸，但石油已被放走2600多斤。

1954年10月，广州破获了一个以蒋匪特务吕薄冰为首的阴谋集团，这批反革命匪徒准备了铁锤、铁棒、石灰等凶器，计划伪装搭客，把民生轮船公司的民俗轮在航行途中劫往台湾。1955年6月，陕西朝邑县胜利农业生产合作社的麦场被反革命分子纵火，麦场堆放着的100多亩地的麦子全被焚毁。1954年3月，太原重型机器厂唯一的五吨大型汽锤刚刚安装起来不久，就被反革命分子傅家邦故意借试锤的名义加以破坏。这个汽锤可以锻造一吨以上的锻件，每天可以创造一万元的财富。

1954年3月，丰沙铁路20号隧道发现顶部有巨大的空洞，反革命分子董殿凯故意违反人所熟知的施工规划，用废土料填塞，外涂灰浆，掩饰隐患，阴谋使隧道在通车的时候受震坍毁，企图造成难以预料的严重事故。1954年7月，暗藏在河北下花园煤矿的反革命分子李德厚，故意违反操作规程，以致造成瓦斯爆炸，38个职工死亡，156个职工中毒，国家直接损失财产达50余万元。1953年3月，某国防工厂助理工程师、反革命分子张音员私改图纸，造成了废品和返修品8400件，装成的509件武器试射时都不能准确发火。这不但是国家财产上的巨大损失，而且这种武器在战场上不能杀伤敌人，反而可能杀伤自己。

破坏人民生活。例如：1954 年夏天武汉的防洪斗争，是关系所有居民安全的。但反革命分子李建勤，故意破坏修堤用的一吨推土机，使它七天不能推土。另一个反革命分子王杰英，在市内抽水的紧急时机，故意烧毁变电所的变压器，使 60 部抽水机停车 18 小时。这一类的破坏事故在 6 月下旬到 8 月下旬竟发生了 100 多起，其他放信号弹、制造谣言、煽动民工逃跑、乘机捣乱市场、在制造防汛器材中掺假骗钱等事件还不包括在内。云南省宜良县合作化了的新发村，在 1955 年 3 月间，全村的房屋、财产都被一个反革命分子放火烧光了。

进行颠覆活动。反革命分子妄想颠覆中华人民共和国，实现反革命复辟。为了进行颠覆活动，他们竭力收买一些社会败类参加他们的组织，并且用各种不同的名目来欺骗一些落后分子作他们的工具。据 1954 年河南、广东、湖南、江西、安徽、江苏、贵州、云南 8 省和上海市的不完全统计，共破获反革命集团案件 83 起，其中 27 起即有反革命分子 1074 名。

资产阶级中的不法分子为了抵抗社会主义改造而结成的一些秘密团体，其中有些竟直接走上反革命的道路。例如 1954 年 7 月，上海祥泰锯木厂的老板周长明，纠合党羽，组织所谓"各界人民反共总会"，印发反革命传单。潜伏在宗教团体内的反革命分子，披着宗教活动的外衣，也进行着发展反革命秘密组织的阴谋。1953 年 5 月和 1954 年 3 月，河北献县地区和永年地区破获了两起利用天主教名义进行叛乱活动的秘密组织，仅地洞、暗室、夹壁墙就查出了一百几十处，最大的地洞可容 100 多人。

1955 年 9 月 8 日上海市破获了以龚品梅为首的反革命集团，就是帝国主义者有计划地训练和组织起来的暗藏在天主教内的特务间谍集团。反动会道门也是反革命分子发展组织的一种重要方式。1955 年 1 月，陕西省破获了一个"一贯道"化身的"中道"，仅反动道首就捕获了 434 名，挖出各式地洞、暗室 102 处，缴获大批枪支、子弹和其他反革命罪证。

反革命分子的颠覆活动的重要内容之一是把我国许多机密情报偷送给敌人。例如，天津五达贸易行监理李芳五，在 1954 年 7 月亲自去香港接受特务机关的训练和任务，负责给敌人调查中国人民解放军的番号、装备、调动，重工业厂矿的分布，通讯器材的管制状况，等等。他不但利用自己的企业在天津成立"交通站"，而且还计划在兰州和沈阳成立"交通分站"。

上海东华园制梅厂经理徐孟奎，1951 年加入特务组织，同年回上海后，在一年多的时间内，即向香港特务机关用密写方法报告军事和政治情报 10 余次。蒋匪特务王砥中在 1953 年潜入广东，骗取了广东省建筑工程局设计公司技术员的职务，在半年中间给香港特务机关送去军事、政治、工程等情报 20 多种。此外，他还搜集了关于武汉造船厂、长江大桥等 8 项情报，准备送出。美国中央情报局派遣的特务黎英，在 1954 年 3 月潜入广州，也在半年中间给香港美国特务机关送去了有关广州驻军、高射炮阵地、飞机场和粤汉铁路运输情况等情报 20 多份。

组织暴乱。反革命分子在认为有机可乘的时候还企图暴乱。例如，浙江东阳县在 1954 年 12 月，反革命分子纠合匪徒百余人，自称"剿共司令部"，分路攻打象岗区青溪乡和宅口乡的人民委员会，青溪乡的正副乡长都被捆绑砍伤，幸经县公安部队赶到救出。美国"自由中国运动总部"和蒋介石"总统府资料组"联合派遣特务分子伍杰三潜回安徽庐江老家。伍随即就发展特务组织，搜集武器，企图利用 1954 年秋季水灾的机会，到大别山建立所谓"游击根据地"。1954 年在山东菏泽出了 7 个"皇帝"，1955 年 3 月又在河北张家口专区出了一个。这也是敌人组织暴乱的一种形式。

凶杀和暗害。例如：1955 年 2 月 28 日，沈阳西郊大榆树村蔬菜生产合作社财务委员李景云全家 8 口，被 3 个富农反革命分子杀害。1955 年 5 月 3 日，甘肃玉门原国民党区分部书记陈志荣，由于怀恨家人反对他的反革命活动并强令他劳动，竟在夜间杀死弟弟、弟媳、侄儿、侄女，砍伤妻子，又跑到乡人民委员会企图杀死乡长和乡党支部书记。混入河北石家庄专区第一人民医院的反革命分子、原国民党区分部书记王丕昌等 3 人，在 1952 年至 1954 年内故意制造多次医疗事故，造成残废 2 人，死亡 10 人，内有中共县委书记 1 人。反革命分子并不满足杀害少数人。1954 年国庆节前夜，蒋匪保密局曾派它的行动处副处长姚恺如到香港，布置一个对广州的大规模的爆炸。姚从 1954 年 6 月起，就个别地选择、训练和派遣了特务 12 名，完全由他个别地指挥、分配任务和供给炸药。这伙匪徒们所领到的爆破器材有美制烈性炸药、燃烧药、雷管等 54 盒。他们计划在 1954 年国庆节实行爆炸，目标有国庆的纪念会场、游行队伍、戏院、工厂、仓库、车站、桥梁、兵营、飞机场、政府机关等。

由上可见，当时如果不开展肃反运动，要想顺利地推进社会主义改造和社会主义建设是不可想象的。

2. 肃反运动的决策和部署

1955 年 8 月 25 日，中共中央发出《关于彻底肃清暗藏的反革命分子的指示》，指出：根据现在运动发展的状况，中央认为已经可以而且必须向全党提出这样庄严的任务，即应在全国范围内进一步展开肃清一切暗藏的反革命分子的运动，求得在这次运动中达到在机关、团体、军队、学校、企业（国营的、合作社营的和公私合营的）中彻底肃清一切暗藏的反革命分子的目的，不完成任务不要收兵。《指示》认为，我们现在的党政军民各机关、团体、企业、学校中绝大多数是好人，作出了暗藏的反革命分子或其他坏分子均占 5% 左右的估计。

10 月 25 日，中共中央又发出《关于肃清暗藏的反革命分子的运动在群众已经发动之后必须注意保证运动健康发展的指示》。该指示说：中央认为，必须把这个运动进行到底，必须坚决反对松劲现象和各种右倾思想，以达到彻底肃清一切暗藏的反革命分子的目的。

根据中央的部署，肃反运动共分 4 批进行。第一批主要在中央和省市两级的党政和军队的领导机关进行；第二批主要是在县区两级机关干部和厂矿、基建单位的职工以及中小学教职员中进行，军队中主要在特种兵部队和步兵营连分队、医院等单位进行；第三批主要在县区的附属单位、小学教员及一些分散的小型厂矿、基建企业中进行；第四批在街道居民中进行。

肃反运动是一项政策性很强的大规模的政治运动，在开始和进行过程中，提出并坚持了一系列正确的方针政策和做法、措施，保证了肃反运动顺利地进行下去。

第一，坚持严肃与谨慎相结合的方针。在清查和处理反革命分子的问题上，采取了一系列的谨慎的措施。其中具有决定意义的措施就是：凡是可捕可不捕的反革命分子，一律不捕，如果捕了，就是犯错误；凡是可杀可不杀的反革命分子，一律不杀，如果杀了，就是犯错误。而在反革命疯狂破坏遭受严重打击以后，就立即坚持了更要少捕、少杀的方针。

中央还作了特别的规定：在中国共产党内、人民政府系统内、人民解放军系统内、民主党派、人民团体、少数民族、文化教育界、工商界、宗教界和归国华侨 10 个方面清查出来的反革命分子，必须经过省以上领导机关严格审查才能做出处置的决定。对于罪该逮捕的反革命分子只依法逮捕其中少数非捕不可的分子；对其中依法该杀的反革命分子，只杀极少数罪恶很重，民愤很大，实在非杀不可的分子。在机关内部肃清暗藏的反革命分子的运动中，实行比之社会上镇压反革命运动更加谨慎的方针，并且把斗争面控制在最小的范围以内。在肃反斗争中，坚持必须做好充分的准备，凡是没有准备好，敌情没有调查清楚，政策没有交代明白，就一定不要轻率地发动斗争。严格要求在斗争中区别好人和坏人，区别思想问题和政治问题，不要把那些有错误有缺点的好人，以及那些只有反动思想没有反革命行为的人，同反革命分子混同起来。

1955 年年底，毛泽东对于当时的肃反斗争，再一次指出了应该坚决遵循这样的原则："提高警惕，肃清一切特务分子；防止偏差，不要冤枉一个好人。"

第二，执行惩办与宽大相结合的政策。严格按照"坦白从宽、抗拒从严、立功折罪、立大功受奖"的政策原则，对待和处理反革命分子。这一政策的制定，是根据反革命分子的各种具体情况而提出的。

中国当时反革命分子的情况，大体上可以分为三类。一类是反革命分子中的骨干分子。这类分子的罪恶和民愤很大，是反革命残余势力中的死硬派。一类是反革命分子中的一般分子，他们占有多数。这类分子，有罪恶，但不很严重；进行反革命活动，但不很坚决，是反革命残余势力中的动摇派。当我们对反革命骨干分子的嚣张活动镇压不力的时候，他们就积极地进行反革命活动，以致犯更多更大的罪行；但是当人民起来，给坚决反革命分子以严厉打击的时候，他们便动摇起来，只要我们实行正确的政策，他们中间的一大批人，便有可能向我们坦白自首。一类是反革命分子中的胁从分子。他们也占有相当数目，这类分子被迫参加了反革命组织，或者偶尔参加了某些反革命破坏活动，罪恶比较轻微，而且是不愿意或不完全愿意当反革命的。

第三，实行群众肃反的群众路线。这次群众肃反斗争的重要特点，是大力发动处于中间和落后状态的群众，帮助他们解除各种顾虑，动员他们积极参加揭发检举反革命的斗争。因为中间和落后群众常常是反革命分子活动和利用的对象，当他们觉悟起来，同反革命划清了界限的时候，暗藏的反革命分子就失去了掩护的外衣，被暴露于光天化日之下。发动中间和落后群众同时又起了保护好人的作用。把那些从政治上看来介乎好人和坏人之间的中间分子，特别是那些落后分子，作为教育争取团结的对象，这就不仅大大丰富了同反革命作斗争的队伍，增强了肃反力量，而且在很大程度上避免了发生误伤好人的危险。

这次群众肃反斗争的另一个重要特点，是发展了发动群众同专门机关相结合的一套完备做法。在准备工作、小组斗争、专案斗争、甄别定案和复查工作等各个阶段，既贯穿放手发动群众斗争，又密切结合公安、检察和法院的工作，互相衔接、相辅相成。这样，既克服了小手小脚不敢发动群众的弱点，也避免了一阵暴雨、不深不透。专门机关的工作不仅同群众斗争互相支援，同时，也实行互相监督和制约，这在很大程度上起了防错和防漏的双重作用。

第四，强调调查研究实事求是的作风。据《人民日报》1957年8月31日有关文章介绍，电力工业部在运动中共派出500名干部外出做调查工作，足迹几乎遍及全国。电力工业部水电总局徐祥先在肃反中交代了他在1944年参加滇西游击队任谍报组中尉副组长及人事参谋，为了弄清这事，该局便派人到云南进行调查，先后到滇西游击队经过的曲靖、个旧、大理、下关、龙陵、腾冲等县，终于找到了原滇西游击队的司令、大队长、支队长等人，弄清了事情的真相。为了查清张步骞是否参加过阎锡山的反动组织"进步社"，调查的人翻完了整整一屋子档案，最后终于证实。

冶金工业部钢铁工业管理局干部张其廉，组织上原来掌握一份他参加湖南零陵县青年党筹备委员的材料，而且写明了年龄和籍贯。但张其廉拒不承认，后经调查证实，原来这个材料是反革命分子张国光的。张国光在投考高中时，曾冒用张其廉的文凭，因而，在当青年党筹备委员会，便继续沿用了张其廉的姓名、年龄和籍贯。至此，不但弄清了好人，并且查获了真正的反革命分子。

农业部粮食局副总农业技师莫定森，在运动中，有人检举他是

"国民党员"，又有人检举他在浙江农业改进所任所长时，劝说我地下党员自首；又有人检举他是 CC 骨干分子，与 CC 头子朱家骅、曾养甫、江家楣等人关系密切；杭州解放前夕，曾与伪建设厅长开过两次计划撤退和布置潜伏特务的"应变会"。但是，该部并未以此来处理他的问题，而是慎重地进行了调查，三次派人去杭州，通过 20 多人进行了查对，并且调阅了南京保存的 20 余年的档案材料，证实了他的历史是清白的。

第五，加强党对运动的领导。肃反运动是在中共中央和各级党委的直接领导之下，动员全党和广大群众进行的。为了保证方针、政策的正确贯彻，为了动员群众和领导群众，对于肃反斗争实行了党委领导、书记负责的制度。各级党委建立了肃反五人小组作为具体指导肃反斗争的领导机构。肃反运动的重大措施和重要案件，都经过党委五人小组和党委的集体讨论。党委组织了一支强大的专职肃反队伍，并经常注意保持肃反队伍的战斗力和政治上的纯洁性。党委组织了各方面的力量，实行了分批分期开展运动的做法，适时总结了斗争经验，发布了各种指示和通报，保证肃反、工作两不误。在审查批准肃反计划、肃反清查对象、小组斗争、捕人等重要环节上，党委实行严格的组织控制。在运动的紧张时期，实行了一个月召开一次五人小组负责人会议，半个月由第一书记打一次电话的制度，经常派出负责干部和工作组深入下层进行检查和帮助工作。这一系列措施，使肃反运动完全置于各级党委的坚强领导和严密控制之下。

3. 肃反运动的成绩

全国规模的内部肃反运动，从 1955 年 6 月开始到 1957 年年底基本结束，有 1800 多万职工和人员参加了这场运动。经过了两年半的紧张斗争，肃反运动取得了巨大的成绩。这场斗争，无论就其广大的规模和深刻的程度来说，还是就其伟大的成果和丰富的经验来说，在新中国的历史上，都是从来没有过的。

查出了 10 万多名反革命分子和其他坏分子，其中混入党内的有 5000 多名，混入共青团内的有 3000 多名。有不少反革命分子是血债累累、民愤极大的反革命刽子手，这样的反革命分子在中央国家机关就查出了 220 多名。杀害李大钊、陈潭秋、毛泽民、李兆麟、罗世文等人的凶手，迫害方志敏、王若飞等人的特务、反革命分子，都被清查出来了。

清查出 65000 多名普通的反革命分子、各种反动分子和刑事犯罪分子。另外，还发现了 9000 多名反革命嫌疑分子，揭发和处理了反动小集团 3000 个。由于揭露了这些人的政治面貌，批判了各种反革命言论和反社会主义的政治观点，打扫了机关内部的某些阴暗角落，这就从政治上组织上进一步纯洁了革命队伍。许多机关单位正气上升，邪气下降，政治空气浓，劳动纪律加强，各种事故减少，工作效率有了显著的提高。

有力地促使了反革命分子内部的分化和瓦解。肃反运动的强大威力，加上广泛的政策宣传，形成了声势浩大的政治攻势，促使反革命分子纷纷坦白交代，低头认罪。运动中，全国自动坦白交代的反革命分子大约占 25%，即 25000 名左右。反革命分子不断分化和瓦解的结果，就使肃反斗争出现了空前有利的形势，运动前进的障碍扫除了，运动做到了又好又快又省。

运动查清了 177 万多人的政治历史问题，其中问题严重的近 13 万人。经过运动，我们内部许多长期背着政治历史不清的包袱的人，因为坦白交代或弄清了问题，都放下了包袱，心情舒畅愉快，许多人都说："等于政治上洗了一个干净的澡"。因为他们提高了阶级觉悟，同反革命划清了界限，积极参加了肃反斗争，就进一步分清了人民内部和敌我之间的两类不同性质的矛盾，更加孤立了反革命。同时，肃反运动有力地推动了审查干部的工作。许多单位的肃反工作，一方面清查了反革命分子和坏分子，另一方面又在实际上起了审查干部的作用。

运动深刻地教育了群众，使革命队伍的全体人员都受到一次深刻的生动的阶级斗争教育，提高了识别暗藏反革命的能力，提高了社会主义觉悟。全国检举反革命的材料多至 200 多万件。全国有专职肃反干部 75 万多人，还有上百万个肃反积极分子。全国参加外出调查研究的达 328 万多人次。那些原来政治上处于中间和落后状态、敌我界限模糊的人，在这样一场严重的敌我斗争中，由于亲眼看到了用两面派手段伪装起来的反革命分子的真面目，他们的政治觉悟提高了，敌我之间的界限明确了。由于群众的政治警惕性和参加肃反斗争的自觉性提高了，不少暗藏的反革命分子虽然费尽心机，躲到天涯海角，也未能逃出人民的法网。

发展了中共领导肃反斗争的经验。中国共产党肃反工作的正确的方针政策、工作路线和工作方法，得到了更为丰富的经验。

肃反运动的巨大成绩证明，开展这样一次群众性的肃反运动是完全必要的。这是因为，在全国胜利以后，中国共产党的组织、国家机关、人民团体、文化教育机关和经济机关在接收工作人员的时候，缺乏严格的审查；我们是胜利者，各种人都向我们靠拢。其中鱼龙混杂，泥沙俱下，还没有来得及作彻底清理。同时，暗藏的反革命分子总是采取两面派的欺骗手段来进行破坏活动，而要识别和清理暗藏的反革命，只有依靠领导机关的正确指导和广大干部的高度觉悟相结合才能办到。而当时革命队伍中的很多人对于暗藏的反革命分子警惕性不高，很多人简直丧失了警惕。如果当时不集中进行这样一次广泛而深刻的肃反运动，人民政权就处在数以万计的暗藏反革命的经常威胁之下，反革命分子就有可能在他们认为有利的时机，在党和群众缺乏准备的情况下，随时进行突然的袭击。这样，人民民主专政就不会巩固，社会主义事业就没有安全的保障。

第五章
新的国际地位的确立

一、外交工作的初步开展

新中国成立后，在毛泽东的领导和周恩来的亲自指导下，外交部迅速组建起来，中国共产党领导的人民政权做好了同帝国主义国家斗争的准备。在恢复联合国席位的斗争中，新中国的代表据理力争，最大限度地争取了应有的权利。在封锁与反封锁的斗争中，中国人民自力更生，稳定了物价，恢复了生产，使帝国主义依靠封锁扼杀人民政权的计划落空。

1. 与帝国主义国家绝交

在 1949 年 10 月 1 日下午 2 时整，新中国中央人民政府委员会第一次会议在中南海勤政殿准时举行。中央人民政府主席毛泽东提议周恩来担任政务院总理兼外交部部长，并开始开展外交事务。

新中国建立前后，中国共产党在打击国民党反动派势力，建立和巩固人民政权的同时，也面临着如何与帝国主义打交道的问题。为了更大程度地在国际上争取朋友，为新中国的建设服务，以毛泽东为首的党中央创造性地制定了新的外交思路。

早在第二次世界大战后，毛泽东基于对中国的国情和国际形势的科学分析，针对美国战后的全球战略和对华政策，形成了三个观察国际形势的基本理论，那就是帝国主义和一切反动派都是纸老虎的理论、两个阵营和中间地带的理论，这三个理论以其深刻的认识和准确的判断成为新中国外交方针的理论基础。

毛泽东深知，旧中国是受帝国主义控制的半殖民地国家，必须彻底消除帝国主义的控制，才能真正获得独立。新中国外交必须从根本上改变这种情况，也可形象地称之为"另起炉灶"。

新中国采取"另起炉灶"的外交方针，就是把旧的屈辱的外交关系割断，在新的基础上同各国建立外交关系，不同不平等的旧的外交传统发生任何联系，把一切驻在旧中国的各国外交官员都当作普通侨民看待，不承认他们的外交官员资格。

"另起炉灶"政策也是针对美帝国主义在中国的外交政策的摇摆而定的。1949年4月23日，随着解放军占领南京，毛泽东和司徒雷登有截然不同的感受。毛泽东在指挥解放军向江南挺进，勾画新中国的外交蓝图的时候，自然首先考虑中美关系，关心司徒雷登是否离开南京以及他下一步将如何行动。

毛泽东和中共中央曾经命黄华和陈铭枢与司徒雷登接触，明确表示：如果美国包括英国如能断绝与国民党政府的关系，我们可以考虑和讨论与他们建立外交关系的问题。

司徒雷登看到毛泽东、周恩来不准备放弃原则和立场来同他做交易，打破了他认为中国有求于美国，可以在不承认中国的情况下继续保持在华利益和影响的幻想。原来企图依靠自己多年来在中国积累的政治资本，雄心勃勃企图扭转中国的历史车轮、保持美国继续侵略中国的特权和地位的司徒雷登，终于感到回天无术、无能为力了，不得不决定离开这个"令人烦恼而伤心"的地方。

1949年8月2日，一架小型美国运输机由南京机场起飞，在南京上空盘旋一圈，然后恋恋不舍地向东飞去。机舱里，坐着美国驻中华民国大使司徒雷登及其随行人员共8人。

就在司徒雷登离开中国的第二天，美国国务院发表了关于中美关系的"白皮书"，以推卸其侵华政策失败的责任。

8月18日，毛泽东发表了《别了，司徒雷登》一文，怀着中国人民强烈的民族自豪感，以尖锐的讽刺口吻，对南京解放时的司徒雷登作了一段十分精彩的评价。

后来，毛泽东挥笔写下《为什么要讨论白皮书？》一文，认为批判美国白皮书对中国人民有巨大教育作用。

毛泽东在深入批判美国帮助蒋介石打内战给中国人民带来的深重灾难后，又写了《"友谊"还是侵略？》一文，着重揭露美国侵华的特殊性。

毛泽东主张新中国应该在此大好形势下，以艾奇逊为反面教员、以美国的外交白皮书为反面教材，划清与美国对华政策的界限，满怀信心地"另起炉灶"，推行新中国独立自主的外交政策。

由此，毛泽东提出新中国的对美外交方针，希望美国制定政策的人们，以109年的侵华历史教训为戒，改弦更张，在平等互利、互相尊重主权和领土完整的基础上，重新谱写中美关系的新篇章。

在处理与帝国主义国家旧的外交关系上，毛泽东提出了"打扫干净屋子再请客"的外交方针。所谓"打扫干净屋子再请客"，就是要清除旧中国遗留下来的帝国主义在华特权和影响之后，再让外国客人进来，以免他们"钻进来"利用在华特权和影响对新生的共和国进行捣乱破坏，这一方针成为新中国外交方针的重要组成部分。

1949年1月末2月初，毛泽东与苏共中央政治局委员米高扬在西柏坡会谈的时候，曾用极其生动的语言阐明新中国的外交方针：我们这个国家，如果形象地把它比做一个家庭来讲，它的屋内太脏了，柴草、垃圾、尘土、跳蚤、臭虫、虱子什么都有。因为帝国主义分子的铁蹄践踏过。解放后，我们必须认真地清理我们的屋子，从内到外，把那些脏东西通通打扫一番，好好加以整顿。等屋内打扫清洁、干净，有了秩序，陈设好了，再请客人进来。

对此，中国共产党1949年1月19日形成了关于外交问题的决定，制定了令炎黄子孙扬眉吐气的外交政策，并作出了《中央关于外交工作的指示》，以后又有补充指示。

1949年3月5日，毛泽东在中共七届二中全会上的报告中，又进一步对这条极其重要的外交方针做了准确的阐述，认为旧中国是一个被帝国主义所控制的半殖民地国家。中国人民民主革命的彻底反帝国主义性质，使得帝国主义极为仇视中国革命，极力取得对中国在各方面的控制权，"帝国主义的这种控制权，表现在政治、经济和文化等方面"，我们"应当采取有步骤地彻底摧毁帝国主义在中国控制权的方针"。

这一方针的含义就是首先不承认旧中国一切卖国条约的继续存在，肃清帝国主义在华特权、势力和影响，在新的基础上，同各国建立新的关系。

根据毛泽东提出的"打扫干净屋子再请客"的外交方针，后来在《共同纲领》中便写下了"中华人民共和国必须取消帝国主义国家在中国的一切特权"的规定，新中国成立后不久就开始着手肃清帝国主义在华特权的工作。这是继续完成民族革命的一个必须步骤，是巩固新生的革命政权、恢复和发展国民经济、改善人民生活的需要，也是新中国外交的重要方面。

根据帝国主义强迫中国与其签订的不平等条约，帝国主义国家，特别是美国在中国取得军事特权，包括驻兵权、修建军事基地、构筑兵营等，帝国主义国家就是通过派出军队取得政治、经济、文化等方面的一系列特权，把中国变为西方的半殖民地。

为了清除帝国主义在中国的军事特权，北京市军管会于 1950 年 1 月 6 日张贴布告，宣告新中国收回外国在北京的兵营地产，征用其地面上的兵营和其他建筑。1 月 7 日，北京军管会向美国、法国、荷兰驻北平前领事发出命令，令其按期交回兵营。

法国和荷兰前领事不愿交出他们手中的兵营，企图以过去同国民党政府签订的不平等条约为由拖延，但在中国政府的严正催促下，不得不于 1 月 14 日交出了兵营地产及其地面建筑。

美国于 1 月 16 日将本来就是中国人民的财产交还中国政府。

中国政府乘胜追击，1950 年 4 月由北京市军管会出面征用英国兵营，6 月由天津军管会征用了美国、英国设在天津的兵营，9 月由上海军管会收回法国设在上海的兵营。

与此同时，新中国收回了帝国主义在中国的内河航行权。先是在解放军解放上海、广州、天津等重要港埠城市后，由军管会制定对于外籍轮船进出港口的暂行管理规定，废除了帝国主义侵华过程中享有的内河航行权。

在中共七届二中全会上，毛泽东指出在全国胜利后，对于帝国主义的在华经济事业，要分清轻重缓急，予以恰当的解决。

据此，中共中央提出了"按照国籍、系统、行业等各种不同的具体情况进行个别处理和分别对待"方针，对其进行调查研究，有计划有步骤地予以解决。必须保护国家生产，必须保护国内产品与外国商品的竞争。

朝鲜战争爆发后，针对美国和西方列强对中国的封锁颠覆，中国政府决定管制、清查美国在中国的一切财产并冻结其公私存款，征用对国计民生有重大关系的美孚、德士古和中美三家美资石油企业的部分财产，并征购其全部油料。到 1952 年年底，对美资在华企业的清理工作基本结束。

鉴于英国追随美国参加侵略朝鲜的战争并对新中国态度恶劣，中国政府 1952 年征用了上海的英资英联船厂和马勒机器造船厂、英资电车公司、自来水公司、煤气公司和上海、天津、武汉的英资隆茂洋行等全部财产。

接着，新中国又通过关于关税和海关工作的决定，使中国人民彻底收回海关大权，这一大快人心的举动标志着新中国获得了独立自主恢复和发展经济的权利，在帝国主义面前站立起来了！

在取消了帝国主义在华的政治、军事、经济特权后，中国共产党领导的新中国开始清除帝国主义对中国的文化侵略。

帝国主义在文化方面对中国的侵略和影响是很深的。它们在中国建立了一些接受西方国家津贴的文化教育机关及宗教团体，作为对中国进行文化侵略的据点。

新中国成立之初，中国政府允许接受外国人津贴的文化、教育、卫生等机构，在恪守中国政府法令的条件下，可接受外国津贴继续活动。

朝鲜战争爆发后，美国对中国进行封锁禁运，更利用接受美国津贴的文化教育救济机关及宗教团体进行针对中国的破坏活动，为保卫国家安全，中国政务院 1950 年 12 月 29 日发布专门决定宣称：百余年来，美帝国主义对中国除了进行政治、经济和武装侵略外，在很长时期中，尤其注重文化侵略的活动。这种侵略活动方式，主要是通过以巨额款项津贴宗教、教育、文化、医院、出版、救济等项事业，加以控制，来进行对中国人民的欺骗、麻醉和灌输奴化思想，以图从精神上奴役中国人民。

政务院的决定指出，在全国解放之初，百废待兴，中国政府对上述这些文化教育救济机关和宗教团体，期望他们恪守政府法令，容许他们暂时接受美国津贴，但是美帝国主义却仍然不断地企图利用这些机关和团体暗中进行其反动的宣传和活动。新中国成立以来我公安机关已经发现多次这类事件，诸如造谣、诽谤、进行反动宣传、出版和散布反动书刊，甚至隐藏武器、勾结蒋匪特务、进行间谍活动等等，尤其在美帝国主义侵略朝鲜、台湾以后，在中国人民的抗美援朝运动广泛开展之际，美帝国主义的这种破坏活动更加活跃起来。

为了肃清美帝国主义在我国的影响，维护中国人民文化教育宗教事业等方面的自主权利，彻底制止美帝国主义利用文化教育救济机关和宗教团体来进行反动活动，政务院决定接受外国津贴的文化教育等机关或实行完全自办，或由中国政府接办，或改为中国人民自办。同时要求接受外国津贴的文化、教育、卫生、救济等机关和团体进行登记。

1951年1月，政务院又采取进一步措施，指示教育部召开处理接受外国津贴的高等学校会议，决定上述学校一律由中央人民政府接办。同年4月，政务院召开有关处理接受美国津贴的救济机关的委员会专门会议，对接受外国津贴，特别是美国津贴下的慈善救济机构作出了具体处理决定。

这样，在毛泽东和中央人民政府的领导之下，中国人民迅速采取果断措施，荡涤帝国主义侵略中国造成的污泥浊水，取消帝国主义列强在中国的政治、经济、军事、文化等方面的特权，铲除了西方殖民者、帝国主义的在华势力，大大地肃清了它们的恶劣影响，使中国人民挺直了腰杆，提高了中华民族的自尊心和自信心，巩固了新中国的独立和自主，构成了新中国外交的重要篇章。

2. 恢复在联合国合法权利的努力

新中国成立后，中国人民围绕反对西方国家利用联合国阻挠中国革命和恢复新中国在联合国合法席位进行了尖锐复杂的斗争，构成了新中国外交史上的重要篇章。

1949年2月9日，澳大利亚外交部长伊瓦特在国会发表外交政策演说，建议联合国调停中国内战。国民党行政院长孙科立即在广州举办记者招待会予以附和，宣称"联合国之调处或为获致我国国内和平之唯一实用途径"。上海和南京的反动分子潘公展等人，也纷纷予以响应。

　　李宗仁也打电话与迁到广州办公的南京政府行政院长孙科反复商议，很快取得共同意见。在司徒雷登大力鼓吹下，南京和上海的一些不明真相的国民党人士纷纷响应，一时掀起一股请联合国干涉中国内政的恶浪。

　　针对这种情况，毛泽东在《中共中央关于外交问题的指示》中，专门增加了不允许任何外国及联合国干涉中国内政的部分：最后，也是最重要的一项，不允许任何外国及联合国干涉中国内政，因为中国是独立国家，中国境内之事，应由中国人民及人民的政府自己解决。如有外国人提到外国政府调解中国内政等事，应完全拒绝之。

　　根据毛泽东明确指示，1949年2月13日，中共中央发言人发表《关于反对外国干涉中国内政的谈话》说：任何外国政府或联合国组织都绝对无权干涉中国内政。澳大利亚外长关于由联合国干涉中国内政的建议是荒谬的，是侮辱中国人民的。国民党反动派卖国集团发言人孙科、潘公展之流的可耻谈话，不过是表示他们一贯的卖国立场，南京国民党卖国政府在其1月8日向美、英、法、苏四国政府要求干涉失败之后，仍在梦想新的国际干涉，但是任何这一类的企图，无论其出于何方及采取何种名义，都只能遭受中国人民的坚决反对！

　　中国共产党义正词严的声明，粉碎了帝国主义者利用联合国干涉中国内政的阴谋，李宗仁只得回过头来求助于美国，给杜鲁门写信称，他"有保持中美两国间历史性友谊的强烈愿望，郑重感谢美国政府对国民政府提供的一切援助！"

　　但是，在中国革命取得全国胜利的前夜，美国甚至联合国也挽救不了国民党政府必然失败的命运。

1949 年 10 月，中华人民共和国诞生后，中华人民共和国是代表中国的唯一合法政府，中国在联合国的合法权利理所当然地应该属于中华人民共和国，但是联合国被美国操纵，成为美国推行侵略政策的工具，在美国为首的一些国家的阻挠下，中华人民共和国在联合国的合法权利被无理剥夺。为此，新中国中央政府一直为恢复自己的合法权利进行不懈的斗争。

对于中国在联合国的合法权利，中华人民共和国政府的立场和态度是十分明确和坚定的：中国是联合国的创始会员国，只有中华人民共和国的代表才有权代表中国出席联合国会议并参与它的工作。

1949 年 9 月 30 日，中国人民政治协商会议就通过决议，否认国民党集团的代表出席第四届联合国大会的资格。10 月 1 日，毛泽东主席在宣布中华人民共和国中央人民政府成立的公告中庄严宣布："本政府为代表中华人民共和国全国人民的唯一合法政府。"

同年 11 月 15 日，周恩来分别致电联合国秘书长赖伊和四届联大主席罗慕洛，声明从即日起中华人民共和国中央人民政府才是代表中华人民共和国全体人民的唯一合法政府，国民党政府已丧失了代表中央人民的任何法律的与事实的根据，出席本届联合国大会的所谓"中国国民政府代表"，绝对代表不了中国人民的任何利益及资格。周恩来外长代表中国政府通知他们，否认所谓"中国国民政府代表团"的合法地位并正式要求联合国立即取消"中国国民政府代表团"继续代表中国人民参加联合国活动的一切权利。

新中国的外交电文一到联合国，立刻引起各方面的强烈反响，激起一场极其尖锐而复杂的斗争，一些与中国关系比较友好的国家为此作出了极大的努力。

为了使新中国成为在联合国代表中国人民的合法政府，联合国秘书长赖伊建议召开由各成员国政府首脑或外长出席的安理会特别会议，来讨论和解决中国代表权问题。赖伊将此视为"和平使命"，奔走世界各地寻求解决方案，在莫斯科还与中国驻苏联大使王稼祥就中国代表权问题进行了会谈，只是由于朝鲜战争爆发，才使此问题无限期地拖延下来。

在这种国际友好势力占上风，对新中国比较有利的形势下，毛泽东在1950年6月28日举行的中央人民政府第八次会议上严厉谴责美国侵略我国领土台湾之后，又决定向联合国控诉美国武装侵略台湾的罪行。为了使新中国成立后第一次在联合国讲坛上同美国展开面对面的斗争，能够得到其他具有正义感的国家的同情和支持，争取国际道义，毛泽东非常重视，他与周恩来反复研究，决定抽调中共中央政治局委员张闻天出任中国出席五届联大会议的首席代表。

正当张闻天、耿飚等人紧张地准备远赴美国的时候，忽然传来一个令人感到意外的消息：由于美国和一些西方国家蛮横无理的阻挠，新中国竟被继续摒于联合国大门之外，得到美国扶持的蒋介石集团，继续占据本应属于中华人民共和国代表的席位。

与此同时，1950年6月朝鲜战争爆发，美国不仅悍然出兵侵略朝鲜，而且派遣第七舰队进占台湾海峡，公然践踏了中国的主权。

为了彻底揭露美国疯狂的侵略政策，伸张中国人民的正义要求，在与毛泽东商量后，中国外交部长周恩来于1950年8月24日向联合国安理会提出控诉美国侵略台湾案，要求安理会制裁美国政府这一侵略罪行，并立即采取措施使美国政府从台湾及其他中国领土完全撤出它的武装部队。

周恩来代表中国人民的正义要求，一下就把不可一世的世界头号强国美国置于被告地位，使其处境极其狼狈，美国驻联合国代表奥斯汀急忙奉美国政府之命给联合国秘书长赖伊写信，声称美国的行径是一种旨在"保持和平的行动"，为了给侵略行为开脱，美国甚至鼓吹"台湾法律地位未定"的论调，进而要求联合国只考虑美国提出的所谓

"侵略大韩民国案"。

在中国和世界舆论的强烈要求下，苏联代表以安理会主席身份将中国政府的控诉和建议列入议程。美国代表无法进行正面破坏，就玩弄诡计在提案名称上捣乱，经过苏联、印度等国主持正义的斗争，1950 年 8 月 31 日安理会将中国控诉案列入议程，但把议题改为笼统的"控诉武装侵略福摩萨案"。9 月 19 日周恩来向联合国提出中国政府的正当要求，在联合国讨论这一议程时，必须有中华人民共和国代表参加，9 月 29 日安理会接受了中国的要求，联大第一委员会也决定邀请中国代表参加。

10 月 23 日，中央任命曾任东北军区参谋长、外交部苏欧司司长的伍修权为大使级特别代表，任命国际问题专家、中国外交部新闻局局长乔冠华为顾问，率领代表团乘机经莫斯科到纽约出席安全理事会会议，参加对美国侵略中国的控诉案的讨论，并发表了精彩的讲话。虽然在美国的操纵下，安理会最终拒绝了中国合理的和平提议，但新中国代表的发言有力地揭露了世界头号帝国主义的侵略行径，伸张了正义，扩大了新中国在国际上的影响。

新中国成立之初，毛泽东不仅重视恢复新中国在联合国大会和安理会的合法席位的斗争，对联合国的各种专门机构和其他一些国际组织也很重视，认为这些组织也是很重要的国际舞台，理所当然地提出了从这些组织中开除国民党集团代表的要求，并精心选调得力干部，任命出席其中一些组织及其会议的中国政府的合法代表。

新中国在成立之初维护其在国际组织中合法权利的斗争，是中国人民反对帝国主义侵略政策、维护中国合法权利斗争的重要方面，表现出站起来了的中国人民的精神风貌，显示出高超的外交艺术，揭露和打击了美国妄图孤立中国人民的阴谋，有力地向全世界表明中国人民捍卫独立主权的严正立场，构成新中国外交史的重要篇章。

3. 反封锁、反禁运

杜鲁门在二战结束后就声称："我们所取得的胜利给美国人民加上一个负责领导世界的经常负担"。他要求美国人在全球承担起反对共产主义的义务。美国政府正式宣布巴黎统筹委员会对苏联和东欧集团的贸易管理范围扩大到中国和北朝鲜。

新中国成立后，杜鲁门政府采取的政策是"通过孤立进行遏制——这是对付共产党中国的办法之一"，即："政治上不承认、经济封锁和反对自由世界与大陆之间的几乎一切形式的联系。"杜鲁门政府认为它有必要执行更严厉的经济政策，以便"尽一切可能让共产党在经济上日子不好过"。1949 年 12 月 17 日，美国国务院发表声明，称"上海港及其航路是一危险区域，美国船只不应冒险驶往该地"。12 月 24 日，美国国务院发出警告，"凡把船驶往国民党封锁港口的美国船主，皆可丧失其航行许可证"。

1950 年 3 月，美国政府宣布了《战略物资管制办法》，被管制的范围包括机器、交通工具、金属制品及化学原料物资等共达 600 余种，声言：凡"战略物资"出口，必须具备许可证。4 月，美国国务卿艾奇逊在其就对华禁运问题写的一封信中称：原则上同意"应该把共产党作为苏联的卫星国来对待，对向该地区出口的控制应与适用于苏联和东欧集团的贸易原则相一致。"7 月 17 日，美国政府正式宣布"巴统"（巴黎统筹委员会）对苏联和东欧集团的贸易管制范围扩大到中国和北朝鲜。7 月 20 日，美国商务部宣布撤废美国货轮驶往新中国的出口许可证，持有人要一律缴回。11 月，美国商务部又将"石油及石油产品"列入战略物资正表，至此，美国宣布管制的"战略物资"已由 600 多种增加到 2100 多种。

1950 年 6 月，美帝国主义发动侵略朝鲜的战争，并派第七舰队进占台湾海峡，霸占中国领土台湾。6 月 27 日，在美国操纵下，联合国安理会作出了关于武装干涉朝鲜的非法决议，并于 7 月 7 日通过决议，要求联合国会员国中愿意"提供军事部队和其他援助的国家将该项部队和其他援助交由美国指挥下的统一司令部使用"，"请求美国指派该项部队的司令官"，授权联合国军统一司令部"使用联合国旗帜"。

中国人民志愿军入朝参战后，12 月 2 日，美国商务部宣布对中华人民共和国实施全面禁运，"凡是一个士兵可以利用的东西都不许"运往共产党中国。12 月 8 日，美国宣布《旧金山执行港口管制法令》，无论何种货物"经由美国口岸转达中国旅顺、大连、香港、澳门者，均须卸下，如要装运，必须特别许可"。在此期间，美国还同英国、荷兰、日本、菲律宾、加拿大以及香港频繁交涉，让它们也参加对新中国封锁的行列。

12 月 16 日，美国政府宣布"将中国共产党在美国管辖内的一切资产置于管制之下"，并禁止在美国登记的船只去往中国港口。对于美国政府的侵略和所谓制裁，中华人民共和国立即作出反应。12 月 25 日，周恩来总理发布命令，决定管制和清查美国政府和美国企业在中华人民共和国境内的一切财产，立即冻结在中华人民共和国境内的一切美国公私银行的公私存款。

1951 年 2 月 1 日，五届联大通过了诬蔑中华人民共和国为"侵略者"的决议，"认定中华人民共和国中央人民政府……在朝鲜从事侵略"，除号召全世界所有国家与当局对美国打着联合国军旗号在朝鲜的侵略行动给予一切支持和援助外，还要求成立一个"额外措施委员会"，其"任务是想出措施来补充联合国（军）在战场上所采取的军事行动"，专门施行对新中国和朝鲜民主主义人民共和国的封锁与禁运。

参加"额外措施委员会"的国家是：澳大利亚、比利时、巴西、缅甸、加拿大、埃及、法国、墨西哥、菲律宾、土耳其、英国、美国、委内瑞拉和南斯拉夫。5月14日，"额外措施委员会"通过对中华人民共和国和朝鲜民主主义人民共和国实行禁运的决议草案，报联合国第一委员会（即政治委员会）。

5月18日，五届联大通过了对中国实施全面封锁禁运的非法决议。该决议"建议每一个国家：对中华人民共和国中央人民政府……当局控制下的地区实行禁运武器、弹药和战争工具、原子弹材料、石油、具有战略价值的运输器材以及对制造武器、弹药和战争工具有用的物资；确定从它的领土输出的商品中何者属于禁运范围，并实施使禁运办法获得实施的管制；在它的管辖范围内，使用一切办法防止任何逃避其他国家依本决议实行的货运管制事情；同其他国家合作以实现此项禁运的目的。"

在表决这一决议草案时，投票赞成的国家是：阿根廷、澳大利亚、比利时、玻利维亚、巴西、加拿大、智利、哥斯达黎加、古巴、丹麦、多米尼加、萨尔瓦多、埃塞俄比亚、法国、希腊、危地马拉、海地、洪都拉斯、冰岛、伊朗、伊拉克、以色列、黎巴嫩、利比里亚、墨西哥、荷兰、新西兰、尼加拉瓜、挪威、巴拿马、巴拉圭、秘鲁、菲律宾、沙特阿拉伯、泰国、土耳其、南非联邦、大不列颠和北爱尔兰联合王国、美国、乌拉圭、委内瑞拉、也门和南斯拉夫，还有仍在联合国窃据中国席位的台湾蒋介石集团。

联合国的非法决议通过以后，"送达联合国会员国和27个非会员国，其中有些是和中国没任何贸易的。有43个国家接受了这一决议并且积极地实施着"。1951年6月16日，英国答复联合国，英国已采取措施，禁止下列13大类物品"从英国或英属地输往或再输往中国"：一、武器、弹药和战争用品；二、原子能材料和器材；三、原油和石油产品；四、运输器材；五、金属、矿物及其制品；六、橡胶及橡胶产品；七、化学品；八、开发矿藏和矿石所用化学品；九、制硝酸用触煤；十、化学和石油工业器材和设备；十一、电子（包括无线电和雷达）器材；十二、精确和科学器材；十三、其他……各种机器和附件。

1951 年 7 月 5 日，法国通知联合国，法国政府禁止输往中华人民共和国的物品清单种类如下：一、工作母机；二、化学工业（器材和化学制品）；三、石油生产装置及石油产品；四、电气器材；五、工业器材及某些贵重物品；六、空中、铁道、公路及海上运输器材；七、电子器材和精密仪器；八、金属；九、武器和弹药；十、原子研究和生产中使用的器材和产品。

据美国国务院的统计资料称：明确宣布参加对新中国禁运的主要国家除美国外，尚有英国、法国、希腊、洪都拉斯、利比里亚、巴拿马、哥斯达黎加、加拿大、荷兰、比利时、丹麦、挪威、意大利、日本等国和中国香港地区。

1951 年 5 月 22 日，中华人民共和国外交部发言人就联合国大会 5 月 18 日通过的非法决议发表声明指出，"这个非法决议，赤裸裸地证明美国政府为了挽救其侵略军队在朝鲜战场上所遭受的严重失败，正逼迫其帮凶国家拿出更大的赌注投入对朝鲜和中国的侵略战争；对中朝两国人民实行禁运是美国政府企图扩大侵略战争的一个严重步骤"，"美国政府正利用这个……非法决议，破坏世界市场的正常关系，压低某些原料市场价格，以便将这些原料单独占在美国军火商人手中，并操纵这些原料的生产国家的经济命脉。"

事实是，美国政府这种损人利己的政策给资本主义世界各国带来严重的损害和困难。一些资本主义国家和这些国家的商人仍然以港、澳为基点与中国进行公开和秘密的贸易。就是美国对中国的贸易也未完全禁绝，仅就美国官方 1952 年的统计，这一年美国向中国输出了价值 2770 万美元的货物。对此，美国国会于 1951 年 10 月 26 日，通过了《1951 年互相防御援助法案》（即《巴特尔法案》）规定：接受"美援"的国家如将"军械、弹药、战争工具、原子能物质、石油、有战略价值之运输器材，以及用于制造军械、弹药及战争工具之重要性战略性物资"输往中国等社会主义国家，美国就"立即停止供给其全部军事、经济或财政援助"。

1952年4月第一届国际经济会议在莫斯科举行以后，中国同英国、法国、荷兰、日本等国家之间的贸易往来冲破了美国制造的束缚并有所发展。美国便于1952年9月在"巴统"范围内又成立了一个"中国委员会"，作为执行对中国禁运的专门机构（参加"巴统""中国委员会"的成员国有美国、英国、法国、加拿大和日本，"巴统"所有成员国均享有临时会员资格），还专门制定了封锁中国的"特别货单"，美国坚持要同日本签署一项秘密双边协定，以使日本的对华贸易管制保持在"巴统"的水平上。

以美国为首的西方主要资本主义国家对新生的中华人民共和国进行武装侵略和经济封锁与禁运，曾给中国恢复国民经济的工作造成了物资供应的严重困难。对此，中华人民共和国中央政府决定，自1950年12月4日起停止对美国、日本、加拿大、菲律宾等国的结汇输出，并对资本主义国家的贸易改用"先进后出"为主的易货贸易方式。1951年1月15日，中央贸易部召开全国对外贸易管理会议。为了逐步改变对外贸易上依赖资本主义国家的局面，会议明确提出在尽可能扩大内销，争取在国内自给自足的基础上，扩大与苏联和东欧国家的贸易，按照彼此需要，酌量改组生产，以适应整个和平民主阵营的需求。

1951年5月28日，中央财政委员会发出了《关于美帝操纵联合国大会非法通过对我实行禁运案后对各项工作的指示》，指出："自美帝5月18日操纵联大通过禁运案，对我实行全面经济封锁后，总的趋势是，对资本主义国家的贸易，困难将越来越多，危险将愈来愈大。"根据上述情况，中财委作如下部署：贸易方向，工作重点转移到华南，要求华南财委组织有关部门，团结私商，利用香港作跳板，多做小宗买卖，积少成多、坚持易货制度，保证资金安全。

事实证明，把对外贸易的重点转向苏联及东欧人民民主国家，是打破美封锁、禁运、克服物资供应困难的重大决策。1950年，中国对苏联和各人民民主国家的贸易额占进出口总额的33.5%，1951年增加到65.4%，1952年又增加到81.3%。"一五"期间，中国对苏联及东欧国家的进出口贸易总额达全部进出口贸易的77.7%，其中对苏联的占56.3%。中国进口的成套设备主要是苏联供应的，到1957年年底已有67套投入生产。东欧国家也提供了37套成套设备。

这些设备对于中国奠定现代大工业的初步基础起了决定性的作用。苏联等社会主义国家还供应许多重要机械设备和其他物资，如各种工作母机、各种精密型机械、各种优质钢材、有色金属、电工电讯器材、科学仪器、交通运输器材和大量石油。这些物资都是为美帝封锁而又为我国经济建设所急需的。

由于封锁、禁运，自1951年下半年开始，中国同西方主要资本主义国家及其追随者的贸易关系几乎陷于停顿，也损害西方国家的利益。冲破美国损人利己的政策，要求恢复与扩大对华正常贸易，完全符合西方资本主义国家和一些民族主义国家人民的利益。这种呼声日益高涨，为中国打破封锁禁运提供了现实可能性。

1951年10月27日至28日，各国经济界人士在丹麦首都哥本哈根集会，成立国际经济会议发起人委员会，其中中国委员4人。经过一段时间筹备，1952年4月3日，第一届国际经济会议在莫斯科举行。以南汉宸为团长的中国代表团出席了会议。会议经过全体大会和小组会议的讨论，认为需要改变由美国推行对中国等国封锁、禁运政策所引起的国际关系不正常状况。

会议期间，中国代表团分别同英国、荷兰、法国、瑞士、意大利、比利时、芬兰、锡兰（今斯里兰卡）、印尼、巴基斯坦10个国家工商界人士签订了贸易协议，进出口贸易总额达2.23亿美元。

莫斯科会议之后，中国同资本主义国家的贸易有所发展。同日本促进中日贸易的团体两次签订了贸易协议。1952年6月，中国进出口公司的代表同西德企业界代表在柏林签订了贸易总额为1.5亿卢布的民间贸易协定；同年10月23日，同智利贸易公司签订了中智贸易协议；1953年1月，同埃及签订了"棉花交易合同"。1953年6月5日，同法国工商业贸易代表团在北京签订了贸易总额双方各为1000万英镑的贸易协定，同英国工商界签订了贸易总额为3000万英镑的商业协定；1953年4月间，比利时贸易代表团到中国签订了价值10亿比利时法郎的订货单。截至1953年，新中国对西方资本主义市场的贸易额比1952年增加了52%，接近1950年的水平。至此，美国操纵联合国对中国实行全面封锁、禁运的政策开始破产。

1953年1月，共和党的艾森豪威尔政府上台，继续执行杜鲁门的敌视、孤立和遏制中华人民共和国的政策，拖延和破坏朝鲜停战谈判，阻止中国人民解放台湾，阻止中华人民共和国恢复在联合国的合法席位，继续对中华人民共和国实施全面的封锁和禁运。1953年上半年，美国政府所遵循的政策首先是使其"盟国对共产党中国施加经济压力"。虽然艾森豪威尔本人也认为完全中断同新中国的经贸关系并非明智之举。一段时间以来，美国政府的对华封锁、禁运政策一直遭到它的西方盟国的非议和不满，杜勒斯承认："美国与它主要盟国间对华贸易政策的分歧，成为新政府1月间就任以来遭到的多方面困扰的问题之一。"

1953年上半年，朝鲜战争边打边谈。为了增加谈判筹码，美国政府对其盟国收紧"缰绳"。纠集英、法等国强化对中国的封锁和禁运措施。1953年3月2日，美国三军参谋长联席会议主席布莱德雷发表的关于美国侵朝政策的演说中，提出了把"联合国……加紧（对中国）经济制裁"，以及对朝中方面使用原子弹等内容在内的7项办法，作为可供美国及其盟国扩大朝鲜战争时选择的方案。因此，1953年3月举行了美英外长会谈和美法外长会谈。

3月7日，美国国务卿杜勒斯与英国外交大臣艾登在华盛顿会谈。英国方面决定采取措施"制裁"中国，即"对于在联合王国和殖民地注册的船舶实行新的许可证制度，使英国船舶不能载来自英国的战略物资前往中国"；"载运战略物资前往中国和苏联集团或东欧其他国家的船舶不得在英国加煤。"

3月28日，美法外长在华盛顿谈判，法国方面决定采取同英国类似的措施，此后，荷兰、比利时、丹麦、挪威、意大利、日本仿效英法，屈从美国强化对华封锁、禁运的措施。美国本身也于7月20日改变租船条件，使装运美国航运署货物的外国船舶，在前往台湾60天内不得驶往共产党中国港口，否则将丧失运费的一部分；对任何前往中国港口的外船、飞机，加紧燃料和粮食控制。

1953年7月27日，朝鲜停战协定签字生效，朝鲜半岛实现和平。要求恢复与扩大同中国经济贸易的呼声日益高涨。1954年，不顾美国的阻挠，同中国发生贸易关系的国家和地区有50多个，其中双方政府订立的协定和合同有17个，贸易额比1953年增长40%，就是英国、法国、瑞士、比利时、荷兰、意大利、西德等国家的对华贸易也有所增长。日本从中国的进口额更比1953年增加2倍多。

1955年8月1日，中美两国大使级会谈在日内瓦开始。9月，中国大使王炳南向美国明确提出取消对中国禁运的问题。1956年8月21日，中国方面在谈判中就禁运问题提出中美联合声明草案，草案说："为了逐步改善中美关系和缓合国际紧张局势，王炳南大使代表中华人民共和国政府，约翰逊大使代表美利坚合众国政府声明：中华人民共和国美利坚合众国认为，应该各自采取主动措施来消除目前阻碍他们两国之间的贸易的障碍。"由于美国方面没有诚意，以中国放弃对台湾使用武力为双方谈判的先决条件，拒绝讨论中国方面提出的声明草案。

1957 年 4 月 20 日，美国国务院发表声明，根据"美国的一些盟国曾一再要求它把对共产党中国的贸易管制放松到适用于和苏联集团同样的水平"，美国决定解除对运往共产党中国的某些和平用途项目的管制，但美国政府表示，"美国对于同共产党中国贸易一事的政策没有改变。美国将继续单方面禁止对共产党中国的一切贸易。"

　　1957 年 5 月 30 日，英国外交大臣劳埃德宣布，决定放宽对中国的禁运，即把非战略物资的禁运范围放宽到对苏联集团的管制水平。美国方面无可奈何地表示"非常失望"外，又一次表示，"至于美国自己，它不打算改变对共产党中国的贸易实行全面禁运的政策"，美国总统艾森豪威尔本人则表示同情英国的政策，也就在这一天，英国海军宣布："英国军舰准备保护任何同中国进行贸易的英国商船。"

　　1957 年 7 月 16 日，日本政府宣布放宽对中国的贸易限制。这样，美国纠集的西方主要工业发达国家集团中的日本（日本属于亚洲太平洋地区国家，这里主要是从政治和经济上的概念出发考虑，不是指地域上的概念）最后也冲破了美国的束缚，"巴统"内的"中国委员会"就此名存实亡了。1958 年 9 月，美国国务院杜勒斯宣布，美国在"战略物资"方面的"货单"可放宽一些。

　　由于 20 世纪 60 年代美国未从根本上改变其对华敌视的政策，也由于中国内部的一些情况，美国单方面"制裁"中国的禁运封锁政策不可能根本取消，一直延续到 60 年代末。

　　从 1969 年起，美国尼克松政府先后 7 次宣布放宽对中国的禁运。1971 年 3 月 15 日，美国国务院宣布取消对使用美国护照去中国旅行的一切限制。1971 年 4 月 14 日，尼克松宣布结束已存在达 20 年的中国美国两国间禁止贸易的法令。1972 年 2 月 11 日，尼克松又批准了美国国家安全委员会提出的关于放松对华贸易关系的一整套新建议。此后，所有美国可以卖给苏联及东欧国家的商品，同样可以卖给中国。这样，从 1957 年日本冲破联合国 1951 年 5 月非法决议起，又经过了

15 年，美国才终于与其西方盟国开始站在同一条对华经贸关系的水平线上。

二、中苏全面合作和分歧的产生

新中国确定了"一边倒"的外交方针，毛泽东决定 1949 年 12 月赴苏访问并给斯大林祝寿。在莫斯科东站，毛泽东受到了热烈的欢迎，斯大林同意周恩来赴苏进行政府间的签订友好条约的协商。《中苏友好同盟互助条约》的签订引起了巨大的轰动效应，它改变了世界的格局，中苏实现了真正结盟，中国倒向了社会主义阵营。苏共二十大以后，由于各种原因，中苏之间分歧越来越大，矛盾越来越深。

1. 毛泽东到苏联

1949 年 7 月，刘少奇秘密访苏，确定了新中国"一边倒"的外交方针。10 月 1 日，中华人民共和国宣告成立，10 月 2 日，苏联政府就如约率先承认了新中国。

新中国一成立，中共中央就开始为毛泽东访苏作具体的准备。1949 年 11 月初，中共中央请苏联在华专家负责人柯瓦廖夫通知斯大林，请他决定毛泽东去苏联的时间。中共中央提出的时间表认为，毛泽东可于 12 月初动身去莫斯科。对此，斯大林表示同意。中方在时间上的这种安排是精心考虑的结果，意要赶上祝贺 12 月 21 日斯大林的 70 大寿。

1949 年 12 月 16 日中午 12 时到达莫斯科车站。站台前，苏联部长会议副主席莫洛托夫、元帅布尔加宁、外贸部长孟希科夫、莫斯科卫戍司令尼洛夫中将等人和 11 个东欧、亚洲国家的外交官齐集站台，等候迎接毛泽东的到来。

专列停稳后，身穿大衣戴皮帽的毛泽东大步走下车。莫洛托夫等人快步上前与毛泽东热情握手、拥抱。考虑到毛泽东长途跋涉已经相当劳累，气候极其寒冷，斯大林特地指示莫洛托夫，让其代表苏联政府只在车站上举行隆重而简短的欢迎仪式。在欢迎仪式上，毛泽东发表了热情洋溢的书面谈话。

欢迎仪式结束后，苏方把毛泽东一行安排在莫斯科郊外的姐妹河别墅，那里是斯大林战时的住所。苏联外交部副部长葛罗米柯招呼毛泽东休息，并告诉代表团，下午 6 时斯大林要会晤毛泽东。

在极其舒适的姐妹河别墅，毛泽东处处体会到斯大林的关心和给予的温暖，但是他心里感到不太踏实，他深知斯大林虽然是一个伟大的无产阶级革命家，但生性主观而多疑，至今仍怀疑中国共产党走"南斯拉夫道路"，担心自己成为"第二个铁托"。毛泽东也在考虑如何才能打消斯大林的怀疑和顾虑，搞好中苏两大国、两大党的关系。

正当毛泽东考虑会见斯大林时的种种方案时，苏联警卫人员来请客人前往克里姆林宫，毛泽东即带翻译师哲欣然应邀前往。

下午 6 时，斯大林在他的克里姆林宫办公室会见毛泽东。斯大林对会见毛泽东甚为重视，早率莫洛托夫、马林科夫等苏共中央政治局委员和维辛斯基外长在办公室门口，站成一排等候，斯大林一般是不到门口迎接外宾的，这次显然是对毛泽东的特殊礼遇，负责翻译的也只有中方的师哲，这也是表示完全的信任和尊敬。

斯大林紧握着毛泽东的双手，注视端详了一阵，高声赞叹道："好，好啊，你很年轻嘛，很健康嘛……红光满面，容光焕发，很了不起！"毛泽东回答道："斯大林同志也很健康呀！"

斯大林回过头来，忙把马林科夫、莫洛托夫等人介绍给中国贵宾。毛泽东热情地与苏联领导人握手，莫洛托夫等见到毛泽东也分外高兴。

斯大林以主人身份请大家入座，由衷地赞美毛泽东："伟大，真伟大！你们取得了伟大的胜利。你对中国人民的贡献很大，你是中国人民的好儿子！我们真诚地祝你健康！"

毛泽东没想到一见面就受到斯大林这样热情而崇高的评价，就像遇到久别重逢的兄长，情不自禁地倾吐衷肠：不，我是长期受打击排挤的人，有话无处说，反对我的人厉害咧，有些事是非不明，直到现在还不明。

斯大林说：胜利者是不受谴责的。之后，他请大家入座，自己毫不客气地坐在中间，请毛泽东和翻译师哲坐在他左侧，莫洛托夫坐在他的右侧。斯大林对毛泽东旅途劳顿表示问候，希望他保重身体，斯大林高度评价了中国革命胜利的世界影响：

中国革命的胜利，将会改变世界的天平，加重国际革命力量的砝码。你们获取全面胜利是无疑的，但是敌人并不会甘心，也是无疑的，然而今天敌人在你们面前是无能为力的！我们真心诚意地祝贺你们的胜利，希望你们进一步取得更多更大的胜利！

毛泽东说：我代表中国人民衷心地感谢苏联人民长期以来给予我们的支持和帮助，中国人民是不会忘记朋友的！毛泽东告诉斯大林，目前最重要的问题是建立和平。新中国需要和平的环境，使经济恢复到战前的水平，并从总体上更为稳定。中国对重大问题的决定，取决于今后的和平前景，毛泽东客气地问斯大林：国际和平如何保持？能够维持多久？

斯大林说：和平依靠我们的努力。那样，和平不仅能够保持5年到10年，而且能够保持20年到25年，或者更长的时间。

但是，由于毛泽东、斯大林性格的不同，东西方文化背景的差异以及斯大林身上的大国沙文主义，使他们两人谈话时总是有些隔阂。

为了创造友好的气氛，斯大林不是热情地谈论西方的困难和苏联经济建设的光明前景，就是挥动他那有英国邓希尔公司白点标记的著名烟斗，妙语横生地说笑话，毛泽东也海阔天空地纵论天下大事，双方气氛相当融洽。

斯大林感到垫场戏唱得差不多了，就决定书归正传，他格外客气地笑问东方来客：毛泽东先生，你来一趟是不容易的，那么，我们这次应该做些什么事情？你有什么想法和愿望？

毛泽东说："我们这次来莫斯科，一是为祝贺斯大林同志70岁寿辰，二是看一看苏联，从南到北，从东到西，都想看一看。"

斯大林说：你这次远道而来，不能空手回去，咱们要不要搞个什么东西？

其实早在7月刘少奇访苏时，斯大林就已表示要等毛泽东到苏联后签订一个条约，斯大林此时似乎不愿先提自己的想法，以免日后有人说他把自己的意志强加于人。他也可能考虑到过去他对中国革命出了些不正确的主意，有些不妥当的做法。因此，这次表现得过于谨慎。另外，1945年，斯大林与蒋介石签订的条约是根据《雅尔塔协定》签署的，他害怕废除旧约触及《雅尔塔协定》，不仅会失去苏联已在中国获取的特权，而且给了美英以修改千岛群岛和南库页岛条款问题的法律依据，因此显得迟疑起来。

毛泽东此行的主要目的之一是推倒1945年斯大林与蒋介石签订的条约，订立中苏平等互利的新条约。刘少奇几个月前访问苏联时双方就研究过这个问题，毛泽东认为苏联较有经验，应该主动提出这个问题，否则就是不诚恳的。毛泽东对斯大林不提此事心头不悦，他含蓄地说：恐怕是要经过双方协商，搞个东西，这个东西既好看，又好吃！

毛泽东的话把苏联人抛到云里雾中，纷纷向师哲投去探询的目光。师哲解释说："所谓好看，就是形式上好看，要做给世界上的人看，好吃，是要有实际内容。"然而苏联人显然没有理解那是何物，全都目瞪口呆，贝利亚竟然笑出声来。

斯大林没有笑，仍婉转地继续询问，但毛泽东始终不肯明讲，只是说："我想让周恩来总理来一趟。"斯大林反问："如果我们不能确定要完成什么事情，请周恩来来干什么？"

毛泽东提出这个主张有两个理由：一是周恩来有外交才能，与外国人打交道更在行，有周恩来折冲樽俎，可以大大减轻他的负担；二是斯大林担任苏联部长会议主席，相当于总理，自己不是总理，也不是外交部部长，对不上口径，如果要签订中苏友好条约，就要请周恩来到莫斯科来。

1949 年 12 月 21 日，苏联党和政府在莫斯科大剧院隆重举行庆祝斯大林 70 寿辰大会，为了给斯大林祝寿，许多国家的领导人会聚莫斯科，一个接一个在主席团就座，以便轮流登上讲台发表辞藻华丽的祝词。

毛泽东充分考虑到中国和苏联人民的意见，亲自撰写了热情洋溢的祝寿词，在大会上称赞："斯大林同志是世界人民的导师和朋友，也是中国人民的导师和朋友。"

斯大林把毛泽东请到苏联领导人的专用包厢观看精彩的文艺演出，苏联观众向两位伟人齐声欢呼，毛泽东也激动地纵情欢呼："斯大林万岁！光荣属于斯大林！"霎时间，莫斯科大剧院里，欢呼声、鼓掌声响成一片，中苏友好的感情达到了高潮。

不久，斯大林派莫洛托夫和米高扬到中国代表团住的别墅，针对签约的问题询问毛泽东的意见，毛泽东胸有成竹，讲了三点意见：

（甲）签订新的中苏条约，使"中苏关系在新的条约上固定下来，中国工人、农民、知识分子及民族资产阶级左翼都将感觉兴奋，可以孤立民族资产阶级右翼；在国际上我们可以有更大的政治资本对付帝国主义国家，去审查过去中国和各帝国主义国家所定的条约"。

（乙）由两国通讯社发一简单公报，仅说到两国当局对旧的中苏友好同盟条约交换了意见，而不涉及详细内容，实际上把这个问题拖几年再说。这样做，中国外长周恩来当然不要来。

（丙）签订一个声明，内容说到两国关系的要点，但不是条约。这样做，周恩来也可以不来。

毛泽东详细分析上述三种办法的利害之后，莫洛托夫根据斯大林的指示马上回答："甲项办法好，周恩来可以来。"

毛泽东在原则问题上毫不含糊，追问道："是否以新条约代替旧条约？"

莫洛托夫作出肯定的回答："是的。"

毛泽东迅即作出战略部署：我的电报 1 月 3 日到北京，恩来准备 5 天，1 月 9 日从北京动身，坐火车 11 天，1 月 19 日到莫斯科，1 月 20 日至月底的 10 天时间谈判及签订各项条约，2 月初我和恩来一道回国。

于是，毛泽东高高兴兴地度过 1950 年元旦，1 月 2 日晚致电中共中央：最近两日这里的工作有一个重要发展，斯大林同志已同意周恩来同志来莫斯科，并签订新的中苏友好同盟条约及贷款、通商、民航等项协定。这样，周恩来赴苏便成为中苏关系能否向前发展的关键。

2. 《中苏友好同盟互助条约》

1950 年 2 月 14 日上午，《中苏友好同盟互助条约》签字仪式在克里姆林宫举行。中国方面出席的有毛泽东、周恩来、李富春、陈伯达、王稼祥、赛福鼎·艾则孜。苏方出席的有斯大林、莫洛托夫、伏罗希洛夫、马林柯夫、米高扬、赫鲁晓夫、贝利亚、卡冈诺维奇、布尔加宁、葛罗米柯、罗申等。周恩来和维辛斯基代表双方在《中苏友好同盟互助条约》、《关于中国长春铁路、旅顺口及大连的协定》及《关于苏联贷款给中华人民共和国的协定》等文件上签了字。两位外长还互换了三个照会，声明1945年苏联同中国国民政府签订的《中苏友好同盟条约》及各项协定失效，承认蒙古人民共和国已经独立的现实，决定苏联经济机关在中国东北自日本所有者手中获得的财产以及北京原苏联兵营的房产均无偿地移交给中国。

《中苏友好同盟互助条约》包括前言和六个条款，有效期为30年。其主要内容是："缔约国双方保证共同尽力采取一切必要的措施，以期制止日本或其他直接间接在侵略行为上与日本相勾结的任何国家之重新侵略与破坏和平。一旦缔约国任何一方受到日本或与日本同盟的国家之侵略，因而处于战争状态时，缔约国另一方即尽其全力给予军事及其他援助"；"缔约国双方均不缔结反对对方的任何同盟，并不参加反对对方的任何集团及任何行动或措施"；"双方根据巩固和平和普遍

◎ 周恩来在《中苏友好同盟互助条约》上签字

安全的利益，对有关中苏两国共同利益的一切重大国际问题，均将进行彼此磋商"；"双方保证以友好合作的精神，并遵照平等、互利、互相尊重国家主权与领土完整及不干涉对方内政的原则，发展和巩固中苏两国之间的经济与文化联系，彼此给予一切可能的经济援助，并进行必要的经济合作。"

《关于中国长春铁路、旅顺口和大连的协定》规定：苏联政府将中苏共同管理的中国长春铁路的一切权利及属于该路的全部财产无偿地移交中华人民共和国政府。此项移交一俟对日和约缔结后立即实现，但不迟于1952年末。移交前，保持中苏共管中国长春铁路的现状，但中苏双方代表所担任的职务，则改为按期轮换。

协定规定：一俟对日和约缔结后，但不迟于1952年末，苏联军队即自共同使用的旅顺口海军基地撤退，并将该地区的设备移交中华人民共和国政府，而由中华人民共和国政府偿付苏联自1945年起对上述设备之恢复与建设的费用。在苏军撤退及移交上述设备前的时期，中苏两国政府组织联合的军事委员会，按期轮流担任主席，管理旅顺口地区的军事事宜。旅顺口地区的民事行政，应直属中华人民共和国政府管辖，一旦缔约国任何一方受到日本或其他与日本相勾结的任何国家的侵略，因而被卷入军事行动时，经中华人民共和国政府的提议及苏联政府的同意，中苏两国可共同使用旅顺口海军根据地，以利共同对侵略者作战。

协定规定：缔约国双方同意在对日和约缔结后，必须处理大连港问题；大连的行政权，完全直属中华人民共和国政府管辖；在大连为苏联方面临时代管或苏联方面租用的财产，应由中华人民共和国政府接受。

《关于苏联贷款给中华人民共和国的协定》规定：苏联在1950年到1954年5年内，贷款给中国3亿美元，作为中国偿付苏联所交予的机器装备和器材之用。

经过双方的共同努力，举世瞩目的《中苏友好同盟互助条约》于1950年2月14日在克里姆林宫隆重签署，在随后举行的庆祝酒会上，周恩来风度翩翩致祝酒词说：

我们两国所签署的条约和协定，将使中苏两国关系更加紧密，将使新中国人民不会感到自己孤立，而且将有利于中国的生产建设和经济的恢复与发展，有利于世界和平。中苏友谊要世世代代传下去，感谢苏联的无私援助，中国要向老大哥学习。

在热烈的掌声中，斯大林精神焕发，起立致辞说，今天的这个场面热烈非凡，洋溢着友谊和团结精神，预示着欣欣向荣的未来，中苏友好兄弟情谊要保持下去，周恩来都说过了，也代表了我的意思。

斯大林、周恩来的话道出了中苏八亿人民的心声，毛泽东豪情满怀，举杯敬祝斯大林身体健康，祝愿中苏友好万岁；斯大林也频频举杯，祝福毛泽东和周恩来身体健康，庆祝酒会上洋溢着友好、祥和的气氛。

斯大林与毛泽东紧紧握手，记者一齐把摄影机对准两位伟人，炙热的镁光灯烤得两人汗流满面，斯大林不时调整站立姿势。

据苏方翻译费德林回忆，为了使中国代表团的访问更加完美，毛泽东向斯大林提出请求说：

"斯大林同志，我们打算在条约签字后举行一个小型招待会。"

斯大林欣然表示赞同："好啊！"

毛泽东说："不过，招待会不打算在克里姆林宫举行，我们打算找别的地方，比方说，在饭店。"

斯大林颇为不解："为什么不在克里姆林宫里？"

毛泽东自有他的理由：因为克里姆林宫是苏联政府举行国宴的地方……我们作为一个主权国家，在那里办恐怕不合适……

斯大林点点头表示理解：这倒也是。不过，我从不到饭店或外国使馆去参加宴会。从来不去……

毛泽东知道斯大林所讲的是实际情况，但是仍然满怀希望提出恳切的请求：啊，斯大林同志，你不来怎么行呢？我们的宴会要是没有您出席，那简直是不可想象的，我们请您，殷切地请您务必出席。

毛泽东见斯大林沉吟不语，急切地投去期盼的目光。在此情况下，斯大林回答：好吧，毛泽东同志，对你们的邀请，我决定破例接受。

毛泽东深深致谢说：如果您身体不好，可以随时提前退席，我们不会介意的！

斯大林慨然笑道：不会的，我既然来，就要参加到底！

2月14日晚，中国方面以王稼祥大使夫妇的名义在克里姆林宫附近的米特勒保尔大旅社举行了盛大的答谢宴会。按惯例，斯大林从不到克里姆林宫以外的地方出席宴会，但这次却破例接受了中国方面的邀请。

宴会开始前，当斯大林破例率领苏联领导人出席，气氛热烈盛况空前。

毛泽东把斯大林等人请进大厅里面的小主宾室里，大部分人被安排在宽敞的大厅里。

人们都渴望亲眼一睹斯大林和毛泽东的风采，争先恐后涌来，欢呼跳跃，工作人员急忙出面阻拦，但却毫无作用，眼看间壁和玻璃门就要被挤碎，发生事故，周恩来焦急万分，他急中生智，连忙让服务员打开玻璃门，将大小两厅合为一厅，这一聪明周到的举动赢得了大家的赞赏，中苏两国官员和外国使节为能亲自看到激动人心的历史性场面而热情欢呼，拼命鼓掌。

毛泽东、周恩来和中国驻苏大使王稼祥等人走上前来，与斯大林亲切握手，热情问候，一个接一个向斯大林敬酒。

斯大林和毛泽东、周恩来谈笑风生，不断称赞中国的葡萄酒味道好。毛泽东告诉周恩来：既然斯大林同志喜欢，就派飞机再多送几箱。

斯大林对毛泽东、周恩来说：我70岁寿辰时，你们的大白菜、大萝卜、大葱、大梨，一共两万斤，也是飞机送来的，现在又送葡萄酒，再加上中国党的深情厚谊，这份礼够重的！一番话说得毛泽东哈哈大笑，宴会厅里充满了友谊和欢笑。

在一片欢笑声中，周恩来发表热情洋溢的讲话。在签订中苏友好同盟互助条约的大喜日子里，周恩来不拿讲稿，但是苏方翻译费德林发现，长达2000余字的祝酒词，周恩来竟然讲得与原稿一字不差，而且洋洋洒洒，充满激情，赢得了全场经久不息的掌声。

斯大林在惊天动地的欢呼声中向毛泽东敬酒："我首先要为毛泽东，为中华人民共和国的成就举杯祝贺！"

在斯大林举杯祝贺的带动下，人们都欣然举杯一饮而尽，接着又爆发出春雷般的欢呼声。斯大林待掌声停下来后，突然攻击起南斯拉夫来，弄得热闹的会场顿时冷清下来，人们一时都不知如何是好，毛泽东豁达大度、机智冷静，主动端起酒杯向斯大林祝酒道："斯大林同志，我祝你身体健康！"斯大林也笑容满面回敬道："毛泽东同志，我祝你身体健康！"

周恩来、莫洛托夫分别带领中苏高级官员，向斯大林、毛泽东敬酒，共祝中苏友好万岁。会场上又爆发出一阵阵热烈的掌声，响起情绪激昂的欢呼声，狂欢的气氛持续到午夜，才尽欢而散。

2月17日，斯大林派莫洛托夫代他为中国代表团送行，转达斯大林对毛泽东的殷切话语："望你注意身体健康，多加保重。要注意搞好保卫工作，不要轻视敌人，更不能麻痹大意。你们的道路是遥远的，行程是漫长的。只有健康的体格，才能继续自己的行程。我们祝愿你一路顺风，平安到达目的地！"

2月17日，毛泽东一行告别莫斯科，踏上回国的路程。

1950年2月26日，毛泽东、周恩来乘的专列抵达边境城市满洲里。专程前来迎接的中央一位领导同志已带领滕代远、杨奇清、冯纪、任远等等候在这里。

毛泽东一行换上自己的专列。在苏联休养的胡志明也搭乘专列，取道秘密回国。

在苏联留学的萧华、孙维世也搭车回国。在苏联一直陪毛泽东等参观访问的中国驻苏大使王稼祥，亲自送毛泽东一行到满洲里，与毛泽东和周恩来依依不舍地亲切话别，并祝毛泽东、周恩来一路平安。

2月28日，专列抵达哈尔滨，应当地党政军负责人的邀请，在这里稍事停留，并在有关人员陪同下参观了铁路和工厂。当专列抵达长春时，毛泽东等参观了长春市容。

1950年3月4日晚，毛泽东回到了北京，结束了并不轻松但却富有成果的首次出访。

毛泽东、周恩来首次出访苏联，为20世纪50年代中苏关系的全面发展开拓了广阔前景，对于保障世界和平，对于保卫新中国的安全，维护新中国的独立主权、巩固人民政权、恢复和促进国民经济的恢复与发展，都产生了深远影响，正如毛泽东在该同盟条约签订一周年之际所作的评价：《中苏友好同盟互助条约》的签订，不但对新中国的建设有了极大的帮助，而且在反对侵略、维护远东及世界和平与安全上提供了强有力的保证。

《中苏友好同盟互助条约》的签订，是中国外交史上的一个重要事件，它标志着"一边倒"的外交方针的具体实现。通过这个条约，中苏实现了结盟，以苏联为首的和平民主阵营增强了力量。

3. 同盟关系的全面发展

中苏新约缔结后的一段时间内，两国有过非常密切的友好关系。

在政治上，双方相互配合和支持。在朝鲜人民抗美斗争和印度支那人民抗法斗争中，中苏两国都坚定地站在朝鲜民主主义人民共和国和越南民主共和国一边。对于中国人民抗美援朝、保家卫国的正义行动，苏联以贷款方式向中国提供了大量军事物资；谴责联合国通过诬蔑中国为"侵略者"的提案"是可耻的决定"；同朝、中两国磋商后，提出了举行朝鲜停战谈判的倡议。

1954年，中苏两国在讨论朝鲜和印度支那问题的日内瓦会议上协调行动，为恢复印度支那和平作出了贡献。对中国争取恢复它在联合国的合法权利，苏联一贯给予坚决支持。苏联代表一度在安理会宣布：在国民党代表退出安理会之前，苏联代表不参加安理会的工作。苏联的这种支持，是在当时联合国大多数会员国在美国操纵下拒绝驱蒋的情况下发生的，因此对新中国来说分外宝贵。1956年波匈事件发生后，应苏联的请求，中国大力协助苏联妥善处理了这两个事件，在批评苏联大国主义错误的同时，也注意维护社会主义阵营的团结和苏联的威信。

在经济、文化领域，双方进行了密切的互助合作。

中国首先从苏联引进了一批数目可观的建设资金和工程项目。在1950—1956年，苏联政府贷给中国的款项，共计567600万旧卢布，

◎ 苏联专家在工作

折合人民币（新币）52.94 亿元。其中，1952 年前使用了 21.74 亿元，一五期间使用了 31.2 亿元。按用途划分，这些贷款的 60.4% 用于了抗美援朝战争，39.6% 用于了国内建设。在 1950—1957 年间，苏联承诺帮助中国建设的大型企业有 211 个，其中 166 个正式列入了一五时期的建设计划。到 1957 年底，有 135 个已经施工建设，有 68 个已经全部建成和部分建成投产。这些工程在后来都成为中国工业的骨干企业。

在引进苏联资金和工业项目的过程中，中国还同苏联创办了四个合资公司。它们是根据 1950 年 3 月 27 日协定在新疆创办的中苏有色及稀有金属公司、中苏石油公司和设址在北京的中苏民用航空公司，以及根据 1951 年 7 月 28 日协定，双方在大连创办的中苏造船公司。这些公司对中国当时开发矿源、发展冶金、民航和造船事业起到了积极作用。

在引进工程项目的同时，中国向苏联申请了大量的技术资料。1950—1954 年 7 月，苏联向中国提供了 698 套技术资料。1954 年 10 月，两国又签订了科技合作协定，规定双方无偿地互相供应技术情报。到 1957 年 8 月，苏联向中国提供了 3646 套技术资料，中国向苏联提供了 84 套。到 1958 年底，苏联向中国提供的技术资料总数达 4000 多项。

此外，中国政府鉴于本国技术力量十分薄弱，还从苏联聘请了大批专家来华帮助工作。1950—1956 年 3 月，来华援助中国建设的苏联文职专家总数从 234 人增加到 2115 人，增长了近 10 倍。

在文化教育方面，苏联专家帮助中国改革了高等教育体系，采用苏联的办法，将高等学校分为综合大学、专门学院和专科院校，并由此推行了全面的院系调整工作。1952 年 8 月，中苏两国议定，凡为苏联各有关学校的大学生和研究生制定的一切规则都适用于中国学生，从而推动了中国高等院校采用苏联经验的过程。在 1958 年以前，中国高等院校的理工农医各科，主要是借用苏联教材。这些措施在当时是必要的，也起到了它应有的积极作用。而且，中国还向苏联派遣了大批留学生和实习人员。1950—1965 年，中国向苏联派出了 9106 名留学生，占当时中国派出留学生总数的 90%；1950—1958 年，中国向苏联派遣了 8000 多名实习人员。这些留学生和实习人员归国后，大都成为所在行业的业务骨干。

密切的经济技术联系，促进了两国贸易的迅速发展。1950—1957 年，中苏年贸易额从 14 亿卢布上升到 54 亿卢布，在中国对外贸易总额中所占的比重增至 50% 多。这一时期中国在对苏贸易中一直处于入超，主要是由于集中进口了苏联援建的 156 项工程项目和用于抗美援朝的、价值达 30 亿旧卢布的军事物资。

这一时期中国向苏联的出口，是除以黄金和国际货币以外的、用于支付苏联向中国提供的所有成套设备和物资的另一形式。1950 年 2 月中苏签订贷款协定时，中国应苏方要求，答应在 14 年内每年向苏联提供大量的钨、锡和锑矿砂。后来，中国还同意向苏联出口钽砂、铍砂、硼砂、钨砂、压电石英、水银、钼砂等。在这些矿产品中，有许多都是发展尖端科学、制造火箭和核武器必不可少的原料。此外，中国还向苏联出口了大量的粮食、食用植物油和肉类。

综上所述，在当时的中苏经济、技术和文化交流中，援助是互相的、互利的。只是因为苏联的援助是在新中国刚刚成立而又面临西方大国的封锁禁运的背景下提供的，是珍贵而不可或缺的。

中苏友好同盟互助关系的建立和发展，使 20 世纪 50 年代前半期成为中苏关系史上最为友好的时期，使这一时期的中苏关系成为当时的中外关系中最为友好的关系，从而击破了帝国主义对新中国的封锁和禁运政策，为新中国的社会主义建设赢得了一个相对有利的国际环境。同时，它也对远东的稳定和世界的和平产生了深远的影响。

4. 苏共二十大和中共"两论"

1956 年 2 月 14 日至 15 日，苏共二十大在莫斯科召开，共进行了 11 天，在大会闭幕那天，赫鲁晓夫向全体代表作了题为《反对个人崇拜及其后果》的"秘密报告"。报告的提纲是由苏共中央主席团讨论通过的，作报告时未邀请兄弟党的代表参加。美国通过情报机关搞到了这个报告，并在会后不久公开发表。

赫鲁晓夫的总结报告中谈到现代国际局势发展中的几个原则问题，这是赫鲁晓夫关于国际局势的新观点，主要有三个方面：一是关于两个体系的和平共处的问题，认为不同社会制度的国家可以和平共处。二是关于现代防止战争的可能性问题，认为战争并不是注定不可避免的。三是关于不同的国家向社会主义过渡形式问题，认为向社会主义过渡的形式将会越来越多样化，不能把暴力和内战看成是社会主义改造的唯一途径。

就是这些新观点成为苏共二十大以后中苏两国争论的焦点，另一个焦点是关于斯大林评价问题。这个问题是"秘密报告"引起的。

"秘密报告"开头就说："我这个报告不想全面

◎ 赫鲁晓夫在苏共二十大上

评述斯大林的生平事迹。"之后，"秘密报告"主要列举了斯大林对党和国家领导人及普通人的迫害事实，这些事实在以前是鲜为人知的。如：斯大林1936—1938年从肉体上消灭托洛茨基分子、季诺维也夫分子和布哈林分子，镇压了许多正直的共产党人，镇压党的干部，但是埃赫同志案件、卢祖塔克被挖案件等人们都不知道。"由于这种骇人听闻的伪造'案件'，其结果使人们相信了各种诽谤的'供词'，加上大肆强迫交代自己和揭发别人，致使数千名正直的、清白的共产党员就此牺牲。对党和国家的卓越活动家——柯秀尔、邱巴尔、波斯萨舍夫、柯萨列夫及其他人以同样方式捏造了种种'案件'。"

总之，"秘密报告"告诉大家这些案件的目的，是为了让人们认识到个人崇拜的后果及其危害。赫鲁晓夫在报告中说："同志们！为了不重复过去的错误，中央委员会宣布坚决反对个人崇拜。我们认为，斯大林被过分夸大了。毫无疑问，斯大林过去对党、对工人阶级和国际工人运动是有巨大功绩的。"赫鲁晓夫还说："我们不能把这件事捅到党外，尤其不能捅到报刊上去发表。正因为如此，我们才在代表大会关起门来的会议上，报告这个问题，我们应当知道分寸，不要把炮弹送给敌人，不要在他们面前宣扬我们的家丑。"

"秘密报告"被披露，并成为"帝国主义敌人"攻击共产主义的很好的"炮弹"。"秘密报告"也起了变化社会主义的作用，内外因素，人民群众对共产党的领导产生严重的不满和不信任感，导致了波匈事件的爆发，掀起了世界性的反共浪潮，引起国际工运思想的严重混乱。但是"秘密报告"的内容基本上是正确的，总结报告中的新观点也是正确的。而当时中共对苏共二十大这两个报告是持否定态度的，并且随着时间的推移，态度越来越鲜明。

当时我党应邀派以朱德为团长，邓小平、谭震林、王稼祥和刘晓等人为成员的中共代表团出席苏共二十大。从代表团的成员看，我们党派的是一个礼仪性的代表团，对苏共二十大会出现"秘密报告"没有丝毫的预料，更何况这个"秘密报告"是苏共内部经过激烈讨论才作的。

代表团到达莫斯科后，受到赫鲁晓夫的会见。当时赫暗示要在二十大上批判斯大林搞个人迷信，这对代表团来说是一个重要信息。代表团研究了对策，向中央请示汇报，批判斯大林的会议我们是否出席，中央回电，批斯会议照常参加，接中央电示后，代表团又开紧急会议研究赫鲁晓夫反斯大林，我们应采取什么态度。最后一致决定，我们对批判斯大林一事不表态、不发言，采取回避政策。当时毛泽东和党中央对赫鲁晓夫要批判斯大林只能采取等待关注的对策，因为这只是一个信息，赫鲁晓夫还没有付诸行动，只有在赫鲁晓夫批判斯大林的言论和行动表现出来之后，党和毛泽东才能根据具体情况采取行动。毛泽东对待这么大的事情，他肯定不会轻易地采取行动，更何况这关系到中苏两党两国以后的关系。

苏共二十大是中苏关系发展的一个极其重要的转折点。结束了中苏两党的亲密关系，二者开始出现分歧，并且随着两党在一些理论问题上的激烈争论，两党之间的关系也出现了裂痕。

我们党于1956年4月5日和12月29日在《人民日报》上分别发表了《关于无产阶级专政的历史经验》和《再论无产阶级专政的历史经验》两文，即通常所说的"一论"和"再论"。这两篇文章都是根据中国共产党中央政治局扩大会议的讨论，由《人民日报》编辑部写成的。内容大都是根据毛泽东的观点，他在《论十大关系》中说："苏联过去把斯大林捧得一万丈高的人，现在一下子把他贬到地下九千丈。我们国内也有人跟着转。中央认为斯大林是三分错误，七分成绩，总起来还是一个伟大的马克思主义者，按照这个分寸，写了《关于无产阶级专政的历史经验》。三七开的评价比较合适。"

"两论"中我们一方面肯定了苏共二十大，肯定了对斯大林的批评，但是也表示了我们的不同意见，含蓄地批评了苏共。在"一论"

的开头，我们就说：苏联共产党第二十次代表大会总结了国际关系和国内建设的新经验，作出了关于坚定地执行列宁的社会制度不同的各国可以和平共处的政策，发展苏维埃的民主制度，贯彻遵守党的集体领导的原则，批评党的缺点，规定发展国民经济的第六个五年计划等等一系列的重大决定。

反对个人崇拜问题，在苏共二十次代表大会中占有重要的地位。二十次代表大会非常尖锐地揭露了个人崇拜的流行，这种现象曾经在苏联生活中有较长时间，造成了许多工作上的错误和不良后果，苏联共产党对于自己有过的错误进行了勇敢的自我批评。

"一论"着重探讨了个人崇拜产生的根源及危害，要求我们党吸取苏联的教训，继续开展反对教条主义的斗争，文中对斯大林作出了这样的评价："有些人认为斯大林完全错了，这是严重的误解。斯大林是一个伟大的马克思列宁主义者，但是也是一个犯了几个严重错误而不自觉其为错误的马克思列宁主义者。我们应当用历史的观点看斯大林，对于他的正确的地方和错误的地方作出全面的和适当的分析，从而吸取有益的教训。"

1956 年 12 月 29 日，《人民日报》发表了《再论无产阶级专政的历史经验》。关于苏共二十大，文章这么说："为了纠正斯大林的错误，消除这些错误的后果，苏联共产党第二十次代表大会，在破除斯大林错误的后果方面，表现了巨大的决心和勇气。全世界的马克思列宁主义者和同情共产主义事业的人们，都支持苏联共产党纠正错误的努力，希望苏联同志的努力得到完满的成功。很明显，由于斯大林的错误不是一个段时间的错误，这个错误的纠正不可能在一个早上就得到完全胜利，它需要一个相当长的时间的努力，需要细致的思想教育工作，我们相信，曾经克服过无数困难的伟大的苏联共产党，必将克服这些困难，达到自己的目的。""我们要求苏共对斯大林采取客观分析的态度，像对待同志的态度而不应该像对敌人的态度。""我们认为，斯大林的错误同他的成绩比较起来，只居于第二位的地位。"

"两论"中的主题是斯大林的评价问题，所不同的是，"再论"又提出了两个新的问题：一个是关于反修正主义问题。"我们在坚决反对教条主义的时候，必须同时坚决反对修正主义。"另一个问题是：我们认为苏共在二十大上提出的和平过渡理论犯了修正主义的错误，认为苏共否定无产阶级专政和资产阶级专政之间的界限，否认社会主义制度和资本主义制度之间的界限。否认社会主义阵营和帝国主义阵营之间的界限。认为：在他们看来，用不着建立无产阶级政党领导的国家，某些资产阶级国家就可以建设社会主义。

在"再论"中，我们还提到了团结问题。这是针对苏联的大国沙文主义和利己的民族主义而说的。我们要求"为了巩固社会主义各国的国际主义团结，社会主义各国的共产党必须相互尊重对方国家的民族利益和民族感情"。

当时我党对苏共二十大的看法，公开于世的大都在"两论"中。而毛泽东在当时的许多会上和报告中，多次对苏共二十大谈了他的看法。

毛泽东认为苏共把斯大林丢了，阶级斗争和十月革命道路也丢了，使帝国主义掀起了反共的浪潮，在国际共运中造成混乱和损失。

对苏共二十大，我们党内绝大多数干部是不满意的，认为整斯大林整得太过了。毛泽东在党内的会议上大骂赫鲁晓夫，说他缺乏革命道德，转弯转得太快了，表明了毛泽东对赫鲁晓夫本人及其做法的严重不满。

两国意识形态领域的分歧导致两国在实际交往中的摩擦和不和。1958年4月，苏方建议共同建立一个长波电台。1958年7月，中共希望苏联帮助中国建设海军，苏驻华大使尤金向中国提出建立共同舰队。这实际上是苏联出钱，中国出人和物，进而控制中国，毛泽东当然不会答应，当时就严正拒绝。作为报复的是，1959年6月，苏联政府片面地撕毁了中苏双方在1957年10月签订的关于国防新技术的协定，拒绝向中国提供原子弹样品和生产原子弹的技术资料。1959年8月，印度军队向中国进攻，中印边境事件爆发。苏联于9月9日就急于发表了塔斯社关于中印边境事件的声明，偏袒印度一方，并秘密给印度提供军火，这样，中苏分歧公开暴露在世界面前。

此后，苏联报刊对当时中国的国内政策和对外政策进行了攻击。赫鲁晓夫"影射攻击"中国的社会主义建设是"超阶段"和"平均共产主义"（当时中国正在进行三面红旗的运动），"攻击"中国的人民公社实际是"反动的"，他"影射攻击"中国的备战为好战，犯了"冒险主义"等等。

1960年7月间，苏联把中苏两党之间的分歧扩大到国家关系方面，进一步对中国施加压力，决定在一个月内撤走全部在中国的苏联专家，从而撕毁了几百个协议和合同，苏联方面还片面撕毁中苏双方分别出版和互惠发行《友好》杂志和《苏中友好》杂志的协议，无理要求中国政府召回驻苏联使馆的一个工作人员，并且挑起了中苏边境纠纷。赫鲁晓夫的这些做法说明他走的还是斯大林时期就有的大国沙文主义道路。他要求别的社会主义国家的利益服从苏联的利益，在国际上要和苏联保持一致，而中共是不会这么听话的，再说中共对苏共的"三和一少"理论和对斯大林的评价以及苏联对美国的"亲近"持不同看法，因此，中苏两党关系的破裂不可避免了。

1957年是中苏双方关系发展的一个分界线，在这之后，中苏两党两国的关系进一步恶化，苏方采取了一系列的行动，对中国施行政治经济压力。如1960年11月莫斯科兄弟党会议上，粗暴地攻击中共，从而挑起更尖锐的争论。1961年10月，苏共"二十二"大召开，赫鲁晓夫公开指责阿尔巴尼亚，要霍查下台，并且为了内外斗争需要，他又把斯大林问题尖锐化，进一步批判斯大林，最后把斯大林的遗体迁出列宁—斯大林墓，焚烧后埋在克里姆林宫墙前，并连夜把陵墓上的斯大林名字挖掉，重新改成列宁墓。以后还有要求中国赔款事件、新疆事件等。1963年7月5日，邓小平率中共代表团赴莫斯科举行中苏两党会谈。但赫鲁晓夫对消除分歧加强团结毫无诚意，竟在会谈期间发表了苏共中央致各国党组织和全体党员公开信，对中共大肆攻击，从而挑起了公开论战。中国共产党从1963年9月到1964年7月陆续发表了9篇评论苏共中央公开信的文章，参加了这场公开论战。这场论战，从其内容看，还是围绕着苏共二十大的内容进行的，没有离开苏共二十大的理伦观点和斯大林评价问题。

三、中美关系急剧恶化

新中国不仅以"保障本国独立、自由和领土主权的完整，拥护国际的持久和平和各国人民之间的友好合作，反对帝国主义的侵略政策和战争政策"为基本外交原则，而且以"另起炉灶"、"打扫干净屋子再请客"和"一边倒"为具体外交政策。这既是出于对中国人民的根本利益的考虑，也同当时世界格局，特别是美国对华政策密切相关。

1. 美国拒不承认新中国和发动朝鲜战争

中华人民共和国诞生后，1949年10月3日，杜鲁门指示国务院："我们不要那么匆匆忙忙承认这个政权，我们在承认苏联的共产党政权之前曾经等待了12年。"12月6日，艾奇逊在与印度大使潘迪特等人的谈话中力劝印度不要承认新中国，他希望在承认中国共产党政权的问题上这些国家能表现出采取一致行动的共同愿望。

美国一方面拒不承认新中国，采取敌视方针，另一方面又千方百计要保持其在华的利益和影响。美国的决策者认为，美国在华利益的重要性不在于它们用美元计算的价值，而在于它们是美国施加影响的工具，因此，美国原驻北平、上海等地的领馆人员在司徒雷登返美之后，仍然滞留中国不走，积极进行活动。美国想以"封闭在共产党中国的全部政府机关和从共产党中国撤回其全部政府人员"相威胁，迫使中国"改变主意，停止这一行动"。但是中国政府不为所动，仍按计划实行征用。美国无奈，只得宣布"准备下令从共产党中国撤回全部美国政府人员"。从而打破了美国认为中国有求于美国，可以在不承认中国的情况下继续在华保持其利益和影响的幻想。

美国在政治上不承认中国，在经济上则奉行封锁和制裁方针。虽然此时美国还没有实行全面禁运，但实行了相当严格的贸易控制，规定一切直接的军事物资和装备、重要的工业、交通、物资通讯和设备都禁止向中国出口。美国还听任、配合甚至支持国民党自 1949 年 6 月下旬起对南起闽江口、北至辽河口的中国东部沿海港口实行封锁，禁止一切外国船只驶入的行动。

美国从中苏结盟、越南民主共和国成立、朝鲜北方政权巩固等事件中很快得出亚洲存在着"由斯大林操纵的铁板一块的共产主义运动"的结论，并同美苏在欧洲的对峙相联系来框定它的亚洲政策，加强了在西太平洋的军事部署，企图建立一个地区性的军事集团与亚洲共产主义运动相对抗。1950 年 4 月通过的国家安全委员会第 68 号文件，是对美国政府这种重新估计的亚洲政治格局，把冷战战略扩大到全球战略最好的注解。出于这种观念，美国对中国的敌视进一步升级，其对华政策已经纳入"积极遏制"的新远东战略轨道。

1950 年 6 月 25 日，朝鲜战争爆发。当天，联合国安理会召开紧急会议，在苏联代表缺席的情况下，通过美国关于朝鲜情势的提案，指责朝鲜民主主义人民共和国对南朝鲜"发动武装进攻"，"构成了对和平的破坏"，为美国武装干涉制造舆论。6 月 27 日，美国总统杜鲁门发表声明，命令美国海、空部队给南朝鲜军队以掩护和支持。同时命令第七舰队进占台湾海峡。当日晚，美国操纵安理会通过要求联合国各会员国援助南朝鲜的决议。6月28日，美国参议院通过关于延长征兵法有效期限的决议。6月29日，杜鲁门决定授权麦克阿瑟全权使用他指挥下的地面部队，并授权海军封锁北朝鲜。美国陆海空军全面介入朝鲜战争。6月30日，美国操纵联合国安理会通过非法决议，为美国和其他国家的侵朝军队披上"联合国军"的外衣。

中国政府坚决反对美国对朝鲜的侵略。6月28日，毛泽东在中央人民政府委员会第八次会议上指出，全世界各国的事务应由各国人民自己来管，亚洲的事务应由亚洲人民自己来管，而不应由美国来管，他号召，全国和全世界的人民团结起来，进行充分的准备，打败美帝国主义的任何挑衅。7月6日，政务院总理兼外交部部长周恩来致电联合国秘书长赖伊，声明反对联合国安理会6月27日通过的非法决议，指出这一决议是支持美国武装侵略、干涉朝鲜内政和破坏世界和平的，并且这一决议是在没有中华人民共和国和苏联这两个常任理事国参加下通过的。联合国宪章规定不得授权联合国干涉在本质上属于任何国内管辖之事件。因此安理会关于朝鲜问题的决议，不仅毫无法律效力，并且大大破坏了联合国宪章。

中国在反对美国武装侵朝的同时，主张公平合理地和平解决朝鲜问题。8月20日，周恩来外长表示支持苏联代表提出的在讨论朝鲜问题时有必要邀请中华人民共和国代表参加，并听取朝鲜人民代表的意见，停止朝鲜境内的敌对行动，并同时自朝鲜撤退外国军队的和平调处朝鲜问题的建议。美国却操纵联合国安理会于9月1日否决此提议。

8月27日，侵朝美军飞机侵入中国领空，沿鸭绿江岸扫射建筑物、车站、车辆和平民，造成财产损失和人员伤亡，情形严重。为此，周恩来分别致电联合国安理会和美国国务卿艾奇逊，要求安理会制裁美国飞机侵入中国进行扫射的罪行，对美国政府提出严重抗议并要求它担负全部责任及其后果。美国海军在公海上对中国的挑衅更是有增无减。

事实表明，美国的侵朝战争有扩展到中国境内之势。为了援朝，也为了自卫，中国不能不考虑出兵问题。10月上旬，应朝鲜党和政府的请求，并经过深思熟虑的讨论和科学的分析，毅然作出"抗美援朝，保家卫国"的战略决策，决心克服一切困难，组织中国人民志愿军入朝参战。

"联合国军"总司令麦克阿瑟发现中国人民志愿军入朝，立即向联合国安理会作出报告，美国驻合国代表奥斯汀也发表声明，指责中国干涉朝鲜事务。11月11日，中国外交部发言人发表声明驳斥麦克阿瑟的报告和奥斯汀的声明。声明指出，事实证明，美国侵略朝鲜的目的，不仅是为了朝鲜本身，而且是为扩大侵略中国，朝鲜的存亡与中国的安危从来就是密切关联着的，抗美援朝正是为了保家卫国。声明还援引世界近现代历史上发生过的此种先例，阐明中国抗美援朝行动的正义性。

中国人民志愿军入朝参战，采取在运动中歼敌的方针，经过5次战役，双方大体相持在"三八线"上，美国已无力把志愿军赶回鸭绿江北。如果长期陷于朝鲜战场，美国担心在与中国的军事较量中力量消耗过大会使苏联乘机在欧洲发展力量。加之美国公众在第二次世界大战以后厌恶战争的情绪普遍增长，不愿为侵入朝鲜而肩负沉重的包袱。其盟国和仆从国也都反对扩大朝鲜战争，不愿为美国卖力。这一切促使美国政策的变化。

1951年5月16日，美国国家安全委员会作出决定，放弃"武力统一朝鲜"的战略，寻求通过停战谈判来结束敌对行动。中国组织志愿军赴朝参战是为了履行国际主义义务和保障本国的安全，当战线推到"三八线"，帮助朝鲜民主主义人民共和国恢复了原有国土，目的已经达到。所以当获悉美国的谈判意愿后，经与朝方协商，在6月中旬也提出"充分准备持久作战和争取和谈达到结束战争"的指导方针。

6月23日，苏联驻安理会代表马立克提出和平解决朝鲜问题的新建议，第一步骤是交战双方谈判停火与休战，把军队撤离三八线。中国政府迅速作出反应，6月25日，《人民日报》发表社论支持马立克的建议。6月30日，"联合国军"总司令李奇微向朝鲜人民军和中国人民志愿军发出了举行停战谈判的建议。7月7日，金日成和彭德怀复函李奇微，同意举行停战谈判。7月10日，朝鲜停战谈判正式开始。

朝鲜停战谈判开始后，进展很不顺利，形成了边打边谈，打谈交织进行的马拉松局面。其主要原因是美国政府缺乏诚意，既想通过谈判结束军事行动，又想继续争取有利的军事地位，因此先是谋求多占土地以"补偿海、空军优势"，于8月23日中断谈判，随即发动夏季攻势和秋季攻势，结果遭到惨重失败，损兵25万人。继而在战俘遣返问题上纠缠，制造"一对一遣返"、"自愿遣返"、"不以武力遣返"等等节外生枝的借口，企图强迫和扣留中朝方面的被俘人员。

1952年10月8日，美国方代表团因其扣留战俘的无理要求遭到拒绝后，竟片面宣布无限期休会。为了达到在谈判桌上达不到目的，美国向上甘岭发动了自1951年秋季以来的最大攻势。中国人民志愿军依托坑道工事，坚守阵地，在44天内，打退美军900多次攻击，歼敌27000多人。美国的这一攻势以失败告终。1952年12月2日，美国新当选总统艾森豪威尔到朝鲜考察军事形势，他承认美国没有什么简易的办法迅速而胜利地结束这场战争。在此稍后，毛泽东在政协一届四次会议的讲话中表明了中国方面的强硬立场："美帝国主义愿意打多少年，我们也准备跟他打多少年，一直打到美帝国主义愿意罢手为止，一直打到中朝人民完全胜利的时候为止。"

在这种情况下，美国政府深感一切压力都行不通，只好下决心在朝鲜停战。1953年2月23日，美军总司令克拉克致函朝中方面，建议在战争期间先交换伤病战俘。这是美国有意在板门店转弯的一个试探，企图从杜鲁门造成的束缚中解决出来，争取主动。经研究，中朝3月28日复函美方，不但同意交换伤病战俘，而且提出这一问题的合理解决应使之导引到全部战俘问题的顺利解决，建议双方立即恢复停战谈判。

3月30日和31日，周恩来和金日成代表中朝又提出分两步解决战俘问题的新建议，主张在停战后双方立即遣返其所收容的一切坚持遣返的战俘，而将其余战俘转交给中立国，以保证他们对遣返的问题公正解决。这一建议得到全世界的普遍同情和支持。

4月21日，停战谈判复会。由于美方反对把不直接遣返的战俘送往中立国，朝中方面建议把这些战俘交由5个中立国组成的遣返战俘委员会于一定期限内在朝鲜境内予以看管，以便其行使被遣返权利。

5月25日，美国国务卿杜勒斯专程到新德里，向印度总理尼赫鲁表明美国在达成战俘遣返协定和签订停战协定的意图。印度将这个信息转告给中国政府。此后，停战谈判进展较快，6月8日，双方就战俘问题达成协议。

7月27日，朝鲜停战协定在板门店签字，持续3年多的朝鲜战争得以停战。这场战争不仅保卫了中朝两国及远东的和平与安全，也为世界各国人民争取和平解决国际争端树立了一个新的范例。

2. 在台湾问题上的斗争

中华人民共和国成立前后，美国对台湾政策出现了两种主张。以国务卿艾奇逊为代表，视台湾为酒筵席上的鸡肋，食之无味，弃之不舍。

1949年10月，美国中央情报局报告，台湾可能在1950年为人民解放军攻占。艾奇逊随即将这一报告交给杜鲁门，并劝其不要阻止这一变故。同年12月，国务院《对台政策宣传指示》明确说明，台湾在历史上和地理上是中国的一部分，台湾"没有特别的军事重要性"，美国军事援台没有"实际上的好处"。1950年1月5日，由艾奇逊负责起草的杜鲁门声明问世，声明"美国无意在台湾获取特别权利或建立军事基地，美国亦不拟使用武装部队干预其现在的局势，美国政府不拟遵循任何足以把美国卷入中国内争中的途径"。

另一方面，美国政府中某些势力，特别是军方，从整个远东战略考虑，从1949年底开始谋求对台湾采取更积极的政策。军方的意见得到国务院腊斯克、杜勒斯等执掌远东政策决策权人士的支持。中苏条约签订的当天，军方立即要求艾奇逊进一步向台湾提供军事援助，认为为了确保东南亚，必须采取措施减轻中国对东南亚的压力，主要办法就是加强支持台湾的国民党政权。

麦克阿瑟也就台湾问题不断地制造舆论，要求由他亲自对防止台湾被共产党统治的军事、政治和经济措施进行调查。他还在5月29日、6月14日先后向参谋长联席会议和陆军部递交备忘录，首次提出台湾在战时将是"不沉的航空母舰"之说。美国国防部部长路易斯·约翰逊也建议美国应不惜动用军队拒共产党于台湾之外，这种主张在1950年五六月间已经渐占上风。朝鲜战争爆发则给这些决策者染指台湾一个极好的借口和时机。

1950年6月27日，美国总统杜鲁门宣布，命令美国第七舰队进入台湾海峡，阻止对台湾的任何攻击，并称，"台湾未来地位的决定，必须等待太平洋安全的恢复，对日和约的签订，或经由联合国的考虑"。当天，美海军第七舰队的10余艘军舰先后占领台湾基隆、高雄两港口。7月27日，杜鲁门批准给予蒋介石以广泛的军事援助。7月31日，美国远东军总司令麦克阿瑟到台湾与蒋介石会谈，决定设立美"驻台军事联络组"，美台双方海陆空军归麦克阿瑟统一指挥，共同防守台湾。8月4日，美国空军第十三航空队一批飞机进占台北空军基地。

美国武装封锁台海海峡，阴谋制造"两个中国"，是对中国主权和领土完整的侵犯。从此，中国为实现自己领土和主权的统一，在台湾问题上同美国开始了长期的斗争。

1950年8月24日，周恩来外长致电联合国安理会主席和联合国秘书长，揭露美国的侵略政策，要求安理会制裁美国的侵略，并立即采取措施，使美国政府自台湾及其他属于中国的领土完全撤出它的武装侵略部队。8月31日，安理会将中国控诉美国侵略案列入议程，但把议题改为笼统的"控诉武装侵略福摩萨案"。9月10日，周恩来外长向联合国指出，在安理会讨论这一议程中，必须有中华人民共和国的代表参加。9月29日，安理会接受了中国的上述要求。11月24日，联大第一委员会决定邀请中国代表参加讨论美国侵略中国案。

中国政府任命伍修权为大使级特别代表，出席联合国安理会讨论中国对美国的控诉，同时兼任中国出席联大第一委员会讨论美国侵略中国案的代表。

11月28日和30日，伍修权在安理会作了两次发言。伍修权在发言中列举大量历史和当时的一系列事实确凿地说明了台湾是中国领土不可中分割的一部分，美国政府用武装力量侵占台湾，就构成了美国政府对中国公开直接的武装侵略行为。伍修权代表中国政府向安理会提出3项建议：（1）公开谴责并采取具体步骤严厉制裁美国武装侵略台湾和干涉朝鲜的罪行；（2）采取有效措施，使美国自台湾完全撤出它的武装力量；（3）采取有效措施，使美国及其他外国军队一律撤出朝鲜。

由于美国的操纵，安理会拒绝了中国的建议。联大第一委员会对美国侵略中国案采取不讨论的办法。12月16日，伍修权在纽约成功湖举行记者招待会，对美国不让他在联大第一委员会有发言的机会表示愤慨，并将发言稿和美国侵华的各种资料散发给各国新闻记者。

美国第七舰队侵入台湾海峡以后，美国的海、空军都在台湾设立了基地，美国军事顾问训练台湾的军队，美国还给予台湾当局巨额军事和经济援助。

美国还支持蒋介石集团在台湾海峡制造紧张局势。1954年1月9日，美国海军第七舰队在台湾海域举行军事演习，蒋介石登上旗舰参观演习。随后，蒋介石集团加剧对大陆沿海的骚扰与破坏，并增强了金门、马祖等沿海岛屿的兵力。8 月 17 日，艾森豪威尔答记者问时说，美国决心防卫台湾，如果大陆军队进攻台湾的话，美国第七舰队将迎战。他还向国会报告了加强援助台湾的措施。与此同时，杜勒斯也表示，美国已决定协助台湾防卫本岛和外围岛屿。对此，中国政府和中国人民作出严正警告。

8 月 22 日，中国人民政治协商会议全国委员会和各民主党派各人民团体发表解放台湾联合宣言。宣言指出，为了保障祖国安全和领土完整，为了保障亚洲及世界的和平，中国人民一定要解放台湾。解放台湾，是行使中国的主权，是中国的内政，决不容许任何外国干涉。9 月 23 日，周恩来在全国人大一届一次会议作《政府工作报告》时说，一切想把台湾交给联合国"托管"或中立国"代管"以及"中立化台湾"和所谓"台湾独立国"的主张都是企图割裂中国的领土，奴役台湾的中国人民，使美国侵略台湾的行为合法化，都是中国人民绝对不能容忍的。并再次强调，中国人民一定要解放台湾。

1954 年 12 月 2 日，美国同台湾当局签订了所谓《共同防御条约》。该《条约》共 10 条，规定美国"维持并发展"台湾的武装力量，"缔约国的领土"遭到"武装攻击"时，双方应采取"共同行动"。《条约》还把所谓"领土"规定为台湾与澎湖，同时又可扩及除台湾、澎湖以外经美台双方"共同协议所决定的其他领土"。12 月 8 日，周恩来外长发表声明，严正指出，上述《条约》根本是非法、无效的。这是对中华人民共和国和中国人民一个严重的战争挑衅。如果有人硬把战争强加在中国人民头上，中国人民一定要给干涉者和挑衅者以坚决的回击。

为了反击美台签订《共同防御条约》，中国人民解放军于 1955 年 1 月 18 日解放了大陆岛的外围据点——一江山岛。美国宣布"协助"国民党军队自大陈岛撤退。2 月 13 日，中国人民解放军解放大陈岛及外围的渔山列岛和坡山岛等岛屿，拔除了国民党军队在浙江沿海地区进行骚扰和破坏活动的最大据点，使国民党军队占领的福建沿海的金门、马祖成为人民解放军进攻的主要目标。这时，美国又拒绝了台湾当局要它承担"协防"金、马的义务，并迫使蒋介石将国民党军撤出金门、马祖地区。

3. 中美的接触和谈判

朝鲜和印度支那停战后，中国希望美国撤走在台湾海峡的武装力量，中美关系能够有所缓和。为此，中国主张中美两国坐下来谈判。

中美接触的大门是在1954年日内瓦会谈期间打开的。美国有一批因侵犯中国领空而被拘禁的美国军事人员和因违反中国法律而被拘禁的美国侨民。美国舆论认为这些在押人员是美国政府僵硬的对华政策的牺牲品，这对美国政府是很大的压力。中国则对美国无理扣留那些要

◎ 1954 年中国代表团在日内瓦会议上

求回国的在美侨民和留学生而深为不满。日内瓦会议期间，美国政府决定通过参加会议的英国驻北京代办汉佛莱·杜维廉办理美国在华被押人员问题。周恩来认为在美对华政策如此敌对和僵硬的条件下，我们可以抓住美国急于要求在华的被押人员获释的愿望，开辟接触的渠道。

据此，中国代表团告诉英国代办，现在中美双方都有代表团在日内瓦开会，有关中美双方的问题，可以由两个代表团进行直接接触，没有必要通过英国作为第三者插手。5月26日，中国代表团发言人向记者发表关于美国政府无理扣押中国侨民和留学生的谈话，表示中国愿就被押人员问题同美国举行直接谈判。

经英国驻华代办杜维廉中介，出席日内瓦会议的中国代表王炳南和美国代表美国驻捷克斯洛伐克大使约翰逊在6月5日至21日进行了4次商谈。商谈中，美方向中方递交了在中国境内的部分美国侨民和被中国拘禁的一些美国军事人员的名单，要求中国给予他们早日回国的机会。中方要求美国政府"立即停止拘留中国留学生，并恢复他们随时离开美国返回中国的权利"。"至于居留在美国的中国侨民，也同样享有随时回国的权利"。对于美国提出的要求，中方代表指出，中国政策对守法的美侨是友好的，并予以保护。他们可以在中国境内居留，从事合法的职业。如果他们为某种原因要离开中国回美国，只要他们没有犯了刑事案件或民事案件，他们随时都可以走。

实际上，中华人民共和国成立以来，已经有1485名美国侨民离开中国。对犯法的美国人则根据犯罪事实和服罪情况，量刑处理。判刑以后，如果犯人表现良好，可以考虑减刑或提前释放。中方还表示，对美方交来的名单将予以审查，因犯法而被拘禁的美国侨民以及因侵犯中国领空而被俘虏的美国军事人员，可通过中国红十字会的转递与他们的家属通信，他们的家属也可寄小包裹给他们。对中方提出的要求，美方代表强调，扣留中国的学者，完全是按美国的法律行事的。同时也承认在朝鲜战争期间，美国政府确曾发布一道命令，规定凡高级物理学家，其中包括受过像火箭、原子能以及武器设计这一类教育的中国人，都不准离开美国。

对此，中方代表多次提出批驳，要求废除这条无理的规定。中方还主张由双方发表联合公报，宣布住在一方的对方守法侨民和留学生将享有返回祖国的完全自由，并建议在相互平等的基础上，由第三国代管双方侨民和留学生的权益。由于美方片面要求中方"释放被扣留在中国的美国人员"，拒不同意中方提出的解决美方阻挠中国侨民和留学生回国问题的建议，商谈并无结果。

7 月间，双方派联络员又进行了接触，审核了各自提交的名单。中方向美国提出 6 名已经获准出境的在华美侨名单，同时要求美方提供在美的中国侨民和留学生的情况，并再次询问美国是否同意中方在前几次会谈中提出的第三国使节代管双方侨民利益的建设。美方没有进一步提供中国侨民和留学生的新情况，并再次拒绝了第三国代管双方侨民利益的建议。

从 9 月 2 日起，双方改在日内瓦举行领事级会谈。中方继续要求美方尊重中国侨民和留学生回国与家人团聚的权利，消除在这方面所设置的障碍。但仍没有被美方接受。在此期间，美方通过中国红十字会转递了给犯法的美侨和被俘的美军人员寄来的包裹和信件。中方还曾通知美方，有些美国犯人的家属如果想到中国探视犯人，中方可给予签证。但美方答复说："美国政府已决定目前不发护照给任何要去共产党中国访问的美国公民。"日内瓦的这段接触，成为中美大使级会谈的前奏。

1955 年 4 月，亚非会议在印度尼亚的万隆举行。周恩来在会议上发表声明，说"中国人民同美国人民是友好的。中国人民不要同美国打仗。中国政府愿意同美国政府坐下来谈判，讨论和缓远东紧张局势的问题"。周恩来的声明在全世界引起强烈反响，声明所表达的中国政府的立场获得了国际舆论的好评。许多中立国家，特别是参加亚非会议的广大国家，都向美国施加压力，希望美国能够响应周恩来的建议，同中国政府直接谈判。

美国也想找机会缓和中美之间的紧张关系，以安抚国内舆论在被押人员和间谍问题上对美国国务院的指责。7 月 13 日，美国通过英国向中国提出中美双方各派一名大使级代表在日内瓦举行会谈的建议。14 日，中国政府答复表示同意。经过磋商，双方确定将原来在日内瓦进行了将近一年的领事级会谈升格为大使级。25 日，中美双方同时发表新闻公报，宣布第一次大使级谈判将于 1955 年 8 月 1 日举行。中方代表是中国驻波兰大使王炳南，美方代表是美国驻捷克斯洛伐克大使约翰逊。

根据双方的协议，会谈有两项议程，一是"双方平民回国问题"；二是"双方有所争执的其他实际问题"。

经过争论，双方于 1955 年 9 月 10 日就第一项议程达到平民回国问题协议，其主要内容是：中美双方承认，在各自国家内的对方平民享有返回的权利，并宣布已经采取、且将继续采取适当措施，使他们能够尽速行使其返回的权利，中美两国分别委托印、英政府协助中美平民返回本国。这是中美大使级会谈达成的唯一协议。

关于第二项议程，中方提出的议题一是禁运问题；二是准备更高一级的中美谈判问题。但美方却要求先讨论所谓"放弃为了达到国家目的而使用武力"问题，并在 10 月 8 日正式建议：中美双方分别发表声明，在台湾地区除防御不使用武力。和平解决中美之间的争端而不使用武力，这是中国政府的一贯主张。但不能与解放台湾混为一谈。因为中国通过和平方式还是使用武力解放台湾是中国的内政，不应成为中美会谈的议题。中方代表阐明了中方的立场后，于 10 月 27 日建议两国大使根据联合国宪章有关条款协议发表一项声明。

但美方不愿在声明中具体提到联合国宪章的条款，也不愿明确规定举行中美外长会议，却在 11 月 10 日要求写上：一般来说，并特别对于台湾地位来说，"除了单独和集体的自卫外"，中美放弃使用武力。台湾是中国的领土，美国要在中国领土上拥有"单独和集体自卫"的

权利，这是十分荒谬的，不能为中方所接受。但为了争取会谈能有所
进展，中方又提出新的声明草案，美方对这个新草案拒绝作任何具体
评论，既不表示反对，也不表示同意，直拖到 1956 年 1 月 12 日才提
出一个草案，同它 11 月 10 日的草案没有什么差别。关于禁运问题，
美方以双方尚未对不使用武力问题达成协议以及美国在华犯人尚未被
全部释放自由，拒绝讨论中方建议，使会谈继续陷入僵局。

1957 年 12 月 12 日，中美大使级会谈已进入到第 73 次会议。会
上美方代表约翰逊宣布，他将退出会谈，调任驻泰国大使。指定他的
副手埃德·马丁（参赞）接替他的工作。美方委派非大使身份的人为
代表参加会谈，是降低会谈级别的表示。中方一再催促美方指派大使
级代表，美方采取拖延做法，从而使会谈从僵持发展到中断。

虽然这一段中美会谈，除平民回国问题达成协议外，其他涉及中
美关系的一切实质问题均无结果，但却在中美没有正式外交途径的情
况下，打开了双方接触的一条渠道。

四、周边外交的新拓展

新中国成立初期，陆上周边国家有朝鲜民主主义人民共和国、
苏联、蒙古、阿富汗、巴基斯坦、印度、尼泊尔、锡金、不丹、缅
甸、老挝、越南民主共和国，海上周边国家有日本、菲律宾、马来
西亚、印度尼西亚及文莱等。新中国的周边外交，指的就是同这些
国家或地区的关系。

1. 援朝援越抗美法

中国与朝鲜、越南等周边社会主义国家，有共同的历史渊源联

系，并且在近代以来都遭受到帝国主义的侵略。新中国一成立，就与这些国家建立了友好的关系，并在朝鲜、越南受到帝国主义侵略时，给予他们以国际主义援助。

朝鲜战争爆发后，美国开始干涉朝鲜内政，并于9月15日组织联合国军在朝鲜中部仁川登陆。9月22日，中国外交部发言人声明："中国人民将永远站在朝鲜人民方面，坚决反对美国扩大侵略战争的阴谋。"10月2日深夜，周恩来紧急约见印度驻华大使潘尼迦，请他转告美国，如果美军越过三八线，中国一定要管。但美国无视中国的再三警告，于10月17日越过三八线，10月21日侵占平壤，并积极向中朝边境推进。

10月1日，金日成和朝鲜外相朴宪永致电毛泽东，说："在目前，敌人趁着我们严重的危机，不给我们时间，如果继续进攻三八线以北地区，则只靠我们自己的力量是难以克服此危机的。因此，我们不得

◎ 中国志愿军赴朝作战

不请求您给予我们以特别的援助，及在敌人进攻三八线以北地区的情况下，急盼中国人民解放军直接出动援助我军作战。"10 月 2 日，毛泽东致电斯大林："我们决定用志愿军名义派一部分军队至朝鲜境内和美国及其走狗李承晚的军队作战，援助朝鲜同志。我们认为这样做是必要的。因为如果让整个朝鲜被美国人占去了，朝鲜革命力量受到根本的失败，则美国侵略者将更为猖獗，于整个东方都不利。"

10 月 19 日，以彭德怀为司令员的中国人民志愿军跨过鸭绿江，与朝鲜人民军并肩作战，很快扭转了战局。从 1950 年 10 月 25 日至 1951 年 5 月 21 日胜利地进行了 5 次大规模战役，把美军赶到了三八线附近。美国不得不同意停战谈判。抗美援朝对提高中国的国际声望，对东亚的和平与稳定，对社会主义阵营的巩固，都起到了积极的作用。当然，中国人民也付出了重大的代价，志愿军英雄的鲜血染红了处处战场焦土，军费开支达 100 亿美元。

中越外交关系的建立和发展。与中国南部边陲接壤的越南，在日本投降后，于 1945 年 9 月 2 日成立了共产党领导的越南民主共和国。但不久，法国殖民主义者即在英美支持下卷土重来，法军加紧进攻越北解放区，企图把越南民主共和国扼杀在摇篮里。1950 年 1 月 15 日，越南民主共和国外交部长黄明鉴宣布承认中华人民共和国。18 日，中国政府承认越南民主共和国是代表越南人民意志的合法政府，愿意与之建立外交关系并互派大使。中国是第一个承认越南民主共和国并与之建交的国家。1 月 30 日以后，苏联及其他社会主义国家也先后承认越南民主共和国并建立外交关系。为纪念中越建交，越南政府把 1 月 18 日定为越南"外交胜利纪念日"。

1950 年 1 月，越南国家主席胡志明秘密访问中国，向中国领导人提出了援越抗法的请求。尽管当时新中国本身面临着重重困难，但中国党和政府仍决定向越南提供全面援助。4 月 17 日，中央军委指示，从二野、三野、四野各选一个师（包括师、团、营三级）的全套顾问，从三野选调顾问团团部人员，从四野选调一个军官学校的全套顾问及教员，组成赴越军事顾问团。4月23日，中央军委再次指示西北、西南、华东、中南军区和军委炮兵司令部增调营以上13名干部，参加政治顾问团，准备担任越军高级指挥机关和军队的军事、政治、后勤顾问或助理顾问。

6月30日，毛泽东、刘少奇、朱德在中南海亲自接见了顾问团师以上顾问及部分团级顾问，指示顾问团的任务是帮助越南组织、建设一支革命化的正规军队和帮助越南人民军组织指挥作战，主要是协助组织指挥运动战，较大规模的正规战。毛泽东告诫中国顾问团要多做调查研究，想办法，出主意，但不可包办代替，更不能当太上皇，发号施令，一定要谦虚谨慎，诚心诚意地帮助越南人民。7月下旬，军事顾问团正式成立。79名干部、250名随员在团长韦国清、副团长梅嘉生、邓逸凡率领下，于8月12日抵达越军总部所在地的广渊。

1950年6月，为了打通中越交通线，取得中国的直接援助，越共中央决定发起边界战役，并要求中国提供充分的后勤保障和派一高级军事指挥员协助整个战役的组织指挥。7月，中共中央代表陈赓率20余名随员赶赴越南，协助越军制定了作战计划。中国顾问还下到各参战部队协助战前准备和指挥作战。9月，在中国顾问团的帮助下，边界战役一举解放了中越边境的广大地区，打通了长达750公里的边境线，掌握了越北战场的主动权。11月陈赓回国。后来的红河中游战役、东北战役、宁平战役、西北战役、上寮战役等都是由韦国清率领的军事顾问团协助越军进行的。尤其是1954年3月至5月，韦国清将军协助越方组织的抗法战争决定性的最后一战——奠边府战役，宣告了法国侵越战争的彻底失败。

从1950年4月起，中国的援越物资陆续运往越北解放区。至1954年，中国向越南提供了各种枪支11万千余支（挺），火炮420门，以及大批配套的弹药、通信器材和工兵器材。此外，中国还提供了越南部队所需的服装、粮食、医药等。越共领导黄文欢在回忆录中写道："1950 年至 1954 年抗法战争时期，中国是唯一向越南提供军事援助的国家。我国军队的全部武器弹药和装备都由中国按预算和战役的需要直接提供。"

为了实现印度支那的停战，1954 年 4 月召开的日内瓦会议在讨论朝鲜问题之后，从 5 月 8 日至 7 月 21 日又讨论了印支和平问题，中国为印支和平作了积极的努力。

会议开始后，鉴于美国力图阻挠会议就印支问题达成协议的情况，中国采取了争取法国等多数国家，着重反对美国破坏，大力把会议推向前进的做法。在前七个半星期的讨论中，由于越南民主共和国提出的承认越南、高棉、寮国的主权和独立，撤出一切外国军队，在三国举行自由选举等建议为法国所拒绝，会议一度停滞不前。6 月 12 日，法国拉尼埃内阁倒台，美国企图利用法国政局的混乱于 6 月 14 日中断会议。只是由于那天轮到苏联方主席莫洛托夫主持会议，美国的阴谋才未能得逞。但在 6 月 15 日，美国迫使会议中断了关于朝鲜问题的商谈。这件事给关于印度支那问题的讨论蒙上了阴影。当时，一般舆论都认为会议已难以进行下去，而且各种迹象表明美国已打算在 6 月 16 日的会议上破坏关于印度支那问题的讨论。

在这种情况下，越、中、苏三国代表在 15 日晚进行了紧急磋商。次日，周恩来折中了有关国家的意见，及时向会议提出了解决老挝和柬埔寨问题的方案，获得了广泛的赞扬。国际舆论认为周恩来的方案，是僵持了七个半星期的会议中最令人鼓舞的发展，使印度支那会议复活，激起了法国的希望。甚至美国代表史密斯也一度表示：中国代表团的建议值得考虑，其中有一些是可以接受的，如果中国代表的建议是诚心诚意提出来的话，那么这些建议是既适度又合理的。这样，美国企图中止会议的计划再度被打破。

6月17日，法国由主和的孟戴斯－弗朗斯组成新内阁。孟戴斯－弗朗斯还自兼外长，亲率代表团到日内瓦谈判，并向法国公民许诺7月20日若不能就印度支那问题达成和平协议就辞职。因此，孟戴斯－弗朗斯一上台，就对谈判采取了积极的态度。6月19日，会议根据周恩来的方案，就如何解决老挝和柬埔寨的停战问题达成了一些协议。

为了实现越南停战，6月23日，周恩来亲赴瑞士伯尔尼同法国代表团谈判。孟戴斯－弗朗斯由于主和而引起了法国主战派和美国的不满，法国主战派和美国都力图使会议拖过孟戴斯－弗朗斯许诺的期限，迫使他的内阁辞职。这种情况一旦发生，法国主战派就会上台，印度支那战争就会从此扩大。周恩来分析了这种形势后，主张越、中、苏应拉孟戴斯－弗朗斯一把，以孤立美国而求得停战。周恩来和孟戴斯－弗朗斯的会谈极富成效，双方不仅坦率地交换了对恢复印度支那和平的意见，而且促进了彼此的了解和信任，这对印度支那问题的解决起了至为关键的作用。7月3日至5日，周恩来利用会议休会的时机，到中国广西柳州同胡志明主席交换了意见。7月10日，周恩来在返回日内瓦途中到达莫斯科时，又同苏联领导人进行了会谈。经过柳州会议和莫斯科会议，越、中、苏就如何划分越南交战双方的集结区问题上协调了彼此的看法，扫除了会议达成协议的最后也是最大的一个障碍。

7月21日，越南、老挝和柬埔寨的交战双方分别签订了停战协定。法国政府发表了关于从印度支那三国撤出自己的军队的声明以及尊重三国的独立、主权、统一和领土完整的声明。老挝政府和柬埔寨政府分别发表了关于使全体人民参加全国共同生活、特别是参加普选的声明，以及关于两国决心奉行中立不结盟政策的声明。日内瓦会议本身则发表了《日内瓦会议最后宣言》，对上述各项协定和声明予以确认和支持。

2. 提出和平共处五项原则

在中国的周边国家中，还有印度、巴基斯坦、阿富汗、锡金、印度尼西亚等在二战后获得独立的民族国家。这些国家的政治制度、经济制度与中国不同，基本上是属于西方资本主义的体系之内。但是，它们在历史上也深受西方殖民主义的剥削与压迫，也面临着肃清殖民，巩固国家独立的任务。新中国分别相继与这些国家建立了外交关系，并在处理与这些国家的关系中，逐步提出了在国际舞台上有重要影响的"和平共处五基原则"。

印度独立后，继承了英国殖民主义者在中国西藏的一些特权，在拉萨、亚东、江孜以及噶大克等地驻有代表、商务代表和贸易站，经营西藏的邮政、电报、电话，并在西藏设有 12 个驿站，在亚东、江孜等交通要地驻有军队。

1950 年 10 月 19 日，人民解放军解放昌都，打开了入藏的门户。10 月 21 日，印度政府发出备忘录说，中国解放西藏的举措，使"中国的地位将会因此而削弱"。10 月 28 日，印度政府又照会中国政府，对人民解放军入藏表示"惊异与遗憾"，并"认为可悲叹的"。10 月 30 日，中国政府复照印度政府，声明：西藏是中国领土不可分割的一部分，西藏问题完全是中国内政问题，不容外国干涉。如果对中国不友好的国家企图利用中华人民共和国对其领土西藏行使主权为借口，进行威胁，以阻挠中华人民共和国在联合国的合法权利，"那只是再次表示对中国的不友好和敌对态度而已"。复照对印度政府所认为可悲叹的观点，表示深切的遗憾。

1950 年 11 月 1 日，印度政府又照会中国政府，提出"调整西藏在中国宗教主权范围内的自治的合法要求"。这实际是对中国内政的露骨干涉。11月16日，中国在致印度驻华大使的备忘录中指出："人民解放军入藏不仅是维护中国独立的重大步骤，也是制止帝国主义扩大侵略的重大步骤；西藏问题完全是中国的一个内政问题；中印在西藏的外交、商业和文化关系，应该按照互相尊重领土主权及平等、互利的原则，循着正常的外交途径获得适当的解决。"印度政府表示同意举行双边谈判。但在这前后，印度趁中国抗美援朝之机，陆续侵占了麦克马洪线以南的大片中国领土。

中国在对印度干涉中国内政的活动进行坚决斗争的同时，也力求发展两国之间的友好关系。1950年和1951年印度发生粮荒，饥民达1亿人以上。这时，中国同印度先后签订了六次合同，一共供给印度66.65万吨粮食，帮助印度人民渡过粮荒。1951年1月26日，毛泽东参加了印度大使馆举行的印度国庆招待会。9月，以森德拉尔为首的印度亲善访华团到中国访问。10月至12月，中国文化代表团访问了印度。1952年4月至5月，印度文化代表团回访中国。1952年，印度各地纷纷组织印中友好协会，中国北京也成立了中印友好协会。

在中印友好的气氛中，1953年12月31日至1954年4月29日，两国代表在北京举行了关于印度同中国基本地方的关系问题的谈判。周恩来在谈判开始的当天接见印度代表团时提出：这次谈判的任务是根据互相尊重领土主权、互不侵犯、互不干涉内政、平等互利、和平相处五项原则来"解决两国业已成熟的悬而未决的问题"。印度代表同意中国提出的五项原则。

在谈判中，印度代表曾企图把中国领土上的一些山口说成是印度的。为了使边界争执不致妨碍两国间业已成熟的问题早日解决，中国谈判代表章汉夫于1954年4月23日向印度代表赖嘉文表示，中国方面不希望涉及边界问题。

经过四个月的谈判协商，4月29日，中印两国签订了《关于中国西藏地方和印度之间的通商和交通协定》。协定的序言明确宣布："双方同意基于（一）互相尊重领土主权；（二）互不侵犯；（三）互不干涉内政；（四）平等互惠；（五）和平共处的原则，缔结本协定。"协定规定：中国在新德里、加尔各答、噶伦堡设立商务代理处，印度在亚东、江孜、噶大克设立商务代理处；指定中国西藏某些地方和印度某些地方为贸易市场；规定两国香客朝圣事宜；规定双方商人和香客的出入和往来过境事宜等。同日，中印双方以互换照会的方式规定印度将其驻在亚东和江孜的武装全部撤退，将其在中国西藏地方的邮政、电报和电话等业务及其设备和 12 个驿站全部移交给中国政府；换文还规定了双方商务代理的某些职权和有关双方商人香客的事项等。双方同意此换文成为两国政府间的协定。

上述协定首次确定了和平共处五项原则，并运用它成功地解决了中印在历史上遗留下来的某些问题。根据五项原则，中国在协定中基本上废除了印度继承的英国在西藏拥有的特权。

1954 年 6 月 25 日，周恩来抵达印度访问，6 月 27 日，他在新德里记者招待会上发表了书面谈话，具体阐明了和平共处五项原则的基本思想，说："世界各国不分大小强弱，不论其社会制度如何，是可以和平共处的。各国人民的民族独立和自主权利是必须得到尊重的。各国人民都应该有选择其国家制度和生活方式的权利，不应受到其他国家的干涉。革命是不能输出的；同时，一个国家内人民表现的共同意志也不应容许外来干涉。如果世界各国都根据这些原则处理它们相互间的关系，那么，这一国对那一国进行威胁和侵略的情况就不会发生，世界各国和平共处的可能，就会变成现实。"周恩来在印度期间的多次谈话中，都提到了和平共处五项原则，并主张将这些原则贯彻到国际关系中去。

6 月 28 日，中印两国总理发表联合声明，重申和平共处五项原则，并表示"在亚洲以及世界其他国家的关系中，也应该适用这些原则。如果这些原则不仅适用于各国之间，而且适用于一般国际关系之中，它们将形成和平和安全的坚固基础，而现时存在的恐惧和疑虑，则将为信任感所代替"。声明指出："在亚洲及世界各地存在着不同社会制度和政治制度。然而，如果接受上述各项原则并按照这些原则办事，任何一国又都不干涉另一国，这些差别就不应成为和平的障碍或造成冲突。有关各国中每一国家的领土主权和互不侵犯有了保证，这些国家就能和平共处并相互友好。这就会缓和目前存在于世界上的紧张局势，并有助于创造和平的气氛。"

6月29日，周恩来抵缅甸访问。当天，中缅两国总理发表联合声明，确认中印所协议的指导两国关系的五项原则"也应该是指导中国和缅甸之间关系的原则"。声明还指出："如果这些原则能为一切国家所遵守，则社会制度不同的国家的和平共处就有了保证，而侵略和干涉内政的威胁和对于侵略和干涉内政的恐惧就将为安全感和互信所代替。"

这样，中国提出的和平共处五项原则在中印、中缅联合声明中得以确认，并由中国、印度和缅甸共倡议，把它作为国际关系普遍准则而施行于各国关系之中。这对亚洲和世界的国际关系产生了广泛的影响。

中国提出和平共处五项原则，最初主要是针对处理不同社会制度的国家间的关系而言的，1956年10月波匈事件的发展，暴露了社会主义国家关系中也有忽视平等原则、干预别国内政的大国主义现象。因此，中国政府在11月发表声明说："社会主义国家都是独立的主权国家，社会主义国家的相互关系就更应该建立在和平共处五项原则的基础上。"这就表明，和平共处五项原则不仅适用于不同社会制度国家的相互关系，而且也适用于社会制度相同国家的相互关系。这与美苏在战后形成的大国主宰世界的对外政策指导思想形成了鲜明的对比。

3. 参加万隆会议

亚非会议是在朝鲜停战后相对缓和的世界形势下，第一次没有西方殖民国家参加的、由亚非国家自己举行的国际会议。中国政府一开始就对召开这样的会议持积极的态度。由于西方对中国的敌视，中国需要在亚非国家结交新朋友，说明自己的外交政策，以反击对中国外交的恶意诋毁，反击所谓"中国输出革命"、"中国颠覆邻国"、"中国支持邻国的反政府武装"等谣传。

1954 年 3 月，印度尼西亚政府倡议召开亚非会议。1954 年 4 月 28 日至 5 月 2 日，南亚五国总理会议在科伦坡举行。印尼总理阿里·沙斯特罗阿米佐约在会上再次提出这一建议，得到了印度、巴基斯坦、缅甸、锡兰四国总理的支持，但会议并未提出召开亚非会议的具体建议，只是"讨论了召开亚非会议是否适宜的问题，并赞成由印尼总理探询举行这种会议可能的建议"。

科伦坡会议关于召开亚非会议的建议得到了亚非各国舆论的广泛支持。同年 12 月 28 日至 29 日，五国总理在印尼的茂物再次举行会议，决定由五国联合发起召开亚非会议，议程是：（1）促进亚非各国的亲善和合作，探讨和促进相互与共同的利益，建立和促进友好与睦邻关系；（2）讨论与会各国的社会、经济与文化问题和关系；（3）讨论对亚非国家人民具有特别利害关系的民族主义、殖民主义和种族主义的问题；（4）讨论亚非国家和它们的人民今天在世界上的地位，以及它们对于促进世界和平与合作所能作出的贡献。

1955 年 1 月 15 日，印尼总理代表五国总理致电中国政府，邀请中国派代表出席亚非会议。中国对亚非会议一直持赞同和积极支持的态度，接到正式邀请后，立即决定由周恩来率中国代表团前往出席，代表团代表有陈毅、叶季壮、章汉夫和黄镇。

当时，一些西方国家对亚非会议抱有轻视乃至敌视的态度，极力贬低会议召开的意义，渲染参与国间的分歧，帝国主义者甚至用卑鄙的手段破坏亚非会议的召开。4 月 11 日，中国代表团包租的印度飞机"克什米尔公主号"从香港飞万隆途中，被美台特务预

◎ 1955年4月，周恩来在万隆会议上

先放置的定时炸弹炸毁，中国、越南代表团工作人员及随同前往万隆采访的中外记者共11人遇难，但这一切没能阻止亚非会议的如期召开。

1955年4月18日至24日，亚非会议在印尼的万隆举行，包括中国在内的29个亚非国家出席了会议。中国代表团在会上本着求同存异的方针，推动会议朝着达成协议的方向前进，为会议的成功作出了杰出的贡献。

大会开始的第一天，22个国家的代表在会上作了一般性发言，大多表示希望加强亚非国家的团结，强烈谴责殖民主义和帝国主义。但是，也有一些亲西方的国家代表，当着中国代表团的面对共产主义进行了攻击，提出什么在西方国家和社会主义国家之间采取"中间路线政策含有严重的危险"，甚至诬蔑中华人民共和国有进行"颠覆活动的危险"。这就使会议气氛十分紧张。如果由此而引起意识形态的争论，就可能转移会议反殖民主义的主题，甚至有可能导致会议不欢而散。而这也正是帝国主义者所期望的。在这种形势下，与会代表都十分关心和注意中国代表的反应。

4月19日，周恩来将原来准备的大会发言稿改为书面发言散发各与会代表，其中强调了亚非国家的命运应由亚非各国人民自己掌握；亚非各国争取和巩固各自的自由和独立的意志是一致的，它们需要克服殖民统治所造成的落后状态；亚非国家所需要的是和平和独立，而他们自己应该友好合作实行和平共处。发言稿还阐述了中国的和平外交政策，并表示愿意在五项原则的基础上同印度支那各国、泰国、菲律宾、日本以及其他亚非国家发展关系。当天下午，周恩来在大会上作补充发言，表示：中国代表团是来求团结而不是来吵架的。我们共产党人从不讳言我们相信共产主义和认为社会主义制度是好的。但是，在这个会议上用不着来宣传个人的思想意识和各国的政治制度，虽然这种不同在我们中间是显然存在的。中国代表团是来求同而不是来立异的。在我们中间有无求同的基础呢？有的。那就是亚非绝大多数国家和人民自近代以来都曾经受过、并且现在仍在受着殖民主义所造成的灾难和痛苦。这使我们大家很容易互相了解和尊重、互相同情和支持，而不是互相疑虑和恐惧、互排排斥和对立。

周恩来说：我们的会议应求同而存异。同时会议应将这些共同愿望和要求肯定下来。这是我们中间的主要问题。我们并不要求各人放弃自己的见解，因为这是实际存在的反映。但是不应该使它妨碍我们在主要问题上达成共同的协议。我们还应在共同的基础上来互相了解和重视彼此不同的见解。接着，周恩来就不同思想意识和不同社会制度的国家间互相了解、友好合作的问题、宗教信仰问题以及所谓"颠覆活动"问题等阐明了中国的政策。他说：中国人民选择和拥护自己的政府，中国有宗教信仰自由，中国决无颠覆邻邦的意图，欢迎所有到会各国代表到中国去参观，百闻不如一见，大家什么时候去都可以。我们没有铁幕，倒是别人要在我们之间施放烟幕。十六万万的亚非人民期待着我们的会议成功，全世界愿意和平的国家和人民期待着我们的会议能为扩大和平区域和建立集体和平有所贡献，让我们亚非国家团结起来，为亚非会议的成功而努力。

周恩来的发言，出色地表达了中国的立场，受到各国代表的广泛赞扬。缅甸外长吞努称，这个演说是"对抨击中国的人一个很好的答复"。菲律宾外长罗慕洛也说："这个演说是出色的，和解的，表现了民主的精神。"中国代表团所提倡的"求同存异"的方针为各国代表普遍接受，为会议的成功奠定了基础。

4月20日至22日，大会进入小组讨论。讨论分别在政治、经济、文化三个委员会中进行。其中，尤以政治委员会的斗争最为激烈。一些国家的代表硬要挑起社会制度的争论，违背了大多数国家要求讨论反殖民主义的意志。

4月22日下午，讨论起草公报中关于世界和平合作问题。这是会议最后公报中的中心内容之一。缅甸总理吴努建议，与会国家宣布以和平共处五项原则和联合国宪章精神指导相互之间的关系。埃及总理提出七点建议，强调和平取决于大国的共处。日本代表提出了自己的"和平草案"。而一些国家则强调集体自卫，说他们是小国，必须依靠大国的实力才能共处。有的国家甚至反对用共处的字样。

针对这一情况，4月23日，周恩来在会上发了言。他说：我们彼此应该撇开不同的思想意识，不同的国家制度，以及过去和现在由于参加这一方面或那一方面而承担的国际义务，以要求和平合作为共同基础来解决正在讨论的问题。他建议，既然在座有些代表说和平共处是共产党用的名词，那么我们可以换一个名词，以联合国宪章序言中的"和平相处"来代替"和平共处"。周恩来表示：中国不赞成世界上形成的军事同盟，北大西洋公约、马尼拉条约和其他类似的条约都是中国所不赞成的，但今天我们共聚一堂，讨论集体和平问题，可以把军事集团的问题撇开不谈，因为那是已经存在的事实。我们应该在我们中间先团结起来。周恩来还说："在座的所有国家的代表不都同意五项原则的措词和数目，我们认为五项原则的写法可以修改，数目也可以增减，因为我们所寻求的是把我们的共同愿望肯定下来，以利于保障集体和平。"

周恩来的发言对会议公报的起草工作起了推动作用。4月24日，会议一致通过了亚非会议最后公报。公报包括"经济合作"、"文化合作"、"人权和自决"、"附属地人民问题"、"其他问题"、"促进世界和平和合作"以及"关于促进世界和平和合作的宣言"七个部分，这是亚非会议取得的巨大成就的总结。

公报谴责了帝国主义的侵略和殖民主义制度，反对种族压迫，"宣布殖民主义在其一切表现中是一种应当迅速予以根除的祸害"；"确认人民遭受外国的征服、统治和剥削是对基本人权的否定，是对联合国宪章的违反，是对于促进世界和平和合作的一种障碍"；公报强调"促进亚非区域的经济发展的迫切性"，认为"发展文化合作是促进各国之间的了解的最有力的方法之一"。

公报在"关于促进世界和平和合作的宣言"中提出了作为各国和平共处和友好合作的"十项原则"，即：尊重基本人权、尊重联合国宪章的宗旨和原则；尊重一切国家的主权和领土完整；承认一切种族的平等，承认一切大小国家的平等；不干预或干涉他国内政；尊重每一国家按照联合国宪章单独地集体进行自卫的权利；不使用集体防御的安排来为任何一个大国的特殊利益服务，任何国家不对其他国家施加压力；不以侵略行为或侵略威胁或使用武力来侵犯任何国家的领土完整或政治独立；按照联合国宪章，通过如谈判、调停、仲裁或司法解决等和平方法以及有关方面自己选择的任何其他和平方法来解决一切国际争端；促进相互的利益和合作；尊重正义或国际义务。这十项原则是同中国倡导的和平共处五项原则的精神是一致的，并且是和平共处五项原则的引申和具体化。

周恩来还在 4 月 24 日各国代表团团长会议上建议亚非会议在将来应再次举行。这个建议当即为会议接受，并被列入最后公报中。

会议期间，中国代表团在会外的频繁活动，对会议达成最后协议产生了积极的影响。除了因时间无法安排等原因而仅仅未与两个代表团接触外，中国代表团同所有其他国家代表都或多或少的接触。中国十分重视与周边国家的代表团接触。中国与印度、印尼、缅甸代表团经常协商，共同推进会议的发展。中国代表团同巴基斯坦代表团进行了友好会谈，巴基斯坦总理表示，巴基斯坦虽然是马尼拉条约的成员国，但巴基斯坦并不反对中国。

中国和印度两国总理还一起参加了越南民主共和国和老挝王国代表团的会谈。会谈后，越南和老挝发表联合声明，表示将根据和平共处五项原则发展双边关系。周恩来还对泰国亲王说，中国不会侵犯泰国，尽管中泰尚无外交关系，但中国欢迎泰国派代表团去云南访问。周恩来也向菲律宾外长罗慕洛将军表示，欢迎菲律宾派代表团去中国沿海各省，特别是福建和广东访问。中国代表团还同尼泊尔、锡兰代表团进行了会晤，为后来双方迅速建交打下了基础。中国同日本代表团也有过友好接触。

会议期间，中国代表团还与印尼代表团解决了印尼华侨的双重国籍的问题。1909 年，中国清政府按"血统制"颁定国籍法。1910 年荷兰政府按"出生地制"颁布了"荷属东印度籍民条例"。这样就产生了居住在印尼的华侨具有双重国籍的问题。亚非会议前，印尼 270 万华侨中，有一半以上的人生长于当地，具有双重国籍。

1954 年 9 月 23 日，周恩来在政府工作报告中指出，中国准备首先同已建交的东南亚国家解决华侨的国籍问题。11 月 2 日至 12 月 23 日，中国同印尼代表团在北京举行了关于双重国籍问题的初步谈判。1955 年 4 月 22 日，中国同印尼代表团经过再次会谈后，本着平等互利、友好互谅、自愿和民主的精神正式签订了《中华人民共和国和印度尼西亚共和国关于双重国籍问题的条约》。条约符合华侨本身的利益，也符合印度尼西亚人民的利益，为发展两国的友好合作关系开辟了新的前景。中国与印尼间这一历史遗留下的问题的圆满解决，打击了帝国主义的挑拨阴谋，解除了有关国家对新中国的疑惧，对亚非会议的进行起到了积极的作用。

　　亚非会议的成功，与中国代表团在会内会外所起的杰出作用是分不开的。与会各国代表纷纷赞扬中国代表团的工作。国际舆论认为："亚非会议成功的一个巨大的因素"是中国代表团"异乎寻常的合作态度"，认为"会议上的主要特点"是中国代表"在促进友好谅解的决议方面起了巨大作用"。

　　亚非会议增进了新中国同周边的民族主义国家的了解和友谊。会后，新中国同这些国家间形成了一次领导人互访的高潮，进一步推动了双方关系的发展。

　　新中国在成立初期，围绕建交问题同周边国家展开的外交活动，增进了中国同这些国家的了解和友谊，打破了帝国主义对中国的孤立与封锁，保障了国家的主权与安全，为新中国的社会主义革命和建设创造了良好的外部环境。在外交活动中我国逐渐形成了处理国与国之间相互关系的和平共处五项原则，它不仅是我国对外交往的基本原则，而且对世界许多国家处理国与国之间关系产生了广泛的影响。

第六章

筑起共和国新的长城

一、建设一支国防军

新中国成立后，在人民军队建设方面，中共中央和以后成立的中共中央军事委员会，确定了人民军队的总目标和总任务是保卫社会主义建设，抵御帝国主义侵略，其道路是军队现代化，中心工作是训练部队，特别是训练干部。在这一总战略目标指引下，人民军队进行了旨在正规化、现代化的建设，精兵简政、改良装备，实行义务兵役制、薪金制和兵衔制向现代化迈进。

1. 国防总战略

随着新中国的建立，军队的任务由过去推翻旧的统治，转向保卫国家的安全，抵御外来的侵略。因此中央要求建立一支新的国防军，为此，成立了中共中央军事委员会，负责日常工作，并明确规定了人民军队建设的总方针、总任务，人民军队建设的道路和中心工作。

当革命战争即将在全国范围胜利结束的前夕，人民军队的建设方向问题就提出来了。《共同纲领》明确规定："中华人民共和国建立统一的军队，即人民解放军和人民公安部队，受中央人民政府人民革命军事委员会统率，实行统一的指挥，统一的制度，统一的编制，统一的纪律。""人民解放军和人民公安部队根据官兵一致、军民一致的原则，建立政治工作制度，以革命精神和爱国精神教育部队的指挥员和战斗员。""中华人民共和国应加强现代化的陆军，并建设空军和海军，以巩固国防。"

遵照《共同纲领》的规定，1949年11月到1950年11月，空军、海军、炮兵、装甲兵、防空部队、公安部队的领导机构先后建立。中央人民政府人民革命军事委员会主席毛泽东任命：刘亚楼任空军司令员；肖华任空军政治委员；肖劲光任海军司令员；陈锡联任炮兵司令员；许光达任装甲兵司令员；周士第任防空部队司令员；钟赤兵任防空部队政治委员；罗瑞卿为公安部队司令员兼政治委员。

◎ 罗荣桓主持制定了《关于在军队中实施文化教育的指示》

为了适应新时期任务的需要，中央军委决定在全军开展大规模的文化教育，建立各级各类军事院校。1950年8月1日，中央军委下达了《关于在军队中实施文化教育的指示》，要求全军除执行规定的作战任务和生产任务外，必须在今后一个相当时期内着重学习文化，以提高文化为首要任务，使军队形成一个巨大的学校。要组织广大指挥员和战斗员尤其是文化水平低的干部参加文化学习。

指示要求：自1951年1月正式开始，务求在3年之内，使一般战士及初级小学程度以下的干部达到高级小学的水平，使一般相当于高级小学程度的干部达到初级中学的水平。1952年，中央军委再次决定，全军执行以文化教育为中心的训练任务。从当年6月1日开始，全军展开了大规模的向文化进军的运动。经过这次学习运动，全军指战员的文化水平普遍得到了提高。

1950年11月，中央军委召开全军军事学校及部队训练会议，主要讨论教育方针，教育计划，教育制度、教材、器材供应计划和学校编制等问题。朱德到会讲话。会议确定军事训练的基本方针是：在人民解放军现有素质的基础上，用迅速而有效的方法，使部队学会掌握现代化的兵器及其他军事技术，使指挥员学会组织与指挥各兵种的联合作战与协同动作，了解参谋与通信勤务，以加速我军的正规化和现代化建设。1951年1月15日，中国人民解放军军事学院在南京成立，刘伯承任院长兼政治委员。1952年5月，后勤学院在北京成立，李聚奎任院长。1953年1月，总高级步兵学校在南京成立，宋时轮任校长兼政治委员；9月，军事工程学院在哈尔滨成立，陈赓任院长。1952年和1953年，毛泽东代表中央军委分别给这4所院校颁发了训词。

训词指出，军队建设与现代化装备相适应的，就是要求部队建设的正规化，就是要求实行统一的指挥、统一的制度、统一的编制、统一的纪律、统一的训练，就是要求实现诸兵种密切的协同动作。

训词要求必须加强整个工作上、指挥上，而首先又应该是从教学训练上培养的那种组织性、计划性、准确性和纪律性。要求建立健全的、具有头脑作用的、富于科学的组织和分工的司令机关。

要求挑选优秀的、富于组织和指挥才能的指挥员到各级司令机关来，以创造司令机关新的作风和新的气象。

训词还要求向苏联学习，学习苏联的先进科学和技术知识，学习苏联军事工程建设的丰富经验。

上述训词，是办好军事院校的指针，也是全军正规化、现代化建设的指针。到1953年年底，全军共创办各级各类院校107所。对新时期军队建设发挥着重要的作用。

为了统一全军高级干部对军队建设方针、任务的认识，研究解决军队建设中一系列重大问题，1953年12月7日至1954年1月26日，中共中央召开了全国军事系统党的高级干部会议。朱德致会议开幕词、闭幕词，彭德怀作报告和总结。

会议经过充分讨论，在下列重大问题上取得了一致的认识：

第一，明确了军事建设的总方针和总任务。会议明确规定把建设一支优良的现代化革命军队，以保卫我国社会主义建设，防御帝国主义侵略，主要是防御美帝国主义和日本军国主义的侵略，作为我军军事建设的总方针、总任务。

第二，明确了建设现代化军队的道路。会议明确确定军队总定额，各特种兵以在现有基础上继续巩固提高为主，减少国外定货，选择重点建设，执行中共中央关于目前全部国家机构费用最高不超过国家总支出的30%的指示，以便挤出钱来，发展重工业。

第三，明确了现代化军队建设中长期的、经常的中心工作是训练部队，特别是训练干部。应明确确定，训练干部的工作，是我们在建设现代化军队中长期的、经常的中心工作的中心。

会议还就学习苏联先进军事科学问题、我军组织编制、加强团结、改善领导等问题统一了认识。还讨论了关于实行义务兵役制、薪金制、军衔制等重大问题。

全国军事系统党的高干会议，明确统一了上述思想，尤其是强调要把训练干部的工作，作为现代化建设中长期的、经常的中心工作的中心来抓，对推动军队建设起了积极的指导和推动作用。

为加强中共中央对军事工作的领导，1954 年 9 月 28 日，中共中央政治局作出关于成立党的军事委员会的决议。决定在中央政治局和书记处之下，成立一个党的军事委员会，担负整个军事工作的领导。并决定中共中央军事委员会由毛泽东、朱德、彭德怀、林彪、刘伯承、贺龙、陈毅、邓小平、罗荣桓、徐向前、聂荣臻、叶剑英组成，毛泽东任主席，彭德怀主持日常工作。

中共中央军委于 12 月 12 日召开扩大会议，讨论了军队建设和战备工作，通过了全国各大军区的划分方案。为适应新形势下国防建设和战备工作的需要，1955 年 2 月 21 日，国务院决定，将全国东北、华北、西北、华东、中南、西南 6 个大军区改划为 12 个大军区，即：沈阳、北京、济南、南京、广州、武汉、成都、昆明、兰州、新疆、内蒙古、西藏军区（1956 年又增设福州军区）。

1956 年 3 月 6 日至 15 日，中共中央军委再次召开扩大会议，着重讨论了保卫祖国的战略方针、国防建设以及与此有关的重大问题。

会议分析了当前的国际形势，认为总的趋势基本上是向着有利于世界持久和平的方向发展的，在国际紧张局势趋向缓和的形势下，我们仍然应当保持高度的警惕，作好随时应付突然事变的一切准备。这是我们军事工作的基本出发点。

会议认为中华人民共和国的国家性质，我国在过渡时期的总任务和外交政策，都规定了我军在战争爆发之前的战略方针是防御的，而不是主动进攻对别国发动战争的。但是，我们的防御决不是消极防御，而应该是积极防御。

会议明确指出，积极防御的方针，应该是不断地加强我国的军事力量，继续扩大我国的国际统一战线活动，从军事上和政治上来制止或推迟战争的爆发。

会议认为，为使军队的建设适应形势和任务的需要，必须克服军队党内存在的严重的保守思想，改进领导方法。

这次军委扩大会议明确了保卫祖国的战略方针，强调指出要克服军队党内的保守思想，对当时军队的建设工作起了重要的指导作用。

2. 整编·建立新的兵种·改进武器装备

1949年10月1日，全军总员额已达550万人。为了支援国家经济建设，加强军队自身的正规化、现代化建设。毛泽东主席提出："人民解放军应在1950年复员一部分，保存主力"。1950年4月，中共中央政治局作出对中国人民解放军实行整编的决定。中央军委根据毛泽东主席的指示精神和中央政治局的决定，拟制了整编的规划。

5月16日至30日，在北京召开全军参谋会议，出席会议的有总部、军兵种领导人和军区参谋长及部分军、师参谋长。会议由代理总参谋长聂荣臻主持，朱德总司令到会讲了话。会议经过充分讨论并报经中央军委批准，确定分期分批复员或转业百余万人，支援国家经济建设。

会议确定的整编原则是：担负剿匪和其他军事任务以及从事生产的部队，力求少变动，不要变动太宽，全军陆军统编为国防军和公安部队；国防军分为战时和平时两种编制，平时一般采取"三三制"编组，野战军领导机构兼大军区领导机构，兵团领导机构除调出建立军兵种领导机关的单位外，其余兼省军区领导机构；整编后的陆军军、师统归大军区直接指挥；加强陆军师的领导机构，使其具有独立作战及军兵种联合作战的能力；中央军委成立公安指挥部，统一指挥全国军事系统的公安部队和属于人民政府系统的人民警察。

为了使人民解放军的精简整编能尽快得到落实，6月24日，人民革命军事委员会与政务院在北京举行联席会议，讨论了人民解放军于

1950 年进行一部分复员的问题，并通过了关于这一工作的决定。中央决定复员武装人员 150 万人。

为了加强对这项工作的领导，人民革命军事委员会、政务院于 7 月共同成立了中央复员委员会，周恩来任主任，聂荣臻任副主任。人民解放军各部队根据中共中央及中央军委的部署，制定了具体的整编方案。如西南军区就拟定出由 117 万人缩减到 80 万人的方案。随后，由于抗美援朝战争的需要，整个整编规划未能得到全部落实。

1951 年 1 月，中央军委向全军发出"为建设正规化现代化的国防军而奋斗"的口号。根据毛泽东主席、朱德总司令的指示和中央军委的号召，中国人民解放军拉开了全军正规化、现代化建设的序幕。

1952 年 1 月，根据抗美援朝战争的形势，中央军委重新制定了《军事整编计划》，并报经毛泽东主席批准执行。这个计划，把武装力量划分为国防部队和公安部队，要求 1952 年到 1954 年国防军步兵部队从 258 万人减为 135 万人，军兵种部队由 61 万人扩大到 84 万人，总部和各级机关由 112 万人减为 38 万人，院校由 10.8 万人扩大到 12.8 万人，全军总定额保持在 300 万人左右。地方部队 95 万人改编为公安部队。

为了贯彻这一计划，1952 年 2 月，军委决定将 31 个整编师转为建设师，其中 15 个师参加农业生产建设。通过整编，到 1952 年底，国防部队在 1951 年底的基础上精简了 28.3%，公安部队精简了 31.6%。随着国民经济建设和军队正规化、现代化建设的需要，人民解放军于 1954 年后再次进行精简整编。1955 年与 1952 年相比，全军总兵力共精简了 23.3%。其中陆军部队精简 29%，比例最大。通过几次精简整编，压缩了军队定额，减少了军费开支，充实了连队，并向地方各条战线输送了一大批骨干。

在部队精简整编的同时，中国人民解放军的领导机构也相继作过多次调整。起初，中国人民解放军在中央人民政府革命军事委员会中设立了总参谋部、总政治部、总后方勤务部和中央军委办公厅。到1950年底，总参谋部下设立了作战部、军训部、情报部、通信联络部、人民武装部、民用航空部、气象局、军事运输司令部等部门；总政治部下设立了组织部、宣传部、保卫部、文化部、青年部；总后方勤务部下设立了财务部、军需部、军械部、卫生部、运输部、营房管理部、油料部等部门。1950年后，军委总部的体制陆续进行了调整。先后成立了总干部部、总军械部、训练总监察部、武装力量总监察部、总财务部。这样人民解放军形成了8个总部的领导机构体制。到1957年，撤销了5个总部的机构，恢复到原来3个总部的形式。

1950年1月，根据中央军委1949年12月26日的决定，全国划为6个战略区：西北军区，彭德怀任司令员，习仲勋任政治委员；西南军区，贺龙任司令员，邓小平任政治委员；华东军区，陈毅任司令员，饶漱石任政治委员；中南军区，林彪任司令员，罗荣桓任政治委员；华北军区，聂荣臻任司令员，薄一波任政治委员；东北军区，高岗任司令员兼政治委员。同年6月，全军统一整编，决定取消野战军、兵团两级领导机关，将其中一部分归一、二级军区建制领导，少数归省军区建制领导。1951年10月，总参谋部规定，驻在一、二级军区的陆军炮兵、装甲兵、工程兵和防空部队均归所在的一、二级军区建制领导。至此，一、二级军区领导机关发展为人民解放军的合成军队战役指挥机构和领导所属陆军部队建设以及管理辖区内地方性军事工作的部门。1951年10月和1952年3月，中央军委规定各军区领导机关和解放军海军、空军对军区辖区内的海军、空军部队实施双重领导，军区主要负责作战指挥。这样，人民解放军从总部到各军区的指挥关系得到进一步理顺，为人民解放军的正规化、现代化建设建立了组织基础。

为了改变人民解放军的单一步兵状态，人民解放军在精简整编的过程中，在裁减步兵数量的同时，加强了各军兵种部队的建设。先后组建了空军、海军、防空军、炮兵、装甲兵、工程兵、铁道兵、通信兵等领导机关，并相应地组建了军兵种部队。此外，还创建了公安军、防化学兵和电子对抗部队。

1949年7月26日，中央军委决定，以第14兵团机关为基础，组建空军领导机关。11月11日，中国人民解放军空军司令部在北京成立，刘亚楼任司令员，肖华任政治委员。空军正式成为人民解放军的一个军种。按照中央军委的部署，相继组建了军区空军、空军军部航空兵师、空降兵师、场站、工程兵总队等。到1957年5月，增加了高射炮兵、探照灯兵、雷达部队。使中国人民解放军空军既能协同其他军种作战，又能独立作战。到1958年，空军人数已发展到占全军总人数的12.2%。

1949年12月，中央军委决定，以第12兵团机关和第四野战军后勤二分部各一部为基础，组建海军领导机关。1950年4月14日，中国人民解放军海军司令部在北京正式成立，肖劲光任司令员。从此，中国人民解放军又多了一个军种。随后，海军组建了水面舰艇部队、潜艇部队、海军航空兵、海军岸防兵、海军陆战队，同时组建了海军基地。使海军这一军种成为一支具有诸兵种协同的，能单独执行战斗任务的合成军种，到1958年，海军人数已占全军总人数的5.8%。

1950年8月，中央军委决定成立炮兵司令部，陈锡联任司令员，负责归口管理全军的炮兵业务。炮兵单独成为陆军的一个新兵种以后，按中央军委"大量发展新的炮兵，同时加强老的炮兵"的建设方针，重点发展了预备炮兵和步兵师以下队属炮兵，先后抽调了部分步兵师、团的机构，组建了一大批炮兵部队，其中包括归空军部队建制的高射炮兵。预备炮兵建立了榴弹炮兵师、火箭炮兵师、防坦克炮兵师和高射炮兵师。到1958年，炮兵人数占全军总人数的4.8%。

1950年9月，中央军委决定以第2兵团机关为基础，组建中国人民解放军摩托装甲兵司令部，许光达任司令员。随后，把全军的坦克部队改编为坦克师。1954年后，装甲兵部队规模逐渐扩大，编组有坦克师、机械化师、独立坦克团和步兵师属坦克自行火炮团等部队。到1958年，装甲兵人数占全军总人数的2.3%。

1950年9月22日，中央军委决定，以第20兵团机关为基础，组建公安部队领导机关。11月8日，中国人民解放军公安部队司令部正式成立，罗瑞卿任司令员兼政治委员。1955年7月18日，国防部命令，公安部队改称公安军，成为中国人民解放军的一个军种。1957年1月22日，中共中央决定撤销公安军。9月1日，中央军委决定，将公安军司令部改为总参谋部警备部；所属部队一部分交公安部门领导，另一部分改为城市内卫部队，划归省军区建制领导。

1950年10月，中央军委批准以民航局部分人员为基础，组建防空司令部，同年12月，中国人民解放军防空司令部成立。1951年1月7日，中央军委决定，将原有和新建的城防高射炮兵部队及城市防空部队，划归防空司令部领导。在此前后，相继组建了京津卫戍区（华北）、华东、上海、东北、中南、安东防空司令部和西南防空处。1955年3月，根据军区机构的调整，军区防空机构统一调整合并，改设沈阳、北京、南京、广州军区防空司令部和昆明军区防空处。同年8月，防空司令部改称中国人民解放军防空军司令部。到1956年，防空军部队先后组建了防空军军部、防空师、高炮师、探照灯团、雷达团、对空监视团等。防空军人数占全军总人数的3.7%。1957年3月，中央军委决定，为了统一防空作战指挥，实行空、防合一体制，将防空军与空军合并，撤销防空军番号。

1950年12月25日，以中南军区工兵司令部部分人员为基础，成立中国人民解放军工兵领导机关。1952年9月，中央军委任命陈士榘为司令员。1955年8月11日改称为工程兵司令部，所属部队区分为工兵、舟桥、建筑三种专业部队。到1958年，工程兵人数占全军总人数的2.5%。

1950 年到 1956 年间，中国人民解放军还先后组建了铁道兵、防化学兵和通信兵等兵种的领导机关和部队。这样，中国人民解放军完成了从以陆军为主体向诸军兵种合成军队的转变，新的合成军队体制已经建立起来。海军、空军和主要特种兵与新中国建立初期比较有明显加强，初步具备了在现代条件下诸军兵种合同作战的能力。人民解放军的正规化、现代化建设取得了明显的成果。

改善人民解放军的武器装备，是人民解放军正规化、现代化建设的重要内容。1949 年六七月间，中共中央政治局委员、中央书记处书记刘少奇在访问苏联时，向苏共中央总书记、苏联部长会议主席斯大林及苏联军方负责人提出购买苏联的各种武器装备问题，斯大林当即应允。为此，中国政府与苏联签订了条约和协定。

1951 年 5 月，中国派出以总参谋长徐向前为团长的中华人民共和国中央人民政府兵工代表团，赴苏联谈判购买武器装备。经过了 4 个月的谈判，苏联同意卖给中国 60 个步兵师的武器装备，并于 1952 年 10 月签定了协议。

朝鲜战争爆发后，为了确保抗美援朝的需要，加速了从苏联进口武器装备的步伐。1950 年和 1951 年，中国有偿接收了苏联政府派来中国协助防空的 12 个苏军航空兵师的装备，从苏联进口了 36 艘鱼雷快艇。1953 年 6 月 4 日，中国又和苏联签订了进口（含转让制造）81 艘舰艇的协定。

到 1955 年，苏军已从安东、沈阳、旅大地区撤走，中国又有选择地有偿接收了苏军 1 个潜水艇基地，5 个歼击机师，1 个轰炸机师，2 个步兵师，1 个机械化师，3 个地面炮兵师，3 个高射炮兵师等部队的大部武器装备。到 1955 年底，中国进口和接收了苏式各种枪 80 余万支（挺），炮 1.1 万余门，坦克装甲车 3000 多辆，飞机约 5000 架，舰艇 200 艘，雷达和探照灯 1400 部，无线电和有线电通信机 1.2 万多部，舟桥 15 套，主要工程机械 500 多部，防化专用车 100 多辆，还有各种弹药和装备。

在进口苏式武器装备的同时，中国抓紧了国内的军工建设和武器装备的生产。1951年1月4日，中央军委成立了以政务院总理、军委副主席周恩来为主任，代总参谋长聂荣臻、重工业部部长李富春为副主任的兵工委员会，领导全国军工企业的生产。1952年7月，兵工委员会向中共中央写了《关于兵工工业建设问题的报告》。《报告》提出，兵工要提早建设，要改造老厂建设新厂，用三五年时间迅速建立中国自制陆军武器、弹药及空军、海军弹药的基础，并规定18种枪炮为国家制式武器。中共中央主席毛泽东和书记处书记刘少奇、朱德等领导人批准了这个报告。

据此，中国的军工企业自制了一些轻武器和弹药，修复了一部分旧式武器装备，并从1953年开始仿制苏式武器装备。1955年开始，中国参照苏联提供的轻武器技术资料，生产了大量的56式自动步枪，冲锋枪和班用机枪；1954年至1956年，相继仿制了苏式57毫米反坦克炮，76.2、85毫米加长炮和40毫米火箭筒，82、120、160毫米迫击炮和122、152毫米榴弹炮；1955年，根据苏联提供的资料，转让制造权和购买材料设备，制造出第一艘鱼雷快艇。

到1955年底，人民解放军利用进口和国产的武器装备，共换装和新装备了106个步兵师，9个骑兵、守备、内卫师，17个地面炮兵师，17个高射炮兵师，4个坦克师、机械化师，33个航空兵师，9个舰艇支队。至此，海军和空军的装备已初具规模，陆军特种兵的装备得到迅速发展，步兵的旧式武器装备绝大部分被淘汰，基本上实现了武器制式化。

随着人民解放军诸军兵种领导机关和部队的相继成立、组建，各种制式化的武器装备更新，对武器装备的管理必须实行制度化的管理，才能适应军队现代化建设的需要。1949年12月28日，代总参谋长聂荣臻根据中央军委关于通信装备和枪炮集中管理的决定，电示各军区、各野战军；从 1950 年起，由中央军委三局统一筹措、统一供应全国通信装备。1950 年 1 月 1 日，中央军委批准总后勤部成立军械部，把全军通用的枪炮和弹药统管起来。抗美援朝期间，总后军械部把统管的范围扩大到工程、防化、气象等装备。中央军委后又明确由人民解放军装甲兵、工兵、空军、海军司令部分别统管坦克装甲车辆、工兵器材和空军、海军专用装备。这样，人民解放军的武器装备管理就基本上实现了由大分散向相对集中的过渡，形成了由总后勤部军械部、军委通信部、装甲兵、工兵、空军、海军归口管理各类武器装备的体制。

1955 年 4 月，总参谋部在北京召开第一次全军装备计划工作会议。总参谋长粟裕在会上明确指出，装备计划工作由各大单位司令机关统管，并强调这对军队的现代化建设，对国防工业的建设具有深远意义。会议前后，各军兵种和各军区司令部都相继成立了统管武器装备计划工作的部门。武器装备的具体订货、验收、储存、调拨和维修保养等技术勤务工作，根据不同的类型，分别由各军兵种（炮兵除外）、总部有关业务部门分管。这样，全军武器装备统一管理的体制基本形成。

3. 三大军事条令·三大制度·军事教育

1950 年秋，中央军委指示军委训练部成立编修委员会，编写共同条令，随后，批准了该委员会提出的编写指导方针和具体原则。1951 年 2 月 1 日，总参谋部奉毛泽东主席的命令，将中国人民解放军《内务条令（草案）》、《队列条令（草案）》、《纪律条令（草案）》，颁布全军试行。

毛泽东主席在颁布这三大共同条令的命令中指出：全国胜利后，为了实现国防军正规化、现代化的新任务，统一编制、统一装备、统一动作，统一制度就成为全军一致的要求。三大共同条令颁发后，全军掀起了实行正规化管理教育的热潮。

在制定颁布三大共同条令的同时，中国人民解放军各军兵种相继先后翻译、颁发了苏军的一些专业和勤务部门的条令、条例、教令、教程和教范，如《步兵战斗条令》、《骑兵教材令》、《高射炮兵战斗条令》、《空军战斗条令》、《海军战斗条令》、《实弹射击教令》、《飞行事故审查暂行条例》、《坦克、自行火炮使用条令》、《炮兵司令部工作条例》等几百种供部队试用。这些条令、条例及法规颁布后，各级机关都先后成立了正规化管理教育工作的主管部门，进一步加强了指导。从 1951 年开始，全军普遍以条令、条例为准则，加强部队的正规化管理教育，着重强调"令行禁止，整齐划一"，把服从命令、落实制度、严格军纪、遵守时间、注重礼节和仪表等作为正规化管理教育的主要内容。各种条令、条例、教令、教程、教范的颁布，使得人民解放军的管理教育进入程式化、制度化，使得人民解放军的正规化、现代化建设水平迈上了一个新台阶。

1954 年 4 月 15 日，中共中央、人民革命军事委员会颁布了《中国人民解放军政治工作条例（草案）》。《条例（草案）》对人民解放军政治工作的性质、任务、职责、组织形式、工作作风以及各方面的关系，都作了明确的规定。毛泽东主席在审批这一《条例（草案）》时，特别加写了"中国共产党在中国人民解放军中的政治工作，是我军的生命线"。《条例（草案）》的颁布为军队的政治工作建设提供了依据。

1955 年 2 月 8 日，中华人民共和国第一届全国人民代表大会常务委员会第六次会议通过《中国人民解放军军官服役条例》，并由中华人民共和国主席毛泽东以命令公布。《条例》对人民解放军军官的来源和军官职务任免原则、军官的权利和义务、军衔的评定（军衔定为尉官、校官、将官和元帅 4 等 15 级）作出了规定，并决定建立军官预备役制度。

《条例》规定军衔等级区分为：中华人民共和国大元帅，中华人民共和国元帅，大将，上将，中将，少将，大校，上校，中校，少校，大尉，上尉，中尉，少尉，准尉，上士，中士，下士，上等兵，列兵。

同年 9 月 27 日，在北京中南海隆重举行授衔授勋仪式。毛泽东主席将"授予中华人民共和国元帅军衔的命令状"分别授予朱德、彭德怀、林彪、刘伯承、贺龙、陈毅、罗荣桓、徐向前、聂荣臻、叶剑英。同日，国务院举行授衔授勋典礼，由国务院总理周恩来分别把授予大将、上将、中将、少将军衔的命令状和勋章，一一授予粟裕等在京的将官。各总部、各军区、各军兵种也相继举行了授衔授勋仪式。

这次被授予大将军衔的有粟裕、徐海东、黄克诚、陈赓、谭政、肖劲光、张云逸、罗瑞卿、王树声、许光达。被授予上将军衔的 55 名，被授予中将军衔的 175 名，被授予少将军衔的 792 名。全军于 10 月 1 日开始佩戴军衔肩章、符号。

1955 年 7 月 30 日，全国人民代表大会第一届委员会第二次全体会议通过了《中华人民共和国兵役法》，并确定从 1955 年起，实行义务兵役制度。

义务兵役制、军衔制、薪金制三大制度的实行，对于部队实行统

陆军士兵夏常服　　　　装甲兵士兵夏常服　　　　海军士兵夏常服

◎ 配合军衔制的实施，全军装备新式军衔服装——55 式军服

一的编制和正规的制度，克服因志愿兵役制度不合理而产生的许多消极与不利因素，确定数十万以军事工作为职业的军官在军队中的地位和社会上的荣誉，保证全军的高度集中统一和提高工作效率，对推动人民解放军的正规化现代化建设，都具有重大的意义。

建设一支现代化的军队，培养军事人才是关键。在毛泽东的亲点下，我军一大批成功卓著的将领走上了军事院校的讲坛，刘伯承、陈赓，他们既有理论水平，又有实战经验，开创了我军现代化、正规化教育的先河。与部队院校培养干部的同时，全军上下也掀起了学文化的热潮，军队的素质大为提高。

现代化建设人才随着人民解放军正规化、现代化建设的发展，要求广大干部素质必须在原有的基础上进一步提高。1950年6月，中央军委决定，在战争年代创办的军事院校的基础上，改建、新建一批适应培养现代化作战人才的各类学校。同年7月，军委副主席周恩来主持召开军委会议，研究了军队院校的建设问题。会后，周恩来亲自制定了增建军队院校的方案。按照经毛泽东主席批准的这个方案，人民解放军首先将各战略区的军事政治大学、军政干部学校和各部队随营学校改建为5所高级步兵学校，24所初级步兵学校和一大批专业技术学校。

10月23日，毛泽东电令西南军政委员会主席刘伯承，速赴北京主持中国人民解放军陆军大学的筹建工作。11月13日，刘伯承向中共中央和毛泽东提出了《关于创办军事学院的意见书》，建议将拟议中的陆军大学改名为军事学院，得到中央军委和毛泽东的批准。1951年1月15日，中国人民解放军军事学院在南京成立，刘伯承任院长兼政治委员。建院初期，设高级速成系、基本系等4个系。到1956年，已发展到具有12个系的，培养造就合成军队高级指挥员和高级参谋人员的综合性军事学府。

1952年7月，根据中央军委5月16日的命令，以第一高级步兵学校和高级后勤学校为基础，在北京成立中国人民解放军后勤学院，李聚奎任院长。专门培养人民解放军的高、中级后勤指挥军官和专业勤务军官。

1952年6月23日，经毛泽东主席批准，中央人民政府人民革命军事委员会颁布了调整军事学校的命令。命令规定，全军编总高级步兵学校1所，高级步兵学校2所，步兵学校9所；高级炮兵学校1所，高射炮兵学校1所，地面炮兵学校6所，军械学校3所（其中炮兵军械学校2所，步兵军械学校1所），炮兵摩托学校1所；战车学校2所；高级工兵学校、工兵学校各1所；高级通信学校、通信工程学校、通信学校、雷达专修学校各1所；化学兵学校1所；防空学校、城防高射炮学校各1所；测绘学校、俄文学校和后勤系统的财务、军需、运输、油料、兽医学校各1所，协和医学院1所，医科大学6所（同年11月，中央军委电告各军区，改设军医大学7所）、卫生干部学校（同年11月，中央军委电告各军区，改为军医中学）15所。

此外，还增建了2所航空学校，2所干部学校；海军增建了海军预科学校，政治干部学校和后勤学校；各大军区增建了政治干部学校。根据中央军委调整全军军事院校命令的精神，1953年1月10日，以第三高级步兵学校为基础，在南京成立了中国人民解放军总高级步兵学校，宋时轮任校长兼政治委员。该校负责培养步兵部队高、中级指挥员和政治工作人员。

1953年9月1日，在哈尔滨成立了中国人民解放军军事工程学院，陈赓任院长。该校的任务是培养精通现代军事科学技术的各军兵种军事工程技术人员。学院设有海军、空军、炮兵、装甲兵、工兵（后改称为工程兵）5个工程系和23个教授会。

到1955年，全军已有253所院校，其中指挥院校26所，政治院校6所，技术院校72所，预备学校35所，文化学校98所，士兵学校16所，总人数达38.8万人。军队院校通过不断调整，全军的军事、技术院校基本上达到了按梯次编配，初、中、高等级具备，形成了专业技术门类齐全的教育体系。

为了进一步提高教育质量，培养更多的适应人民军队正规化、现代化建设的人才，1952年7月至1953年8月期间，毛泽东主席分别给军事学院、后勤学院、总高级步兵学校和军事工程学院4所院校题写了训词，阐明了我军正规化、现代化建设的客观要求和基本指导思想，明确了正规化、现代化建设的基本内容和方针。

新中国建立初期，人民解放军的干部、战士的文化水平普遍较低，这种状况成为学习现代军事技术和现代军事科学、进行军队现代化建设的一大障碍。1950年8月1日，人民革命军事委员会发出《关于在军队中实施文化教育的指示》。确定全军在一个相当时期内以提高文化水平为首要任务。

根据军委的指示精神，在1952年的军事整编计划中，毛泽东批准保留12.8万名编余干部用于开办文化补习学校。事后，从地方挑选了部分知识青年到部队担任文化教员。各军区部队相继先后组建了文化补习学校。全军群众性的文化学习掀起了一个又一个高潮。通过文化学习，到1953年，全军80%的初小以下程度的干部战士达到了初小毕业的程度，许多干部达到高小毕业或初中文化水平。这就为人民解放军进行正规化、现代化建设打下了初步的文化基础。

为了使广大指战员能够尽快地掌握更新式的武器装备，达到协同作战的要求，迫切需要部队转入正规化训练。为了加强对全军军事训练的领导，1950年6月，毛泽东主席任命萧克为军委军训部部长，负责筹建全军训练领导机构和各级各类军事院校。同年11月，总参谋部在北京召开第一次全国军事学校和部队训练会议。

会议确定了全军训练的基本方针：在解放军现有素质的基础上，用迅速而有效的方法，使部队学会掌握现代化的兵器及其他军事技术，使指挥员学会组织指挥各兵种联合作战和协同动作，了解参谋和通信勤务，以加速人民解放军的正规化和现代化建设。

为了更好地指导全军开展军事训练，1951 年 9 月至 11 月，中央军委在北京举办了全军高级干部集训。参训人员有各总部、有关部局、各大军区、各军兵种及部分军事院校的领导共 56 人。集训期间，朱德作了题为《统一训练计划，加速我军现代化正规化建设》的讲话。他指出：勇敢加技术，就战无不胜。今后不能练兵的指挥员，也就不能指挥打好仗，所以每个首长一定要学会抓训练。

1952 年 12 月，中央军委召开参谋长、政治部主任联席会议，决定从 1953 年 6 月起，全军实施正规化训练。1953 年底至 1954 年 1 月，中央军委召开的全国军事系统党的高级干部会议，确定了把人民军队建设成一支现代化革命军队的总方针和总任务，提出了在"现代化建设中，长期的经常性的中心任务是训练，特别是干部训练"的总要求。

二、百万志愿军海外大决战

1950 年夏天的一个拂晓，朝鲜内战突然爆发，引发了一场第二次世界大战以后最大规模的战争。美国武装插手朝鲜内战，美军在仁川登陆，把战火直烧到鸭绿江边。民主朝鲜危在旦夕，金日成连连向毛泽东告急。共和国大厦初建，根基未稳，是否出兵？毛泽东遇到了他一生中最艰难的抉择。形势逼人，大军跨过鸭绿江。

1. 美国人逼着我们打这一仗

1950 年 6 月 25 日凌晨，朝鲜内战终于爆发。

1950 年 6 月 26 日，金日成首相发表广播演说，号召全朝鲜人民和人民军官兵一起动员起来，为朝鲜的自由独立和统一进行正义的祖国解放战争。朝鲜人民军响应这一号召，奋勇作战，以破竹之势向南挺进。

战争的第二天，美国总统杜鲁门即命令其驻远东的空、海军侵入朝鲜，配合李承晚军队作战。6月27日，杜鲁门发表声明，公开宣布武装入侵朝鲜，干涉朝鲜内政，并命令其海军第七舰队侵入台湾海峡，霸占中国领土台湾。

美国利用联合国安理会的非法决议案于1950年7月初明目张胆地调遣大批军队侵入朝鲜，随后又打着"联合国军"的旗帜，先后纠集了世界五大洲，16个国家（美、英、法、加拿大、澳大利亚、新西兰、土耳其、泰国、菲律宾、希腊、荷兰、比利时、卢森堡、哥伦比亚、埃塞俄比亚、南非）的军队，组织"联合国军"。另外，还有5个国家（瑞典、丹麦、挪威、意大利、印度）派出了战地医疗队。

中朝两国领土相邻，唇齿相依，对于美国武装入侵朝鲜，威胁中国安全的行径，更是不能容忍。

6月28日，毛泽东主席在中央人民政府委员会第八次会议上号召"全国和全世界人民团结起来，进行充分的准备，打败美帝国主义的任何挑衅"。

9月中旬，朝鲜战局发生急剧变化。美帝国主义为挽回败局，在经过积极准备之后，于9月15日乘朝鲜人民军主力集中于洛东江战线，后方空虚之际，以美军第10军所属陆战队第1师、步兵第7师及炮兵、坦克兵、工兵部队共7万余人，在260余艘舰艇、近500架飞机配合下，在朝鲜西海岸仁川登陆，并继续向汉城、水原方向进攻。此时正在洛东江对岸布防的美军和南朝鲜军队10个师，也配合在北面的登陆部队开始向北进攻，对朝鲜人民军形成南北夹击之势。

人民军腹背受敌，加之后方供应断绝，遭受到严重的伤亡和损失，被迫沿山间隘路向北退却，遂使已经取得的胜利前功尽弃，而且形势日趋恶化。9 月 26 日，美军登陆部队占领汉城，29 日，美军正面部队进抵"三八线"。这时，美国总统杜鲁门指示麦克阿瑟"假设俄国人或中国人没有宣布进行干涉的意图或没有进行实际干涉，你可越过'三八线'，消灭北朝鲜军队"。杜鲁门的指示实际上授权麦克阿瑟可以侵入朝鲜民主主义人民共和国。

◎ 美国总统兼武装部队总司令杜鲁门

9 月 30 日，中华人民共和国总理周恩来在全国政协庆祝国庆一周年大会上发表演说，严正警告美帝国主义："中国人民爱好和平，但是为了保卫和平，从不也永不害怕反抗侵略战争。中国人民决不能容忍外国的侵略，也不能听任帝国主义者对自己的邻人肆行侵略而置之不理。"10 月 3 日，周恩来总理又通过印度驻华大使，再次向美帝国主义提出强烈警告，表明了中国的严正立场。周恩来指出："美国军队正企图越过'三八线'，扩大战争。美国军队果真如此做的话，我们不能坐视不顾，我们要管。"

然而，美国过低地估计了中国的决心和力量，认为中国的警告不过是"虚声恫吓"和"外交上的政治讹诈"，拒绝和平解决朝鲜问题。10 月 1 日，麦克阿瑟根据经过杜鲁门总统批准的关于在"三八线"以北进行军事行动的指令，命令伪军首先越过"三八线"。接着，美军也于 10 月 7 日开始越过"三八线"，疯狂地向朝中边境进犯，并且向朝鲜民主主义人民共和国发出"最后通牒"，要求朝鲜人民军"放下武器，停止战斗，无条件投降"。

正当朝鲜人民处于十分危急的时刻，我国驻朝鲜民主主义人民共和国大使馆于 9 月 30 日晚在使馆地下室里仍然举行了国庆招待会，朝鲜党和国家领导人应邀出席。会后，金日成首相召见中国驻朝大使倪志亮和参赞柴军武，当面提出："希望中国尽快派集结在鸭绿江边的 13 兵团迅速过江，支援朝鲜人民军作战，反击敌人。"

10 月 1 日，金日成首相和外务相朴宪承鉴于美军发出最后通牒威胁的情况，联合给毛泽东主席发来急电："在目前，敌人趁着我们严重的危机，不予我们时间，如果继续进攻'三八线'以北地区，则只靠我们自己的力量是难以克服此危机的。因此，我们不得不请求您给予我们以特别的援助。在敌人进攻'三八线'以北地区的情况下，急盼中国人民解放军直接出动援助我军作战。我们谨向您提出以上意见，请予以指教。"

这封紧急求援的电报，迅速送到北京中南海毛泽东的办公室。

朝鲜战场发展变化的实际形势，使中国派兵援朝的必要性、紧迫性越来越突出。中国援朝军队的挂帅人选问题对毛泽东的困扰也越来越大。经过两昼夜反复思考后，他考虑到了彭德怀。

10 月 4 日下午 4 时，中共中央派飞机把彭德怀从西安接到了北京。彭德怀由中央办公厅警卫处处长李树槐护送，驱车直奔中南海。汽车由西郊机场飞速地奔向西直门大街，通过具有民族风格的西四牌楼，很快就进入中南海的西门，然后汽车停在"丰泽园"门前，彭德怀急忙下车，随李树槐向后院的颐年堂走去。

在听完毛泽东介绍之后，彭德怀面对毛泽东，两道浓眉一扬刚毅果断地说："主席，我这个人的脾气你很了解，我服从中央的决定！""还是你老彭在中央为难之时，坚决支持和服从中央的决定，这我可就放心了。现在美军已大批向北冒进，我们不能等待，要尽快出兵。今天下午政治局继续开会，请你说说你对出兵援朝的意见，摆摆你的观点。"深为感动的毛泽东略带感叹地讲。

10 月 5 日下午，中共中央政治局继续在颐年堂开会，对是否出兵援朝问题再次进行讨论。在发言中，仍有两种观点，即强调国内困难很多，主张不出兵或暂不出兵。彭德怀对出兵援朝问题早已经过反复考虑，遂胸有成竹地讲了自己的观点，即：出兵援朝是必要的，打烂了，最多就等于解放战争晚胜利几年就是了。如让美军摆在鸭绿江岸和台湾，它要发动侵略战争，随时都可以找到借口。如等到美国占领了朝鲜半岛，将来的问题更复杂，所以迟打不如早打，这样对国内外的反动气焰和亲美派也是一个沉重打击。

在彭德怀发言后，毛泽东显然心中早已有数，他向会场环视一周后，用手敲着桌面说：

"我们国内当前存在着一些困难，这是事实，但我认为今天老彭的发言是一针见血，很有说服力。现在是美国人逼着我们打这一仗的，犹豫退缩、担心害怕都没有用。这些心理和情绪正是敌人所希望的。现在我们只有一条路，就是在敌人进占平壤之前，不管冒多大风险，有多大困难，必须立刻出兵朝鲜。关于由谁挂帅的问题，既然林彪说他有病已前往苏联养病，我提议由彭德怀同志率领志愿军入朝，协助朝鲜人民军抗击敌人。至于志愿军入朝具体部署和细节，会后我们再和彭德怀同志研究。"

在毛泽东发言之后，会场上严肃紧张的气氛顿时活跃起来，大家都以尊敬的目光投向彭德怀，一致同意由彭德怀挂帅率军援助朝鲜民主主义人民共和国。对此，彭德怀没有强调任何困难，立即站起来表示："我还是那句老话，服从中央的决定。"

10月5日下午的政治局会议结束后，毛泽东因考虑必须马上和彭德怀、高岗一起研究入朝作战方案，遂留下彭、高以及周恩来共进晚餐。

10月8日，中国人民革命军事委员会主席毛泽东以特急电报发布命令，内容如下：

为了援助朝鲜人民解放战争，反对美帝国主义及其走狗们的进攻，借以保卫朝鲜人民、中国人民及东方各国人民的利益，着将东北边防军改为中国人民志愿军，迅速向朝鲜境内出动，协同朝鲜同志向侵略者作战并争取光荣的胜利。

中国人民志愿军辖 13 兵团及所属 38 军、39 军、40 军、42 军及边防炮兵司令部与所属之炮兵 1 师、2 师、8 师。上述各部须立即准备完毕待命出动。

任命彭德怀同志为中国人民志愿军司令员兼政治委员。

中国人民志愿军以东北行政区为总后方基地，所有一切后方工作供应事宜以及有关援助朝鲜同志的事务，统由东北军区司令员兼政治委员高岗同志为调度指挥并负责保证之。

我中国人民志愿军进入朝鲜境内，必须对朝鲜人民、朝鲜人民军、朝鲜民主政府、朝鲜劳动党及其他民主党派及朝鲜人民的领袖金日成同志表示友爱和尊重，严格地遵守军事纪律和政治纪律，这是保证完成军事任务的一个极重要的政治基础。

必须深刻地估计到各种可能遇到和必然会遇到的困难情况，并准备用高度的热情、勇气、细心和刻苦耐劳的精神去克服这些困难。目前总的国际形势和国内形势于我们有利，于侵略者不利。只要同志们坚决勇敢，善于团结当地人民，善于和侵略者作战，最后胜利就是我们的。

同一天，毛泽东还亲自起草了发给我国驻朝鲜民主主义人民共和国大使倪志亮转金日成的特急电报，电文如下：

第一，根据目前形势，我们决定派遣志愿军到朝鲜境内，帮助你们反对侵略者；

第二，彭德怀同志为中国人民志愿军的司令员兼政治委员；

第三，中国人民志愿军的后方勤务工作及其他在满洲境内有关援助朝鲜的工作，由东北军区司令员兼政治委员高岗同志负责；

第四，请你即派朴一禹同志（内务相）到沈阳与彭德怀、高岗两位同志会商与中国人民志愿军进入朝鲜境内作战有关的诸项问题。彭、高二同志由北京去沈阳。

10 月 8 日晚上，当倪志亮大使和参赞柴军武将此电报面交金日成首相时，他高兴得两手一拍说："太好了！"他立即用手分别拉住倪、柴两人的手进入会客厅，随手拿出几瓶酒请倪、柴一起喝酒言谈。其间他一再对中共中央毛泽东主席和中国人民的大力支援表示深深地感谢，并称赞中朝两国人民的战斗友谊将永垂青史。

10 月 18 日，为加强和统一志愿军司令部的指挥机构，中央军委发布命令，决定："彭德怀的临时指挥所与东北边防军司令部合并，组成中国人民志愿军总部，彭德怀为司令员兼政治委员，邓华、洪学智、韩先楚为副司令员，解方为参谋长。"一个统一的精干的中国人民志愿军总部正式成立了。同时，志愿军各路渡江部队亦开始向鸭绿江边急速开进。

10 月 19 日清晨，彭德怀、高岗由北京乘飞机火速赶回安东。当天黄昏时分，彭德怀仅带了一名参谋，两名警卫员和一部电台乘一辆吉普车，在渡江部队的先头，开始跨过鸭绿江大桥。随后，中国人民志愿军 38、39、40、42 军和 3 个炮兵师，分别同时开始在安乐、长甸河口和辑安三个渡口，雄赳赳、气昂昂、浩浩荡荡地跨过鸭绿江，进入朝鲜。中华人民共和国伟大的轰轰烈烈的抗美援朝战争的序幕就此拉开了。

2. 中国人打出了威风

1950 年 10 月 25 日，中国人民志愿军揭开了出国作战的第一个战役的序幕。

10 月 25 日拂晓，南朝鲜军第 1 师先头部队，以坦克 14 辆，自行火炮一部，后随摩托化步兵，沿云山至温井公路北犯，闯进志愿军第 40 军隐蔽集结地区。第 40 军立即从公路两边发起突袭，以拦头、截尾、斩腰的战术，将其全歼。第二天，南朝鲜军第6师第7团进至鸭绿江边的楚山，这是朝鲜战争期间南朝鲜军第一次也是最后一次到达中朝边境。该团进入楚山后，竟向对岸的中国领土射击，可是随后他们即发现侧后有中国军队，急忙放弃楚山南逃，途中被志愿军第40军118师一举歼灭。

初战获胜，极大地提高了入朝部队的作战信心。部队通过实战感到，南朝鲜军队虽然全部是美式装备，然而每个师只有一个105毫米榴弹炮营，火力还不很强。其士兵又大部分是被强征入伍不到半年的新兵，战术技术水平都很低，作战时主要依靠美国飞机和火炮的掩护。因此，彭德怀总结说："敌人离开了飞机大炮，攻不能攻，守不能守，只要我充分利用夜间，实行大胆的迂回包围，穿插作战，是可以歼灭敌人的。"

志愿军和南朝鲜军交火已经几天了，美军对于中国出兵仍然抱着怀疑和不在乎的态度。美国陆军历史最悠久的王牌师——第1骑兵师（美国开国时创立的番号，其实该师早已摩托化）仍然向距离鸭绿江边60公里的云山前进，支援已在那里的南朝鲜军第15团。这时，志愿军第39军已经奉命围歼在云山的南朝鲜军。这样，中美两国军队开始了现代历史上第一次交锋。

11月1日傍晚，志愿军第39军以8个步兵团的兵力，向云山之敌发起围歼战。部队在隐蔽接近和包围敌人后，不待进行火力准备，即以一部兵力突然冲入云山镇，以打乱敌人指挥。部队打进敌人阵地后，发现敌兵臂上带着马头臂章，且个头儿高大，知道是美国军队。这时美军刚与南朝鲜军接防，戒备疏忽，把进入镇内的志愿军当成了南朝鲜军，还同他们握手。我军先头部队将错就错，进至美军一个营的营部前才突然开火，敌人遭受突袭后一片惊慌，脆弱的南朝鲜军第15团迅速崩溃。由于双方实行近战，美军的优势火力无法充分发挥作用，被迫丢弃大部分重装备，午夜后，在坦克的掩护下开始突围。在突围路上，美军骑 8 团又遭到志愿军截击，坦克大多被炸药包炸毁。在其第 1、第 2 营趁隙逃脱之后，其第 3 营被包围。随即被志愿军采取白天隐蔽，入夜发起攻击的战法，向该敌连续进行了两个夜晚的猛攻。至 11 月 3 日夜间，残敌除个别突围外，全部投降。前来增援的美骑 1 师第 5 团也被击退。据我军统计，云山战斗共消灭美军约 1800 人（美国的统计数字是损失约 1000 人），击毁和缴获坦克 28 辆，火炮 190 门。

在云山战斗开始的同一天夜晚，志愿军总部还决定向清川江以北之敌发起总攻。从 11 月 1 日晚间起，志愿军各部展开全面攻击，可是敌军因为美骑 1 师的失败而发现志愿军的力量强大，急忙于 11 月 3 日全线撤退。志愿军在后面进行追击。后因部队粮、弹供应不上，志愿军总部命令各部停止进攻。11 月 7 日，在东线的黄草岭担负阻击任务的志愿军第 42 军和朝鲜人民军一部在抗击了美军陆战 1 师连续七天的进攻后也向北后撤。第一次战役至此结束。

第一次战役共进行了 13 天，不成建制地消灭了敌军 1.5 万人，其中大部分是南朝鲜军。通过这一战役，粉碎了敌人在感恩节前占领全朝鲜的计划，使朝鲜人民军获得了整顿的时间，而且更为重要的是，志愿军取得了同具有现代化装备的敌军作战的初步经验，这就为下一次战役的胜利奠定了基础。

1950 年底坐阵东京的麦克阿瑟对来自朝鲜的报告极不相信，鸭绿江以南出现了共产党中国的军队？真令人难以置信。

任何熟悉亚洲的人，都知道中国历史上有过各种乌七八糟的军队。就麦克阿瑟所知，自从军阀混战的年代以来，这些军队从未有所改进。所有记载中国历史的著作统统说明了一个事实：几百年来，中国军队从未战胜过第一流的外国军队。麦克阿瑟甚至明显地希望，中共军队会撞到他的枪口上，"我每晚为此而祈祷"，他说。

当时，美国采取了两种手法：一方面，同意联合国邀请新中国的代表参加安理会的听证会，并试探以所谓保证中国在鸭绿江上的利益，换取中国坐视其占领全朝鲜；另一方面，对鸭绿江以南的中朝军队控制区进行为时两周的"空中战役"，并炸断鸭绿江桥。同时，"联合国军"和南朝鲜军将其第一线兵力增加至20余万人（其中美军7个师、南朝鲜军6个师、英军2个旅、土耳其1个旅），并有约1100架作战飞机和900辆坦克支援。

中共中央决定不理睬美国的和谈试探，集中精力争取在战场上取得胜利。为了增强志愿军的力量，根据中央军委命令，原来作为预备队的第9兵团3个军在司令员兼政委宋时轮、副司令员陶勇率领下，于11月9日至19日由辑安、临江方向入朝，赴东线作战。在敌机日夜不停地实施侦察轰炸的"空中战役"的情况下，该兵团15万人隐蔽开进竟完全未被敌人发现，事后美方也称此为"当代战争史上的奇迹"。

◎ 志愿军某部机枪班在坚守高地

至 11 月 24 日，在朝的志愿军总数已达 45 万人，其中作战部队已达 38 万人。第二次战役发起前，志愿军除了以后撤诱敌外，还释放了 100 余名美军和南朝鲜的俘虏，并向其解释我军因粮食不足，要撤退回国。这样，一方面以实际行动向敌人宣传了我军优待俘虏的政策，另一方面也增大了敌人的错觉。

11 月 24 日，"联合国军"统帅麦克阿瑟狂妄地向全世界发表公报，宣布发动"圣诞节前结束朝鲜战争的总攻势"。同日，敌军数千门火炮向着只有我军个别警戒人员的前沿阵地轰击后，各路敌军开始分头沿路向北推进。这时，西线美第 8 集团军和东线美 10 军之间留下一个数十里的缺口，西线之敌右翼又是刚受过打击的南朝鲜第 2 军（辖第 7、8 师，不足 2 万人）。因此，志愿军总部决定利用这个早已选好的敌军薄弱点，向西线敌人的右翼德川发动攻击，下一步再向美第 8 集团军的纵深后方迂回。

11 月 25 日夜，伴随着令敌人心惊的军号声，西线志愿军 6 个军在 200 公里宽的战线上同时发动进攻。其中 38 军、42 军一夜之间就顺利地将南朝鲜第 2 军分割，第二天白天，部队利用敌我双方插在一起，敌机难以分辨之机，向溃逃之敌猛打猛冲，将南朝鲜第 2 军全部击溃。11 月 27 日早上，美国广播新闻评论员宣称："大韩民国军队第 2 军被歼灭，业已完全不复存在，再找不到该部部队的痕迹。"事后，美国参谋学校专门撰写了《德川战役南韩第 2 军被歼的检讨》一文，作为研究中国军队进攻战术的范文。

德川战斗胜利后，志愿军总部命令第 38、42 军向敌后穿插，力图将美第 8 集团军主力合围于平壤以北。

11 月 27 日晚，第 38 军第 113 师全部轻装前进，天明已进入敌方纵深。这时敌人戒备疏忽，只有飞机来往侦察。第 113 师为了迷惑敌人，部队索性去掉伪装，整队前进，果然使敌机误以为这支部队是由德川败退下来的南朝鲜军队。11 月 28 日 8 时，第 113 师经 14 小时行军，前进 72.5 公里，插到了平壤至价川公路的交叉点三所里。

志愿军占领三所里，使清川江北的敌军三面被包围，立即陷入极度的恐慌之中。同日，麦克阿瑟向美国政府报告，中国人要把他的部队"全部歼灭"。

29 日，"联合国军"和南朝鲜军在腹背受击的情况下，开始动用大量飞机掩护全线撤退。同时，以美骑兵第 1 师、英第 29 旅各一部向北增援，猛烈攻击志愿军第 38 军第 113 师扼守的三所里、龙源里，企图打开南逃通路。于是双方在这里发生了一场恶战。当时，志愿军头顶上有上百架飞机轰炸，地面上有近百辆坦克从南北两个方向发动冲击，部队随身携带的弹药很快打完了。在这种情况下，指战员利用缴获的武器，以无比顽强的精神和敌人搏斗。

第 337 团 3 连在龙源里，第 335 团 3 连在松骨峰的阻击战打得最为顽强。战士们打完了子弹，就用石块、拳头、牙齿和敌人拼命。作家魏巍在《谁是最可爱的人》这篇报告文学中，曾把松骨峰战斗称为"朝鲜战场上一次最壮烈的战斗"。在第 113 师的顽强阻击下，敌人打开道路的企图未能得逞，被迫丢掉辎重改道向安州方向撤退。志愿军各军当即在清川江畔展开了分割围歼敌人的战斗。美第 2 师、土耳其旅大部被歼，美第 25 师、美骑兵第 1 师被重创，其他部队也遭到不同程度的打击。

第二次战役历时 49 天，志愿军共歼敌 3.6 万余人，其中美第 8 集团军司令沃尔顿·沃克于败退中车祸身亡。收复了"三八线"以北大片土地，扭转了朝鲜战局。对此，美国合众社哀叹："这是美国建军以来最大的失败，是美国陆军史上最黑暗的时期。"

美军在出现了"建军以来最大的失败"，以后，吸取了被志愿军迂回穿插的教训，迅速在"三八线"以南纵深地区建立了五道防线。南朝鲜军 8 个师被摆在第一线，美英军放在第二线，是一副可打可撤的姿态。这时敌作战兵力有 20 万人，士气却降到战争中的最低点。李奇微形容当时的美军说:"这是一支张皇失措的军队,对自己、对领导都丧失了信心,不清楚自己究竟在那里干什么,老是盼望着能早日乘船回国。"同时又说:"南朝鲜军在中国军队打击下损失惨重,往往对中共士兵怀有非常畏惧的心理,几乎把这些人看成了天兵天将。"于是,李奇微忙于振作士气,并采取了"夜间收缩部队,让部队与部队之间紧紧衔接在一起,到昼间则以步空协同分队发起有力的反冲击"的新战术,这样,很快就加大了志愿军进行运动战的难度。

12月27日前,志愿军第38、39、40、42、50、66军和人民军1、2、5军团共30万人隐蔽进入"三八线"以北的预定地域。12月31日晚17时,志愿军在西线向敌"三八线"防线发起全线进攻。攻击开始时,志愿军集中了100余门火炮,在主要方向进行了短促的火力准备。这是志愿军在朝鲜战场上第一次大规模使用炮兵,为打开突破口起到了重要作用。然后,志愿军分左、右两路纵队迅速突破了敌人沿临津江、汉滩川及"三八线"预设的防御阵地,继续向敌防御纵深发展。第42军、第66军鉴于部队已和逃敌犬牙交错地混在一起,敌机不好识别,就大胆地实行白天追击,结果消灭了南朝鲜军第2师主力。

经过志愿军和人民军两天一夜的穿插追击,到1月2日,第一线的南朝鲜军已经全线崩溃。尽管美国宪兵在公路上阻截,李奇微还亲自把吉普车横在公路中间企图阻止他形容为雪崩一样的溃兵,但是无济于事。汉城以东的南朝鲜军队的溃逃,使汉城地区的10余万"联合国军"处于被中朝部队从右翼实施深远包围,在汉江以北背水作战的危险中。因此,李奇微不顾南朝鲜政府的反对,下令放弃汉城。李奇微为了保证其第8集团军迅速撤退,亲临汉江大桥桥头指挥,并向部队下令:如果南朝鲜"难民"争夺汉江大桥,影响其撤退行动,就开枪射击。

中朝军队联合司令部发现敌人全线撤退后,立即下令全线追击。由于敌军全系摩托化部队,徒步无法追上,只消灭了敌人的少数掩护部队。英军第 29 旅被美军安排在汉城以北掩护后撤。志愿军第 50 军在 1 月 3 日下午以穿插截断了该旅的退路。该旅虽然在坦克飞机掩护下大部突围，但是入夜后志愿军部队即以反坦克手雷、爆破筒投向英军坦克，一举击毁和缴获坦克 31 辆，歼灭了英军一个坦克连和两个步兵连。这是抗美援朝战争史上以步兵武器歼击坦克成功的第一个范例。

1951 年 1 月 4 日夜，志愿军第 50 军和第 39 军的 1 个师连同朝鲜人民军第 1 军团进入了汉城。汉城城内到处是熊熊大火，居民在敌欺骗宣传下已逃避一空。1 月 7 日，第 50 军占领水原，1 月 8 日，朝鲜人民军第 1 军团又一次占领了仁川。同日，中朝军队已将敌人驱逐至北纬 37 度线以南，第三次战役遂告结束。

3. 和约签字

"联合国军"在中朝军队第三次战役打击下，丢失了汉城，败退至北纬 37 度附近地区，内部愈加混乱，失败情绪愈加严重。为了挽回其失败的影响，缓和内部矛盾，开始积极准备反扑，自 1 月 25 日起，以美军为首的西线敌军向汉城方向发起大规模进攻。这时，中朝两军领导人正在平壤以东的成川召开高级干部会议，研究部队休整和春季攻势问题。发现敌人大举进攻后，中朝军队联合司令部立即决定停止休整转入防御。

从 1 月 25 日至 2 月 16 日，志愿军第 50 军和第 38 军一部在汉江以南进行了 20 余天的阵地防御战，以阻击向汉城进攻的美第 1 军。这次防御战是抗美援朝战争中第一次大规模的防御战，其激烈程度和全新特点，在中国人民军队作战史上写下了新的一页。

防御战开始时，志愿军还按照国内战争的方式抢筑了野战工事，并在第一线配备了较多的兵力。可是在敌人火力准备时，前沿兵力就往往被杀伤过半。剩下的人员虽然依托残存的工事英勇抗击敌人，却因为白天后方难以支援，结果在敌人反复攻击下常常是人地皆失。吸取这一教训后，第50军在前沿对部队实行疏散配置，火炮也分散隐蔽。待敌军步兵接近我阵地时，我步炮兵再突然开火，对于白天失去的阵地，夜间再以反击夺回。这样不仅减少了自己的伤亡，也有效地抗击了敌人的进攻。经过14天节节阻击和反复争夺，敌军只前进了18公里，并付出了1万余人伤亡的代价。2月10日，敌军进占仁川，但是汉江以南的主要阵地仍在志愿军坚守之下。2月中旬，汉江也开始解冻，为避免背水作战，第50军和38军各一部于2月18日全部撤到汉江以北。

汉江南岸的防御作战，中国军队表现得极为顽强。第50军原是在辽沈战役中由起义部队改编的，在战斗中，以曾泽生军长（原国民党第60军军长）为首的起义人员和四野加强该部的骨干都显示出良好的战斗作风和较高的军事素养。第38军在这次作战中，也经受了该军成立后最严峻的一次考验。该军装备虽然落后，但作战却异常英勇。

双方在汉江南岸激战时，东线南朝鲜军的3个师和美第2师已进至横城以北，形成突击态势。2月11日夜，按照原定计划，中朝方面6个军以迂回穿插战术，向该敌发起攻击。由于在夜间利用了敌人的空隙大胆深入，战斗进行得十分顺利。南朝鲜1971年出版的《韩国战争史》第十章曾对此记载说：

2月11日夜，中共两个军和北傀军（对朝鲜人民军的诬称）的一个军团发起大规模反攻，前线国军3个师顷刻溃散。

这次反击战共俘虏南朝鲜军7500人、美军500人，这是抗美援朝战争中俘虏南朝鲜军队最多的一次。

横城反击战胜利后，志愿军于2月13日乘胜向横城以西的砥平里发起攻击。由于产生了轻敌思想，同时也由于敌军防守坚固，双方激战两天两夜，仍僵持不下。这时，敌援兵已到，志愿军弹粮将尽，再战不利，不得不于2月16日从砥平里、原州一线北撤。2月17日，中朝军队联合司令部决定，全线转入运动防御，准备争取两个月时间，以集结兵力，改善交通运输，囤积作战物资，待引敌深入，置汉江于敌背后，再行反击。同时，中朝军队且战且走向"三八线"以北转移。

2月19日，敌军在东线发起进攻。3月7日，敌军又在西线发动代号为"撕裂者行动"的攻势。中朝军队第一线8个军（其中人民军4个军团）组织了运动防御。这时，志愿军前线各部队的困难局面超过入朝以来任何时期，部队弹粮严重不足，火炮损失严重，战斗异常艰苦。仅3月7日一天内，第38军和第50军在汉江北岸就有几个连队战斗到最后一个人。

3月14日，朝鲜人民军第1军团根据联合司令部预定计划主动放弃汉城。随后，中朝第一线部队8个军转入第二线休整，第二梯队3个军又一个师接替了第一线运动防御的任务。各部队在节节阻击中继续给敌人以很大打击，大大消耗了敌人的有生力量。这时，朝鲜正值冰雪融化，公路一片泥泞，美军称之为"巧克力汤"，这种气候也影响了敌人机械化部队的运动。4月初，中朝部队已基本撤至"三八线"以北，敌军因发现大量中国新锐部队到达，也停止了进攻，4月21日第四次战役结束，是役，中朝方面歼敌7.8万人，自己损失5.3万人。

在这次战役期间，出现了"联合国军"总司令麦克阿瑟被杜鲁门解职的事件。这一事件，是麦克阿瑟坚持其局部战区的利益，以致同美国政府的全球战略发生尖锐矛盾的反映。当美军再次进抵"三八线"时，美国首脑考虑到美国的战略重点是欧洲，主要敌人是苏联，不愿长期陷于一场无法打赢的朝鲜战争中，因此于3月20日通知麦克阿瑟应寻找与中朝方面谈判。可是，麦克阿瑟却于3月24日狂妄地发表声明，威胁要袭炸中国沿海和内地，这使美国政府首脑和英、法两国都大为愤慨。4月11日，杜鲁门总统以突然袭击的方式将麦克阿瑟撤职。随后，美国参谋长联席会议主席布莱德雷解释说："把战争扩大到共产党中国，会把我们卷入一个在错误的地方，错误的时间和错误的敌人进行一场错误的战争中。"

第四次战役结束的第二天，即 1951 年 4 月 22 日，中朝军队联合举行了第五次战役。这次战役是朝鲜战争中规模最大的一次战役，双方共投入了 100 多万军队，相互都进行了激烈的攻防作战。

从 2 月间开始，中朝方面就开始筹划大规模的反击战，以扭转当时的被动局面。3 月 14 日彭德怀提出："下一次战役是带决定性的一仗。" 4 月 19 日志愿军发布的第五次战役的动员会中，也强调这一仗是朝鲜战争的时间缩短或拖长的关键。

鉴于第四次战役期间志愿军部队"青黄不接"尤其是兵力不足的教训，中共中央军委以当时后勤所能保障的最大限度，向朝鲜调集大批部队。2 月中旬至 4 月初，第 3、第 19 兵团、第 47 军以及新组建的大批特种兵相继入朝。朝鲜人民军也进行了整顿扩编。4 月间，中朝方面在朝兵力又达 130 万人，其中志愿军 95 万人。当时敌军在朝地面部队为 34 万人。在兵力数量对比上，我方占很大优势，但敌人在火力上仍占绝对优势，而且牢牢掌握着制空权。

1951 年 4 月 22 日傍晚，中朝军队 14 个军（内含人民军 3 个军）沿着 200 多公里宽的战线同时开始进攻。第 9 兵团和第 39 军首先在战线中央击溃南朝鲜军的第 6 师和美第 24 师各一部，将敌军的阵线分割成两部分。东西两线中朝军队乘胜向后撤之敌猛攻，在为时 7 天的第一阶段的攻势中，中朝军队全线推进 70—80 公里，在战役进攻的总体上取得了胜利。

5 月 16 日晚，中朝军队共 13 个军（内含人民军 4 个军）发起第二阶段进攻。西线第 19 兵团佯攻汉城，以吸引美军主力。中线的第 3 兵团实行中央突破，切断了敌人东西线联络，担任主攻的第 9 兵团和人民军三个军团在东线开始分割包围南朝鲜军。由于采用了傍晚突破，夜间向纵深穿插，天明实现合围的方式，加上攻击部队十分勇敢，东线的南朝鲜军迅速崩溃。志愿军第 20、第 27 军发起进攻后，第一夜就推进了25—28公里，和东部人民军一起，于5月18日切断南朝鲜军4个师的后路，南朝鲜军又采取遭受沉重打击即化整为零的老办法，丢弃全部车辆和重装备，分散逃入深山。南朝鲜4个师迅速被击溃，这使得美国对南朝鲜军的战斗能力更加表示怀疑，并斥骂李承晚政权无能，从而加深了美李矛盾。

从5月16日至21日，中朝军队经过5天连续进攻，取得了一定胜利，中朝军队在东线普遍推进了50—60公里。这时，我方鉴于部队疲劳和供应困难，已无法发展战役胜利，遂决定春季攻势结束，主力部队转移到"三八线"以北休整。5月22日，中朝部队开始北撤。美军和南朝鲜军乘机开始全线反扑，在这一阶段作战中，由于部队未安排好撤退时的交替掩护，第3兵团在转移过程中遭受重大损失。

第五次战役历时50天，中朝方面歼敌8.2万人，自己损失8.5万人。特别是在战役后一阶段，部队在后撤中有2万人失踪。美方则宣称5月下旬俘虏我方1.7万人。这是抗美援朝战争中志愿军作战仅有的一次严重损失。

从1950年10月至1951年6月的八个月的战役反攻阶段，志愿军连续进行了五次战役，基本上完成了出国时的战略目标，把战线稳定在了"三八线"附近，取得了抗美援朝战争的决定性胜利。八个月的战争里，中朝军队共歼灭敌军23万余人，其中美军8万人。八个月的战争历程充分说明了美帝国主义是纸老虎，尽管它貌似强大，但却不是不可战胜的。

1951年6月23日，苏联驻联合国代表马立克，根据中朝两国政府一贯主张和平解决朝鲜问题的立场和美国政府所表示的愿意通过谈判解决朝鲜问题的意向，提出了"交战双方应该谈判停火与休战"的建议。6月30日，"联合国军"司令李奇微奉美国政府之命发表声明，表示愿意举行停战谈判。7月1日，朝鲜人民军最高司令官金日成和中国人民志愿军司令员彭德怀通知李奇微同意派代表与美方会晤。经双方代表商定，1951 年 7 月 10 日，在战线西部我方一侧的开城举行停战谈判。从此，朝鲜线战场上开始了长达两年之久的军事斗争和政治斗争相互交织的边打边谈的局面。到 1953 年 6 月，中朝军队取得了金城反击战的重大胜利，使敌人处境非常困难，不得不向中朝方面作出实施停战协议的保证。

1953 年 6 月 29 日，美国侵朝总司令克拉克在给金日成首相和彭德怀司令员的信中表示，今后"保证停战条款将被遵守"。7 月 24 日，双方谈判代表确定了最后的军事分界线。

1953 年 7 月 27 日，朝鲜时间上午 10 时，双方谈判代表在板门店签署了朝鲜停战协定及其临时补充协议。随后，朝鲜人民军最高司令官金日成和中国人民志愿军司令员彭德怀和"联合国军"司令克拉克分别在停战协定上签了字。协定于 27 日朝鲜时间下午 10 时生效。

克拉克上将在他的回忆录中这样描述他当时签字时的心情："我成了美国历史上第一位在没有胜利的停战协定上签字的将军"，"我感到一种失望的痛苦"。

朝鲜停战的实现，标志着志愿军已经胜利地完成了祖国人民交给的"抗美援朝，保家卫国"的神圣使命。正如彭德怀元帅所说的："它雄辩地证明：西方侵略者几百年来只要在东方的一个海岸上架起几尊大炮就可以霸占一个国家的时代是一去不复返了。"

◎ 1953 年 7 月 27 日，克拉克在朝鲜停战协定和补充协议上正式签字

三、援越抗法战争

　　1950 年初，正当越南民主共和国的抗法民族解放战争处于最艰难的时刻，中华人民共和国领导人应越南民主共和国主席胡志明的请求，以高度的国际主义精神，克服新中国建立初期国内存在的各种困难，向越南无偿提供了大量的武器装备和军需援助，并派出以陈赓、韦国清为领导的军事顾问团，协助指挥越南人民军先后进行了边界、中游、东北、高平、西北、奠边府等战役，极大地推进了越南人民民族解放战争的胜利进程。

1. 胡志明秘密访华

　　1945 年 8 月中旬，印度支那共产党在获悉日本投降的消息后，果断地举行了八月革命。在全国范围内迅速取得了胜利。9 月 2 日，胡志明在河内包亭广场 50 万人的欢呼浪潮中，宣读了《独立宣言》，向全世界宣告越南民主共和国成立。但是，新生的共和国又面临着严重的威胁。深受战争创伤的法国，虽然面临着重建家园的艰巨任务，却并不想放弃对印度支那的殖民统治。1946 年 12 月 16 日，进占印度支那的法军当局在海防举行了军事会议，作出了对越南北部发动全面进攻的最后决策。

　　随后，调集 10 万精良部队，企图迅速歼灭越方的武装力量，占领主要的政治和经济中心。19 日下午 8 时 30 分，法军以突然袭击的方式向河内发起进攻。在法军进攻河内的第二天，胡志明主席发表了《告越南人民书》。他号召全国人民："我们宁可牺牲一切，一定不肯亡国，一定不肯做奴隶。"在胡志明主席的号召下，全国性的反法抗战斗争全面开始了。

　　抗战初期，越南民主共和国只有装备低劣的自卫队、游击队和万余人民军。面对强大的敌人，越方将全国划分为十大战区，为了统一指挥，在中央政府之下设立南、北、中三个抗战委员会，分别指挥各个战区的抗战委员会。胡志明全面负责抗法战争的工作，同时，任命武元甲为国防部长兼人民军总司令，负责军事指挥工作。在战争的第一阶段，法军攻势甚猛，很快地就控制了河内、海防、广治、顺化等大城市，并完成了对越南北方的分割。至 1947 年 9 月，法军又相继攻占了越西北的许多重镇。

10 月 7 日，法军集中 1.5 万人的机械化部队，发动越北战役，企图一举歼灭越军主力。越军以游击战的战法，采取诱敌深入，分割围歼的策略，经过了两个多月的奋战，粉碎了法军的进攻。从此以后，战争进入了相持阶段。法军为求得长期维持战争，请求美国给予援助。1949 年 10 月，中华人民共和国成立，美国政府为了推行封锁中国的政策，同意法国的求援，决定介入印度支那战争。这样，越南人民的抗法民族解放战争更加艰难。

然而，中国革命的胜利和中华人民共和国的成立，改变了远东国际格局。1950 年 1 月 8 日，中华人民共和国与越南民主共和国建立了正式外交关系，成为世界上第一个承认越南民主共和国的国家，使得中越两党、两国的关系进入了一个新阶段。这无疑是给越南人民的艰难抗法战争坚定了信心和增添了力量。在两国建立外交关系不久，越南民主共和国为了争得中华人民共和国的援助，1 月底，越共中央主席胡志明从越北根据地秘密地进入到中国，首先在北京与周恩来总理会晤，提出请中国对越南的抗法战争给予援助。

胡志明是中国人民的老朋友。20 世纪 20 年代，他在法国留学时就与周恩来、李富春等相识。当时，胡志明叫阮爱国。之后，他曾多次到中国，并会晤周恩来。抗日战争时期，胡志明在广西、云南等地培训越南革命干部，组织革命力量，领导越南民族解放战争。1939 年，胡志明化名胡光，曾在八路军桂林办事处工作一段时间。之后，到湖南叶剑英为国民党办的游击干部训练班工作，担任党支部书记，同时兼收国际新闻广播，并记录下来作时事教材用。当时，胡志明是"二等兵"，又是党支部书记。这种身份使他不知道如何填写国民党发的表格。叶剑英对他说：八路军没有军衔，就封你为"少校"。胡随在表中填"少校"。之后，蒋介石也给胡发了"少校"的委任状。后来，胡志明积极投身越南民族解放斗争。越南"八月革命"后，周恩来看到"越南民主共和国主席胡志明"的照片，惊喜地呼道："他就是阮爱国嘛！"

当时，毛泽东主席正率中国政府代表团在苏联莫斯科访问，为了商讨中国对越南的援助，胡志明主席又同周恩来总理一起到莫斯科，与毛泽东、刘少奇等中国领导人进行会晤，再次以越南共产党中央和国家主席的身份，请求中国全面援助越南人民的抗法战争。当时，新中国刚刚成立4个月，国内百业待兴，剿匪、土改等任务繁重，财政经济极为困难。但是，中国领导人把越南邻邦的事当做自己的事办，把援助越南抗法战争作为义不容辞的国际主义义务。毛泽东、刘少奇、周恩来等领导人向胡志明主席表示，尽管中国面临状许多困难有待克服，但一定尽力向越南提供抗法斗争所需的一切援助。中越双方领导人经商定，中国先从下列几个方面向越南提供援助：

胡志明主席请求中国援助全部军事装备和部分民用物资。毛泽东表示：只要中国有而越南又确实需要的都可以尽量援助。

胡志明主席要求中国派出军事顾问团，协助越南建军、作战以及做解放区财政、经济、建党、群众等方面的工作。中国方面同意向越方派出军事顾问团和政治顾问团。

由于当时越南通往中国的几条主要交通线还在敌军控制下，胡志明主席要求中国协助越方组织一次战役，打通边境交通线。中国方面决定派出20世纪20年代胡志明在广州时的老战友、中国人民解放军

中战功赫赫的陈赓到
越南协助组织战役。

胡志明秘密访
问中国后，又秘密
地访问了苏联，与苏
联领导人斯大林进行
了会谈。事后，苏联
及一些社会主义国家
相继承认越南民主共
和国。

◎ 胡志明

2. 军事顾问团赴越

根据越南共产党中央主席胡志明在秘密访问中国时与中国领导人
达成的协议，中国人民在国内经济条件十分困难的情况下，采取节衣
省食的办法，从 1950 年 4 月起，在全国范围内筹集了大量的武器装备
和各种军需物质，连延不断地运往越南革命根据地，支援越南人民的
抗法战争。

在物资支援的同时，着手组织军事顾问团。4 月 17 日，中央军委
指示，从第二、第三和第四野战军各选调 1 个师（包括师、团、营三
级）的全套顾问，从第三野战军中选调顾问团团部工作人员，从第四
野战军中选调 1 个军官学校的全套顾问及教员，组成军事顾问团，由
第十兵团政治委员韦国清和华东军政大学第二总队队长梅嘉生、政治
委员邓逸凡负责。

4 月 26 日，中央军委再次指示西北、西南、华东、中南各军区和
军委炮兵，增调 13 名营以上干部，参加顾问团，准备担任越军高级指
挥机关和军事、政治、后勤顾问或助理顾问。5 月底，各单位选调的

干部在北京集中进行学习。

6月30日，毛泽东、刘少奇、朱德在中南海接见了顾问团中师以上顾问和部分团级顾问。在接见时，毛泽东主席对大家说：你们到越南去当顾问，是执行光荣的国际主义义务。中国革命已经胜利，人民已经解放，但越南人民还在法国殖民地者的铁蹄下受苦受难，大家不但应当同情他们，还应当伸出双手援助他们。胡志明主席和许多越南人民，曾经参加和援助过中国的革命斗争，有的还流血牺牲了。现在大家援助他们的抗法斗争，是完全应该的。

接着，毛泽东还对顾问团的任务和工作方法作了明确指示。顾问团的任务是帮助越南民主共和国组织、建设一支革命化的正规部队；帮助他们组织指挥作战，主要是协助组织指挥运动战和较大规模的正规战；当顾问就是当参谋，给他们的领导当好参谋。要多作调查研究，想办法出主意，不可包办代替，更不能当"太上皇"，发号施令，一定要戒骄戒躁，谦虚谨慎，诚心诚意地帮助他们。要尊重他们，团结他们。要爱护那里的一草一木。

朱德勉励大家，发扬中国人民解放军的光荣传统，不怕艰苦，不怕牺牲，不计较个人得失，树立长期作战思想，全心全意地帮助越南人民，直到他们取得抗法斗争的最后胜利。顾问团的成员在北京集训完后，直接南下，7月下旬，在广西南宁市正式组成军事顾问团，由韦国清任团长，梅嘉生、邓逸凡任副团长。

顾问团全体成员和工作人员在南宁集中学习了毛泽东等中央领导人指示，进一步领会中央的精神，同时制定了《顾问团守则》。事后，顾问团在正、副团长的率领下，肩负着祖国人民的重托，离开了祖国。全体人员经过长途跋涉，从广西龙州出境，进入越北地区。

8月12日到达越军总部所在地广渊。军事顾问团在听取了越军总部关于越军情况介绍和对顾问团工作的建议后，宣布了分工：顾问团下设军事、政治和后勤顾问组；韦国清任越南总军委和越军总司令顾问，梅嘉生任军事顾问组组长，邓逸凡任政治顾问组组长，马西夫任后勤顾问组组长，并分别由他们担任越军总参谋部、总政治部和总供给局顾问。同时，向越军当时的主力师——三〇四、三〇八、三一二旅派出了顾问。

中国在派遣军事顾问团的同时，向越南提供了大量的武器装备和后勤军需物资援助。至 1954 年底，共装备越军主力部队 5 个步兵师、1 个炮工师（1 个工兵团、3 个炮兵团）和 1 个高炮团，1 个警卫团，并为越军发起较大规模的战役提供了充足的后勤保障。越南老革命家黄文欢曾写道："自 1950 年至 1954 年的抗法时期，中国是向越南提供军事援助的唯一国家。越南军队的全部武器、弹药和军需用品，都是由中国按照常年的储备量和越南各个战役的需求直接供给。"与此同时，中国人民解放军在中国境内帮助越军训练了主力部队，还帮助越军开办军官学校和驾驶、通信等专业技术人员培训班，培训军事、技术干部 1.5 万余人，从而保证了前方作战和军队建设的需要。

3. 协助组织指挥大规模反攻战

协助越军组织指挥运动战、正规战，消灭法军有生力量，夺取抗法战争的胜利，是中国军事顾问团的一项主要任务。军事顾问团入越后，先后协助越军组织了边界战役、红河中游战役、18 号公路战役、宁平战役、西北战役、上寮战役以及奠边府战役等。由于胡志明主席的正确领导和越南军民的奋勇战斗，在中国的大力援助和中国军事顾问团的全力协助下，这些战役都取得了胜利。其中，边界战役、西北战役和奠边府战役，是取得抗法战争决定性的 3 个重要战役。

边界战役是中国人民解放军担负援越抗法任务后，协助越军组织指挥的第一个重要战役。当时，法国殖民者为了控制越南全境，对付日益发展的越南人民抗法斗争，不断增派远征军和扩建越伪军。至

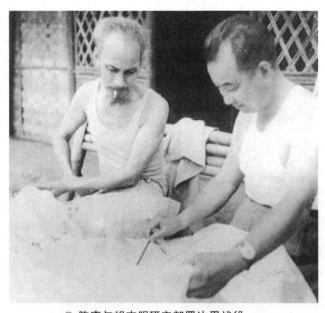

◎ 陈赓与胡志明研究部署边界战役

1950年初，在印度支那的法、伪军兵力已达23万余人。其中部署在越南北部的兵力有7.5万余人，重点加强对越中边界的封锁和对越北根据地的围困、进攻，从而使得越南的中央根据地显得十分困难，人民和军队的生活都难以保障。为了打破法军的封锁、打通与中国的交通线，取得中国的直接支援，巩固和扩大越北根据地，为尔后夺取抗法战争的胜利创造条件，越共中央主席胡志明在秘密出访归国后，作出了发起边界战役的决定。

越军总部原计划使用正在中国接受装备训练的4个主力团回越参战，分别攻打越西北重镇老街和越北重镇高平。后来考虑到后勤保障有困难，便改为集中力量攻打高平。为保障战役的胜利，越共中央在要求中国提供充分的后勤保障、军事顾问团尽快入越的同时，还要求另派一位高级军事指挥员，协助进行整个战役的组织指挥。中共中央根据越共中央的要求，指派西南军区副司令员兼云南军区司令员陈赓，以中共中央代表的身份赴越，和军事顾问团的同志一起协助越军进行边界战役的组织指挥。

1950年7月7日，陈赓率领一个由政治、军事和后勤干部10余人组成的工作组，带着电台和随队的一个警卫连，冒雨从昆明启程。

7月28日，陈赓率领的工作组到达太原、宣光两省交界处的越共中央所在地，受到胡志明等越共中央领导人的热烈欢迎。当天晚上，胡志明等越共中央领导人，与陈赓一起研究边界战役的作战问题。陈赓根据自己掌握的情况讲述了对边界战役作战方针的意见，并提出了战役指导原则：一是打歼灭战，不打击溃战；二是集中优势兵力、火力；三是先打弱的，后打强的；四是围点打援，争取在运动中歼灭敌人；五是不打无把握之仗；六是争取首战必胜。胡志明等越共中央领导人表示完全赞同陈赓的意见，并要求他到越军前线指挥部，帮助越军总司令武元甲制定作战计划和进行战役的组织指挥。陈赓答应了胡志明主席等越共中央领导人的要求后，于 8 月 14 日到达广渊越军前线指挥部，与 8 月 12 日到达广渊的中国军事顾问团汇合，请越军总参谋长黄文泰和越军总部的同志介绍越南当时的战局，特别是沿边界 4 号公路一线法军防御部署的情况。

战役发起前夕，胡志明来到越军前线指挥部看望陈赓和中国军事顾问团成员。胡志明对陈赓说，部队都交给你指挥了，但有一条，只许打胜，不许打败。陈赓表示，打胜仗主要是靠越南军民，但自己一定尽全力协助指挥打好这一仗，决不辜负胡主席的期望。

9 月 16 日拂晓，越军向东溪附近几个外围据点发起进攻，占领了攻击出发阵地，拉开了边界战役的序幕。当天黄昏，越军 174 团和 209 团两个团，外加两个营和三个炮兵营，联合进攻东溪。午夜，前线指挥部来电称：已经攻进市区，战斗即将结束。17 日晨又来电话说，部队攻击东溪主要阵地未能得手，天亮前已撤出战斗。上午，陈赓亲自到越军总部，研究攻击失利的情况。原来是因为各级指挥都不敢靠前，通讯联络又组织不好，不能确实掌握第一线部队，突击队没有按时发起攻击，动作晚了，到拂晓前未能拿下敌人的主要阵地，怕天亮以后敌机来袭，就退出来了。陈赓帮他们分析了原因后，调整了部署，于 17 日黄昏，越军第二次向东溪发起攻击。因为前线部队没有按照预定部署，只从一面进攻，敌人集中火力对付这一面，突击队没法前进，直到半夜还攻不下，前线指挥部又想让部队撤出战斗。

陈赓向他们建议：坚持下去；要立即调整部署，改一面进攻为四面进攻，重点放在北面和南面。越军前线指挥部接受了这些建议。18日晨2时调整完毕，3时突击敌大本营，10时歼灭东溪守敌，夺取了东溪县城。

东溪的解放，腰斩了法军4号公路防线，孤立了高平守军。河内法军指挥部对此十分震惊，急调1个机动兵团向七溪集结；同时出动5个机动营，向越北根据地首府太原进犯，威胁越方党政首脑机关的安全。陈赓判断，法军此举的目的，在于吸引越军主力回援而撤离东溪，以便其从七溪反扑东溪并接应高平守军；同时，高平守军定会弃城出逃。于是，他建议参战部队坚持原定作战方案，继续驻守东溪，隐蔽待机，歼灭法军。

9月30日夜，法军果不出陈赓之所料，调动集结于七溪的勒巴兵团乘夜暗出动，企图重占东溪，补上4号公路防线的缺口。10月1日，越军209团在东溪以南山地对勒巴兵团进行阻击。3日拂晓，高平法军沙格东兵团开始弃城南逃。当时，勒巴兵团撤出东溪以南山地，沿东溪西南4号公路向谷社山区转移，企图凭借险要地形，抵抗越军进攻，接应沙格东兵团南逃。越军前指命令308师、209团和1个独立营迅速尾随勒巴兵团，将其包围于谷社山地区。沙格东兵团于5日晨撤至东溪西北的梅弄地区，得悉勒巴兵团未能占领东溪，随即焚烧车辆、火炮和辎重，徒步转入4号公路西侧的河谷继续南逃。

6日，沙格东兵团接近谷社山地区，而勒巴兵团仍踞守谷社山的山洞顽抗。越军多次冲击未能奏效，伤亡不断增加。经过几天连续战斗，部队已相当疲劳，攻击力有所减弱。陈赓获悉这些情况后，不顾病痛缠身坚持协助指挥，并向越军前线指挥部提出，现在战场形势很严峻，是全歼这两股法军和锻炼部队的关键时刻。如果让这两股法军会合逃走，那将前功尽弃，等于把即将到手的胜利白白丢掉。应该动员部队，克服一切困难，坚持连续战斗，在7日清晨以前坚决歼灭包围中的勒巴兵团，然后集中全力围歼沙格东兵团，夺取战役的最后胜利。同时，他还建议胡志明主席鼓励前线官兵，发扬不怕疲劳、不怕牺牲的精神，坚持连续作战，坚决全歼法军。

越军前指根据陈赓的建议，下达了限时攻歼两路法军的命令；胡志明向前线官兵发出电报，要求他们"忍受疲劳、饥饿、不惜任何牺牲，坚决歼灭敌人"；并告诉他们，"我每时每刻都在等待着你们胜利的消息"。参战指战员深受鼓舞，坚决执行命令，勇猛发起攻击。在越军的强大攻势下，法军处于绝望的境地。龟缩在山洞里的勒巴兵团，在弹尽粮绝的情况下，用无线电报话机向河内法军指挥部喊话："伤亡很重，今晚看来是个悲剧……"河内叫他们逃跑。他们说："到处都是越共军队，逃不了。你们派几架飞机来，把我们吊走。"但是，时间已经来不及了。

7日早晨，越军越过法军背后的"猫耳朵"山头，突然从上面向下猛攻。8日下午，全歼勒巴兵团，活捉勒巴和他的参谋部全体人员。越军士气大振，立即移师围歼沙格东兵团。10日，沙格东兵团3个营部被歼，上校指挥官沙格东及高平省伪省长等均被活捉。经过七昼夜连续激战，越军全歼法军2个精锐兵团3000余人，解放了高平，并乘胜攻占了七溪。此时，七溪以南4号公路一线的那岑、同登、谅山、亭立、安州等处法军惧怕被歼，纷纷撤逃。法国殖民者多年苦心经营的越中边境封锁线全线崩溃，进犯太原的法军和驻老街、沙巴的守军也先后撤离。

当时美国《合众社》报道说："法国在中越边境3500人的精锐部队，遭受到在新中国邻邦受训和武装的越盟军的强大进攻，法军大部队被消灭。与中国接壤的边境约250英里地区已完全没有防卫力量。这是法军自第二次世界大战以来最大的军事失败。"边界战役，越军总部原计划歼敌5个营，结果歼俘敌军9个营共8000余人，其中5个营是机动部队，占敌人在印度支那北部机动部队的二分之一。缴获的武器弹药足够装备 1 个师。原计划主要是解放高平，结果解放了 5 个城市、13 个市镇。越北边境的法军防御体系全线崩溃，越南的国际交通线畅通了。

战役结束后，越军召开总结会议。越共中央代表长征在会上分析这次战役胜利的原因是："第一、军民一致，上下一心，这是中央和胡主席的全民团结、长期抗战的正确政策的结果。第二、战略战术正确，灵活、巧妙地在越南边界战场上运用了毛泽东军事思想……总之，这次胜利是毛泽东军事思想同胡主席作风相配合的胜利，是马列主义在战争指导中的胜利。"胡志明主席在一次干部会上说：边界战役的胜利证明"毛泽东军事思想，非常适合我国的环境和武装斗争"。

边界战役胜利结束后，陈赓奉命调回国内执行抗美援朝的新任务。协助越军组织指挥作战的任务，全部由中国军事顾问团承担。从1950 年底起，中国军事顾问团帮助越军整顿军队，并新组建了 312、320、316 师和 351 炮师等主力部队，并将主力部队、地方部队和民兵游击队三位一体有机结合组成一支强有力的抗法武装力量。越军在中国军事顾问团的协助下，从 1950 年 12 月至 1952 年 12 月，相继取得了红河中游战役、黄花探战役、光中战役、和平战役以及西北战役的胜利。并为 1953 年至 1954 年冬春作战和奠边府战役的胜利创造了条件。

1953 年 12 月，为了粉碎《纳瓦尔计划》，中国军事顾问团及时地向越共中央和胡志明提出了发动奠边府战役的建议，并事后经多方做工作，使得越共中央领导人接纳了这个建议。攻打奠边府的战略决心定下来后，军事顾问团的同志与越军指挥员密切协作，帮助越军总部制定了"稳打稳进"的战役方针和"逐步进攻"的作战方案。各级顾问亲临前线直接参加指挥作战。

1954 年 3 月初，进攻奠边府的时机已经成熟。3 月 14 日，越军总攻奠边府的战斗终于打响。战役刚开始，法军采取缩成一团的"刺猬战术"妄图凭借坚固的地下工事群堡，死守中心据点，软化越军攻势。

同时，法军从老挝政府军抽调空降机动部队增援奠边府。因此，战斗越向纵深发展就越加艰苦激烈。这时越军总部有少数人主张中途取消这次战役。中国军事顾问团极力反对这一错误的主张，建议必须坚持到底，同时建议提前调回正在中国装备和训练的4个高炮营参加战斗，越共中央领导人同意了这些建议，并于4月19日召开了政治局会议，正式作出了坚决消灭奠边府集团据点的决定，以统一全党全军思想。在中国军事顾问团的大力协助下，越军经过了55天的艰苦激战，终于全歼奠边府的法军，解放了奠边府。

此役共歼灭法军21个营又10个连，计1.6万余人，毙、俘敌上校以上高级军官16名，少校以下军官353名，法军越南西北地区司令、奠边府守军司令德卡斯特莱准将也被俘虏。奠边府战役的胜利，宣告了法国侵越的彻底失败，并为同期召开的日内瓦会议和平解决印度支那问题创造了极为有利的条件。援越抗法军事活动随告结束。经过1954年5月8日至7月21日的日内瓦谈判，停战协定签订。7月21日，法国宣布从越南撤军。

中国军事顾问团在越期间，除了协同组织指挥作战外，还从多方面帮助越军进行建设。首先是1951年建议越军精简指挥机关、整编部队，并帮助拟制了方案；其次是帮助越军训练基层干部和战斗骨干，为正规化建设打下基础；再次是帮助越军拟写了各种条令、条例，为越军建设提供了依据；最后是为越军编写了各种教材，使得越军在军、政素质上都大有提高。

中华人民共和国在越南人民共和国的抗法民族解放斗争中，克服了种种困难，发扬国际主义的精神和义务，从人力、物力、财力上都给予了大量的支援。正如越南老革命家黄文欢后来所说："1954年奠边府战役的巨大胜利，固然是越南军民的勇敢战斗和流血牺牲取得的，但也是同中国在物质上的大力支援和中国军事顾问团的直接协助分不开的。应当指出，在奠边府战役中，如果没有从中国送来的大炮，就不能摧毁法军的集团据点；如果没有韦国清同志在前线直接参加指挥，这个战役就难以取得完全胜利。""这个时期，在军事方面，中国不仅协助越南组织战役，供应大量粮食、军用物资、通讯设备等，而且还介绍了建立军队政治工作制度、组织训练部队、培养干部、健全后勤和通讯系统等方面的经验。这是极其宝贵的援助，为后来越南军队的壮大打下了基础。"黎笋也曾说过："没有中国的帮助，我们是不可能战胜法国的。"

四、打击台湾当局的军事窜扰

新中国成立后，台湾国民党当局并不甘心失败，在美国政府的怂恿和支持下，从1949年底开始，便不断派遣军队，对东南沿海地区和云南边境地区进行窜扰，在海上袭击大陆过往商船和渔船，派遣军用飞机对大陆进行骚扰，严重地干扰了东南沿海和有关地区的经济建设和政权巩固，对人民群众的生命财产造成了巨大威胁。为保卫中国革命的胜利成果，人民解放军陆海空三军在中央军委的正确领导下，与人民群众并肩战斗，对来犯之敌给予了沉重的打击。

1. 挫败国民党军对沿海和边境的突袭

国民党军队对东南沿海地区的登陆窜犯活动始于1950年上半年。当时，为牵制人民解放军解放东南沿海岛屿的作战行动，台湾国民党当局曾多次派出军队对浙江、广东、福建等省沿海地区进行袭扰。1月15日，国民党军一部在副师长陈洪良驱使下，从海上对雷州半岛南端的徐闻进行窜扰；1月25日，国民党军"龙海龙岩游击队"在少将游击队司令贺少良的率领下窜回平和、南靖地区；3月15日，大陈岛国民党军"浙江突击第一大队"近千人在王相义的率领下，窜犯浙江温岭县松门地区；5月13日，由台湾当局"国防部"直接指挥的"山东地区人民反共救国军第二纵队"百余人在山东省胶南县珠山登陆。然而，上述武装袭扰都遭到了当地解放军和地方武装的迎头痛击，前来窜扰的国民党军绝大多数被歼灭。

为粉碎国民党军队的窜犯活动，人民解放军总参谋部于1950年5月24日向沿海各军区发出指示，要求"加强沿海各区警备，严防匪特登陆"。据此，沿海各军区按照重点守备与全线控制相结合、反击与进剿相结合的原则，统一区分地段，实行军民联防，分段担负守备任务；对重点地区部署足够兵力，充实粮弹，构筑工事，使之成为海防支撑点；对一般地区、孤岛、小岛，则实行机动控制；对登陆的国民党军，务必及时进剿，做到"敌占我歼，再占再歼"，同时大陆上的机动部队随时准备支援作战，从而初步解决了战线漫长而守备兵力有限的矛盾，避免了处处分兵和消极守备，在实践中显示出巨大威力。

1950年6月，朝鲜战争爆发，美国第7舰队和第13航空队进驻台湾，并于7月6日开始执行"侦察巡逻任务"。美国的武装干涉使台湾海峡的局势变得异常紧张和复杂。国民党当局为伺机反攻大陆，对台湾、澎湖、金门的国民党军实行全面整编。将原有的20个军缩编为12个军又6个独立师，将一批海匪武装改编为"中华反共救国军"，在东南沿海的20多个岛屿上部署了7万余人的兵力，其中金门、马祖两岛即有6万余人。国民党军队以这些岛屿为基地，加强了对大陆沿海地区特别是沿海岛屿的窜犯活动。

根据国民党军以沿海岛屿为窜犯重点的情况，东南沿海各军区采取攻守结合的办法，一方面对窜扰之敌给予有力打击，另一方面组织兵力对国民党军盘踞的岛屿实行进剿。这种积极防御的体制，在反窜犯实战中很快就收到了明显的效果。6月2日，浙江披山海匪吕渭祥部600余人，乘解放军换防之机，窜犯玉环岛坎门镇，遭到守岛解放军顽强阻击，被歼百余人后，被迫逃走。11月20日，披山海匪吕渭祥再次率部800余人，分三路偷袭玉环岛，一时占领玉环县城和该岛大部分地区，后在守岛解放军和增援部队的前后夹击下，被歼180余人，狼狈逃出玉环岛。

东南沿海解放军各部队以主动出击的作战行动，打击国民党军的嚣张气焰。同年7月中旬至8月中旬，驻浙、驻闽解放军两个营在海军炮艇的掩护下，分别跨海对披山、北麂、西洋、俘鹰等敌占岛屿实施奔袭，共歼敌千余人，击沉敌炮艇1艘，俘获炮艇机帆船各1艘。

1951年，为配合美军在朝鲜战场向中朝人民军队发动的攻势，国民党当局在美国政府的指使下，积极策划对厦门、汕头等地大举进犯。1月13日，中央军委主席毛泽东电示华东、中南军区领导人，要他们迅速研究对策。两个军区按照军委关于"确保要点，诱敌深入，聚而歼之"的作战原则，及时调整了兵力部署，在重点岛屿和地段，及时修筑防御工事。国民党当局见厦门、汕头等地解放军防范严密，只得将窜犯的主要目标由沿海地区转向内陆山区。并在台湾成立起"敌后工作委员会"和"大陆游击总指挥部"，举办了"游击首领训练班"。

在美国军事顾问团的帮助下，台湾蒋帮装备和训练了1万名土匪武装，准备分头潜入大陆，待机配合国民党军反攻大陆。从6月至9月，他们先后派遣股匪约800人的武装，从广东海南岛的琼东县（今属琼海县）、浙江象山、乐清县和福建省惠安县等地登陆内窜，企图重建"游击区"。这时，沿海地区的股匪已经基本肃清，解放军遂将许多剿匪部队先后转移到海防前线。以野战军控制要点，担负机动作战任务；以地方武装和边防公安军警戒封锁海岸；以民兵积极承担海防任务；同时以海军部队组成海上突击力量，从而构成了海上、岸上和纵深三道防线。

这种新的海防力量配置很快就显示出巨大的优越性，它使内窜的国民党军无法渗透内地，登陆不久即被歼灭。其中以福建晋江地区军民对窜入内地之敌所进行的围歼作战最具代表性。9月4日，盘踞在乌丘岛的"福建省反共救国军"370多人，在原国民党仙游县警察局督察长、"泉州纵队司令"陈令德和原国民党德化县县长、"永安纵队司令"陈伟彬率领下，分两路在福建惠安县登陆。随后，"泉州纵队"凭借火力，摆脱沿途民兵的阻击；化装为解放军剿匪部队，一路诱杀民兵群众。次日，他们越过福厦公路，企图向西窜入戴云山区。为彻底围歼这两支内窜的国民党军，福建军区司令员叶飞亲自指挥解放军两个师和地方武装的23个连队、9个区中队，以及附近几个县的万余名民兵，在敌人西进途中的晋江地区布成一个多层"大口袋"，使这两支国民党军分别于9月6日和7日落入包围圈。

解放军从四面围追堵截，在七丘山击毙匪首陈伟彬，其余国民党军见势不妙，纷纷溃逃。晋江地区军民逐渐收紧"口袋"，在晋江县洪岩、河讪一带山林中将溃逃之敌先后剿灭。匪首陈令德等化装成化缘和尚或民兵想要蒙混过关，溜出封锁线，被站哨民兵当场识破而就擒。经过半个月的围剿，这两支经过美国军事顾问训练、全美式装备的武装纵队，除8人从海上逃跑外，其余全部被歼。

窜犯活动的屡次失败，迫使国民党军不得不变换手法。从1952年起，他们又采取"以大吃小，速进速退"的新战术，在海、空军的配合下，以几倍、十几倍的优势兵力，对解放军防御力量薄弱的沿海地区或岛屿发起突然袭击。这一年，国民党军对福建莆田县湄洲岛、南日岛和浙江平阳县乌岩、雾城的袭击，曾给当地军民造成相当的损失。特别是10月11日驻金门岛国民党军9000余人对南日岛的第三次袭击，曾使岛上的人民政权机关遭到破坏，守岛解放军指战员也付出伤亡1300余人的重大代价。

为挫败国民党军"以大吃小"的突袭战术，解放军沿海各军区遵照总参谋部的指示，认真吸取经验教训，充分做好反突袭的各项准备工作。1952年冬，沿海省、地、县三级迅速建立海防对敌斗争委员会，统一部署海防工作，加强军民联防，多次给予来犯之敌以沉重打击。1952年3月至12月，守卫临海县白沙山岛温岭县黄焦岛和福建漳浦县六鳌的解放军在增援部队的配合下，先后击退国民党军千余人的突袭。

1953年6月19日深夜，胡宗南不甘心羊屿4岛被解放军收复，亲率国民党军1600余人，在9艘战斗舰艇掩护下，对羊屿等4岛突然发起攻击。守卫羊屿岛的公安军1个排，在1个野炮班的配合下，连续打退国民党军的8次冲锋。守卫小鹿山岛的解放军步兵第179团1连也打退国民党军的多次进攻，后因主峰被敌占领，被迫撤至大鹿山岛。国民党集中兵力向大鹿山发起7次冲击，都被守岛解放军所击退。守卫4岛的步兵第60师前指见国民党军已呈强弩之末，遂以一部兵力坚守大鹿山，而突然以主力部队向羊屿岛上之敌发起反击。经过激战，将敌逐出羊屿岛。21日上午，解放军对占据小鹿之敌形成合围之势。共歼灭国民党军730余人，击伤舰艇5艘，击沉船12艘，对国民党军的突袭活动给予了有力的回击。

在反"突袭"作战中，最具有代表性的是东山岛保卫战，它以最沉重的打击宣告了国民党军"以大吃小"的突袭活动的彻底破产。1953年7月16日凌晨，金门防卫部上将司令长官胡琏亲自指挥国民党军1万余人，分乘13艘舰艇直扑位于闽南沿海的东山岛。福建军区得知情报后，当即电令闽中、闽南各海防部队做好战斗准备；步兵第272团立即赴漳浦旧镇集结待命；守岛部队于拂晓前进入阵地，严阵以待；位于岛北侧八尺门渡口的水兵1连，担负保障增援部队登岛和东山县党政机关人员撤离该岛的任务。

清晨4时许，国民党军在飞机、军舰的掩护下，上岸后即分兵两路向东山岛核心阵地牛犊山、王爹山、公云山方向发起攻击，同时派出两个伞兵中队在八尺门渡口附近实施空降，企图阻击解放军增援部队登岛。为挫败国民党军这次大规模突袭活动，福建军区又命令步兵第82师和1个炮兵团火速增援。责成晋江军分区紧急调集汽车172辆，加紧运送增援部队和支前物资，并组织大批民兵、民工支前，船工做好渡海运送部队的准备。中央军委还命令驻粤第122师急速增援。

这时，守岛部队在滩头予敌以一定杀伤后，主动后撤，步步阻击国民党军。当其警戒分队撤至南埔时，巧妙地利用地形一举炸毁国民党军水陆两栖坦克两辆。战斗中，东山县民兵武装也积极配合守岛部队指战员一道阻击国

◎ 抗战时期，蒋介石与胡宗南

民党军，使攻岛之敌直到上午8时许，才抵达岛上牛犊山、王爹山和云公山核心阵地的前沿一线。与此同时，守卫八尺门渡口的解放军水兵1连也对来自空中的国民党军伞兵展开了一场激烈的反空降作战。他们以机枪、步枪对空猛烈射击，打得不少国民党伞兵在空中毙命或负伤。随后，水兵们又依托渡口附近的营寨残垣，击退伞兵的多次冲击，牢牢地守住渡口，保证了增援部队和作战物资的安全上岛，并配合增援部队将这股伞兵大部歼灭于渡口附近。

16日上午，守岛部队与轮番攻击的国民党军展开激战。守卫在公云山前沿阵地的公安80团2连指战员凭借7个土木堡，200多米长的堑壕和不到百米的土坑道，先后打退国民党军从三面发起的18次冲击。坚守阵地27小时，歼敌达413人。在此前后，进攻牛犊山的国民党军主力虽一度夺取部分阵地，但始终未能接近牛犊山核心阵地。至

16日23时，国民党军在三山方向上均未能突破解放军核心阵地，只得将预备队投入战斗，但在守备部队的顽强抗击下，其进攻依然连连受挫。17日凌晨，增援部队两个师先后登上东山岛，随即从东西两翼向国民党军发起反击。国民党军支持不住，仓皇收缩兵力，解放军乘势全线反击。战至18时，各路兵力已分别逼近敌后的海滩。国民党军见大势已去，纷纷奔向海边，夺船逃命，来不及上船的只好缴枪投降。

东山岛保卫战共歼敌3379人，击落敌机2架，有力地粉碎了台湾当局所谓揭开"反攻大陆的序幕"的神话，使台湾国民党当局被迫改变策略，不敢再以大中股武装对大陆进行袭扰。对这次战斗，毛泽东主席给予了很高评价。他指出，东山战斗不光是东山的胜利，也不光是福建的胜利，而是全国军民的胜利。7月下旬，中央军委通电嘉奖了参加东山保卫战的全体部队。

人民解放军1951年1月发起的滇南战役，将云南的国民党军消灭殆尽，只有第8军709团李国辉残部600余人、第26军278团罗伯刚残部800余人乘隙逃往缅甸北部地区。他们与此后不久逃往缅北的西双版纳地区地主武装张伟成、蒙宝业部500余人相互勾结，形成一股威胁云南边境安全的反动势力。同年9月，台湾国民党当局为发挥这股反动武装在窜犯大陆中的配合作用，派遣国民党军原第8军军长李弥到缅北整顿残部，组成"云南人民反共救国军"，李弥任总指挥，直属台湾"国防部"领导。此后，他们利用缅甸政府暂进无力清剿，解放军又不能越境追击的条件，以缅北为基地，不断对云南边境地区进行武装袭扰，给当地政府和人民的生命财产造成严重威胁。

1951年5月初，李弥乘中国人民全力进行抗美援朝、剿匪和土地改革等中心工作，边防工作尚未全面展开之机，亲率国民党军，从缅北窜至云南省西南国境线附近，企图伺机袭扰。云南军区及时发现这一动向，立即调动7个团的兵力，在国境线这一侧隐蔽待机。5月底，李弥部6000余人分4路越过国境线，先后占领耿马、孟连、勐海、镇康等县部分地区。为全歼入窜之敌，云南军区于6月3日发布作战命令，决定以诱敌深入的战术，待国民党军深入境内相当距离后，再断其后路，实施围歼。

6月上旬，解放军以1个团又1个营的兵力直插敌后的孟连县腊福和耿马县青塘地区，封锁国境线；以7个团的优势兵力；对入窜的国民党军进行清剿。6月20日，步兵第121团部分指战员在甘塘首先与国民党第8军先头部队遭遇，当即向敌发起攻击。经过10分钟战斗，俘敌10余人，其余国民党军仓皇逃窜。这时，在附近的步兵第123团3营指战员听到枪声，马上向西跟踪追击，在国境线附近将逃敌截住，全歼了这股国民党军。27日，第121团主力经耿马县勐定街向国境线附近穿插时，与国民党军交火，俘敌团参谋长1名。28日，该团主力经过快速穿插，在党坝附近追上南逃的国民党军第8军残部，激战半小时，毙敌团参谋长以下20余人，俘敌2人，缴获一批枪支弹药。在历时1个月的清剿战中，解放军参战部队克服地形复杂、交通不便、蚊虫肆虐所带来的重重困难，英勇追击，灵活围剿，共歼敌549人，除国民党军第26军残部800余人逃入孟连以北山区原始森林中外，其余国民党军均被逐回缅北。

李弥不甘心第一次大规模窜扰活动的失败，在缅北对残部进行短期整顿和重新编组后，又兵分两路窜入云南。7月10日，国民党军第193师师长李国辉率领1000余人，由西路越过国境线，攻占沧源县城；国民党军第26军军长吕国铨率领所部1300余人，由东路入境，于7月20日攻占孟连县城。同时，李弥派遣国民党中央"第二行政专员"廖蔚文潜入国境，率领6月下旬潜入孟连以北山区的第26军残部800人向北突袭，于7月13日占领澜沧县城。7月21日，云南军区再次抽调参加上次清剿作战的4个团的兵力，围剿这3股国民党军。7月下旬，即全部收复被敌占领的三县县城，并歼敌200余人，其余国民党军又逃回缅北。

两次围剿作战的胜利，粉碎了国党当局妄想在云南建立游击根据地的企图，也使国民党军不敢再组织中等以上规模的窜扰活动。1951年10月，他们将指挥部由缅北南迁至缅泰边境北部的孟萨，在那里修建机场，开办"反共反俄军政大学"，扩充实力，进行休整。又从台湾空运军官、特务700人，使逃缅国民党军的力量有所增强。1952年，逃缅国民党军开始以小股武装对云南边境地区进行频繁袭扰，仅腾冲、龙陵、镇康3县就遭其窜扰60余次，区、乡干部和群众被杀害达百余人。云南边境军民一边同这种"速进速退"的小股武装袭扰作坚决斗争，一边集中力量完成土地改革、肃清土匪等中心工作任务。在此基础上，逐步加强防建设，使国民党军的小股袭扰屡遭碰壁，很快陷于困境。与此同时，缅甸政府也对逃缅国民党军展开军事行动。在这种情况下，台湾国民党当局被迫于1953年11月将李弥总部和第8军、26军部分兵力5400余人撤往台湾，将留在缅北的国民党军改称"东南亚自由人民反共联军"，后又改称"云南人民反共志愿军"。此后，由于逃缅国民党军内部矛盾重重，逃亡很多，为保存实力，他们不得不基本上中止了对云南边境的武装窜扰活动。

2. 打击国民党军的海上窜扰

新中国成立后，台湾国民党军依仗着海上力量的优势，以大陆东南沿海岛屿为基地，频繁对沿海航道和渔场进行袭扰活动，抢劫和扣留过往商船，抓走渔民，对大陆的航运和渔业生产造成严重威胁。为保证海上正常航运和渔业生产的安全，人民海军创建不久，就承担了护航护渔的海上作战任务，以英勇顽强的战斗作风、灵活机动的战术，创造了许多以小艇战胜大艇、以劣势装备战胜优势装备和优秀战例。

1951年6月23日，华东财经委员会的3艘运粮船从浙江坡坝港驶往海门（今椒江市）。为保障该船队的航运安全，华东军区海军温台巡防大队奉命以 4 艘 25 吨小炮艇组成炮艇分队，悄悄进至南、北泽岛海域隐蔽待机。24 日清晨，当 3 艘运粮船行至白沙山以东海域时，突然遭到预伏在那里的 4 艘国民党军机帆船的拦截。隐蔽在附近的解放军炮艇分队指战员听到枪炮声后，立即高速赶往出事海域。我 414 号炮艇率先赶到，敌机帆船只得仓皇应战。运粮船乘势脱离险境。国民党军船队见前来攻击的只有 414 号 1 艘炮艇，就集中火力向该艇射击，附近头门山岛上的国民党军火炮也从侧背对准 414 号艇轰击。在敌强我弱的情势下，414 号艇灵活变位，英勇还击，上午 10 时，解放军另外两艘炮艇也赶来参战。国民党军船队见势不妙，慌忙逃跑。4 艘炮艇紧追不舍，将中弹落在后面的一艘二桅船赶上，击沉在一江山岛南山附近的海域。

为坚决打击国民党军的海上骚扰，中央军委和政务院于 1952 年 1 月 20 日发出关于武装护航、保证海上安全的指示，并要求海军加强巡逻，打击国民党军的海上袭扰，保证航运安全，同时各商船也要建立自己的武装。海军各部队坚决执行这一命令，分别对武装护渔航行动作出周密部署：一是派出武装人员随船掩护；二划分海区，分段由海军、陆军武装舰船伴随护航；三是由海军派出舰艇，隐蔽待机，随时打击国民党军的破坏活动；四是在海岸突出部和岛屿上配置护航炮兵，随时支援海上战斗。

1954 年 2 月 15 日，驶往海门的上海海运局"建成"号等 4 艘货轮，在猫头洋海域突然遭到 3 艘国民党军"永"字号扫雷艇炮击。"建成"号轮被炮火击伤无法行驶，只好抢滩待援。次日凌晨 1 时，解放军海军台州巡逻艇大队 4 艘炮艇奉命出击援救，在附近海域将国民党军 1 艘"永"字号扫雷舰击伤。清晨 6 时 50 分，国民党军两艘"永"字号扫雷舰乘上海海运局"中利"号轮拖救"建成"号轮之机，再次赶来企图攻击两艘货船。台州巡逻大队的 4 艘炮艇及时赶到，在附近白沙山岛的海岸炮兵配合下，向两艘国民党军扫雷舰发起攻击。经过 40

多分钟炮战，使两艘扫雷舰多处中弹，带伤逃往外海。

3月18日上午，国民党军扫雷舰、护卫舰、猎潜舰各1艘，突然窜向猫头洋渔场，企图破坏大陆渔民在这里进行的捕鱼生产。华东军区海军闻讯，立即命令舟山基地战舰大队"延安"、"兴国"号两舰出击。"延安"号舰首先向敌发起攻击，一炮击中国民海军扫雷舰尾部。正当战斗激烈之时，大陈岛国民党军又派出2艘护卫舰、1艘炮艇，从另一面向"延安"、"兴国"两舰扑来。为摆脱腹背受敌的不利态势，"延安"、"兴国"号两舰一面还击，一面转头疾驶，与国民党军舰脱离了接触。中午时分，4架国民党空军 F-47 型战斗机追踪而来，对"延安"、"兴国"两舰进行轰炸。两舰一面灵活规避，一面对空射击。紧急关头，人民海军航空兵飞机及时赶来参战，一举击落国民党军飞机2架，其余2架敌机慌忙逃窜。与此同时，前来助战的解放军舟山基地6艘炮艇也击伤国民党军炮艇1艘，击伤飞机1架，使国民党海军的袭扰活动再一次被挫败。

人民海军把渔汛时节保卫沿海渔场作业的大陆渔船的安全，当作海上反袭扰的首要任务来抓。为此，华东军区海军4月11日在宁波专门召开会议，详细地研究了在猫头洋海域护渔的兵力部署。随后，各船队积极准备，严阵以待。4月20日上午，国民党海军扫雷艇、炮艇各1艘，在猫头洋渔场附近未发现解放军舰船踪迹，便急忙对作业的渔船进行袭扰。正当他们要动手的时候，海军舟山、台州巡逻大队的炮艇突然从隐蔽地域冲出，炮艇从两面集中火力攻击敌扫雷舰，很快就打得敌舰中弹着火，拖着浓烟仓皇逃走。4月28日清晨，解放军"瑞金"、"兴国"号两舰在猫头洋渔场附近，同前来袭扰的1艘国民党军护卫舰展开激战。11时许，国民党军驱逐舰、护卫舰和扫雷舰各1艘赶来增援。敌舰依仗着数量上居于优势，摆开"一"字纵队向"瑞金"、"兴国"两舰逼近开炮。12时，在附近海域待机的解放军"广州"、"开封"号护卫舰及时赶到。解放军4艘军舰集中火力猛攻敌护

◎ 1954 年冬，解放军解放一江山岛

卫舰，使其连连中弹。4 艘国民党军舰招架不住，终于仓皇逃走。

5 月 16 日，国民党军"太和"号护卫舰窜到猫头洋渔场东部海域进行袭扰，华东军区海军第 6 舰队"南昌"号等 3 艘护卫舰奉命对其发起攻击，打得"太和"号中弹起火，慌忙逃走。与此同时，在头门山待机的"瑞金"、"兴国"号两舰，也与国民党军 1 个护卫舰编队展开激战，击伤敌护卫舰、扫雷舰各一艘。当该护卫舰编队向东逃跑时，又遭到解放军台州巡逻大队 4 艘炮艇迎头痛击，当即被击伤 1 艘。国民党军舰在继续东逃时，召来 4 架 F-47 型飞机，对台州巡逻艇大队的炮艇进行俯冲攻击。4 艘炮艇以高射机枪进行还击，击伤其中 1 架敌机。

次日清晨，当国民党军 1 艘护卫艇、2 艘机帆船窜至猫头洋渔场东南海域时，遭到在东矶山潜伏待机的解放军"南昌"号等 4 艘护卫舰的拦截。经过一场炮战，国民党军护卫舰被击伤，2 艘机帆船被击沉、俘获各 1 艘。经此一连串打击之后，大陈岛海区的国民党军再不敢轻易窜扰猫头洋渔场及其附近海域了。

随着解放军海军力量的不断加强，逐渐将海上反窜扰的斗争推向敌占海区。击沉国民党海军主力舰"太平"号，就是这一时期取得的显著战果。1954年10月下旬，华东军区海军司令部接到设在高岛的前哨海军观通站报告，最近一个阶段，国民党海军主力舰之一"太平"号时常到温州湾、台州湾和三门湾一带窜扰，而且总是在夜间行动。10月25日，华东军区海军司令员张爱萍登上高岛，亲自核实了这一情况，进而定下攻击"太平"号舰的决心。根据张爱萍司令员的命令，11月1日，海军鱼雷艇第31大队的6艘鱼雷艇悄悄地进至高岛隐蔽。似乎是国民党军"太平"号舰对解放军海军的作战企图有所察觉，或是其他偶然的原因，"太平"号舰一连12个昼夜没有出动。

究竟鱼雷艇还要不要继续潜伏？就连华东军区海军机关的一些人也不禁产生疑虑。然而，张爱萍司令员不为所动，命令鱼雷艇坚持待机。14日零时许，就在鱼雷艇进岛的第13个昼夜，高岛观通站突然发现"太平"号舰出现在一江山岛东北海域。6艘鱼雷艇立即出动，发起攻击。结果，首次发射鱼雷就将"太平"号舰动力舱彻底摧毁，至清晨7时40分该舰终于沉没海底。"太平"号舰在敌占岛附近海域被击沉，使台湾国民党当局极为恐慌，接连两次召开紧急会议商讨对策，不得不再次对其海军舰艇的窜扰活动提出限制。

3. 打击国民党军的空中袭扰

派遣军用飞机，对大陆沿海边境和纵深地区进行轰炸、侦察、空投等破坏活动，是台湾国民党军窜扰活动的一个重要组成部分。为坚决打击这种来自空中的破坏活动，人民解放军的空军、高射炮兵部队首先从东南沿海地区拉开了反空中袭扰斗争的序幕。

国民党当局逃往台湾后，想方设法破坏新中国的工业生产和人民的安定生活。仅 1949 年 11 月至 1950 年 2 月间，就对东南沿海地区的经济中心上海和其他一些城市进行了 40 多次的轰炸和骚扰，使这些地区的工业生产和人民的生命财产遭到了严重的危害。为此，中央军委决定加强全国特别是上海等重要地区的防空力量。

1950 年 2 月 8 日，军委紧急调动刚刚组建不久的两个高炮团赴上海，担负那里的防空作战任务。2 月 12 日，台湾国民党当局召开高级军政长官会议，决定扩大对上海及其他大陆城市的轰炸。为打击台湾国民党军的大规模空中袭扰活动，人民解放军于 3 月中旬成立了由淞沪警备司令员郭化若兼任司令员的上海防空司令部，负责统一指挥上海地区的防空作战。这支新生的防空力量初出茅庐便连连告捷，从 3 月至 5 月，驻上海防空部队先后作战 4 次，击落国民党军飞机 5 架，迫使其减少了对上海的空中袭扰活动。

1950 年 6 月，在苏联空军的帮助下，人民解放军在上海成立起第一支航空兵部队——第 4 混成旅。经过短暂的突击训练，同年 10 月中旬就担负起上海地区的防空任务，随后又相应地建立起一批歼击航空兵部队、雷达站和探照灯部队，使反空袭的作战能力不断增强。

1953 年，国民党军乘解放军和防空军主力参加抗美援朝之机，加紧对大陆的空中袭扰活动。同年 1 月 17 日，总参谋部电示各军区，加强防空作战的组织指挥；命令华东军区于 1 月底完成上海地区探照灯部队的部署，配合高炮部队进行夜间防空作战。

2 月 4 日，毛泽东指示，担负上海防空作战的部队均需提高警惕，加紧整顿，准备随时对敌作战，确保上海一带的安全。根据毛泽东主席的指示，驻上海的防空部队，一方面积极做好战备工作，另一方面有针对性地加强训练，使防空作战能力得到进一步提高。

7 月 25 日，国民党空军先后派遣 3 批 6 架次 F-47 和 F-51 型飞机袭扰上海地区。根据上海防空司令部的命令，空 2 师飞行员宋中文、杨宝海分别驾驶长机、僚机起飞迎战，在贤正南约 10 公里向两架国民党军 F-47 型飞机展开攻击。国民党飞行员心虚畏战，刚一交手，便分头向东、西方向逃窜。宋中文、杨宝海随即分别向两个方向实施追击。宋中文紧紧咬住 1 架敌机不放，一连几个点射，将其击落，首开了华东地区空战击落国民党军飞机的纪录。与此同时，杨宝海在追击中也将另 1 架敌机击伤。此战显示了解放军在上海地区的空中力量，使国民党空军不敢再轻易对该地区进行骚扰。

在此前后，驻浙、闽、粤地区的解放军防空和航空兵部队也同前来窜扰的国民党军飞机进行了多次作战。1952 年初，驻汕头地区高炮部队认真总结去年多次反空中袭扰作战仅击伤 1 架敌机的经验教训，研究巧妙对付敌机的各种战术，并反复进行演练，使防空作战能力得到很大提高。3 月 22 日下午 1 时，国民党空军两架 F-51 飞机窜至汕头市上空，企图对机场进行侦察。解放军地面对空监视哨及时通报了敌机的飞行路线，各高炮分队迅速做好战斗准备。当两架飞机飞临某部高炮 5 连阵地上空时，该连首先开炮，击中 1 架飞机的左翼。这架飞机慌忙逃走，又遭到其他高炮阵地的拦截射击，终于再次中弹，坠落海中。同年 12 月 27 日，高炮 521 团在厦门地区也击落 F-47 型飞机 1 架，使国民党空军的嚣张气焰再次受到打击。

在打击国民党空军的袭扰作战中，海军航空兵作为一支新军，也日益发挥出重要作用。1954 年 5 月 11 日，2 架国民党空军 F-47 型飞机突然窜入浙江松门地区。海军航空兵 2 师 6 团中队长保锡明和飞行员董世荣奉命起飞拦截。发现敌机后，保锡明利用自己驾驶的米格-15比斯型飞机速度快，垂直机动性能好的优势，占据有利攻击位置，连续开炮，击中 1 架敌机，使之坠入松门以东的海中。就在保锡明结束攻击时，突然遭到国民党军僚机的正面攻击，他的机舱和机翼各中 1 弹，右臂也负了伤。正当危急关头，僚机董世荣赶到助战。董世荣从后面逼近敌僚机，一阵炮击将其击伤逃跑。保锡明在舱内浓烟弥漫、伤口血流不止的情况下，以顽强的毅力，驾机安全返航。

在解放军防空力量的连续打击下，国民党空军转而采取隐蔽手法进行袭扰。7月6日晨，4架国民党空军F-47型飞机以贴近海面的高度飞行，企图偷袭定海海军基地。解放军空军和海军航空兵相继派出8架飞机迎战。空3师大队长李瑞仿率领4架米格-15比斯型飞机，在舟山群岛以南25公里处发现了这批前来偷袭的国民党军飞机。国民党飞机见偷袭不成，急忙扔下炸弹，采取互相掩护的战术，企图逃走。李瑞仿指挥编队迅速占位发起攻击，经过一场激战，李瑞仿击落击伤国民党飞机各1架。从此，浙江地区的制空权逐渐被解放空军所掌握。

于是，国民党空军便将袭扰重点转至福建、广东方向，但同样遭到驻两省解放军防空力量的强有力打击。1956年初，空15师45团在马祖岛附近上空拦截了企图袭炸大陆沿海地区的多架国民党空军飞机，飞行员刘业臣、副团长马建中等击落国民党飞机1架，击伤4架，迫使敌机不得不把机上携带的炸弹投入海中。3月29日，国民党空军多架F-86型飞机窜至广东惠阳地区袭扰，当即遭到空军航空兵18师的迎头痛击。国民党空军飞机1架被击伤，其余飞机仓皇逃走。

6月23日，空12师34团团长鲁珉驾驶米格-17型飞机，在江西广丰上空将1架入窜的国民党空军B-17型飞机击落。10月1日，1架国民党空军F-84型飞机窜至汕头地区骚扰，空18师54团大队长赵德安率领4架米格-17型飞机起飞迎战。敌机见状急忙掉头逃跑，赵德安指挥编队紧追不舍。追击从高空转至低空，赵德安一阵连射，将敌长机击伤，副大队长王明硕也一鼓作气将敌僚机击落。

与此同时，解放军各高炮部队的战斗力也日益增强。并不断取得显著战果。1955年1月19日、20日，为报复解放军解放一江山岛，国民党空军对汕头、福州地区进行了大规模空袭，驻汕头和福州两地的高炮部队奋起还击，一举击落国民党军飞机9架。1956年，在敌机袭扰活动明显减少的情况下，驻粤闽高炮部队仍取得击落入窜国民党飞机4架的战果。

在反袭扰作战的过程中，一个不容忽视的事实是，美国除支持国民党军对大陆的空中袭扰外，还不断派遣军用飞机侵入中国领空进行袭扰。据统计，仅 1951 年至 1953 年，美国军用飞机侵犯中国领空就达 32126 架次。为保卫中国领空不受侵犯，打击美机的嚣张气焰，中央军委采取有力措施加速空军的建设。1950 年 8 月至 1951 年 9 月，先后成立了各大军区空军机关，建立了各级作战指挥机构，并分期分批地组建了航空兵部队。1951 年 8 月 27 日，中央军委发出关于加强防空的指示，要求各地防空部队加强战斗准备，实行昼夜值班；各重要城市防空司令部必须健全，并确实负起防空指挥责任；并责成军委防空司令部检查各军区防空计划的落实情况。

各防空作战部队认真执行中央军委的指示，有效地加强了防空战备工作。对入侵的美军飞机，给予了坚决的回击。1952 年 9 月 20 日清晨，美军 1 架 B-29 型轰炸机窜至上海以东地区。华东防空司令部立即命令空 2 师派 2 架米格 -15 型歼击机前往拦截。长机何中道、僚机李永年起飞不久，就在横沙空域发现入侵的美机，当即占据有利攻击位置。不料美机发觉后慌忙逃跑。两机紧追不放，李永年首先击中美机尾部，随后何中道也击中美机，但美机一面带伤疾逃，一面拼力顽抗。何中道在飞机右翼中弹的情况下，与李永年相互掩护，轮番攻击，终于将美 B-29 型飞机击落坠海。

美 B-29 型飞机被击落后，美国当局连续派出大批飞机侵犯中国东南沿海地区上空，进行侦察骚扰伺机对中国空军进行报复。10 月 30 日，解放军代总参谋长聂荣臻紧急召集空军和防空军有关负责人专门研究加强防空的措施。10 月 31 日，中央军委电告华东军区，要警惕美机的再次挑衅，驻沪空军和海军航空兵部队由上海防空司令部统一指挥，并抽调熟悉上海战区的部队担负该地区防空任务，抓紧进行联合防空演习。11 月 2 日，华东军区在上海召开防空作战会议。会后，华东军区各级防空指挥机构和作战部队，针对薄弱环节，改进作战指

挥，严格值班制度，并增强了上海地区防空作战的兵力，还规定航空
兵都要以二分之一以上的时间，进行以保卫上海领空为背景的战斗训
练和指挥演习。

经过一番努力，各防空部队的作战能力不断增强。1952年11月
22日，美军PB4Y2型飞机1架侵入上海领空，空2师出动2架米格－15
型飞机前往拦截。飞行员杨木易发现敌机后，连续4次开炮，将其击
伤。1953年3月6日，美国F－4U型飞机入侵山东半岛上空，被空14
师飞行员祁宝善、何亚雄击落。同年4月23日，空2师飞行员宋中文、
林毅奉命拦截入侵上海地区的美国P2V型飞机，经连续攻击，将其击
落海中。11月6日，入侵山东半岛的1架美国PBM5A型飞机，被空
2师派出的两架歼击机击落。

美国空军为寻找报复借口，利用1954年7月23日为油轮护航的
空29师双机在海南岛上空误将飞往香港的英国航班机击落的事件于7
月25日出动25架舰载飞机侵入海南岛上空，将为"和平"号油轮护
航的中国空军拉－11型2架飞机击落。对美军这一预谋的严重军事挑
衅事件，中央军委极为重视，于7月26日发出关于保卫领海主权及护
航作战注意事项的指示，规定对入侵中国领空的外国军用飞机，经警
告仍不离境并示敌对行为时，应在自卫的原则下予以坚决打击。空军
司令部于7月30日发出贯彻中央军委指示的文件，要求沿海地区的空
军部队提高警惕、保卫领空安全。空军各部队坚决贯彻中央军委这一
指示，加强战备，严阵以待，对入侵的美军飞机给予了有力的惩罚。

1955年5月10日，当美军8架F－86型飞机侵入辽宁安东（今丹
东）以南地区时，遭到空16师8架米格－15比斯型飞机的拦截。中
国飞行员在双方飞机数量相等、性能相近的情况下，扬长避短，勇猛
攻击。战斗中，僚机倪锡冲见长机攻击美机时，遭到另一架美机的咬
尾攻击，便迅速追踪过去，连开4炮，将这架美机击落。此战，其他
飞行员也击伤美机1架。

1956年4月9日晚，美军RB-50型侦察机1架，趁夜色黑沉窜至渤海湾上空。驻辽东半岛的航空兵部队先后起飞10架次进行拦截。驾驶米格-15比斯型飞机的飞行副大队长刘京凤在没有机载雷达的情况下，依据地面领航员的引导，接连两次开火，打得美机中弹起火，仓皇逃走。8月23日凌晨，空2师6团领航主任张文逸在浙江舟山地区又击落美军P4M-1Q型电子侦察机1架。随着解放军空军作战能力的不断增强，美军飞机的入侵活动逐年减少。

4. 首次炮击大小金门诸岛

新中国成立后，台湾国民党当局在美国的支持下，不断派遣陆、海、空军，以金门、马祖等大陆沿海岛屿为前哨据点，长期对大陆进行窜犯和破坏，妄图恢复其对大陆的统治。与此同时美国军队长期侵驻台湾海峡地区，威胁着中国大陆的安全。为打击国民党军窜犯大陆的猖狂活动，反对美国派军队侵驻台湾海峡地区搞"两个中国"的阴谋，解放军福建前线部队坚持"全面巩固，积极进攻"的海防方针，于1952年5月3日和7月10日，首先对盘踞大担、二担的国民党军进行了两次炮击。然后，又于1953年1月10日、2月15日、3月5日接连三次炮击金门。于是，有人提出，应将人民解放军首次炮击金门的日期定为1953年1月10日，但军事史学界更多的人则认为，这次炮击规模较小，只能看作是1954年9月首次炮击金门的一个序幕或试射行动；还有些人认为，首次炮击金门的日期可定为1953年1月10日，但大规模炮击金门的日期应定为1954年9月3日。

朝鲜停战协定签字以后，美国政府为阻挠中国人民解放台湾的正义之举，加紧与台湾国民党当局策划签订所谓"共同防御条约"，对于这一倒行逆施，全国人民无比义愤。1954年8月22日，中华人民共和国各民主党派和人民团体发表"一定要解放台湾"的联合声明，强烈反对美国干涉中国内政。同时，中央军委命令福建前线炮兵部队在 9 月间对金门的国民党军实施两次较大规模的惩罚性炮击。

福建军区对两次炮击行动极为重视，叶飞司令员亲临厦门前线进行作战部署。除集中第 31 军所属炮兵团、分队外，又从宁沪地区调来 1 个炮兵师，

◎ 炮兵某部在炮击金门前表决心

从朝鲜战场调回 1 个高炮团，此外，还将福建军区所属炮兵营、高炮营、厦门水警区海岸炮兵集中到厦门地区，并责成第 31 军炮兵司令部负责组织实施这次炮击行动。

为充分做好炮击前的各项准备工作，第 31 军军政领导机关一方面在参战部队中开展以"我们一定要解放台湾"为中心内容的政治教育，激发指战员们投身炮击金门作战的高度热忱；另一方面组织各部队对火炮器材进行认真的检修和校正，抓紧时间搞好战前练兵。同时，先后派出 19 个侦察组，对大小金门和大担岛实施越海侦察，使该军炮兵司令部终于比较准确地掌握了大小金门国民党军的兵力部署以及指挥所、阵地设置等情况。在此基础上，该军炮兵司令部将约 20 个炮兵营分编为 5 个炮兵群，命令他们于 9 月 1 日 5 时前进入厦门地区前沿阵地，同时完成阵地伪装和各项射击准备，并分别配属若干高炮分队，以防国民党空军进行空袭。

9 月 3 日 14 时 10 分，福建前线司令部一声令下，百余门重炮对准大、小金门、大担、二担岛上的国民党军阵地，和大小金门间海面

上的国民党军舰艇猛烈开火。第一炮兵群先以突袭火力在 4 分钟内完成试射任务后，便迅速转为全群效力射。国民党军舰艇尚未开动，就有 1 艘被追踪火力所命中，当敌舰仓皇逃逸时，又有驱逐舰、炮艇各 2 艘被追踪火力所命中。该炮兵群又集中火力向未能及时开走的 1 艘国民党军运输轮射击，一举将其击沉，共压制和摧毁敌阵地 9 处，观察所 1 处，连指挥所 1 处，毙伤敌约百余人。

9 月 22 日 17 时 15 分，厦门前线各炮兵部队又对大小金门的国民党军事指挥机关、军队集结区和炮兵阵地实施了第二次较大规模的炮击。整个炮击历时 1 小时 15 分钟，发射的炮弹 90% 以上命中目标，国民党军大金门的炮兵阵地一度被彻底压制，还毙伤国民党军约百余人。

除两次较大规模炮击行动之外，从 9 月 4 日至 11 月 20 日，厦门前线炮兵部队还先后对大小金门的国民党军军事目标炮击 71 次，由于侦察过细、情报准确，炮击迅速灵活，全歼其两个 105 榴炮连。根据观察所的报告，小金门的 1 个国民党军榴炮连白天在阵在上集结，可能要有所动作。当即命令炮兵某炮 9 连实施压制射击。9 连迅速完成射击准备，随即以准确、凶猛的炮火将这个国民党榴炮连歼灭在阵地上，同时击毁 105 榴炮 4 门。11 月 6 日，大金门国民党军一部在埔边地区修筑炮兵工事时，将该炮阵地的火炮暴露出来。解放军炮兵某团 1 连接到指挥部下达的射击诸元后，迅速完成射击装定，并及时修正弹着偏差，很快就取得击毁、击伤国民党军 105、155 榴炮各 1 门的战果。

炮战中，解放军各炮兵部队还因地制宜地采取多种战术，灵活打击国民党军炮兵。他们巧设游动阵地，使国民党军炮兵多次扑空；利用伪装阵地，使敌真假莫辨，多次受骗上当；每当国民党军炮兵射击时，前哨观察所都及时察清其阵地位置，迅速予以反击；对国民党军炮兵阵地位置了解尚不确切时，则先以少数炮火引诱其回击，待查清准确位置后，再予以压制射击。为彻底摧毁大金门国民党军一机动炮兵阵地，9 月 18 日，厦门前线炮兵指挥部经周密策划，先以少量 122

榴炮向国民党军大金门观察所和小金门军事指挥机关所在地实施炮击，待大金门国民党军该炮兵阵地进行还击后，厦门前线观察所及时测定该炮阵地仍在昨天射击的位置上，指挥部当即命令炮兵群对该炮阵地实施压制射击，对这伙狡猾的国民党炮兵及其阵地、装备最终给予了歼灭性的打击。

在厦门前线解放军炮兵部队的猛烈炮击下，金门诸岛的国民党军惊恐万状，屡次要求台湾当局派飞机为他们保驾壮胆。从 9 月 4 日起，国民党空军先后派遣战机 301 架次，窜入厦门地区上空进行报复性空袭，企图阻止厦门前线解放军的炮击行动。面对国民党空军飞机的狂轰滥炸，各高炮部队、分队先后共击落国民党军飞机 11 架，击伤 40 架。使不少国民党空军飞行员不敢再对厦门前线解放军炮兵阵地进行袭扰，纷纷以"疲劳"、要"休息"为由，消极避战。我高射部队指战员以他们的英雄业绩，在厦门地区上空筑起一道钢铁屏障，保证了炮击金门作战的顺利进行。

首次炮击金门作战，不仅沉重地打击了大小金门的国民党军，而且以积极进攻的姿态显示了解放军在巩固海防、反击窜犯方面的强大战斗力，在国民党军内部造成了极大恐慌，使其被迫收缩战线、调整兵力，对大陆东南沿海的窜犯活动也不得不有所收敛。

此后，大陆与金门以及马祖之间的炮战时紧时松，到 1958 年 8 月进入高潮。进入 60 年代以后，炮击强度趋于渐弱，直到 1979 年 1 月 1 日国防部长徐向前发布命令，完全停止炮击。

第七章
建设一个强大的党

一、整党整风

新中国成立后，中国共产党成了执政党，执政党必将面临着执政的考验，它有自身建设的问题，又有领导、组织全国进行政治、经济、文化、社会等多方面的工作的任务。为提高党防腐拒变和执政能力，中国共产党进行了新中国建立后的第一次整党整风运动。

1. 执政党面临的新考验

中国民主革命的胜利和中华人民共和国的成立，不仅使整个国家和民族的地位发生了巨大的变化，而且也使中国共产党所处的环境和地位发生了历史性的变化。中国共产党从战争时期进入了和平建设时期，由一个被压迫、被"围剿"、被屠杀的在野党，变为担负着全国领导责任和执掌着全国政权的胜利的党、领导的党和执政的党。

中国共产党在全国领导和执政地位的确立，是中国共产党和中国人民长期流血奋斗的结果，是一个巨大的历史进步。它为中国共产党更直接、更广泛地联系、宣传和教育群众，直接依靠和通过政权贯彻自己的纲领和路线，发动、组织和团结全国人民在民主革命胜利的基础上，进一步把中国建设成为一个独立、民主、繁荣、进步的新中国创造了条件。但是，环境和地位的变化，也为中国共产党带来许多新的考验。

首先，新的形势和新的任务向中国共产党提出了更高的要求。新中国成立前，中国共产党的主要任务是领导中国人民进行新民主主义革命，中心是用武装夺取全国的政权。完成这个任务，无疑是十分艰巨和充满着困难的。但是在长期的革命斗争中，经过成功和失败，中国共产党已积累了丰富的经验，开创了一条符合中国实际的正确的革命道路，形成了一整套成熟的路线、方针、政策和工作作风。中国共产党人在指导阶级斗争和革命战争方面的艺术，可以说已经达到了炉火纯青，运用自如的程度，并在 1949 年领导中国人民取得了全国解放战争的伟大胜利。

新中国成立后，中国共产党的任务发生了变化，中心工作由革命战争转向经济建设，由夺取政权转向发展社会生产力。和指导革命战争比较起来，进行经济建设和发展社会生产力的任务更为艰巨和复杂，需要更长的时间和更加艰苦的努力。尤其是在我们这样一个经济文化十分落后，自然经济、半自然经济占统治地位的国家，如何进行经济建设如何把落后的农业国变为先进的工业国，更是一个十分困难、十分艰巨的历史任务。对此，中国共产党是十分陌生和缺乏经验的。

其次，在胜利和执政的情况下，中国共产党内各种不良倾向有可能滋长。中国共产党胜利和执政以后，进了城，手中有了权，相当一部分党员担任了各级政府和其他部门的领导工作，做了官，环境、地位和生活都发生了很大的变化。和战争时期相比，党内各种不良风气和腐败现象产生的可能性增大了。

胜利和执政，对中国共产党是一种新的考验，在某种意义上说，这是比战争更严峻更复杂的一种考验。历史上曾经有多次农民起义军进城以后，由于经受不住权力和物质享受的考验而溃败。中国共产党是无产阶级的政党，完全可以避免重蹈农民起义军的覆辙，但少数党员经不住权力和物质享受的引诱发生变化的可能性还是存在的。在胜利和执政的情况下，党内以功臣自居、骄傲自满、止步不前、贪图物质享受的情绪，官僚主义、命令主义、脱离群众和滥用权力，以权谋私的不良倾向也有可能蔓延和滋长。少数不坚定分子也可能在地主资产阶级思想侵袭下腐化堕落，成为革命的败类。这对执政的中国共产党来说，是最大的危险。

再次，投机分子对中国共产党的袭击加强了。在新中国成立以前，中国共产党处在非法的、被镇压、被屠杀的地位，参加中国共产党是违法的，阅读马克思列宁主义的书籍是犯罪的，甚至看一本红色封皮的书也有被逮捕的危险。因此，在当时参加中国共产党和中国共产党领导下的革命活动必须具有很高的政治觉悟和勇气，不仅要下定吃苦的决心，而且还要做好随时被捕、坐牢和杀头的准备。这样，那些企图以中国共产党为跳板，从革命中捞取好处，追求升官发财和物质享受之辈，就会望而生畏，和中国共产党保持一定的距离。艰苦的斗争环境，敌人的压迫、追捕、屠杀，从客观上筑起了一道屏障，这对防止各式各样的投机分子混入党内起了不可忽视的作用，并且经常地自然地把一些动摇分子淘汰出党。

新中国成立后条件发生了变化，加入中国共产党不仅不会有什么危险，而且还可以从执政的地位捞取到许多好处。比如，党员由于政治条件的优越，可以从事多方面的工作，可以受到组织的信任和重用，容易得到提拔，等等。中国共产党的崇高的威望和共产党员的光荣称号，也可以成为投机分子招摇撞骗的资本。于是，不少人把加入中国共产党看做是升官发财的"捷径"。一些心术不正、别有用心的投机分子，就会削尖脑袋，千方百计地钻进中国共产党内来，把加入共产党变成他们谋取个人私利、往上爬的阶梯。中国共产党的组织一旦被这些人所控制，势必在性质上发生变化，这是中国共产党成为执政党以后面临的又一个严重危险。

如果说，在民主革命时期，中国共产党的状况如何关系着革命能否取得胜利；那么，当革命在全国取得胜利，中国共产党成为执政党以后，中国共产党的状况如何，就直接关系到国家的前途和 5 亿人民的命运。加强中国共产党的建设和整顿，克服各种不良倾向，不仅关系到中国共产党本身的生死存亡，而且也关系到全中国人民的切身利益，并成为当代中国政治经济生活中的一件大事。

2. 中国共产党的整风和整党

对于民主革命胜利后自身地位和所处环境的变化，以及由此而带来的一系列新的问题和新的考验，中国共产党是有清醒的认识和充分的准备的，并采取了一些防范措施。

1949 年 3 月，毛泽东在党的七届二中全会上已经就民主革命胜利后党内可能出现的问题，向全党敲响了警钟。为了防止剥削阶级旧思想的腐蚀，防止党内骄傲自满、脱离群众和突出个人倾向的发生，七届二中全会还作出了 6 条规定：不给党的领导者祝寿；不送礼；少敬酒；少拍掌；不用党的领导者的名字作地名、街名和企业的名字；不要把中国同志和马、恩、列、斯平列。

1949 年 11 月，中共中央决定成立中央及各级党的纪律检查委员会。中共中央认为，中国共产党已经成为全国范围内执政的党。为了更好地执行党的政治路线及各项具体政策，保守国家与党的机密，加强党的组织性与纪律性，密切地联系群众，克服官僚主义，保证党的一切决议的正确实施，有必要成立中央及各级纪律检查委员会。中央和各级党的纪律检查委员会的职责是：检查中央直属各部门及各级党的组织、党的干部及党员违反党的纪律的行为；受理、审查并决定中央直属各部门、各级党的组织及党员违反纪律的处分，或取消其处分；在党内加强纪律教育，使党员干部严格遵守党纪，实行党的决议与政府法令，以实现全党的统一与集中。

1950年4月，中共中央又作出在报纸刊物上展开批评与自我批评的决定，要求通过在报纸刊物上公开的认真的批评与自我批评，吸引广大人民群众对党的工作的监督，及时揭露和纠正党在工作中可能发生的缺点和错误，克服官僚主义，加强党与人民群众的联系，促进党和国家的民主化，保证新中国建设任务的完成。

1950年5月，中共中央又发出关于发展和巩固党的组织的指示。中共中央指出，由于革命战争的胜利发展，一年来党的组织也有很大的发展。据1949年年终统计，全国党员总数已达450万人以上，去年一年内即发展新党员140万人。党组织的发展工作总的来讲是健康的，但也存在严重的缺点，这就是将一些不够党员条件或不完全具备党员条件的人吸收到党内来。鉴于党已经成为全国人民所公认的领导的党，近几年来的组织大发展已使党增加330万新党员，其中许多人思想作风不纯，还没有来得及给以有计划的教育训练等情况，中共中央决定在党的发展工作中必须采取严格审查的方针和稳步前进的办法。今后发展的重点应放在城市中，首先是工人阶级上，对农村党员的发展应加以限制，在老区农村要着重加强党的教育和调整党的组织。

中国共产党不是生活在与世隔绝的真空中，而是扎根于现实生活之中，与现实社会有着千丝万缕的联系，社会上的各种思潮和矛盾都会反映到中国共产党的内部。新中国建立前后，中共中央虽然对党组织的发展和巩固，对防止党内出现腐化堕落和思想组织不纯等现象采取了若干防范性措施，但还是出现了一些值得注意的问题。

首先，在组织大发展中相当多的党组织忽视和放松了必要的审查，事后又缺乏及时的有计划的教育和训练，致使数以百万计的新党员中有许多人思想作风极为不纯，也使少数投机分子和坏分子混入党内。

其次，在老党员老干部中，由于革命的胜利，很多人滋长了严重的骄傲自满情绪和官僚主义、命令主义作风，或高高在上当官做老爷，或把完成任务与执行政策对立起来，认为"为了完成任务，不强迫命令不行"，有的甚至说"三句好话，不如一马棒"，采取蛮横的态度去完成工作任务。官僚主义、命令主义严重地破坏了党与人民的关系，损害了党和人民政府的威信，引起群众的强烈不满。

再次，少数党员经不起胜利和执政的考验，经不起剥削阶级的思想的腐蚀，发生了贪污腐化，政治上堕落的现象。据北京市政府报告，进城一年来，已发现88名干部有贪污舞弊行为。济南市一年多因违法乱纪受到处分的干部有58人，其中属于贪污腐化原因者占被处分人数的3/4。上述问题虽然还是局部性质的，但危害是严重的，任其发展下去后果将是不堪设想的。

鉴于以上情况，中共中央于1950年5月决定在1950年夏秋冬3季，结合各项工作任务，在全党全军中开展一次大规模的整风运动。整风的目的和内容是，提高干部和一般党员的思想水平和政治水平，克服以功臣自居的骄傲自满情绪，克服官僚主义和命令主义，改善党和人民的关系。整风的重点，是整顿各级领导机关干部的作风。整风的方法，是阅读文件，总结工作，分析情况，开展批评与自我批评。为了把这次整风搞好，中共中央还要求各中央局、各省市委负责人，在该地整风运动开始时，都应对本区领导机关与下级工作人员工作作风中的主要缺点作出分析，并举出足为典型的事例公开发表，作为本地区整党的主要教材，以便学习者用来做学习一般文件和反省自己工作的桥梁。

中共中央关于整风的决定下发后，各地党组织按照中央的布置，从6月份开始分批分期地在本地区开展了整风运动。各地的具体做法是，先从学习文件入手，提高认识；然后结合总结工作，开展批评与自我批评；最后进行总结，订出改进办法与健全制度。有的地区还举办了整风训练班，或召开三级干部会，对县、区、乡干部进行整训。

此次整风，收到一定成效，在党内滋长和存在的骄傲自满情绪，官僚主义、命令主义作风得到了一定的制止和克服，党员干部的思想、政治水平也有所提高，党和群众的联系得到改善和加强，在各地的工作中也出现了一些新的气象。

由于这次整风时间短，重点是解决各级领导机关干部的工作作风问题，因此几年来党的组织大发展所带来的党的基层组织中的思想不纯和组织不纯的问题没有得到很好的解决。

经过充分的准备，1951 年 3 月 28 日到 4 月 29 日，第一次全国组织工作会议在北京召开。会议着重分析了全国革命胜利后的组织情况和存在的问题。会议认为，中国共产党经过 30 年的伟大斗争，已经领导中国人民取得了民主革命的胜利。中国共产党在思想上、政治上的领导是正确的，在组织上密切地联系着全国广大人民群众。在党内，有一批对工人阶级和人民群众无限忠心的领袖，有数十万久经考验的干部和数百万优秀党员。这是我们党取得胜利的根本原因。这是我们党的总的情况和主要的情况。但是，在党内也存在着问题，有的地方还存在着严重的问题。

第一，由于中国革命的胜利，中国共产党已经成为领导国家的党，很多人愿意加入我们的党。在这种情况下，投机分子、坏分子，也在想各种办法钻入到共产党内来，这就增加了对党的危险性。又由于党的高级领导机关在过去对接收党员工作没有实行严格的控制与检查，以致有一些不够党员条件的人也被接收到党内来。还有一些坏分子也乘机钻入党内，个别党组织甚至被他们控制着。

第二，由于中国革命的胜利，一些党员思想发生变化，他们缺乏一个共产党员所应有的阶级立场和组织观念，或者消极疲沓，不求上进；或者个人主义膨胀，居功骄傲，闹名誉，闹享受；或者自以为是，官僚主义严重，脱离群众。

第三，还有一些党员，以为民主革命胜利就是中国革命业已完成，认为以后的事业就是如何享受革命胜利的果实，如何发展他们的私人事业，有的人甚至拒绝党分配给他们的任务，少数人完全堕落蜕化，成为不可救药的分子。

会议完全拥护中共中央关于对党的基层组织，有计划、有准备、有领导地进行一次普遍的整理的决定。会议具体地研究和明确了这次整党的目的和内容：

第一，是要对所有党员进行一次共产主义和共产党的教育，从思想上继续提高那些好的党员，教育和改造那些不具备或不完全具备共产党员条件的党员；

第二，对党的基层组织进行一次普遍的认真的审查，发现并清除混入党内的各种坏分子，对不够党员条件，经教育仍达不到党员标准的，劝其退党。总之，这次整党是要通过思想教育和组织整理，保持我们党的纯洁性，提高我们党的质量和战斗力。

会议指出，这次整党是一件十分严肃的工作，各级党委必须采取严肃而又谨慎的态度去进行。对于被派遣到基层组织去进行整党工作的人员，特别是负责人员，必须经过慎重的选择，必须把这件工作委托给那些经过考验、对党完全忠实、作风正派、又有整党建党知识和能力的人员去进行。各省、市、区党委及各军区党委应根据各地各个系统不同的情况，拟定整党计划，经各中央局审查，报告中央批准实行。

为了对党员普遍进行一次怎样做一个共产党员的教育，使每一个党员都明白做一个共产党员的标准，会议经过讨论，制定和通过了中国共产党党员的八项标准：一切党员必须了解中国共产党是中国工人阶级的党，是工人阶级的先进的有组织的部队；一切共产党必须有为彻底实现党的最终目的，为在中国实现共产主义制度而坚决奋斗的决心；一切共产党员必须下定决心，终身英勇地坚持革命斗争，在任何情况下，不退缩，不叛变党，不投降敌人；一切共产党员的斗争和工作，必须在党的统一领导下进行，必须执行党的政策和决议，严格遵守党的纪律，积极参加党所领导的革命运动和建设工作，并在人民群众中起模范作用；一切党员必须把人民群众的公共利益，即党的利益，摆在自己私人的利益之上，党员的私人利益必须服从人民的即党的公共利益；每个共产党员，应该经常地用批评与自我批评的方法，检讨自己工作中的和错误和缺点，并及时加以纠正；一切党员必须全心全意为人民服务，虚心地听取人民群众的要求和意见，及时向党反映，并把党的政策向人民群众作宣传解释，使党与人民群众保持密切的联系，领导群众前进；一切党员必须努力学习，使自己懂得更多的马克思列宁主义、毛泽东思想。

会议还讨论了发展新党员的问题。鉴于老区党的组织已经发展的很大，新区的党组织都还很小；农村党员数量很大，产业工人党员数量很小，会议决定，老区党组织目前以整党为重点，停止发展。在土地改革已经完成的新区和城市工厂、矿山、企业、机关和专科以上学校中，应有领导有计划地本着慎重的方针接受一部分新党员；同时，又必须严防各类坏分子钻到党内来。

会议最后通过了《中国共产党第一次全国组织工作会议关于整顿党的基层组织的决议》和《中国共产党第一次全国组织工作会议关于发展新党员的决议》。

5月5日，中共中央将第一次组织工作会议通过的两个决议，连同刘少奇在组织工作会议上的报告批发全党，要求立即传达并组织贯彻执行。

从1951年5月开始，新中国成立后的第一次整党工作在全党有计划、有步骤地展开。1952年，当反贪污、反浪费、反官僚主义运动开始以后，中共中央又接连发出了《关于"三反"运动应和整党运动结合进行的指示》和《中共中央关于在"三反"运动的基础上进行整党建党工作的指示》，使整党工作和"三反"运动结合起来进行，使"三反"运动成为对每一个共产党员的严格考验和对党组织的一次实际的有效的整理，使整党工作增添了新的内容和动力，收到了很好的效果。

这次整党运动，到1954年基本结束。此次整党根据革命胜利后的新形势和新任务，抓住了执政党建设这样一个新课题，普遍对党员进行了一次在执政情况下怎样做一个合格的共产党员的教育，大大提高了全党的思想水平和政治水平，帮助广大党员明确了自己肩负的责任，坚定了为社会主义、共产主义而奋斗的决心。同时，通过组织清理，也使党的队伍更加纯洁，党的基层组织的战斗力得到进一步的提高。

据1955年统计，此次整党中共有65万人离开了党的组织，其中有被开除党籍的完全丧失党员条件的堕落蜕化分子和混入党内的各种坏分子，也有经过劝告退出党组织的不够党员条件经过教育确实无效的消极落后分子。在整党的同时，各级党组织本着慎重的方针，在完成土改的新区农村和城市的工矿企业机关学校中共发展了107万名新党员，新建立了82000个支部，使全国职工人数在50人以上的厂矿企业、高等学校一般都有了党的组织，初步改变了党的基层组织和党员分布不平衡的状态，密切了党和群众的联系。

1951年的整党，是一次成功的整党，它为革命胜利后执政党的建设摸索和积累了经验，使党经受住了胜利和执政的考验。这次整党，还对团结全国各族人民胜利地完成国民经济恢复任务，大力恢复工农业生产，以及实现从新民主主义向社会主义的过渡起到了重要的保证和推动作用。

二、"三反"运动

"三反"运动是指从 1951 年 12 月至 1952 年 10 月在党、政、军、民机关内部开展的反贪污、反浪费、反官僚主义的群众性运动。这是刚刚执政的共产党人为自觉抵制资产阶级的腐蚀，保持共产党人廉政为民本色的一次成功实践，也是一次具有伟大历史意义的社会改革运动。这场运动为开创 20 世纪 50 年代良好的党风、政风、民风产生了深刻影响。

1. 毛泽东的决心

"三反"运动直接发端于当时在全国开展的增产节约运动。随着增产节约运动的深入发展，各地都揭露出触目惊心的贪污、浪费和官僚主义问题。

据 1952 年 1 月 9 日中央人民政府节约检查委员会主任薄一波讲：从 1951 年 12 月 10 日以来的一个月中，据不完全的初步材料，在政府系统 27 个单位中已发现的贪污人数达 1670 人。

浪费现象也相当惊人，仅军委后勤系统和铁路系统 1951 年一年内因管理不善，就损失汽油 7000 余吨；纺织工业部所属经纬纺织机器厂，国家投资 4000 多亿元（旧币，下同），因计划不周，施工马虎，工厂建筑尚未完工，所有厂房的 289 根柱子中已有 280 根不平衡下沉，造成巨大损失。轻工业部化大公为小公金额达 730 亿元，重工业部领导则有为下属厂假造开支 503 亿元的问题。

官僚主义问题也很严重，贸易部向苏联订购牲畜防疫药时，将 3 吨误写为 300 吨，将出口订货单中的"米茶砖"误译为"黑茶砖"，各级领导审批时都未发现问题，致使造成损失 62 亿元。

新中国成立之初，"三害"的大量存在和蔓延，原因是多方面的。首先，是解放后党政军民机关留用了为数众多的旧人员，由于他们长期为旧中国官贵民贱、奢侈浪费、贪污腐化之风所浸染，积习颇深。解放后虽经教育但尚未得到彻底改造，所以一有机会便旧病复发；有些人虽身在人民政府，但不思改悔，我行我素，利用各种方式肆意盗窃国家的财产；有些则是混进或受不法资本家派遣打入机关内部的"坐探"与"内线"，里通外联，狼狈为奸，时刻寻机进行破坏和捣乱。

其次，在新中国建立之后，许多不法之徒往往采取阿谀奉承、请客送礼、金钱美女引诱等手段，对我机关干部进行腐蚀拉拢，使一些意志薄弱者成为糖衣炮弹的俘虏。

再次，革命胜利后，共产党从硝烟弥漫的战争岁月进入了和平建设时期，从穷乡僻壤来到繁华的城市，由敌人屠杀的对象变为人民的功臣，由在野党成了执政党。随着形势、环境、地位的变化，一些意志薄弱的共产党员沉湎于革命的胜利，思想上逐渐产生了"骄傲情绪，以功臣自居的情绪，停顿起来不求进步的情绪，贪图享受不愿再过艰苦生活的情绪"。因而"坐衙"当权，疏于政事，玩忽职守，官气十足，脱离群众等严重的官僚主义作风滋长，或羡慕资产阶级的生活方式，铺张浪费甚至贪污盗窃、蜕化变质。由此可见，"三害"在党政军民机关也发展到了十分严重的地步。这不能不引起中央的高度警觉。

中央决意惩腐倡廉开展"三反"斗争，固然发轫于"三害"之烈，但若追根溯源也有深刻的历史背景。骄兵必败、腐政必衰，已为中国数千年的历史所印证。"其兴也浡焉"，"其亡也忽焉"，从秦皇汉武到唐宗宋祖，从明清之灭直到国民党反动派之亡，无一能逃脱因腐败人亡政息的历史怪圈。中国共产党人对此有着清醒的认识和高度的警觉。新中国建立之后，为拒腐防变，中央及毛泽东经常向全党敲警钟，一经发现苗头，就严肃批评和坚决纠正。因此，我们可以说"三反"运动是"事出有因，实属必然"。

2. 务使每天都有收获

1951年12月1日,中共中央发出《关于实行精兵简政、增产节约、反对贪污、反对浪费和反对官僚主义的决定》(以下简称《决定》),正式拉开了"三反"运动的序幕。

《决定》指出:"自从我们占领城市两年至三年以来,严重的贪污案件不断发生,证明1949年春季党的二中全会严重地指出资产阶级对党的侵蚀的必然性和为防止及克服此种巨大危险的必要性,是完全正确的,现在是全党动员切实执行这项决议的紧要时机了。再不切实执行这项决议,我们就会犯大错误。"

《决定》强调:在反贪污斗争中,必须同时反浪费和官僚主义。因为浪费与贪污虽属性质不同,但浪费造成的损失极大,又常常与侵吞、盗窃和骗取国家财物或收受贿赂相接近;而官僚主义则是贪污、浪费现象所以存在和发展的根本原因。

因此,各级领导机关必须大张旗鼓地发动一切工作人员和有关的群众进行学习,不厌其详地进行宣传解释,使之充分地明确地认识全局的情况和任务;各级主要负责同志要亲自督促与检查,大力号召坦白和检举,严厉惩治一切贪污分子和严肃查处浪费、官僚主义问题。《决定》对统一全党思想,

◎ "三反"后各地设立了人民检举接待室,设置了检举箱

广泛宣传发动群众，迅速展开"三反"运动，起到了巨大的号召和推动作用。

运动发起之后，中央抓得非常紧，时刻注视着运动的进程，不间断地给予督促和指示。为了使"三反"运动雷厉风行、大张旗鼓地展开，在运动之初，中央多次发出指示，三令五申严加督促，限期发动运动。

12月4日，中央在转发北京市《关于展开反贪污斗争意见的报告》批语中指出：县（团）级以上各级党委，在三个星期内，至迟在一个月内，要发动党内外最广大的群众，雷厉风行地检查和惩治贪污分子，并责成各级领导在一个月内，务必向中央作出开展运动的第一次报告。凡不作报告者，以违纪论处；凡推迟报告者，必须申明理由。

12月8日，中共中央又发出《关于三反斗争必须大张旗鼓进行的电报》，严肃指出："各级党委应把三反斗争看作如同镇压反革命的斗争一样的重要，一样的发动广大群众包括民主党派及社会各界人士去进行，一样的大张旗鼓去进行，一样的首长负责、一样的号召坦白和检举，轻者批评教育，重者撤职，惩办，处徒刑（劳动改造），直至枪毙一大批最严重的贪污犯。"

12月30日，中共中央又发出指示，再次重申：中央、大行政区、省市三极及所属的一切机关工作部门，在1952年4月之前，均应每月分别向中央作一次"三反"斗争情报和报告，以使中央有所比较，看各级领导同志对这次严重斗争哪些是积极努力的，哪些是消极怠工的，实行奖励和惩处。

1952年1月4日，中共中央又发出《关于立即抓紧三反斗争的指示》，要求党政军各级党委必须立即抓紧三反斗争，缩短学习文件，召开干部会，限期展开斗争，并报告中央，如有违者，不管是什么人，一律撤职查办。并规定在目前三反斗争紧张的时期，各大区负责人每三天到五天向中央节约检查委员会报告一次运动进展情况。由此可见，中央对进行"三反"斗争的坚强决心和巨大魄力。

全国各地遵照中央的指示，纷纷行动起来，各级主要领导主持召开各种会议，分析本地区"三害"情况，研究制定计划，立即采取步骤，迅即展开"三反"运动。

中央各机关，自《决定》下发后，许多部门都行动起来了。为了推动运动发展，1951年12月31日下午召开了党政军各部门处长以上数百人参加的党委扩大会议，由中节委主任薄一波、中央机关总党委第二书记安子文宣布中央决定和作动员报告，限期1月1日至10日，各院委、部、会、院、署、行、局、处及其下面的一切单位，务必发动群众斗争，实行坦白检举，于1月11日送来报告。如有违者，不论部长、行长、署长、局长、处长、科长或经理，一律撤职查办。并在会上指名宣布几个部是做得好的，几个部是中等的，许多部是落后的，并指出部长的姓名，同时宣布撤销几个单位领导运动不力的负责人的职务。这样一来，全体振奋。当日回去就连夜开会，元旦也整日开会，许多部长、副部长到一下团拜会就回去了，连戏也顾不上看。

1月9日，周恩来又召集中央、华北及北京、天津两市的高级干部及各界代表人物2300余人，在北京召开"三反"动员大会，亲自作动员，并让薄一波在会上作了《为深入地普遍地开展反贪污、反浪费、反官僚主义运动而斗争》的报告。经过动员，中央机关的"三反"斗争在短短的几天之内，就轰轰烈烈地开展起来了。

毛泽东对"三反"运动极为重视，不仅对各级抓得非常紧，而且自己身体力行。在"三反"运动紧张的日子里，他经常亲临中节委，参加会议，听取汇报，掌握全国情况。为了统揽全局，加强指导，毛泽东废寝忘食，夜以继日地批阅各地报告，代中央起草决议、指示、批语、电报、信件等。据《建国以来毛泽东文稿》一书中记载，在整个"三反"运动期间，这样的文件就达233件之多，他不仅亲自制定方针政策，而且亲自督办落实；不仅具体交待任务，而且明确指示办法。他非常重视各级领导亲自抓这一条，对好的就及时加以肯定和推广，对差的就给予严肃的批评和纠正。在毛泽东的督促与指示下，各级领导都动员起来了，不仅亲自抓，而且带头检查作自我批评，为机关干部和群众作出榜样，使运动很快出现高潮。

全国各地为大张旗鼓地深入开展"三反"斗争，还十分注意宣传发动群众。运动开始之初，在社会各界引起不同反响，有的民主人士认为搞"一反"（反贪污）还可以，其他"二反"大可不必；有的机关干部则说："想贪污没机会，想浪费没权利，想官僚主义没资格"。觉得自己是："无官一身轻"，与"三反"沾不上边儿，因而对运动漠不关心；有的认为革命十几年，"没有功劳也有苦劳，享受一点，阔气一下，也没啥"；还有的认为"贪污受贿自古有之，共产党也不是不食人间烟火的圣人"；"贪污浪费是经济问题，不是政治问题"等等。这些认识如不加以批判肃清，势必影响运动的深入进行。

为此，各地利用召开社会各界联席会，群众动员会，组织学习文件，举办贪污浪费实物展览，如开公审贪污分子大会及利用报纸、电台等宣传工具，大力宣传"三反"斗争的重大意义及党的方针政策，放手发动群众，号召群众检举揭发，并做到言者无罪，告者不究，压制民主者必办，充分保障群众的民主权利。广大群众纷纷行动起来，用口头或书面、公开或秘密的方式，大胆检举贪污分子，积极揭发浪费和官僚主义问题。为了体现党的"坦白从宽、抗拒从严"的政策，各地还选择重大典型案件公开宣判，用事实教育、团结群众，敦促贪污分子弃暗投明。

为了不断扩大"三反"斗争的成果，中央及毛泽东十分注意统筹兼顾的方针，精心部署，精心指挥，以"三反"带动各方面工作的展开。随着"三反"运动的发展，进一步发现党、政、军、民内部的贪污行为，大多数都与社会上的资产阶级"五毒"进攻有关。为此，1952年1月26日，中共中央发出《关于在城市中限期展开大规模的坚决彻底的"五反"斗争的指示》，要求全国大中城市迅即向着违法的资产阶级展开一场反行贿、反偷税漏税、反盗骗国家财产，反偷工减料、反盗窃经济情报的斗争，以配合党政军民机关内部的"三反"斗争。"五反"与"三反"紧密结合，相互促进，既有力地打击了资产阶级的猖狂进攻，也十分有利于揭露党政军民机关内部的贪污腐化分子。

为了通过"三反"斗争，加强党的思想、组织、制度及作风建设，1952年2月3日中共中央又发出《关于"三反"运动应和整党相结合进行的指示》，强调指出：要在"三反"运动的基础上严格按照党员标准，对党员进行登记、审查和处理，并对所属干部作一次全面的、深刻的考察和了解，坚决清除贪污蜕化分子，撤换那些严重官僚主义分子和居功自傲、不求上进、消极疲沓、毫不称职的干部的领导职务，大胆地提拔一批德才兼备的优秀分子到各种领导岗位上来。

这样，"三反"运动就与整党、机关建设、精简机构、提高工作效率有机结合起来了，从而在政治、思想、组织、作风、制度上巩固了"三反"运动的成果。"三反"与整党的结合，对于增强党员拒腐防变的能力、强健党的肌体、纯洁党的队伍、净化党的风气都起到了巨大的推动作用。

在中央和毛泽东的正确领导下，"三反"运动如火如荼蓬勃兴起，犹如大海波涛，荡涤着一切旧社会遗留下来的污毒。

3. 要将注意力引向搜寻大老虎

1952年1月中旬，全国大部分地区的"三反"运动普遍展开后，经过领导带头，广泛发动群众检举揭发，号召有贪污行为者坦白，"三害"问题的基本情况已大体清楚。运动本着"着重打击大贪污犯，对中小贪污犯则取教育改造不使重犯的方针"，运动的重点已开始转入清查和打击严重的贪污分子阶段，即打"大老虎"阶段。

何谓"大老虎"？这是"三反"运动中对重大贪污分子的称谓。政务院财政经济委员会副主任李富春于 1952 年 1 月 30 日在中财委党组会上作打虎总结报告时，曾提出判定"大老虎"的六条标准：个人贪污一亿元以上者；贪污不满一亿元，但对国家经济损失很大者；满一亿元以上的集体贪污案的组织者、主谋者；贪污 5000 万元以上，但性质严重，如扣救济粮，侵吞抗美援朝捐款者；坐探分子，与奸商勾结盗窃经济情报，或利用职务自肥，使国家损失在一亿元以上者；全国解放时隐瞒各级国家财产或官僚资本未报，价值在一亿元以上者等。嗣后，李富春将这六条向中央作了报告，2 月 2 日毛泽东将李富春拟定的六条批转全国省（军）以上党政军各级党委参照执行。

"大老虎"贪污数额大，引起的民愤大，给国家造成的损失大。不仅如此，也大大损害了党和政府的声望与威信，成为侵蚀人民政权大厦的蛀虫，如不严加惩处，后患无穷。因此，中央和毛泽东对打"大老虎"的斗争非常重视，从策略、政策到方针、方法，都作过一系列的指示。1952 年 1 月 19 日，中直机关总党委召开有 1000 余人参加的高级干部会议，宣布运动进入集中力量打"老虎"阶段。会后，薄一波将中央机关"三反"斗争情况及今后的意见与应注意的几个问题向毛泽东作了报告，引起了毛泽东的重视，并于第二天批转各地参照执行。

1 月 23 日，毛泽东起草了《关于三反斗争展开后要将注意力引向搜寻大老虎的电报》，指出：党政军民学各系统都必定有大贪污犯，有些人认为党的机关，宣传和文化教育机关、民众团体，用钱不多，必无大老虎的看法是不正确的。因此，各个系统的"每一部门、每一地区三反斗争激烈展开之后，就要将同志们的注意力引向搜寻大老虎，穷追务获，不要停留，不要松劲儿，不要满足于已得成绩。在这方面，要根据情况，定出估计数字，交给各部门为完成任务而奋斗。在斗争中还要根据情况的发展，追加新任务"。

第二天，又指示各地：每个省、每个大城市及各大军区单位都有100只至几百只大老虎，如捉不到，就是打败仗。2月4日，又向党政军各级党委发出《关于限期向中央报告打虎预算和县、区、乡开展三反运动的电报》，指出："凡至今尚未做出打虎预算的，限于电到三日内做出此项预算，报告中央。并须准备随时自动追加预算，随时报告中央。"2月10日，毛泽东在对《关于华北军区后勤部捉虎报告》的批语中再次强调：大贪污犯是人民的敌人，已经不是我们的同志或朋友，因此，要增加打虎的勇气，坚决彻底干净全部地将他们肃清，而不应有丝毫的留恋或同情。同时，毛泽东还对各地打虎的计划、步骤、方法及进展情况，亲自审阅、修改、批转及作出指示，对各地报上来的打虎预算数字也一一审核计算。

在毛泽东的严词督责和反复指示下，全国党政军各部门都展开了轰轰烈烈的打"大老虎"斗争。如北京市委市政府召集各单位首长开会、自报公议，规定打虎指标，责成各首长亲自动手打虎，限期具报，如果哪个单位的首长认为本单位没有老虎，应签字向党和政府负责保证，上级领导立即派人复查，以此引导各级领导的高度重视，督促认真组织和领导打虎斗争。

刘青山、张子善案件，是新中国建立初期在党的机关工作人员中开展反贪污、反浪费、反官僚主义的"三反"运动中揭发出来的一起震惊全国的大贪污案。1952年初，经中央人民政府主席毛泽东批示，贪污盗窃国家资财达171亿多元的大贪污犯，原天津地委书记刘青山、天津地区专员张子善被河北省高级人民法院依法判处死刑，执行枪决。这是新中国反腐败的第一大案。

在打虎斗争高潮中，各地也不同程度地出现过一些过火行为，如在打虎斗争一开始，就定出打老虎指标，并不切实际地向下层下达过高的打虎数目，以致发生强拉凑数，或逼供、诱供、假供的情况，因而伤害了一些好人。中央发现这些苗头后，及时采取措施进行了纠正。

如 1952 年 2 月 9 日，毛泽东在转发东北《关于打虎计划报告》的批语中曾指出：个别单位已发现用逼供信的方法打虎，结果打出的不是真虎而是假虎，冤枉了好人。各地如出现这种情况请迅速纠正。2 月 19 日在转发习仲勋《关于西北地区打虎新预算报告》的批语中说："你们在打虎斗争中关于"可疑错，不可打错，防止逼供信"的提法很好，在运动高潮时期，必须唤起同志们注意这一点。2 月 22 日，毛泽东在转发华东军区党委《关于打虎情况和部署的报告》的批语中再次指出："要注意调查研究，算大账，算细账，清查老虎真假，严禁逼供信"。

"三反"运动到 1952 年 3 月，大部分地区进入审理、定案、处理阶段。中共中央于 1952 年 3 月 5 日发出了《关于处理贪污浪费问题的若干规定》，提出处理贪污浪费问题的原则：对绝大多数情节较轻又彻底坦白，立功自赎者，从宽处理；对少数情节严重恶劣或隐瞒欺骗、拒绝坦白者，应从严惩治；对浪费问题应以严肃的态度，分别情况，给予适当解决，以教育干部，团结群众。

4 月 21 日，中央人民政府颁了《中华人民共和国惩治贪污条例》，为惩治贪污犯提供了统一的标准和法律武器。《条例》对什么是贪污罪作了界定："一切国家机关、企业、学校及其附属机构的工作人员，凡侵吞、盗窃、骗取、套取国家财物，强索他人财物，收受贿赂以及其它假公济私违法取利之行为，均为贪污罪。"并对构成贪污罪者的处罚的种类、量刑标准等作了明确规定。各地根据中央颁布的一系列法规，普遍开始了审理定案工作。

1952 年 10 月 25 日，中共中央批准了中央政策研究室《关于结束"三反"运动的报告》，宣告"三反"运动胜利结束。据统计，全国政府系统参加"三反"运动的达 850 万至 900 万人，受到处分的占 4.5%左右。县以上党政机关（未包括军队）参加"三反"运动的人数为 383.6 万人，共查出有贪污行为 1000 万元以上的 10.5 万余人，约占参加"三反"运动总数的 2.7%。经审理定案，绝大多数免于处分，部分给予行政处分，对少数贪污数额巨大，手段恶劣，态度顽固，给国家造成严重损失者，给予严厉制裁。判处有期徒刑 9942 人，判处无期徒刑 67 人，判处死缓的 9 人，判处死刑的 42 人。

"三反"斗争的胜利，有力地抵制了资产阶级对革命队伍的侵蚀，清除了党政机关内部的腐败分子，纯洁了党的队伍，教育和挽救了一批干部和党员，加强了执政党和国家机关的建设，同时也荡涤了旧社会遗留下的污毒，树立了廉洁朴实的社会风气，从而使我们党和国家更加生气勃勃。

三、"五反"运动

随着私营工商业的复苏，特别是抗美援朝战争的军需订货猛增，资本家唯利是图的本性膨胀，极力摆脱国家控制，甚至违法谋利。中央在清理机关工作人员贪污、浪费和官僚主义开展"三反"运动的同时，决定对资本家种种违法活动进行一次主动的出击，发动了反行贿、反偷税漏税，反盗骗国家资财，反偷工减料和反盗窃经济情报的"五反"运动。

1. 毛泽东要抓不法资本家的"小辫子"

1950 年 5 月开始进行工商业的合理调整，以理顺公私、劳资、供销等方面的关系。政府采取贷款、加工定货、收购私营产品等措施，扶持私营工商业。这不仅带来了 1951 年国家经济的繁荣，也大大促进了私营工商业的迅速发展，使民族工商业者获得了不小的利润。资本家欢呼这是他们的黄金时代。但是民族资产阶级中的很多不法分子，别具肝肠，另作打算。在他们获得了政治上的地位和经济上的高额利润之后，他们不但不感激工人阶级和共产党，竟忘恩负义地向工人阶级和共产党猖狂的进攻。不法资本家的"越轨"表现在以下几个方面：

他们利用建黑账、设假账、不记账等瞒天过海之术，大肆偷税漏税，坑骗国家。据上海市税务局统计，从1949年5月至1951年底，仅查出处理的逃税案就有15万件，金额达600亿元以上。1950年收缴过第一期税后又抽查351户私营工商户，发现逃税者竟占99%。

他们采取投机钻营、虚报冒领、以旧充新等手段，大量侵吞盗骗国家财产。如天津私营震中橡胶厂经理乔铭勋，在承制军用雨衣时，利用抬高成本、虚报冒领、扣留定货款存银行生息等方法，盗骗国家财产80多亿元。

他们在承建国家工程和接受委托加工定货中，掺假使坏、偷工减料、粗制滥造，攫取不义之财。如上海私营梅林罐头厂的老板，工厂全部价值只有几十亿元，但在上海解放后的三年中，仅偷工减料一项就非法获利250亿元。

他们还采取了"打进来"和"拉出去"手段。"打进来"，就是他们指使或派遣亲信、亲戚、朋友等伪装进步，假造历史混入政府机关和经济部门，充当"内线"；所谓"拉出去"，就是以行贿、美人计、物质引诱等手法腐蚀、拉拢、收买机关或经济部门工作人员，充当"坐探"。然后里应外合、刺探、收集、盗窃和出卖国家经济情报，或从事非法经营活动，扰乱市场，牟取暴利。如1950年8月间，中国百货公司物价科科员郭中慧，把该公司有关白糖的情报出卖给北京、天津的奸商，造成京、津两市糖价严重波动；后又把该公司碱价及库存情况的情报出卖给北京的碱商，又造成1951年北京碱价的大波动，这不仅给国家造成巨大损失，也给人民群众生活带来困难。

在一些大城市中，不法资本家暗中串连，互相勾结，发起所谓"聚餐会"、"座谈会"、"联合生产处"、"联营社"等秘密团体。他们以此为阵地，或散布谣言，制造混乱；或哄抬物价，扰乱市场。如重庆所谓"星期四聚餐会"就是一典型例子。这一组织最初是由重庆私营钢铁机器业中的6家大工厂的老板发起，后又吸收6家中型工厂组成的。为了招揽订货，他们行贿买通重庆国营钢铁厂及西南工业部有关人员作"内线"，并把有监督与指导加工定货权的重庆市工商局副局长拉入"聚餐会"。

由此，他们获得了独占加工定货的特权；而所有加工定货不是用招标的方式发包，而是由"聚餐会"成员厂"统一分配"，进而协商统一抬高工价，统一抬高原料消耗费用，统一偷工减料，统一拖延交货日期。仅一次"合作"，就盗骗国家财产200亿元。"聚餐会"由此而起，胃口越来越大，触角越伸越长。成渝铁路开工后，他们又笼络9个工厂组织了"星期五聚餐会"，成立了垄断铁路器材加工定货的垄断组织。他们大肆偷工减料，以旧充新，又发了一大笔财。

1950年10月中国出兵朝鲜后，全国各界人民群众有物捐物，有钱捐钱，有力出力，全力支持抗美援朝。但少数不法资本家，趁承制军用物资之机，大发不义之财。如1951年2月华东工业部益民公司承制支援志愿军的牛肉罐头，急需大量新鲜牛肉。上海奸商张新根、徐苗新等看有机可乘，以行贿买通益民公司经办人员，承担了代购牛肉的任务。他以每斤3200元至4100元的价格购买，再以平均6600元的价格卖给益民公司，从2月至7月就获利30亿余元。更为恶劣的是，他们经常以廉价的水牛肉、马肉冒充牛肉，还到小摊贩那里收购次牛肉、死牛肉，甚至已变绿发臭的牛肉也收购。有时发现臭牛肉被退回，他们就把牛肉上的发霉的绿斑刮掉，用硫酸水浸泡后，再涂上一层牛血，经冷冻再送去。据他们自己供认，仅1951年六七两个月，在卖给益民公司的30万斤牛肉中，就有三分之二是次牛肉、臭牛肉和假牛肉。

1951年1月，中南区人民为支援志愿军，向汉口私营福华电机药棉厂定制了66亿元的救急包和三角巾。该厂经理李寅迁竟用坏棉花

◎ 上海黄浦区国际贸易业的资本家排队向"五反"委员会递交坦白书

盗换了好棉花1万斤，这些棉花中有1000斤是李派人从拣破烂的人那里收购来的。在承制的12万个救急包中，不仅分量不足，而且都未经漂白、脱脂和消毒，含有大量化脓菌、破伤风菌和坏疽菌，这些带有大量病菌的救急包又以高价卖给志愿军，从中牟利18亿元。这些不法资本家承制的食品、医用品、造成许多志愿军战士致病、致残、甚至断送了性命。

针对上述触目惊心的严峻现实，周恩来说："如果不把'五毒'去掉，腐朽黑暗的一面不但会在资产阶级本身发展，还会侵入国家工作人员中，侵入共产党内部，侵蚀整个社会，毒害人民民主统一战线，毒害人民民主政权。"因此，对资产阶级的猖狂进攻必须予以坚决反击。

1952年初，中共中央决定在全国大中城市私营工商业者中开展一场大张旗鼓的"五反"斗争。毛泽东在谈及中央为什么作出这一决策时说：

进城时，大家对资产阶级都很警惕，为什么现在有这样的变化？这可以从进城三年的历史来看。1950年上半年，党内曾有一个自发、半自发的反对资产阶级的斗争。这个斗争是不妥当的，也是错误的。因为当时有台湾敌人的轰炸、封锁，土改、镇反工作急待去做，应该团结资产阶级去向封建势力进攻，而不是全面出击，全面出击是很不策略的。所以，七届三中全会纠正了这一错误，提出调整工商业。到

1951 年抗美援朝运动形成，更需要国内的团结一致，一直到今天。在这一年多时间内，大家对资产阶级不够警惕了。资产阶级显然过去挨过一板子，但并不痛，在调整工商业中又嚣张起来了。特别是在抗美援朝加工定货中赚了一大笔钱。政治上也有了一定的地位，因而盛气凌人，向我们猖狂进攻起来。现在正到时候了，要抓住资产阶级的"小辫子"，把它的气焰整下去。如果不把它整得灰溜溜、臭烘烘的，社会上的人都要倒向资产阶级方面去。

1952 年 1 月 5 日，周恩来在一届全国政协第 34 次常委会上明确指出：民族资产阶级必须遵守《共同纲领》，接受政府的领导，服从国家的法令，"不能允许行贿、欺诈、偷税漏税、盗窃、引诱等犯法行为继续发生，听其侵蚀人民政权，损害国家财产，腐蚀国家工作人员。凡有犯者必须惩办，坦白自首者从宽处理"。同月 13 日，毛泽东在转发饶漱石《关于各地三反斗争情况的报告》的批语中，再次强调：各大中小城市"对于一切违法的资本家，无例外地均应抓住其小辫子，分别轻重大小，予以不同的惩治或批判。一部分罪大恶极者，没收其财产，这是人民政府在全国胜利后第一次大规模惩治资产阶级的犯法行为。这是完全必要的。请你们依据当地具体情况，精密地组织一场斗争"。

同月 21 日，中央在转发薄一波《关于中央各机关三反运动情况及今后意见报告》的批语中又指出："在对资产阶级斗争中，应集中打击少数大的不法工商业家，对于罪恶不大的工商业家，应争取他们自动坦白，悔过自新，争取他们拥护政府的政策，至少使他们保持中立态度。对于正当经营的工商业家，必须予以保护，并团结他们向不法商人作斗争。"

2. 大中城市"五反"斗争迅速展开

全国各大中城市，遵照中央及毛泽东的指示，都相继在私营工商界中发动了反各种违法行为的斗争。北京市为了推动在工商界已开展的反行贿、反偷税、反盗窃的斗争，于1952年1月8日召开了工商各行业公会负责人会议，号召一切有违法行为者主动坦白，争取政府宽大处理，在会上就有349人当场交代了700余件行贿等不法行为。市节约检查委员会组织机关干部，民主党派、大学教授、文化工作者、大学生等3000余人，组成检查小组，继续深入工商户进行检查；并限不法资本家1月31日前彻底坦白交代一切违法行为，将拒不交代的70多名奸商予以逮捕法办；截至1月18日，仅工商户坦白和检举的违法行为即达5万余件。

天津市1月12日由税务局和工商联联合开会，动员工商界开展"反欺诈、反行贿、反偷税"运动，号召违法者坦白和检举。工商联副主任委员毕鸣岐带头检讨了自己偷税、囤积居奇、投机倒把的事实，接着有121人发言坦白或检举；17日，天津各界3万多人举行检举贪污、行贿分子大会，全市收听实况的达100多万人，会议期间就收到检举贪污分子和不法资本家违法行为的材料3万多件。

1952年1月26日，中共中央向各地正式发出《关于首先在大中城市开展五反斗争的指示》，指出："在全国一切城市，首先在大城市和中等城市中，依靠工人阶级，团结守法的资产阶级及其他市民，向着违法的资产阶级开展一个大规模的坚决的彻底的反对行贿、反对偷税漏税、反对盗骗国家财产、反对偷工减料和反对盗窃经济情报的斗争，以配合党政军民内部的反对贪污、反对浪费、反对官僚主义的斗争，现在是极为必要和极为适时的。在这个斗争中，各城市的党组织对于阶级和群众的力量必须作精密的部署，必须注意利用矛盾、实行分化瓦解、团结多数、孤立少数的策略，在斗争中迅速形成'五反'统一战线。这种统一战线，在一个大城市中，在猛烈展开'五反'之后，大约在三个星期就可以形成。只要形成这个统一战线，那些罪大恶极的反动资本家就会陷于孤立，国家就很有理由地顺利地给他们以各种必要的惩处，例如逮捕、徒刑、枪决、罚款等等。"至此，"五反"运动在全国大中城市工商界中迅速展开。

"五反"运动的兴起，犹如一石击水，激起层层波澜。在资本家方面，观望者、抗拒者、破坏者兼而有之。有的说："资产阶级一无军队，二无枪炮，如何进攻？"根本否认"五毒进攻"。有的说："今天'五反'，明天来个'七反'、'八反'，今天消灭资产阶级，明天就该消灭小资产阶级了。"借以煽动不满情绪。有的还说："《共同纲领》不明明写着四个阶级（工人阶级、农民阶级、民族资产阶级与小资产阶级）搞统一战线吗？共产党又变卦了呢？"恶语中伤党的政策。在一些共产党员、机关干部及工人中，也产生了一些模糊认识和过激言论。

有的地方混乱地提出了"反暴利、反剥削、反压迫、反资本家腐化生活"等口号；有的认为资本家发起"五毒"进攻，已不存在两面性了，必须彻底打倒；还有的想趁"五反"消灭私人资本等等。对这些片面和过激的言论与行为，中央给予了正确的引导，反复强调：犯有"五毒"的轻重是惩处资本家的根本依据，不应乱提斗争口号，随意扩大斗争范围。

1952年2月29日，西南局在给中央的电报中，针对四川一些地方乱提反暴利口号问题，提出了几点意见：觉得反暴利提法不甚妥当，一是不好算，无底；二是掌握不紧就很容易形成以算剥削账的办法去算暴利，形成混乱；三是政治上也不够策略，许多奸商愿意承认暴利而不愿意承认盗窃。毛泽东对西南局的意见很重视。于3月1日批转各地，并进一步指出：西南局的电报是正确的，以供各地参考。

当天津、济南、南京、上海等处提出反暴利的口号时，大资本家即迅速接受，因为这个口号可以被他们利用去威胁中小资本家，说他们的利润也有暴利。就目前时期来说，真正违反国家和人民利益的暴利，已包含在五反的各项对象中，故只应提五反，不应再提反暴利。隐匿侵吞敌产，逃走外汇两项，国家已有法令，又可包括在盗窃国家财产一项内。倒卖金银、偷卖鸦片白面两事，国家亦有法令，可依法办理，不必于五反外另立项目，变为六反七反。

在"五反"运动中，如何对待民族资产阶级，这是一个十分敏感又十分重大的政策问题。中央明确指出反击不法资本家的"五毒"进攻，决不意味着就是要立即消灭资产阶级。毛泽东说：搞"五反"，这不是对资产阶级的政策的改革，目前还是搞新民主主义，不是社会主义，是削弱资产阶级，不是要消灭资产阶级；是打它几个月，打痛了再拉，不是一直打下去，都打垮。中共中央和毛泽东的一系列指示，基本明确了"五反"运动的政策界限。

毛泽东在对统战部《关于各民主党派三反运动结束时几项问题的处理意见的指示》修改稿中再次指出：对待资产阶级，只要他们不违反《共同纲领》，就不能拿共产党的尺度去要求他们。如果要求他们拿工人阶级的立场与思想去行事，其结果不是造成混乱，就是逼出伪装。这对统一战线不利，也是不合逻辑的。对一些党员中的这些错误思想应予纠正。

稍后，民主建国会主要负责人黄炎培将其一篇讲话稿要点送毛泽东审阅，毛泽东在复信中说：在现阶段既然允许资产阶级存在，只应责成其接受工人阶级领导，须经营有益于国家和人民的事业，不犯"五毒"，亦即接受共同纲领，而不宜过此限度，"超过这个限度，而要求资产阶级接受工人阶级的思想，或者说，不许资产阶级想剥削赚钱的事情，只许他们和工人一样想'没有劳动就没有生活'的事情，只想社会主义，不想资本主义，那是不可能的，也是不应该的"。

大中城市是政治、经济、文化的活动中心，也是私营工商业最集中的地方，如对"五反"斗争组织不严，领导不力，一出现混乱，必将对各个方面都造成不良影响。因此，党中央和毛主席一再强调各大中城市的"五反"运动必须有计划、有准备、有领导、有步骤的进行，凡准备不足，条件不成熟的，一律不得仓促上阵，以免造成混乱，陷入被动。

1952 年 1 月 31 日，毛泽东在给东北局的电报中指出："对付资本家须有准备，准备不好，不要动手。各城市准备条件不一致时，不要同时动手。"2 月 23 日中央在转发中南局《关于五反斗争策略和部署的报告》的批语中也指出："各省委对各城的'五反'斗争必须加以精密研究，以便正确指示省城及全省城市的'五反'斗争；对省城以外的中等城市如何进行'五反'，目前尚无经验，各省区党委要责令地委精心研究，有计划地去做，只许做好，不许做坏。"

3 月 7 日，毛泽东在给广州市市长叶剑英的电报中也强调：对广州的"五反"斗争要严格掌握，不使引起混乱。"其他城市，非有充分准备，不要轻易发动五反。"

上海自 1952 年 1 月中旬就在工商界中开始了"反行贿、反欺诈、反暴利、反偷漏税"的斗争，尽管具体提法与后来的"五反"有所区别，但实际上对不法资本家的斗争已猛烈展开。由于准备不足，群众热情很高，因而火力太猛，空气很紧张，以致发生了给资本家戴高帽游街、随意捉人、体罚逼供等现象。甚至有个别的老同志，也头脑发热，企望趁机消灭资产阶级实行社会主义；报刊宣传也不断升温。所以在一个多月的时间内，就发生了资本家自杀事件 48 起、死了 34 人。

为此，中央决定派薄一波到上海考察和帮助抓"五反"运动。薄一波 2 月 25 日到达上海，当天就向华东局、上海市委传达了中央关于上海推迟发动"五反"斗争的指示，华东局和上海市委当即决定，暂把"五反"停下来，对已抓起来的人分别情况加以处理，以缓和紧张局势，待准备工作做好后，于 3 月 20 日后再开展。2 月 27 日，薄一波将上海"五反"斗争情况向毛泽东作了报告，说："现在的情况是指挥官已进入阵地，散兵式的各自为战，领导上自顾不暇，运动是在没有领导和半有领导的情况下进行的。工人、店员的每一斗争，报纸上的每一宣传鼓动，都使领导的被动性愈陷越深。这种情况继续下去是很危险的。"

2月29日，毛泽东即复电薄一波：你和华东局、上海市委诸同志的决定是正确的。这样既有利于现在的三反，也有利于3月20日以后的五反，也有利于全国的经济形势。据此，上海开始认真做五反斗争的各项准备工作，主要是搜集不法资本家的材料，进行分类排队，确定保护及打击的重点，广泛宣传"五反"的方针政策，组织轮训骨干队伍等。经过一个多月的重新准备，3月25日正式开始五反运动。

在运动发起之后，迅速组成和不断扩大"五反"统一战线，是中央指导运动的策略之一。并反复强调，不仅要广泛宣传动员和组织依靠广大工人、店员，而且要积极耐心地做好高级职员、资本家家属的思想工作，动员他们协助政府做好资本家的工作；同时要求各城市在运动开展后，要先以主要精力调查和处理95%以上的"五毒"行为较轻的工商户，尽快作出结论，取得他们的拥护或中立，以孤立5%左右的严重违法和完全违法户；即使对后者也要严格区别情况给以不同处理，如补税、退财、罚金、没收、捉人、取保释放等；只对极少数才予以判刑或处决，继续进行分化瓦解，最大限度地孤立和打击罪大恶极者，以形成广泛的"五反"统一战线。

2月15日中央在《关于五反中对各类资本家的处理意见指示》中再次指出：对"五毒"行为不太严重者，应采取"只退不罚"的政策，以安定绝大多数资本家，可以组成广大的"五反"统一战线；并说："真正的五反统一战线，只有对这类资本家做出几批'只退不罚'的结论，并予以公布之后，才能形成。"

在"五反"运动中，如何处理违法资本家，这是运动成败的关键。中共中央采取了一系列措施。北京市率先制定了《在五反运动中关于工商户分类处理的标准和方法》，提出了处理工商户的五条基本原则：过去从宽，今后从严；多数从宽，少数从严；坦白从宽，抗拒从严；工业从宽，商业从严；普通商业从宽，投机商业从严。

据此将工商户划分为五类并规定了具体的处理办法：对守法户经审核后发给守法通知书；基本守法户，一般免退免罚；半守法半违法户，补退不罚；严重违法户，退出违法所得，并按其情节酌处罚金；完全违法户，退出违法所得，按其情节从重处以罚金，并给予法办，或判刑，最重者可以处以死刑，没收其财产一部或全部。

中央认为北京市的这个文件很好，经批准，由政务院于3月8日通过并颁布实施。为了严肃、慎重、适时地处理"五反"运动中工商户严重违法和完全违法的案件，3月24日政务院公布了《关于"五反"运动中成立人民法庭的规定》，要求违法工商户较多的城市，应在市政府的领导下成立人民法庭的和市辖区分庭，并对两级法庭的职权范围作了明确规定。还规定：对守法户，基本守法户和半守法半违法户的审查处理，一律由市节约检查委员会直接审理；只有严重与完全违法户才提交人民法庭处理。中央的这些措施，为各地处理不法资本家统一了标准，制止和纠正了草率行事与乱批乱斗乱打的偏向。

1952年5月以后，全国的"五反"运动已基本转入审理定案和补税、退财、罚金、没收阶段。为了善使善终，圆满胜利结束"五反"斗争，中央于5月9日发出《关于五反定案补退工作的指示》，指出：对资本家违法所得算得过高的必须合理地降下来；补退时间要适当延缓，除少数确能和确愿早日补退者及少数应没收者外，大多数资本家的补退时间一律推退到9月10日开始；数额大者可分多年补退，一部分可作为公股不要交出罚金。

5月20日，中央又发出《关于争取五反斗争胜利结束中的几个问题的指示》再次明确了定案处理的原则，是"斗争从严，处理从宽，应当严者严之，应当宽者宽之"，务必做到实事求是，合乎情理；工商户分类标准，应以违法所得数目和违法情节作为同等重要条件；对违法工商户一般只退财补税，少数才予以罚款；除对国计民生有极严重危害或破坏作用者、违法行为属于罪大恶极者、确系非法窃取敌伪产业者外，一律不予接管或没收等。6月11日，陈云就退财补税问题提出了两条原则：一是"先活后收"，让资本家先开工、开业，有了利润再收，二是"先税后补"，让资本家先交税，然后随着收入的增加再逐步收缴退补款，以保证其正常生产和经营。

6月19日，周恩来在中共中央召开的全国统战部长会议上明确指出："如果我们只说朋友，'五反'斗争就会轻轻过去，将来'五毒'又会严重起来，又要进行'五反'。反过来如果只说阶级矛盾、思想矛盾，对立、限制，现在就要把资产阶级打倒，就会发生'左倾'。因此，应该全面地说。现在反对他们的'五毒'，联合与改造他们，都是为了将来便于和平转变到社会主义，为消灭资产阶级准备条件。"运动中始终坚持了有理、有利、有节的斗争策略，既有力反击了不法资本家的"五毒"进攻，又在新的基础上巩固了与民族资产阶级的统一战线。

1952年10月25日，"五反"运动全国结束。根据华北、东北、华东、西南、中南五个大区的67个城市和西南全区的统计，参加"五反"运动的工商户共有999707户，受到刑事处分的1509人，仅占工商户总数的1.5%；其中判处死刑和死缓的19人，占判徒刑总数的1.26%。另据北京、上海、天津、武汉、广州、重庆、西安、济南八大城市的统计，定为守法户、基本守法户和半守法半违法户的占工商户总数的97%以上。其中上海市共有工商户163400户，守法的24510户，占15%；基本守法的81700户，占50%；半守法半违法的49020户，占30%；完全违法的8170户，占5%。北京市共有工商户50000户，守法的5000户，占10%；基本守法的30000户，占60%；半守法半违法的 12500 户，占 25%；严重违法的 2000 户，占 4%；完全违法的 500 户，占 1%。"五反"运动中虽然出现过偏差，但在运动中或运动后都得到了妥善的解决。

四、粉碎高饶反党分裂活动

新中国成立后，在个别场合，毛泽东批评过刘少奇，高岗自以为可以取而代之，饶漱石也认为只要靠上高岗这棵大树就可以宏运亨通。从 1952 年下半年开始，中央财委对全国税制进行修订，实行新的税制，但由于在制定和执行过程中出现了某些失误，高岗、饶漱石便借机发难。但他们的阴谋没能得逞，反落得个可耻的下场。

1. 修改税制引起的风波

1952 年下半年，由中央财经委员会主持，对新中国建立以后的税收制度进行了若干修正，由于操之过急、工作过粗，修正后的税制公布后，在社会上引起强烈反响和波动。毛泽东尖锐批评了此举犯了"分散主义"、"右倾机会主义"错误。1953 年夏季召开的全国财经工作会议，集中批评了此事。高岗等人乘机发难，借批新税制大作文章，在党的高层领导中制造纠纷，一时酿成大风波。高岗等人的阴谋被揭露和清算后，事态才逐渐平息。

新中国成立后，百业待兴。尽快地建立起新中国自己的税制是一项重要工作。鉴于当时的形势和人民政府管理税收经验不足，这一工作大体本着"暂时沿用旧税法"，部分废除，逐步改进的方针进行。

1952 年下半年，国民经济恢复任务即将完成，为适应行将到来的大规模计划经济建设的需要，保证和增加国家税收显得更加重要。

1952 年 9 月，全国财经工作会议着重研究了在流通渠道变化的情况下如何保税问题，并确定抓紧时间修正税法。经过中央及各大区财政领导部门多次酝酿讨论，财政部提出了修正税制的具体方案。修正方案遵循了两条原则：一是保税，二是简化。根据这两条原则，对1950 年的税法作了一些较大的修正。

例如从保税出发，改变了原来国营总分支内部的"相互拨货""不视为营业行为，不深征营业税"的做法，明确规定，工业总分支机构从生产、批发到零售，要缴纳 3 道营业税；商业总分支机构从批发到零售，要缴纳两道营业部。为了堵塞"产零见面"逃税漏洞，规定工厂直接卖货给零售商时，须将工商两道批发营业税移到工厂直接缴纳；取消对合作社成立第一年免纳所得税和征收营业税按八折优惠的规定等。

从简化税制考虑，改变原来"多种税，多次征"为"多种税，一次征"：试行合一的商品流通税征收办法，将国营工业能够大量生产，国营和合作社商业在批发环节上能够控制的商品，如卷烟、烟叶、酒等 22 种商品的货物税、批发营业税、零售营业税及附加税、印花税等，合并为单一的商品流通税，在批发和收购环节一次征收，使一种商品只要缴纳了商品流通税，就可行销全国各地，大大简化了纳税手续；对货物税、营业税、所得税等的一些项目也进行了合并和简化。

财政部的修正税制方案经中财委党组讨论通过，并向周恩来总理作了汇报。这个方案于 1952 年 12 月 26 日经政务院 164 次政务会议批准，随后，又向全国工商联领导人和工商界知名人士征求了意见。同年 12 月 31 日《人民日报》公布了国家财委《关于税制若干修正及实行日期的通告》和财政部《商品流通税试行办法实施细则》，同时发表了《努力推行修正了的税制》的社论和《全国工商联筹委会拥护修正税制》的报道。修正税制自 1953 年 1 月 1 日起实施。

修正后的税制公布后，在社会上立即引起强烈反响和波动，这是主持修正税制的同志始料未及的。当时为了能在 1953 年元旦和春节的销售旺季多收些税，赶在 1952 年的最后一天公布实施。新的税制从当年 9 月财经会议酝酿到年底出台，前后仅 3 个多月的时间，许多工作来不及做，或做得较粗糙。结果，新税制一公布，在许多地方出现了物价波动、抢购商品、私商观望、思想混乱等情况。1953 年 1 月 9 日和 11 日，山东分局的向明等同志和北京市委分别写信给中央，反映执行新税制引起的混乱，各大区、各省市财委也纷纷写信、打电报给中财委，反映执行新税制遇到的困难和问题。

1 月 15 日，毛泽东了解到这一情况后，给周恩来、邓小平、陈云、薄一波写了一封信。信中说："新税制事，中央既未讨论，对各中央局、分局、省市委亦未下达通知，匆率发表，毫无准备。此事似已在全国引起波动，不但上海、北京两处而已，究应如何处理，请你们研究告我。此事我看报始知，我看了亦不大懂，无怪向明等人不大懂。究竟新税制与旧税制比较利害如何？何以因税制而引起物价如此波动？请令主管机关条举告我。"从毛泽东的信不难看出，他对修正税制一事很不满意。如此大事，他竟"看报始知"，至少有两点使他"不大懂"，一则修正税制利害倾向如何？二则为何会引起物价大波动？周恩来等人见信后，为毛泽东如此反应所震动。

周恩来收到信后，连夜给毛泽东回信，谈了处理意见。薄一波也立即召集中财委有关人员开会，研究各地执行新税制的情况。随后，财政部和税务总局派出若干小组分赴各大中城市检查，并每天与各主要城市通话联系。经过一段时间的工作，对执行新税制中所发生的较突出的问题，采取了补救措施。当年 2 月 10 日，财政部吴波、商业部姚依林、粮食部陈希云 3 位同志联名给毛泽东和党中央写信，就修正税制的过程及执行中发生的问题，作了说明。其后，财政部又由吴波向毛泽东和中央政治局作了一次汇报，详细说明了税制修正了哪些地方，实施中出现了哪些问题，采取了哪些补救措施等。

毛泽东在听取汇报并进一步了解了情况后，再次批评了修正税制一事。他尖锐地指出，"公私一律平等"的口号违背了党的七届二中全会的决议。修改税制事先没有报告中央，可是找资本家商量了。把资本家看得比党中央还重。这个新税制得到资本家叫好，是右倾机会主义的错误。毛泽东这些批评，比1月15日信中的语气更为严厉。批评的重点虽然仍侧重于"事先没有报告中央"，但又进一步引申道："把资本家看得比党中央还重"，"得到资本家叫好"，而且通过批评"公私一律平等"的口号，把错误提高到违背中央决议的"右倾机会主义"高度。

新税制受到批评后仅实行了半年便停止执行。1953年6月13日开始举行全国财经会议。会议按计划先分组讨论包括修正税制问题在内的财政工作中的问题。新税制问题一提出来，各方面的批评很集中，实际上成了会议的中心问题。这时高岗等人看到对新税制意见较多，便抓住机会鼓动一些人"勇敢发言"、"放炮"，进行不适当的责难。当时会议每天进行的情况，都由周恩来向毛泽东汇报。毛泽东得知这一情况后，决定让薄一波在会上作公开检讨，好让大家把话摆在桌面上来说。

根据周恩来传达的毛泽东指示，7月13日举行的领导小组会议，扩大到有131人参加。薄一波在会上作了第一次检讨。会议气氛立刻变得紧张起来，薄一波也成了"桌面上斗争"的集中目标。从7月14日起到7月25日，连续召开了8次领导小组扩大会议，批评薄一波。

这期间，李维汉向全体会议作了《关于利用、限制、改造资本主义工商业问题》的报告。在报告中，他传达了6月15日毛泽东在中央政治局会议上关于党在过渡时期总路线和总任务的讲话。毛泽东提出："要在10年到15年或者更多一些时间内，基本上完成国家工业化和对农业、手工业、资本主义工商业的社会主义改造。这条总路线是照耀我们各项工作的灯塔。不要脱离这条总路线，脱离了就要发生'左'倾或右倾的错误。"

于是，会议进一步对薄一波错误上升到背离过渡时期总路线的高度加以批判。高岗、饶漱石更是有恃无恐，对薄一波的批判无限上纲，并抓住薄一波曾向中央反映过高岗在东北工作的问题大加反击。

更有甚者，高岗为了达到推倒刘少奇、周恩来，实现其篡党夺权的野心，在会上大搞"批薄射刘"诡计，将他收集的七大以来刘少奇的所谓"材料"，采取移花接木的手法、统统按在薄一波头上，加以系统批判。在这种气氛下，会议对薄一波的批判调子越来越高，被视为"右倾机会主义路线错误"而居高不下。

财经工作会议进入后期，由于高、饶的干扰走偏了方向，既没有实现毛泽东关于讨论总路线的意图，也没有能认真、深入地研究五年计划、财政工作和民族资产阶级问题。8月1日，薄一波又作了第二次检讨，仍难过关。会议对薄一波的批判不但难以刹车，而且事态不正常地扩展到中央领导核心。

这次会议原预计开半个月，此时会期已达一个半月还多。毛泽东希望早点结束会议，要周恩来尽快作结论。当时会议继续要求薄一波作第三次检讨，薄拒绝了。周恩来把薄的态度报告了毛泽东，毛泽东也说薄一波可以不检讨了。在这种情况下，周恩来作为会议的主持人很难作结论。话说轻了，不大好通过，且有开脱、庇护之嫌，话说重了，就会为高、饶所利用。最后还是毛泽东给周恩来出了主意，结论作不下来，可以"搬兵"嘛，把陈云、邓小平请回来，让他们参加会议嘛！

陈云从北戴河回来后，在领导小组扩大会议上明确表了态。他指出："同志们在会议上提出中财委内部是否有两条路线的问题。我以为在工作中间个别不同的意见是不会没有的。在一起做了 4 年工作，如果说没有一点不同意见，当然不行；这些意见，也不能说他的都是错误的，我的都是对的，也不能说他的都是对的，我的都是错的。总的说起来，我在今天这样的会议上不能说中财委有两条路线。"

邓小平回到北京后，也在会议上发了言。他表示，大家批评薄一波的错误，我赞成：每个人都会犯错误，我自己就有不少错误，在座的其他人也不能说没有错误。薄一波的错误是很多的，可能不是一斤两斤，而是一吨两吨。但是，他犯的错误再多，也不能说成是路线错误。把他这几年在工作中的这样那样过错说成是路线错误是不对的，我不赞成。

"搬兵"之举很见效果。陈云、邓小平表态使会议气氛很快发生了变化，起到明显降温作用，结论比较好作了。8 月 9 日，在中南海西楼会议室召开政治局会议，讨论周恩来的结论讲话稿，毛泽东通知薄一波到会。会议结束前，毛泽东征求与会者还有什么意见，也问了薄一波。薄表示自己有错误，但有些具体事情还说不清楚。当高岗站起来批评薄态度不好时，毛泽东打断高的话说，你为什么不准上书的人写信给中央？东北的工作为什么就不能检查？东北各省出了错误，你东北局还不是要进行检查！从毛泽东的态度看，他对高、饶的举动已有所警觉和怀疑。

8 月 11 日晚，财经会议举行大会，陈云主持，周恩来作总结报告，毛泽东对总结报告作了多处修改。例如，关于薄一波所犯错误的性质问题。报告明确指出，由于"所有这些错误，还未构成一个系统，所以还不应该说成是路线错误"。

对报告中有关党的统一领导问题，毛泽东修改甚多。报告指出：（党中央和毛泽东同志历来总是）强调党的统一领导，（反对各个党的组织和党员个人向党闹独立性，反对无政府无组织无纪律的错误倾向，）反对分散主义，这决不是偶然的。这次税收、商业、财政、（金融）工作中所犯的许多错误，（是与向党闹独立性、与无政府无纪律的错误倾向）与分散主义离不开的。修正税制（及其他许多违反党的原则的措施），不向党中央请示，不与地方党委商量，亦不考虑有关部门的不同意见，（就独断专行地加以实施，而修正税制竟反与资产阶级代表人物事先取得协议，）离开了党的立场，这都是分散主义发展起来的必然恶果。（引文中括号内的文字系毛泽东所加）

报告在具体谈到薄一波本人时，毛泽东也加了一些话。报告指出："薄一波同志过去对敌斗争是勇敢的，在各个时期中（当他正确地执行党的路线的时候），他的工作是有相当成绩的。（现在的问题是）薄一波同志能不能虚心（接受各同志的正确批评而坚决）改正自己的错误。（我们希望他虚心接受同志们的正确批评，坚决改正错误，以便在党的领导下继续）做有益于党和人民的工作。"

为了使会议有个更圆满的结局，在8月12日会议结束的前一天，毛泽东在怀仁堂向出席、列席这次财经会议的全体人员作了一次重要讲话。

毛泽东首先说明，新税制的错误跟张子善的问题不同，是思想问题，是离开了党的总路线的问题。毛泽东在讲话中强调，为了保证社会主义事业的成功，必须实行集体领导，反对分散主义、主观主义。

在会上，毛泽东还对自己的错误进行了自我批评。他说，"在批判薄一波的错误中间，周、陈都说要负责任，我说我也要负责任，各有各的账。我的错误在于：抓得少，抓得迟，这是第一条，也是主要的一条。"他强调，"我是中央主席，都有我的份。这些错误，中央政治局在逐步的纠正中。"

毛泽东的自我批评给与会人员以很大的启发和教育，由于他主动在一些具体问题上承担了责任，就使做实际工作的同志减轻了压力。更重要的是，他的一番话，扭转了会议一度出现的不正常状态，表明了他本意是希望这次财经会议通过批评和自我批评来总结经验，提高认识，加强党的团结和集中统一领导。但高岗、饶漱石却别有用心，乘机向党发难。

2. 高岗饶漱石的反党分裂活动

1953 年，中国进入了有计划的大规模经济建设时期，中国共产党在战略指导上实行重大转变。在这历史关头，党内出现了高岗、饶漱石反党篡权的严重事件。中央及时察觉并领导全党进行了这场斗争，消除了隐患，增强了团结，为执政党建设和谨慎地处理党内存在的重大原则问题积累了经验。

高岗（1905—1954），陕西横山县人。1926 年加入中国共产党。1927 年派往西北地方部队从事兵运工作。1930 年后任中共陕西省军委交通员。1933 年派往陕甘边开展游击战争，参与创建陕甘边革命根据地。曾任中国工农红军第二十六军四十二师政治委员。1935 年 2 月任西北革命军事委员会副主任、前敌总指挥部政治委员。同年 9 月任第十五军团政治部主任。翌年任中共陕北省委书记，陕甘宁保安司令部司令员。抗日战争时期，曾任陕甘宁边区委员会书记、边区保安司令部司令，中共陕甘宁边区中央局书记，中共中央西北局书记，陕甘宁边区参政议会议长，陕甘宁晋绥联防军副政治委员、代理政治委员。1945 年 6 月当选为中共七届中央委员、政治局委员。解放战争时期，任中共中央东北局副书记、书记，东北民主联军副政治委员、北满军区司令员、东北军区第一副司令员兼政治委员、东北人民政府主席。1949 年 9 月出席中国人民政治协商会议第一届全体会议，当选为中华人民共和国中央人民政府副主席、中央人民政府革命军事委员会副主席。

高岗身材高大，梳着很精神的大背头，浓眉毛，高鼻梁，眼睛不大却目光闪烁。戴一副近视眼镜，喜欢从镜框上面闪出两道深沉的目光审视下级，使人一望不能不生出紧张和莫名的恐惧。因他的白皙面

◎ 高岗

◎ 饶漱石

皮有着一些浅色的麻子，故背地里人们悄悄地称他"高大麻子"。

高岗颇有工作能力，遇事敢决敢断，听下级汇报很少讲"研究研究再说"，常常是当场"拍板"，或马上抓起电话命令有关人员办理。在建设东北和抗美援朝战争中，他作出了一些成绩，受到毛泽东的表扬。

高岗很有个人野心，在东北工作期间，集党、政、军大权于一身，积极培植宗派力量，欲将东北作为其独立王国，时人称之为"高主席"。

高岗在生活上腐化堕落，他特别喜欢跳舞，总是往女人堆儿里扎，关于他的桃色新闻不时传出。他非常讲究吃，尤其喜欢吃西餐和奶制品，嚼起奶酪来总是津津有味。喜欢穿着苏式服装，他的言谈举止、生活方式都刻意表示出向苏联老大哥学习的愿望，很受当时苏联领导人的欣赏。从斯大林到赫鲁晓夫，都颇为青睐他。甚至在高岗倒台后，赫鲁晓夫还多次讲"高岗是我们的朋友"。

为了适应大规模经济建设的需要，调整、增设中央和国家机关的部分机构，以加强中央的集中统一领导，中共中央决定将各中央局和大区行政委员会的主要领导人及一批工作人员调到北京。1952 年 8 月后，邓小平、高岗、饶漱石、邓子恢、习仲勋等陆续调到北京，担任党和国家的主要领导职务，高岗调任国家计划委员会主任。在当时高岗是很受器重的，权力地位甚为显赫，一时有"五马进京，一马当先"之说。他担任主任的国家计委亦有"经济内阁"之称。但是，高岗骄傲自满，自视甚高，加之有苏联方面的欣赏，他个人野心恶性膨胀，必欲攫取更大的权力，终于与饶漱石纠集在一起，发展到分裂党的地步，结果是身败名裂。

饶漱石（1903—1975），江西临川县人。1923年加入中国社会主义青年团，1925年加入中国共产党，曾在赣东北、浙西一带从事青年工作。1929年任共青团满洲省委书记，一度代理中央满洲省委书记。1932年后任上海工会联合会党团书记，中华全国总工会秘书长、全总上海执行局党团书记。1935年赴苏联，任全总驻赤色职工国际代表。抗日战争爆发后回国。1940年夏任中共中央东南局副书记。1941年1月随新四军军部转移，皖南事变发生后，与叶挺等一起突出重围，遂以东南局副书记身份强令叶挺下山同国民党第三战区司令长官顾祝同谈判交涉，致使叶挺被扣。是年5月任中共中央华中局副书记。1942年后任华中局代理书记、新四军代理政治委员，新四军政治委员兼政治部主任，为新四军和华中抗日根据地的发展壮大做了许多工作。1945年6月当选为中共第七届中央委员。是年任新四军兼山东军区政治委员。1948年后任中共中央华东局书记、第一书记，华东军区政治委员。新中国成立后，任中央人民政府委员兼人民革命军事委员会委员，华东军政委员会主席，中共中央华东局第一书记。

饶漱石身材矮胖，满头黑发，浓浓两道眉毛下，一双小而亮的眼睛，留有上髭。他话不多，而且言不尽意，常常是欲言又止，说半截又缩回去，做人十分小心谨慎的样子。他的夫人陆璀曾说过：他这个人常常是欲言又止，让人搞不清是怎么一回事，又胆小得要命。

饶漱石虽然表面上给人胆小、慎重的样子，内心里却是野心勃勃，且为达到目的不惜在背后搞小动作。早在 1942 年初，当时中共中央中原局书记兼新四军政委刘少奇回延安参加整风运动，指定饶漱石代理中原局书记兼新四军政委一职，饶漱石畏惧新四军代军长陈毅资格老、能力强和在新四军中的威信，想早日成为正式的书记，于是便借陈毅在红四军时曾两次接替毛泽东任前委书记的历史事实为口实，煽动策划整陈毅。并致电延安的毛泽东、刘少奇，歪曲和捏造一系列事实，挑拨毛、刘和陈毅的关系，必欲将陈毅挤出新四军，终于在 1943 年 11 月陈毅被中央调回延安参加整风运动。

不仅如此，饶漱石为了取得更多的权力，曾采取骗瞒的手法。1949 年 10 月，在华东军政委员会主席的人选上，按当时一般情况，是由大军区司令员担任大区军政委员会主席的。毛泽东两次说由陈毅任华东军政委员会主席，陈毅觉得自己是大军区司令员又是上海市市长，够忙了，推辞说让饶漱石当，毛泽东吩咐让华东局进行讨论。饶漱石得知此事后对陈毅说，你不担任我担任。根本没有提到华东局会议上讨论，却用华东局的名义报中央以他为华东军政委员会主席。后来，毛泽东问起此事，饶漱石竟撒谎说：华东局几个同志都不同意陈毅担任，只好由我来担任，这样才骗取毛泽东和中央的批准。这样饶漱石既是华东局书记，又是军政委员会主席，就显得比所有大区司令员、政委高一头了。

1953 年 4 月，饶漱石调任中共中央组织部部长，为了实现其政治野心，竟全不顾刘少奇对他的信任，支持并参加高岗的分裂党的活动，把矛头对准刘少奇。

1953 年，中共中央酝酿召开一届全国人大和党的八大，并考虑国家体制和党的机构及其人选。具体考虑中共中央是否增设副主席和总书记，政府体制是否像苏联一样，采用部长会议制。毛泽东曾提出中央分成一线、二线的主张。这时，刚刚调到北京的高、饶认为这是一次权力再分配的极好机会，作出错误的估计。二人积极配合，展开反党篡权的阴谋活动，迫不及待地向党发难了。高岗对其职务处于刘少奇之下，一直耿耿于怀。

他们集中攻击的目标是刘少奇和周恩来，想把刘少奇、周恩来排挤到一边，自己担任党的副主席或总书记，当政务院总理，以后逐步夺取最高领导权。这一点，高岗后来在反省材料中写过，他的目的，就是"企图把刘少奇拉下来，使自己成为主席唯一的助手，准备自己将来做领袖"。

这一时期，毛泽东为中央发文件的程序问题，对刘少奇有两次书面批评，在农业合作化等问题上刘少奇与毛泽东也有一些不同看法。另外，中央为加强集中领导，撤销了以周恩来为书记的政务院总党组，政府各部门由党中央集中领导。这使高、饶发生错觉，以为有机可乘。

高岗把刘少奇在工作中的一些缺点错误搜集起来，整理成系统材料，进行宣传，并夸大其词地说刘少奇自党的七大以来犯了一系列错误。与此同时，高岗授意别人写文章，以他的名义公开发表，借以抬高自己，打击别人。饶漱石由于工作关系，本来和刘少奇比较接近，这时他以为毛泽东已由信任刘少奇转为信任高岗，于是就向高岗靠拢进行政治投机。

1953年夏季召开了全国财政经济会议。这次会议的主要议题是：统一党内对过渡时期总路线的认识，提出发展国民经济的第一个五年计划，检查纠正缺点错误。当时任财经委副主任、财政部长的薄一波对这方面工作中出现的问题，是有一定责任的。本来批评工作中的缺点，总结经验教训，在党内政治生活中是正常的事情。但是，高岗、饶漱石不怀好意，利用党内纠正错误的机会，施展他们的阴谋手段。高岗以批评财政部部长薄一波在税收政策上的错误为名，"明讲薄，暗射刘"。

这一点，高岗在1954年4月29日写的《我的反省》中作了交代。他说，他的发言"除批评薄一波同志外，还有指桑骂槐说少奇同志的意思"。薄一波在《若干重大决策与事件的回顾》一书中写道："高岗还对人说过：我在全国经济会议上不讲话则已，要讲就要挖少奇同志的老底。"

高岗别有用心的制造党内纠纷，他在财经会上的发言，用一箭双雕的手法，把刘少奇讲的许多话加在薄一波头上进行批判。他还把刘少奇个别的、一时的而且已经改正了的缺点错误说成是路线错误。

会外，他们散播流言飞语，指名道姓地攻击刘少奇、周恩来。诬蔑中央有宗派，刘少奇有"圈圈"，周恩来有"摊摊"。还把由高岗与安子文（中央组织部副部长）议论过的一个政治局委员"名单"，倒打一耙，大作文章，说"名单"来源于刘少奇。"名单"中本来有薄一波，也有林彪。可他们却散布"名单"中有薄一波而没有林彪，连总司令也没有了，到处挑拨离间，蓄意制造党内不和。由于高岗在会内会外到处起哄煽动，大搞阴谋活动，使正常的会议结论无法作出。

毛泽东请正在养病的陈云出来做工作，邓小平也到会上讲了公道话，这才在 8 月 11 日的会上由周恩来作了结论报告。肯定了成绩，指出了财经工作中的严重错误，否定了错误路线的提法。对高岗等人进行了批评，指出，会上"有些人发言不尽妥当"。

在财经会议期间，对高、饶的阴谋活动，党中央已经有所察觉，及时予以制止。毛泽东指出："有意见请提，破坏党的团结是没有脸的"。但是，高、饶并未罢休，热昏了头脑，以为自己的活动已经取得了初步的成功。会后高岗以"休假"为名，到华东、中南等地进行有计划的夺取中央领导权力的活动。他到处"周游"，继续进行挑拨活动，企图煽动一些高级干部对中央的不满。他制造了所谓"军党论"和"两党论"，说中国共产党是由"根据地的党"和"白区的党"两部分构成的，整个党都是军队创造的。

高岗自封为"根据地和军队的党"的代表，他声称，中央和国家领导机关现在掌握在"白区的党"的人手里，所以需要改组中央。他提出编党史，对党的若干历史问题的决定进行修改，重下结论。并在一些高级干部中封官许愿，私拟中央委员和候补中央委员的补充人选名单。用他所捏造出来的各种材料攻击中央领导人。

为了达到目的，高岗还利用苏联部长会议第一副主席捷沃西安的来华访问大作文章。据当时担任翻译的李越然回忆，高岗在陪同捷沃西安去鞍钢参加三大工程——高炉、平炉、轧钢车间的开工典礼的火车专列上，对捷沃西安说："你说中国要不要消灭资本主义？"捷沃西安望着高岗，毫不迟疑地回答："当然要消灭！"

"我就是这个意见。"高岗点点头，然后用抱怨的语气说："但是我的意见在我们党内却得不到支持。"高岗要求捷沃西安："请你回去报告苏共中央，就说在我们的中央有人反对我"。捷沃西安当即表示说："好，我回去一定报告。"显然高岗的矛头所指就是刘少奇。

在同一时期，饶漱石与高岗默契配合，他不经中央同意，捏造各种借口发动对安子文的无理蛮横的斗争，以支持高岗的分裂活动。1953年九十月间，在第二次全国组织工作会议上，饶漱石与高岗呼应，演出了一出"讨安（中央组织部副部长安子文）、倒刘（刘少奇）"的闹剧。

高岗等人策划了原东北局组织部长在会上作了具有煽动性的发言，夸大过去中组部工作中的缺点，对中组部 1953 年以前的工作，进行恶意的攻击，诬蔑中央组织部领导上有"右倾思想"，工作是"敌我不分，对坏人没有足够的警惕"。他们预点刘少奇的名，实行公开"摊牌"，要挟中央，妄图夺取人事权，改组中央组织部的领导。

为了解决所谓的"饶、安的矛盾问题"，澄清事实，开展批评与自我批评。由刘少奇、朱德、李富春、胡乔木、习仲勋、杨尚昆、钱英、饶漱石、安子文以及 6 个中央局组织部长组成的会议领导小组专门召开了会议。毛泽东指示，把中组部的争论拿到桌面上来解决。刘少奇对中组部的某些缺点和错误，主动承担了责任。邓小平在会上的讲话，肯定了中组部的工作是有成绩的，是贯彻了中央的路线的，并强调说，"子文同志也有成绩"。在 10 月 27 日的闭幕大会上，中央肯定了中组部贯彻执行了党的正确路线，再次强调了党的团结，打破了饶漱石利用组织工作会议分裂党的计划。

3. 高饶反党分裂活动的失败

此时，如果高岗、饶漱石改邪归正，中央对他们的错误是不会揪住不放的。但是，他们对自己的错误仍不悔悟，更加紧了夺权党和国家权力的活动。12月，毛泽东准备休假，按惯例提出要委托刘少奇代理主持中央工作。高岗立即表示反对，一再坚持说："轮流好"。他找邓小平谈话，说刘少奇不成熟。又找陈云，说搞几个副主席，你一个，我一个。高岗还告诉秘书：你要注意，一接到毛主席病重的消息，我们就立即返回北京，因为现在党内没有一个人能够撑得起来。

高、饶的活动，引起了邓小平、陈云等中央负责同志的警惕，他们向毛泽东作了反映，其他一些同志也向中央反映了情况。邓小平在一次谈话时说："毛泽东同志在1953年底提出中央分一线、二线后，高岗活动非常积极。他首先得到林彪的支持，才敢放手这么搞。那时东北是他自己，中南是林彪，华东是饶漱石。对西南他用拉拢的办法，正式和我谈判，说刘少奇同志不成熟，要争取我和他一起拱倒刘少奇同志。我明确表示态度，说刘少奇同志是好的，改变这样一种历史形成的地位不适当。高岗也找陈云同志谈判，他说：搞几个副主席，你一个，我一个。这样一来，陈云同志和我才觉得问题严重，立即向毛泽东同志反映，引起他的注意。"

毛泽东做了调查，找一些同志了解情况。他在同罗瑞卿的一次谈话中，风趣地谈到政治感冒和鼻子不灵的问题，意味深长地说："睡觉有两种情况是，一种是睡在床上，另一种是睡在鼓里。若不是其他同志向我反映高、饶的问题，我还蒙在鼓里哩！"

从全国财经会议后期开始，毛泽东已经逐步察觉高、饶的活动不正常。针对高、饶散布的所谓"圈圈"、"宗派"等问题，毛泽东在多交讲话中强调重视团结，消除山头。但是，高岗无视毛泽东的告诫，变本加厉地进行破坏团结的分裂活动。1953 年 12 月，中央政治局会议揭露了高岗、饶漱石的反党分裂活动。毛泽东指出，高岗他们"刮阴风，烧阴火"，"其目的就是要刮倒阳风，灭掉阳风，打倒一些人"。

为了消除高岗到处活动的不良影响，1954 年 1 月，正在杭州休养的毛泽东专门约请苏联部长会议第一副主席捷沃西安和驻华大使尤金到杭州会谈。据翻译师哲回忆，毛泽东专门向他们介绍了中共党内和国内的一些情况。

毛泽东说："我们党内，或许也是国内要出乱子。当然，我今天说的只是一种可能性。将来情况如何变化，还要等等看。这个乱子的性质用一句话来说，就是有人要打倒我。我们中国历史上曾出现过秦灭六国，秦灭了楚。秦就是他们陕西（毛用手指师哲。师哲是陕西韩城人），楚就是湖南（毛指着自己）。这是历史上的事实。那么现在怎么样？还要等等看。"

毛泽东所说的陕西就是指高岗，但他没有明讲。以至捷沃西安和尤金在听完这番话后，一直嘀嘀咕咕。对师哲的态度也改变了，他们误解为是师哲要打倒毛泽东了。

当年党中央把他们称为"高、饶反党联盟"是有一定道理的。薄一波在1991年5月出版的《若干重大决策与事件的回顾》一书中写道：毛泽东 1955 年 3 月在全国党代会议上指出：虽然高岗、饶漱石之间没有定立文字协定，但是他们的思想，目标和行动的一致，说明他们不是两个互不相干的独立王国和单干户。

薄一波概述了几个事实：饶漱石一向被认为是尊重刘少奇的，可是在高岗发动"批薄射刘"斗争时，他却另辟一个"讨安伐刘"的战场予以配合。他后来承认："我不否认我们两个在行动上、目标上都是反对刘少奇同志"。关于"名单问题"，毛泽东说，问题不在提名单的人身上，而要追查散布名单的人。散布者恰恰就是高岗、饶漱石两人。他们会上会下广为传播这份名单，造谣惑众，以达到不可告人的目的。高岗推荐的干部，饶漱石一概同意；高岗反对的干部，饶漱石一律排斥。饶漱石还说，今后中组部要以原东北局的组织部长为核心。饶漱石的问题被揭露后，高岗两次找毛泽东，要求保护饶。高岗问题被揭露后，饶也为高"申冤"。毛泽东曾风趣地说："高岗说饶漱石现在不得了了，要我来解围。我说，你为什么代表饶漱石说话？我在北京，饶漱石也在北京，他为什么要你代表，不直接来找我呢？在西藏还可以打电报嘛，就在北京嘛，他有脚嘛。第二次是在揭露高岗的前一天，高岗还表示要保护饶漱石。"

1954年2月6—10日，中共七届四中全会在北京举行。出席会议的正式中央委员35人，候补中央委员26人，因病因事缺席的中央委员和候补委员9人。列席全会的党、政、军和人民团体的负责人52人，毛泽东在杭州休假未出席这次中央全会。刘少奇受中央政治局和毛泽东的委托主持会议并向全会作了报告。朱德、周恩来、陈云、邓小平等44人在会上作了重要发言。会议从不同角度揭露和批判了高岗和饶漱石在财经会议和组织工作会议及其前后的反党分裂活动，强调了党的团结的重要性，一致通过毛泽东建议起草的《关于增强党的团结的决议》。会后，干部和党员学习和贯彻执行这次会议的决议，大大加强了党的团结，从而也保证了过渡时期总路线的实施。

中共七届四中全会的另一项议程，是通过决议，正式批准了过渡时期总路线。过渡时期总路线于同年9月载入第一部《中华人民共和国宪法》。过渡时期总路线的特点是实行社会主义工业化和社会主义改造同时并举，以工业化为"主体"，以三大改造（对农业、手工业、资本主义工商业）为"两翼"，二者相互适应，相互促进，协调发展。总路线的实质是改变生产资料的资本主义私有制为生产资料的社会主义公有制。

会后，中共中央书记分别召开了关于高岗问题和关于饶漱石问题的座谈会，继续揭发和对证他们阴谋活动的事实，同时等待他们觉悟。周恩来主持召开高岗问题座谈会。邓小平、陈毅、谭震林主持召开饶漱石问题座谈会。但是，他们只作了检讨，完全没有悔改的表示。高岗不仅不低头认罪，反而以自杀自绝于党和人民。第一次自杀未遂，第二次又服安眠药自杀身亡。饶漱石于 1955 年 4 月以包庇反革命等问题被逮捕审查，1965 年 8 月被最高法院判有期徒刑 14 年，1965 年 9 月被假释，1967 年重新收监，1975 年 3 月患中毒性肺炎死亡。

1954 年 2 月 24 日，周恩来在高岗问题座谈会上作总结发言中指出："高岗的极端个人主义错误已经发展到进行分裂党的阴谋活动，以图实现其夺取党和国家领导权力的个人野心。在其野心被揭穿和企图失败以后，他就走上自绝于党和人民和绝望的自杀道路。"

周恩来详细地揭露了高岗篡党夺权的阴谋活动：在党内散布所谓"枪杆子上出党"、"党是军队创造的"，以制造"军党论"的荒谬理论，作为分裂党和夺取领导权力的工具；进行宗派活动，反对中央领导同志；谣言挑拨，制造党内不和；实行派别性的干部政策，破坏党的团结，尤其是对干部私自许愿封官，以扩大自己的影响和企图骗取别人的信任；把自己所领导的地区看做个人资本和独立王国；假借中央名义，破坏中央威信；剽窃别人文稿，抬高自己，蒙蔽中央；在中苏关系上，拨弄是非，不利中苏团结；进行夺取党和国家权力的阴谋活动。高岗生活腐化堕落，野心权欲极强，骄傲自满，专横跋扈，使他在全国解放后日益严重，终于从一个极端个人主义变为一个篡党夺权的野心家。

饶漱石也是一个个人主义野心家。在饶漱石问题座谈会上，进一步揭发了饶漱石大量的反党事实。早在抗战时期，饶漱石就曾在新四军中搞宗派活动。1953 年，他错误地认为高岗会进一步夺得党和国家的最高权力，于是与高岗勾结，诽谤攻击刘少奇和周恩来等党和国家领导人，阴谋篡夺党和国家的最高权力。座谈会指出：饶漱石善于伪装，在党内施展阴谋，争权夺位，不到重要关节不伸手，即在伸手时亦常以伪装面目出现，以各种方法利用别人为其火中取栗，是个党内少见的伪君子。

高、饶的反党阴谋活动，严重威胁了党的团结。1954年4月，东北局召开了东北地区党的高级干部会议，进一步揭发了高岗的反党活动。同年6月，上海市召开了党的代表会议，揭发饶漱石在华东地区的反党活动。

高、饶反党篡权阴谋被揭露，使全党干部和党员受到了一次深刻教育。1955年3月21日，中央召开了党的全国代表会议，通过了《关于高岗、饶漱石反党联盟的决议》，决定撤销高岗、饶漱石党内外一切职务，开除他们的党籍。邓小平作了《关于高岗、饶漱石反党联盟的报告》。为了加强对党员特别是党的高级干部的监督，会议决定，成立中央和地方的各级监察委员会，借以加强党的纪律，防止违法乱纪，特别是防止像高岗、饶漱石分裂党、阴谋篡权的这类严重危害党的利益的事件重复发生。会上，选举产生了以董必武为书记，刘澜涛、谭政、王从吾、钱英、刘锡五为副书记的中央监察委员会。

这次斗争体现了我们党实事求是的原则和传统，采取了正确的党内斗争方针、政策和方法。起初，党中央对高、饶采取"惩前毖后，治病救人"的方针。毛泽东曾说，高岗检讨完之后，他的工作还要给予适当的安排。尽管抢救无效，对他们的问题也没有上升到路线斗争的高度。对受高、饶影响而犯错误的人，只对其中极少数进行了组织处分，同时给他们另行安排了工作。整个斗争是有领导、有秩序、有节制的，既坚决又谨慎，没有犯扩大化的错误。邓小平曾肯定这次党内斗争的成功经验，他说："高饶问题的处理比较宽。当时没有伤害什么人，还有意识地保护了一批干部。"反对高、饶的斗争，着重从思想上、政治上吸取教训，从而使全党特别是党的高级干部受到教育。

第八章

社会主义制度在中国确立

一、过渡时期总路线和社会主义工业化道路

1953 年 9 月，中共中央向全党提出了社会主义建设的总路线，即实现国家社会主义工业化，逐步对农业、手工业、资本主义工商业进行社会主义改造。总路线是根据我国当时的国情制定的，是国民经济恢复以后，党的工作重点转移到大规模经济建设，向社会主义制度过渡的必然。工业化是总路线的核心，在编制我国工业发展的目标时，毛泽东强调要施"大仁政"，优先发展对国计民生有重大影响的工业。为实现工业化，中国吸取苏联的建设经验，并以苏联援建的 156 个项目为中心编制实施了"一五"计划。

1. 工业化的道路和目标

1953 年 9 月 24 日，中共中央正式向全党和全国人民公布了党在

过渡时期的总路线。其内容为：从中华人民共和国成立，到社会主义改造基本完成，这是一个过渡时期。党在这个过渡时期的总路线和总任务，是要在一个相当长的时期内，逐步实现国家的社会主义工业化，并逐步实现国家对农业、对手工业和对资本主义工商业的社会主义改造。这条总路线是照耀我们各项工作的灯塔，各项工作离开它，就要犯右倾或"左"倾的错误。

路线的提出，标志着中国共产党的基本方针政策发生了较大转变，党的指导思想和目标开始从以《共同纲领》为标志的新民主主义转向苏联模式的社会主义。

1954年2月，中共中央七届四中全会正式批准了由毛泽东提出并经政治局确认的过渡时期总路线。

过渡时期总路线规定：要在一个相当长的时期内，逐步实现国家的社会主义工业化。这个相当长的时期，总路线宣传提纲有一个具体解释：要完成这个任务，大约需经过三个五年计划，就是大约15年左右的时间（从1953年算起，到1967年基本上完成），那时中国就可以基本上建设成为一个伟大的社会主义国家。

对15年要达到的具体目标，1954年5月12日，李富春在第二次全国宣传工作会议上作的《关于社会主义工业化问题的报告》中说：我国实现社会主义工业化，要经过逐步的、相当的时间，毛泽东提出大致15年左右。实现社会主义工业化的标志，从数量上看是社会主义工业产值占工农业总产值的60%左右；从质量上看，要有独立的工业体系和农业相应的协调发展。

同年8月下旬，国家计委在《编制5年远景计划的参考材料》更全面提出，15年远景计划总的轮廓是：用15年时间，在政治上消灭剥削阶级和产生剥削阶级的根源，在经济上基本上完成社会主义工业化、农业合作化和机械化。1967年，全国工农业总产值比1952年约增加3倍，年平均增长9.9%；基本上完成国家工业化，现代工业在工农业总产值中的比重将达到60%；基本上实现对私人工业的社会主义改造，10人以上的资本主义工业通过国家资本主义道路，最后将全部由公私合营转化为国营，其余的私营工业也将经过各种方式基本上改造完毕；基本上完成农业合作化，全国90%的农户参加集体农庄和农业生产合作社，其耕地将占全国耕地面积的84.4%；人民的物质和文化生活水平将显著提高。

把现代工业在工农业总产值中的比重达到60%，作为实现工业化的目标，现在来看，无疑是太简单了一些，但同质量上要求建成独立的工业体系和农业相应的协调发展结合起来看，这显然是一项规模宏大、结构复杂的工程。

关于中国如何实现国家工业化的问题，1950年刘少奇曾作过设想。他认为，如果我们进行经济建设的和平环境在相当长的时期内有了保障，在经济恢复以后，我们要先发展农业、轻工业，再以主要力量发展重工业。他提出：

首先，我们必须恢复一切有益于人民的经济事业，并使那些不能独立进行生产的已有的工厂尽可能独立地进行生产。其次，要以主要的力量来发展农业和轻工业，同时，建立一些必要的国防工业。再其次，要以更大的力量来建立我们重工业的基础，并发展重工业。最后，就要在已经建立和发展起来的重工业的基础上，大大发展轻工业，并使农业生产机器化。中国工业化的过程大体要沿着这样的道路前进。

中国工业化的过程为什么要采取这样的步骤？在恢复中国的经济并尽可能发挥已有的生产能力之后，第一步发展经济的计划，应以发展农业和轻工业为重心。因为只有农业的发展，才能供给工业以足够的原料和粮食，并为工业的发展扩大市场。只有轻工业的发展，才能供给农民需要的大量工业品，交换农民生产的原料和粮食，并积累继续发展工业的资金。同时，在农业和轻工业发展的基础上，也可以把劳动人民迫切需要提高的十分低下的生活水平提高一步，这对于改进人民的健康状况，在政治上进一步团结全体人民，也是非常需要的。而建立一些必要的急需的国防工业，则是为了保障我们和平建设的环境所不可缺少的。只有这一步做得有了成效之后，我们才能集中最大的资金和力量去建设重工业的一切基础，并发展重工业。只有在重工业建立之后，才能大大地发展轻工业，使农业机器化，并大大地提高人民的生活水平。

当时，新中国成立伊始，这个问题还来不及进行讨论。不久，朝鲜战争爆发，国际形势发生了新的变化。根据形势的要求，尤其是根据苏联当年建设工业化的经验，过渡时期总路线宣传提纲指出，我国实现工业化，必须以发展国家的重工业为中心环节，以建立国家工业化和国防现代化的基础。

宣传提纲在阐述何以必须以发展重工业作为实现工业化的中心环节时说：只有建立了重工业，才能使全部工业、运输业以及农业获得为发展和改造所必需的装备。因为我国过去重工业的基础极为薄弱，经济上不能独立，国防不能巩固，帝国主义国家都来欺侮我们。这种痛苦我们中国人民已经受够了。如果现在我们还不建立重工业，帝国主义是一定还要来欺侮我们的。

因为我国过去几乎没有重工业，交通运输也不发达：在广大的国土上只有二万多公里铁路，火车头不能自制，钢轨也大部分从外国输入；汽车公路通车的新中国成立前只有 7.5 万多公里，货运客运汽车为数很少，而且都是从外国输入的；内河航运和海运都不发展，内河只有很少的古老的轮船，几乎完全没有远洋的运输；完全没有自己的航空业。如果我们不建立重工业，我们的运输业还会停留在破旧的状态上。轻工业虽然有一些，但是也远远不能满足人民的需要，并且因为我国没有重工业，许多轻工业的机器，尤其是精密的机器不能制造；如果我们不建立重工业，我们现有的轻工业就会一天一天破旧，而得不到新的装备的补充和改造，要扩大轻工业和建立新的轻工业也会困难。因为没有重工业，过去在我国农业中就几乎完全不使用机器，也很少使用化学肥料；如果现在我们还不发展机器工业和化学工业，我国的农民就会长期得不到新式农具和农业机器，长期得不到更多更好的化学肥料，我国农业的合作化和农产量的增加就会遇到困难。所有这一切都说明国家社会主义工业化的中心必须是发展重工业。

宣传提纲强调指出："资本主义国家从发展轻工业开始，一般是花了 50 年到 100 年的时间才能实现工业化，而苏联采用了社会主义工业化的方针，从重工业建设开始，在 10 多年中（从 1921 年开始到 1932 年第一个五年计划完成）就实现了国家的工业化。苏联过去所走过的道路正是我们今天要学习的榜样……我国实现国家的社会主义工业化，正是依据苏联的经验从建立重工业开始。当然，在集中力量发展重工业的同时，必须相应地、有计划地发展交通运输业、轻工业、农业、商业和文化教育事业。如果没有这些事业的相应发展，不但人民的生活不能改善，人民的许多需要不能够满足，就是重工业的发展和工业化的实现也是不可能的。"

从建立重工业开始，这就是过渡时期总路线提出的时候确定的我国实现社会主义工业化的道路。当时，抗美援朝战争正在紧张地进行着，国际形势要求我们更多地注意我国的国防建设。而国防工业又是要在重工业的基础上发展的。在这种特定的历史条件下，确定以重工业为重点进行工业化建设，是有它一定的合理性的。但是，把苏联实现工业化的经验绝对化，并把从发展轻工业开始还是从发展重工业开始，提到是资本主义工业化和社会主义工业化的两条道路的原则高度，又是不妥当的。

2. "一五"计划的编制

1953 年，新中国开始执行发展国民经济的第一个五年计划。这一计划的实施，揭开了中国经济发展历史的崭新篇章，为我国实现社会主义工业化奠定了初步基础。"一五"计划的建设规模是空前的，投资之巨，在中国历史上也是前所未有的。"一五"计划的编制任务是十分繁重的，从1951年酝酿到1955年完成，先后经过5次大的编制、修订过程。

1953年8月11日，周恩来亲自主持起草了《中国经济状况和五年建设的任务（草案）》，强调五年建设的中心环节是重工业，并要求扩大国民经济中的社会主义经济比重，保证长期建设在计划经济轨道上前进，进一步巩固国营经济的领导。同时，还形成了《三年来中国国内主要情况及今后五年建设方针的报告提纲》。这两个文件从中国的实际经济状况出发，初步提出了"一五"计划的基本任务，指导方针和主要经济指标，为编制"一五"计划做了重要的基础性工作。

新中国没有编制五年计划的经验，为征询苏联政府对我国"一五"计划编制和实施的意见，商谈苏联援助我国进行经济建设的具体方案。1952年8月15日，以周恩来总理为首的中国政府代表团赴苏。代表团阵容庞大，包括副总理陈云、中财委副主任李富春、驻苏大使张闻天、副总参谋长粟裕以及代表团顾问重工业部部长王鹤寿、燃料工业部部长陈郁、中财委秘书长宋劭文、空军司令员刘亚楼、海军副司令员罗舜初、炮兵副司令员邱创成、一机部副部长汪道涵、邮电部副部长王诤、外交部政治秘书师哲、外交部苏东司司长徐以新和亚洲司司长陈家康等共60余人。

周恩来、陈云在苏的一个多月时间里，曾两次会见斯大林。斯大林对我国的"一五"计划提出了一些有益的原则性建议。他认为，中国"一五"计划轮廓草案中设想的5年中工业总产值平均增长20%的速度是勉强的，建议降为15%或14%。他强调，要按照一定可以办到的原则做计划。不能打得太满，必须留有后备力量，以应付意外的困难和事变。斯大林的基本意思是，留有余地，超额完成，这是一种鼓舞，可增强信心，增加干劲。他同意帮助我们设计一批企业，并提供所需要的设备、贷款等，同时也可派些专家帮助中国进行建设。

据参加计划编制工作的人回忆，当时我们提出工业总产值年平均增长20%的速度，是根据前3年工业总产值年平均增长34.8%的速度设想的，虽然计划草案的指标已低于这个速度，但对前3年的国民经济带恢复性质，数量小、基数低、恢复易，这期间的高速度不能持久保持这一点，则认识很不足。斯大林的建议，对我们是有很深刻的启发意义的。

当时斯大林对援助中国"一五"计划只作原则承诺，具体事宜则指示各有关部门同我方人员直接洽谈。他对中国代表团说，我们现在还不能说最后肯定的意见，需要两个月时间加以计算以后，才能说可以给你们什么，不给什么。由于具体谈判过程要延续一段较长时间，周恩来、陈云于9月中旬先期回国，李富春主持留下来的人员继续在苏工作。

1952年12月22日，中共中央下达了《关于编制一九五三年计划及长期计划纲要的指示》。指示要求中央各经济、文教部门的党组及各中央局、省（市）委以及大行政区委员会和各省（市）政府的党组"应即根据中央财政经济委员会所发1953年的控制数字和五年计划轮廓草案，由首长负责，组织足够力量，编制1953年的计划和五年计划纲要"。为做好这一工作，中共中央特就编制计划中若干应注意的问题作了明确指示。第一，必须按照中央的"边打、边稳、边建"的方针来从事国家的建设。第二，工业化的速度首先决定于重工业的发展，必须以发展重工业为大规模建设的重点。第三，在编制生产计划时，必须充分发挥现有企业的潜在力量，反对保守主义。第四，必须以科学的态度从事计划工作，使我们的计划正确地反映客观经济发展的法则。此外，指示还要求，各部门和各地方计划明确吸收群众特别是各部门中先进人物参加讨论计划的编制，是必须采取的方法。

1953 年初，中财委会同国家计委，在广泛汇集资料的基础上，对五年轮廓草案作了必要的充实和调整，特别是对各个经济部门和各个年度的互相配合，以及基本建设投资在各个部门的分配，都作了进一步的修改。

　　李富春在周恩来、陈云回国后率团继续留苏紧张工作。代表团广泛接触苏有关部门，征询意见，商谈苏联援助的具体项目，时间长达 9 个月。

　　1953 年 4 月 4 日，苏共中央政治局委员米高扬约李富春等商谈时说，中国的"一五"计划，"苏共中央已看过了"，"经济专家已仔细地、精心地研究过"。他代表苏共中央，向李富春通报苏共中央、苏联国家计划委员会和经济专家的意见。

　　1953 年 6 月，李富春回国后向中央提交了《在苏联商谈我国五年计划问题的几点体会（提纲草案）》。在这份报告中，李富春结合苏方所提批判的意见，就五年计划轮廓草案中所规定的各项具体任务中存在的主要毛病，进行比较系统的总结，并提出关于我国五年计划的方针任务的意见。

　　1953 年 6 月，由国家计委主持，根据中央的要求，参考苏联国家计委对我国"一五"计划的意见，对"一五"计划再次作了修改。在修改中，按照计划指标应当留有余地的精神，把工业平均每年增长速度改为 14%—15%，并要求加快发展农业和交通运输业。这些重大修改是十分必要的。

　　要把中国这样一个经济落后的农业大国逐步建设成为工业国，究竟从何入手，从何起步？这是从编制计划一开始就苦苦思索的一个问题，在党中央最高决策层中对此有过各种考虑。例如，1951 年刘少奇曾主张先抓农业和轻工业，后抓重工业。

　　当时在中国共产党内，也包括党外不少有识之士，认为中国经过22 年战争，人心思定，经济亟待恢复，人民生活亟待改善，不能再打仗了，不应多搞重工业。甚至，有的认为工农差距大，农民太苦了。有的认为工商业者专搞轻工业，国家则专搞重工业，而无人注意农业。为此，有人呼吁政府"施仁政"。

对此，毛泽东谈了自己的看法。他说，所谓仁政有两种，一种是为人民的当前利益，另一种是为人民的长远利益，例如抗美援朝，建设重工业。前一种是小仁政，后一种是大仁政。两者必须兼顾，不兼顾是错误的。那么重点放在什么地方呢？重点应当放在大仁政上。"现在，我们施仁政的重点应当放在建设重工业上。"要建设，就要资金。所以，人民生活虽然要改善，但一时又不能改善很多。就是说，人民生活不可不改善，不可多改善；不可不照顾，不可多照顾。照顾小仁政，妨碍大仁政，这是施仁政的偏向。

毛泽东以他特有的思辨论证，善意地批评了片面强调发展农业、轻工业的主张，深入浅出地阐明了优先发展重工业的道理。人民政府是为人民服务的，自然要"施仁政"，不能"施恶政"。但为人民要办的好事多得很，不可一下子把好事都做完，要一件件做，分个轻重缓急去办。如果只顾眼前、局部的利益，"好行小惠"、"急功近利"，吃光花光，不图长远大计，势必有一天什么"仁政"也施不出。这一点在我们这样一个发展中的大国，尤其不可不察。就当时中国的经济实力而言，"能造什么？能造桌子椅子，能造茶碗茶壶，能种粮食，还能磨成面粉，还能造纸。但是，一辆汽车、一架飞机、一辆坦克、一辆拖拉机都不能造。牛皮不要吹得太大，尾巴不要翘起来。"要改变如此落后的经济状况，不优先发展重工业，何以使中国立于世界民族之林。

事实上，在执行"一五"计划过程中，优先发展重工业的重要性已日益呈现出来。据有关资料统计，1954 年 12 月，上海、天津、江苏等原有轻工业基础较好的省市报告，上海的工业设备利用率一般只达 50% 至 80%，有的只有 40% 以下，天津印染设备利用率只达 2/3，面粉业开车率只达 43.5%。而另一方面，随着国民经济建设全面展开，各工业部门在供需和生产协作配合上，呈现一种日益全面紧张的形势。突出表现在地质工作薄弱，煤、电、油供应紧张，有色金属、基本化学、建筑材料等产品，数量不足，品种不够，规格不多，质量不高，机械工业尚处在由修配到独立制造的转变过程中，更谈不上以最新技术装备国民经济各部门。

因此，"一五"计划，明确优先发展重工业，而且对重工业投资的倾斜度比苏联更大。据陈云1954年6月底向中央的报告：五年内，我国轻工业与重工业的投资比例为1：7.3。苏联第一个五年计划为1：6，第二个五年计划为1：5，第三个五年计划为1：6。在如此倾斜度下，我们实际的成效都比苏联前三个五年计划时期更好。

当然，毛泽东和党中央主张的优先发展重工业的方针，是坚持"既要重工业，又要人民"的统筹兼顾的方针。正如周恩来在总结

◎ "一五"计划中人们热情高涨

"一五"计划时指出的："我们强调重点建设，并不是说可以孤立地发展重点，而不要全面安排；我们要求全面安排，也不是说可以齐头并进，而不要保证重点建设。"从"一五"计划期间国家基本建设投资分配看，用于重工业的占 36.2%，用于轻工业的占 6.4%，用于农业的占 7.1%，三项相加共占 49.7%。其余一半，用于国防建设、运输邮电、商业、文教卫生、科研、城市建设和购置车船，以及现有企业的改建和扩建。这样的安排，在当时的条件下，大体是合适的。在"一五"计划整个实际执行过程中，确实出现过某一时期、某个方面畸轻畸重的现象，中央曾及时加以调整和纠正。

随着经济的发展、人民生活的改善和扩大出口的需要，农业和轻工业不相适应的情况逐步暴露出来，毛泽东于 1956 年 4 月发表的《论十大关系》一文中便指出："在处理重工业和轻工业、农业的关系上，我们没有犯原则性的错误。现在的问题，就是还要适当地调整重工业和农业、轻工业的投资比例，更多地发展农业、轻工业。"据薄一波回忆，毛泽东在另一场合甚至还严厉地强调，如果你们再不重视农业和轻工业的发展，我就要把"重轻农"的次序改为"农轻重"。可见，毛泽东既主张"一五"计划执行优先发展重工业的方针，又要求全党根据条件的变化及时调整好农轻重的关系，不要使这一方针片面化、凝固化，以保证国民经济的协调发展。

进入 1954 年，"一五"计划的编制工作进入最后阶段。此时党在过渡时期的总路线已明确提出来，苏联援助中国的建设项目也基本上确定下来。1954 年 2 月，党的七届四中全会又排除高岗、饶漱石的干扰，通过了《关于增强党的团结的决议》。同年 4 月，根据工作发展的需要，中央决定调整领导编制"一五"计划工作的班子，成立由陈云为组长的 8 人小组，成员有高岗、李富春、邓小平、邓子恢、习仲勋、贾拓夫、陈伯达。

同月，毛泽东审阅了陈云主持提出的《五年计划纲要（初稿）》，他审阅得十分认真，逐行逐句圈点，作了许多批注，并批转刘少奇、周恩来、彭真、邓小平审阅。6月，陈云向中央汇报计划编制情况，特别强调了"我们编制计划的经验很少，资料也不足，所以计划带有控制数字的性质，需要边做边改"。

8月，在陈云主持下，8人领导小组连续举行了17次会议，对国家计委提出的《中华人民共和国发展国民经济的第一个五年计划草案（初稿）》逐章逐节地进行了讨论和修改。1954年10月，毛泽东、刘少奇、周恩来3人又在广州集中了一个月的时间，共同审核了修改后的"一五"计划草案。李富春等同往广州，以备咨询。朱德、陈云、邓小平留在北京主持中央日常政务。

11月，由陈云主持召开中央政治局会议，用了11天的时间，仔细讨论了"一五"计划的方针任务、发展速度、投资规模、工农业关系、建设重点和地区布局，又提出了许多修改意见和建议。中央政治局会议后，中共中央决定将这个计划草案发给各省市委、国务院各部委党组讨论，征询意见，并提出"请各省委特别注意发展本省的农业生产的计划"。

1955年3月，中国共产党召开全国代表会议，讨论并原则通过了"一五"计划草案，同年6月，中央根据各方面的意见作了适当的修改，才建议国务院提请全国人大审议、批准。7月30日，全国人大一届二次会议审议并正式通过"一五"计划。

"一五"计划的编制工作从1951年开始，到1955年基本敲定，历经四五年的时间，大的修改工作进行了5次。其间，中共中央、国务院多次召开会议研究讨论。中财委、国家计委以及各经济部门和其他有关部门参加编制工作的干部和工作人员，不分昼夜地工作。当时的计算手段很落后，是用手拨珠算、计算尺和手摇计算器，每次方案稍有变动，上千个数据都得相应改动，要做到精确计算，其工作量之大是可想而知的。

从"一五"计划编制过程看，整个工作进行的是很审慎的，也是比较圆满的。它的成功很重要的一点是领导层坚持实事求是，民主决策。正像陈云在 1955 年 3 月党的全国代表会议上所指出的："我们党领导全国人民处理着极端复杂的国家事务。因此，党内在日常生活中有不同看法和不同意见是很自然的，不可避免的。不同意见的争论是必要的，只有用集体领导的方法，把不同意见在党的组织内、党的会议上加以实事求是的民主的讨论，才能达到统一的意见，才能使全党团结在中央委员会周围。这样的党内民主在我们党内是充分存在的，今后也仍然需要。"

3. 以苏联援助156项工程为中心的工业建设

"一五"计划确定的基本任务，是集中主要力量进行以苏联帮助中国设计的 156 个建设单位为中心的、由限额以上的 649 个建设单位组成的工业建设，其中绝大部分都是重工业项目。通常又将这些工业建设项目统称为 156 项工程。

实际上，"一五"计划期间确定和实施的建设项目总计有 1 万多个。其中，原计划公布的 694 个限额以上（即大中型）项目和 156 个援建项目等，均在数目上有变动。例如，限额以上的大中型项目，实际为 921 个，比原计划的 694 个增加了 227 个。又如援建项目中，苏联援助的实际项目也并非 156 项。此外，德意志民主共和国、捷克斯洛伐克、波兰、匈牙利、罗马尼亚、保加利亚 6 国还提供援助工业建设项目 68 个。

"一五"计划中的苏联援助项目是整个计划中的基干项目。由于在编制计划之初，中国对工业建设应当先搞什么、后搞什么，怎样布局和配套均无经验。因此，苏联援建的项目，有的是中方提出来的，有的是苏方提出来的，经过 5 次商谈逐渐确定下来。

第一次是 1950 年，周恩来赶去陪毛泽东访苏时，双方商定苏联首先帮助中国扩建东北工业项目 50 项；第二次是 1953 年，周恩来、陈云、李富春等访苏时又商定增加 91 项；第三次是 1954 年，当时的苏共第一书记赫鲁晓夫访华，参加中华人民共和国成立五周年时，双方又商定再增加 15 项苏援建项目；到 1955 年中苏双方第四次商定增加 16 项，其后的第五次商谈，又口头商定再增加两项。

前后 5 次商谈共确定援建项目 174 项。后来经过反复核查调整，有的项目取消，有的项目推迟建设，有的项目合并，有的项目一分为几，有的不列入限额以上项目，最后确定为 154 项。由于计划公布 156 项在先，所以仍延续用 156 项表示。最后确定的 154 个项目，实际进行施工的为 150 项，其中在 "一五" 期间施工的有 146 项。

156 项工程的实施，一举改变了旧中国工业残缺不全的落后状况，初步建立起中国自己的比较完整的基础工业体系和国防工业体系的骨架。新中国的决策者从一开始编制计划时就着眼于建立自己的工业体系和国民经济体系。对于这一点，毛泽东等领导人从未动摇过。仅就苏联援建的 150 项施工项目的构成看，军事工业企业 44 个，其中航空工业 12 个、电子工业 10 个、兵器工业 16 个、航天工业 2 个、船舶工业 4 个；冶金工业企业 20 个，其中钢铁工业 7 个、有色金属工业 13 个；化学工业企业 7 个；机械加工企业 24 个；能源工业企业 52 个，其中煤炭工业和电力工业各 25 个、石油工业 2 个；轻工业和医药工业 3 个。

其中，最大、最重要的项目包括，湖北武汉和内蒙古包头的两个钢铁厂，经过重建、扩建的东北鞍山钢铁厂、长春汽车制造厂、洛阳拖拉机厂、哈尔滨轴承厂，以及兰州炼油厂等。虽然从后来需要的情况看，化肥厂只有 3 个，拖拉机厂只有 1 个，少了一些。一般兵器工厂，从后来发生变化的国际形势来看，略多了一些。但是，通过这 150 个建设项目及其配套项目的建设，中国过去所没有工业部门，包括飞机、汽车制造、重型和精密机器制造，发电设备、冶金、矿山设备制造，以及高级合金钢和有色金属冶炼业等，都从无到有建立起来，形成了相当规模的基础工业实力。

"一五"计划工业建设的重要性还突出表现在工业布局上。旧中国半殖民地半封建经济造成了经济发展的极端不平衡，当时不多的工业设施 70% 左右集中在沿海一带，内地的工业也主要集中于少数大城市。广大内地几乎没有什么像样的工业。"一五"计划建设项目，特别是苏联援建的项目，则主要配置在东北地区、中部地区和西部地区。150 个项目中的 106 个民用工业企业，东北地区建立 50 个，中部地区设 32 个；44 个国防企业，布置在中、西部地区 35 个，其中有 21 项安排在四川、陕西两省。

对新建工业作如此部署决策，党中央和国务院是颇费心思的。当时决策着重考虑的因素至少有 3 个。

一是资源。钢铁厂、有色金属冶炼厂、化工企业，主要摆在矿产资源丰富或能源供应充足的地区；机械加工企业，要摆在原材料生产基地的附近。例如，在建设鞍山钢铁公司的同时，在其附近地区设置了长春汽车城、沈阳飞机城、富拉尔基重型机械加工基地。

二是军事国防。开始编制计划时，朝鲜战争还没结束，台湾蒋介石集团还妄图依靠美国帝国主义反攻大陆。因

◎ 刘少奇、邓小平、杨尚昆视察沈阳飞机制造厂

此，新建的工业企业特别是国防工业企业，除少数造船厂必须摆在沿海地区外，其他的不得不都摆到后方内地。据参加审批项目工作的同志回忆，一个项目确定后，总是要把厂址标在地图上，并用直线画出它与台湾、南朝鲜、日本等处美军基地的距离，并说明美国的什么型号的飞机能够攻击到它。显然，国防和安全考虑是一个主要着眼点。

三是带动经济落后地区。在"一五"计划的大部分时间里，中央都审慎地从沿海经济相对发展地区向内地贫困地区转移财力资源和人力及技术资源。特别是铁路、公路、采掘业、煤炭、有色金属和石油等大中型项目的建设，带动了周围地区的繁荣和发展，在这些地区出现了一批新兴的工业城市。据有关资料统计，1957 年同 1952 年相比，内地的投资占全国投资总额的比重由 39.3% 上升为 49.7%。内地的工业产值占全国工业总产值的比重也由 29.2% 上升到 32.1%。对于这一点，西方人士很重视，他们在谈到中国工业布局向内地落后地区倾斜项目时认为："与中国历史上的经历相比，与其他国家在现代经济发展的最初几十年内地区的不平衡通常都要加剧的发展模式相比，这些项目的影响是不可低估的。从总体上来看，各省之间人均产值的差距大大缩小了"，"它的确改变了历史发展模式。"

"一五"计划在正确方针指导下，取得了巨大的成就，经济效益和社会效益总的说是好的。这 5 年内，社会总产值增长 70.9%，其中农业产值增长 24.8%，所占比重下降为 33.4%；工业产值增长 1 倍多，所占比重上升到 43.8%。在工农业都有较大幅度增长的情况下，初步改变了我国经济以农为主的局面。就工业总产值的构成看，轻工业产值增长 72%，所占比重下降为 55%；重工业产值增长 1.6 倍，所占比重上升到 45%。这也标志着中国工业"以轻为主"的局面开始改变。工农主要产品产量更有大幅度增长。钢产量增长近 3 倍；原煤产量增长 98.5%；发电量增长 1.64 倍；原油产量增长 2.3 倍；水泥产量增长 1.4 倍；化肥产量增长 3.9 倍；农药产量增长 31.5 倍；金属切削机床增长 1.1 倍；铁路机车增长 7.4 倍。重工业产品产量的大幅度增长，有力地促进了农业和轻工业的发展。农业机械和化肥的应用都有数倍的提高。粮食和棉花的总产量分别增长 19% 和 26%，都创造了历史最好水平。棉纱、棉布的产量增长 30%；毛线增长 1.9 倍；呢绒增长 3.3 倍；糖增长近 1 倍。以轻工业为主的日用工业品的产量也有成倍的增长。这就使解放初期市场商品匮乏的局面得到很大改观。人民的物质文化生活水平得到了相应的改善。

"一五"计划期间的经济建设，也存在着一些问题，尤其后期的发展起伏较大，曾被形容为所谓"马鞍形"。但是，中国的第一个五年计划仍然是一个成功的计划，为中国实现工业化创造了良好的开端。

二、对农业的社会主义改造

党在完成土地改革以后，遵循自愿互利、典型示范和国家帮助的原则，采取三个互相衔接的步骤和形式，从组织带有社会主义萌芽性质的临时互助组和常年互助组，发展到以土地入股、统一经营为特点的半社会主义性质的初级农业生产合作社，再进一步建立土地和主要生产资料归集体所有的完全社会主义性质的高级农业生产合作社。到 1956 年底，参加合作社的农户占全国农户的 96.3%，其中参加高级社的农户占全国农户的 87.8%。在所有制方面，基本上完成了对农业的社会主义改造。

1. 互助组的发展

中国是个农业大国，农业是国民经济的基础，新中国成立初期农民占当时全国人口的 80% 以上。因此，农业问题处理得得当与否直接

◎ 李顺达和他带领的互助组，向山西全省农民倡议捐献"中国农民号"飞机

关系到整个社会的安定与发展。作为几千年延续下来的分散的、落后的小农经济力量薄弱；同时又是小商品经济，它们的生产受到市场流通和交换的制约，这就决定了个体农民的经济地位极不稳定，多数人贫困破产，少数人发财致富，必然会出现两极分化。新中国成立初期土改后的农村，很快出现了买卖土地、雇佣剥削、放高利贷等现象，这正是小农经济的必然趋势。又由于农村中的资本主义势力还具有一定的规模，地主富农仍然占有大部分土地、雇佣工人相对增多，两极分化的现象在土改后便已开始发生。要使农业较快的发展又要防止两极分化，不让刚刚翻身的农民重新陷入受剥削的贫困境地，只能走使全体农民共同富裕的道路——农业社会主义改造。

这场农村的巨大社会变革是在中国共产党领导下，通过各种互助合作的形式，把以生产资料私有制为基础的分散、落后的个体农业经济，改造为以生产资料公有制为基础的与国家工业化相适应的集体农业经济的过程。这一社会变革过程，亦称农业集体化，大体分为三个阶段。

第一阶段是1949年10月至1953年上半年，以办互助组为主，同时试办初级形式的农业合作社。

新中国刚刚成立不久，在广大农村，特别是在老解放区，一些通过土地改革刚刚获得土地的贫苦农民就开始组织起来，成立各种形式的互助合作组织。这种在土改时期兴起的互助合作组织在此期间得到广泛发展。互助的内容主要是耕地、送粪、播种、锄草、收割等。有的是人与人换工，有的是人畜换工，有的是牲畜互换，在自愿互利基础上共同劳动，解决了生产中的诸多困难。到 1950 年底，全国农村有互助组 272.4 万多个，参加农户 1131.3 万多户。到 1951 年，互助组发展到 467.5 万多个，参加农户有 2100 万户。农业生产合作社也从 1950 年的 19 个增加到 1951 年的 130 个。在这方面具有典型意义的便是当时的山西省。1950 年底，山西省的互助组已达到 15.67 万个，入组农户 84.67 万户，占全省农民总户数的 27.7%。1951 年底，山西全省有互助组 13.21 万个，入组农户 101.71 万户，占全省农户总数的 32.4%。在试办和发展初级农业生产合作社的带动下，山西省的互助组有了更多的发展。

其实，在农业中组织互助合作组织，是力图通过互帮互助，通过简单协作来克服生产力水平低下所带来的生产困难，以发展农业生产。它不仅有利于改善农业生产条件和改进耕作技术以而且有利于增加农民收入，增强再生产的能力。虽然它的出现未曾触及生产资料的私有制，但在互助合作过程中出现的一些计划式生产、初步的按劳分配等已经具有社会主义萌芽性质。

全国各地农村中互助组的发展，特别是围绕山西省发展农业生产合作社问题的争论，引起了中央的高度重视。1951 年 4 月 17 日，山西省委向华北局和中央写了一份题为《把老区互助组织提高一步》的报告。报告中提到："必须在互助组织内部，扶植与增强新的因素，以逐步战胜农民自发的趋势，积极地稳健地提高农业生产互助组织，引导它走向更高级一些的形式，以彻底扭转涣散的趋势。"这里的"更高级一些的形式"主要指的是初级农业生产合作社。对于这份报告，中央领导层出现了不一致的意见。刘少奇与华北局不同意报告中的观点，认为待到国家工业化建设能够提供大批农业机器的时候方可一举实现农业的集体化。毛泽东明确表示不赞同刘少奇与华北局的意见，而赞成山西省委的报告。他说：既然西方资本主义在其发展过程中有一个工厂手工业阶段，即尚未采用蒸汽动力机械、而依靠工场分工以形成新生产力的阶段，则中国的合作社，依靠统一经营形成的新生产力，去动摇私有基础，也是可行的。这一观点突破了苏联农业集体化的模式即先搞机械化，后搞集体化，为中国农业社会主义改造探索出一条新的道路。

根据毛泽东的提议，1951 年 9 月，中共中央召开了第一次互助合作会议，制定了《中共中央关于农业生产互助合作的决议（草案）》。这是中共中央关于农业互助合作运动的第一个指导性文件。《决议（草案）》总结了革命战争年代互助合作经验，提出了当时农业合作化的三种主要形式：临时互助组、常年互助组；初级合作社；高级合作社。

《决议（草案）》指出，土改后农民中存在发展个体经济和实行互助合作的两种积极性，党不能忽视和粗暴地挫伤农民个体经济的积极性。但是，要克服农民在分散经营中的困难，使广大贫困的农民能够迅速地增加生产而走上丰衣足食的道路，使国家得到丰富的商品粮和其他工业原料，又使国家的工业品得到广大的销售市场，必须提倡组织起来，按照自愿互利的原则，发展农民互助合作的积极性。同时提出，要根据生产发展的需要与可能的条件而稳步前进的方针；明确了以土地入股、统一经营为特征的初级社是主要形式；规定了在发展互助合作运动中，必须贯彻自愿和互利的原则，采取典型示范逐步推广由小到大，由少到多，由低级到高级，逐步引导农民走互助合作的道路。

1951 年 12 月 15 日，毛泽东为中共中央起草了关于印发《决议（草案）》的通知，要求将它印发到县委和区委，在党内外进行解释，并组织实行，并提出先在有条件的地区重点试办初级社，强调全党要把农业互助合作当成一件大事去做。党中央的决议发布后，农业生产互助合作运动很快发展起来。

《决议（草案）》的广发传达，推动了全国农业生产互助合作运动的发展。到 1952 年底，全国农业互助合作组织发展到 830 余万个，参加的农户达到全国总农户的 40%。组织起来的农户中，老解放区占 65% 以上，新解放区占 25% 左右。全国还成立了 4000 多个农业生产合作社（初级社），创办了几十个高级社（时称集体农庄）。这一年的农业生产也获得很大发展，粮食总产量达到 3200 多亿斤，比上年增产 400 亿斤。

1952 年冬至 1953 年春，在发展农业互助合作运动中，一些地区出现了强迫农民入社，侵犯中农利益、盲目追求高级形式等急躁冒进倾向。邓子恢（时任中共中央农村工作部部长）发现并及时向中央汇报，建议克服这种倾向。中央接受了这一正确建议，在一个月内，连续数次向全党发出了纠正急躁冒进倾向的指示。中共中央于 1953 年 3 月 8 日发出了《关于缩减农业增产和互助合作五年计划的指示》，又于 3 月 26 日发表了《关于春耕生产给各级党委的指示》，并公布了《中共中央关于农业生产互助合作的决议》。4 月 3 日，中共中央农村工作部召开第一次全国农村工作会议，阐述了"稳步前进"的方针，农业互助合作运动中出现的偏差得到及时纠正。此后，农业合作社从试办进入发展时期。

2. 初级社普遍发展

第二阶段是 1953 下半年至 1955 年上半年，初级社在全国普遍建立和发展。

过渡时期总路线提出来以后，农业互助合作运动有了更加明确的指导思想。党中央认为，为了适应国家工业化建设日益发展的需求，为了带动和影响其他方面生产资料所有制的改造，必须加快农业社会主义改造的步伐，推动农业互助合作运动向着更广、更高的阶段发展。

1953年10月，中央作出关于实行粮食的计划收购和计划供应（即统购统销）的决议。这一政策的出台是由1953年上半年粮食供销全面紧张引起的。由于此前的粮食市场还是自由市场，私人粮商的投机活动造成了粮食市场的极度混乱。据粮食部的报告，在1952年7月1日到1953年6月30日粮食年度内，国家收入粮食547亿斤，支出587亿斤，出现40亿斤的赤字。各大城市的粮食库存迅速减少，再加上东北等主要粮食产区在这一年又遭受水灾。这种严峻的粮食供销形势最易导致经济波动、人心不稳，而且对大规模工业化建设形成了严重威胁。国庆节刚过，10月2日晚，毛泽东主持召开中央政治局扩大会议，专门讨论粮食统购统销问题。陈云作报告，全面分析了全国粮食的严峻局面，并提出解决问题的基本办法：在农村实行征购，在城市实行定量配给，报告得到毛泽东的肯定。10月16日，中共中央作出《关于实行粮食的计划收购与计划供应的决议》。随后，这一政策结合农村正在进行的过渡时期总路线的宣传教育，在全国范围内普遍实施了。据国家统计局资料，从1953年7月1日到1954年6月30日的粮食年度内，全国实际粮食收入达784.5亿斤，超过计划75.5亿斤，比上年度多收177.9亿斤，增长29.3%；国内销售粮食596.4亿斤，比上年多销135.3亿斤，也增长29.3%。粮食的统购统销初步缓解了粮食供应的紧张局势，保持了市场物价的稳定。这一决议的实施不仅是解决粮食供求困难的应急措施，更重要的是，它有利于推动了农业的进一步互助合作。因为实施粮食统购统销过程中，国家是在同几十万、上百万个生产合作社打交道，这比起同一亿多个体农户打交道便利的多，粮食的统购统销促进了农业合作化的发展，反过来，合作化的发展也促进了粮食统购工作的进行。

　　为了总结两年来农业互助合作的经验教训，保证农业合作化运动的健康发展，中共中央于1953年10月26日至11月5日在北京召开了第三次农业互助合作会议。10月15日、11月4日，毛泽东两次同中共中央农村工作部负责人谈话。他说，各级农村工作部要把互助合作看做极为重要的事。对于农村阵地，社会主义不去占领，资本主义就必然会去占领。"纠正急躁冒进"是一股风，吹倒了一些不应当吹倒的农业生产合作

◎ 农民申请加入农业生产合作社

社。"确保私有"是资产阶级观念。"纲举目张"，社会主义和资本主义的矛盾，并且逐步解决这个矛盾，这就是纲。总路线就是逐步改变生产关系。在三亩地上"确保私有"，搞"四大自由"（指在土改后的农村中允许农民有借贷、租佃、雇工、贸易的自由），结果就是发展少数富农，走资本主义道路。到1954年秋收前，合作社要发展到3200多个，1957年可以发展到70万个，甚至100万个。这两次谈话对后来的工作的影响很大，其中提出许多正确意见，但对工作中缺点的批评不够实事求是，也表现出在农业合作化问题上有急于求成，贪多图大的思想。

会议经讨论通过了《中共中央关于发展农业生产合作社的决议》（12月16日经中共中央批准实施）（以下简称《决议》），《决议》提出了农业社会主义改造的道路，即引导个体农民经过具有社会主义萌芽的互助组，到半社会主义性质的初级社，再到完全社会主义性质的高级社；《决议》强调初级农业生产合作社日益成为领导互助合作运动继续前进的重要环节，应大力发展。同时提出了全国农业生产合作社的发展规划：从1953年到1954年秋收以前，全国农业生产合作社由现有的1.4万多个发展到3.58万多个，在第一个五年计划内即到

1957 年，应争取发展到 80 万个左右，参加的农户应争取达到农村农户的 20% 左右；《决议》确定了党对农业互助合作运动的各项工作的方针，即必须积极领导，稳步前进；《决议》指出，"无论何时何地，都必须根据农民自愿这一根本的原则"。"盲目急躁的冒险主义是根本要不得的"。"必须采用说服、示范和国家援助的方法，使农民自愿地联合起来"。合作社的规模和程度，要由小到大，由低级到高级逐步地发展。《决议》实施后，农业生产合作社迅速发展。到 1954 年春，农业生产合作社发展到 9.5 万个，参加农户达 170 万户，生产普遍增长，表现了明显的优越性。

过渡时期总路线的宣传、粮食统购统销政策的实施以及《中共中央关于发展农业生产合作社的决议》的公布，促使农业社会主义改造运动的全面展开，农业互助合作运动出现大好发展势头。

在农业合作化迅速发展的情况下，中央农村工作部于 1954 年 4 月 2 日至 18 日召开第二次全国农村工作会议。会议分析了互助合作运动的形势，指出农村将相继出现一个社会主义革命高涨的局面。为了吸引更多的农民入社，国家从各方面大力支援农业生产合作社。会议拟定的新的发展计划是：1955 年农业生产合作社要达到 30 万或 35 万个；1957 年要达到 130 万或 150 万个，入社农户占全国总农户的 35% 左右；在 1960 年前后，在全国基本地区争取实现基本上合作化（初级的农业合作化）。

1954 年 10 月 10 日至 30 日，中央农村工作部召开第四次互助合作会议。到此时，同年全国新建农业生产合作社 12 万个，加上原有的共 21.5 万个。根据各地要求，会议提出要在 1955 年春耕以前发展到 60 万个农业生产合作社。到第一个五年计划结束的最后一年，即 1957 年，全国要有一半以上的农户入社。这次会议的精神经传达后，各地表现出极大积极性，农业生产合作社发展更加迅速，到 1955 年 1 月初，短短两个月期间，全国办起了 38 万多个新社。

然而就在全国热火朝天大办农业合作社之际，农村粮食统购工作也已展开，再加上 1954 年粮食主产区遭受的严重水灾，全国粮食生产未能按计划完成，但当年的粮食收购却比计划多购 100 亿斤。农业合作化的快速发展，粮食收购数量的增加不得不引起农民心中顾虑与怀疑。由于农民担心财产会归公，各地纷纷出现"闹粮荒"，出卖耕畜、宰杀耕畜、烧树、砍树等现象。这种情形很快引起了中央的重视，立即采取了一系列补救措施。1955 年 1 月 10 日，中共中央发出《关于整顿和巩固农业生产合作社的通知》。《通知》决定："对当前的合作化运动，应基本上转入控制发展、着重巩固的阶段。" 1 月 15 日，中共中央又发出《关于大力保护耕畜的紧急指示》。2 月，中央召开全国财经会议，集中研究粮食购销问题。会议确定 1955 年 7 月至 1956 年 6 月粮食年度征购数为 900 亿斤，与上一年度相比大体相当。根据会议精神，3 月 3 日，发出《中共中央、国务院关于迅速布置粮食购销工作，安定农民生产情绪的紧急指示》。该指示强调必须在粮食统购统销工作中，进一步采取定产、定购、定销的措施，使农民对自己的交售任务心中有数。这对于稳定农民情绪，缓和农村的紧张情况有重大意义。

3 月中旬，毛泽东提出了"停、缩、发"的三字方针，即根据不同地区的情况，停止发展、实行收缩和适当发展。但是，这三字方针同 1 月 10 日的中央通知下发以后，在一些地方的农业生产合作社发展过快的势头并没有得到有效控制，一些地区发展过猛过快，违反了自愿互利和典型示范、逐步推广的原则。在这方面最突出的要数浙江省。1954 年春，浙江省入社农户占全省农户总数的 0.6%，秋天也只占 1.9%，1955 年春天，突然增加到 28%。3 月 22 日，中央农村部发出《关于巩固现有合作社的通知》。3 月 25 日，中央农村部专门向浙江省委农村工作部发出《对浙江省目前合作化工作的意见》，建议对合作化数量分别地区实行压缩。经过一个多月的收缩工作，浙江的农业生产合作社由 5.3 万多个减少到 3.7 万多个。

为了贯彻三字方针，农村工作部于 4 月下旬召开了全国第三次农村工作会议，总结经验，布置工作，提出要求。会议的总结报告指出产生冒进现象的原因以及今后贯彻总方针的四条政策，即：要求一般停止发展，就是说还有少数的省份，比如中南、亚南数量不大，像中南的河南就不行，已有 4 万多个社，这也就够数了，把 4 万多个社整顿好，其他五省只有 1 万多个，还可以酌量发展一点；立即抓生产，全力巩固；少数的省县要适当收缩；把互助组办好，整顿好，照顾个体农民。

会后，各地结合本地区的情况，对农业生产合作社继续进行整顿和巩固工作。到 1955 年 7 月，全国原有 67 万个合作社，经过整顿，巩固下来的有 65 万个，收缩了 2 万个社（主要是浙江、河北两省）。整顿措施的及时出台保障了农业合作化运动的稳步发展，也保护了农民参加合作社的积极性。

3. 高级社迅猛发展，农业社会主义改造完成

第三阶段：1955 年下半年至 1956 年底，这是农业合作化运动迅猛发展时期。

1955 年夏季以后，全国农业合作化运动出现急剧变化。农业社会主义改造开始加速进行，有一个转折点。这个转折点就是 1955 年 6 月下旬起，毛泽东与邓子恢之间围绕农业生产合作化发展速度问题的争论。

1955 年 5 月 17 日，中共中央召开华东区、中南区和河北、天津、北京等 15 个省市委书记会议。根据毛泽东原来的提议，会议提出 1956 年发展到 100 万个社的意见。6 月中旬，中央召开政治局会议，批准了关于到 1956 年合作社发展到 100 万个的计划。不久，毛泽东从南方考察回来，主张修改计划，加速发展。担任农村工作部部长的邓子恢不赞成改变计划，认为合作化运动应与工业化速度发展相适应，不宜发展过快。毛泽东认为邓子恢和中央农村工作部思想右倾。

◎ 1955 年，毛泽东作《关于农业合作化问题》的报告

1955 年 7 月 31 日和 8 月 1 日，中共中央召集的省、市、自治区党委书记会议在中南海怀仁堂举行。毛泽东作了《关于农业合作化问题》的报告。报告开篇就讲："在全国农村中，新的社会主义群众运动的高潮就要到来。我们的某些同志却像一个小脚女人，东摇西摆地在那里走路，老是埋怨旁人说：走快了，走快了。过多的评头品足，不适当的埋怨，无穷的忧虑，数不清的清规和戒律，以为这是指导农村中社会主义群众运动的正确方针。""否，这不是正确的方针，这是错误的方针。""目前农村中合作化的社会改革的高潮，有些地方已经到来，全国也即将到来。这是五亿多农村人口的大规模的社会主义的革命运动，带有极其伟大的世界意义。我们应当积极地热情地有计划地去领导这个运动，而不是用各种办法去拉它向后退。"

报告对党的农业合作化的理论和政策作了系统阐述，并对合作化的速度提出新的要求。"一九五五年春季，我党中央决定，农业生产合作社发展到一百万个。这个数目字同原有的六十五万个社比较，只增加三十五万个，即只增加半倍多一点。我觉得似乎少了一点，可能需要比原有的六十五万个社增加一倍左右，即增加到一百三十万个左右的合作社，使全国二十几万个乡，除了某些边疆地区以外，每乡都有一个至几个小型的半社会主义性质的农业生产合作社，以作榜样。""到第一个五年计划最后一年的末尾和第二个五年计划第一年的开头，即在一九五八年春季，全国将有二亿五千万左右的人口——五千五百万左右的农户（以平均四口半人为一户计算）加入半社会主义性质的合作社，这就是全体农村人口的一半。"

尽管这份报告总结了几十年来中国共产党领导农业互助合作运动的基本经验，也提出不少有独创性的理论与观点，甚至关于工业与农业、工业化与农业合作化、社会革命与技术革命等关系的论述也精辟至极，但报告的指导思想是以批判"右倾"为主，将主张农业合作化应当稳妥的邓子恢等人批评为"站在资产阶级、富农或者具有资本主义自发倾向的富裕中农的立场"。党内正常的意见分歧被上纲上线成了路线之争。从此，不同意见难以发表。这也就不难理解，为什么准备用长达 18 年的时间来完成的农业合作化实际上后来却只用了三年不到的时间就提前仓促完成。

至同年 10 月，山西、河北、山东、江苏等省入社农户已分别达到 60%、58%、52%、40%，全国的农业合作化运动局部高潮已经出现。

1955 年 10 月 4 日至 11 日，中共七届六中全会在北京怀仁堂举行。全会着重讨论在全国范围内加速农业合作化运动问题。会上 80 个发言的人一致拥护毛泽东的《关于农业合作化问题》的报告。邓小平说："毛主席的报告不只是从理论到实际最透彻地解决了农业社会主义改造方面的问题，而且对于党领导社会主义建设和社会主义改造的各方面，具有普遍的意义。"由于会议继续批判"右倾"，所以到会议结束时，加快发展农业合作化的意见呈现了一边倒的趋势，这进一步助长了社会主义改造中的急躁冒进情绪。

毛泽东根据大家的发言，对全国农业合作化提出了新的规划：多数地区，到 1958 年春天基本上完成半社会主义的合作化。少数地区的一部分，1957 年春可以基本完成，其中的个别地区在 1956 年春就可以基本完成；少数地区的另一部分则需要更长的时间才能基本完成。什么叫基本上完成办社会主义合作化呢？就是要有 70% 到 80% 的农村人口加入半社会主义的合作社。

全会根据毛泽东《关于农业合作化问题》的报告精神通过了《关于农业合作化问题的决议》，会议最后一天，毛泽东作题为《农业合作化的一场辩论和当前的阶级斗争》的总结。

全会后，农业合作化运动迅猛发展，出现了整乡、整区、整县实现合作化的高潮。如 1955 年 11 月，江西省委在修改原有规划的基础上，将 1955 年冬至 1956 年春的建设计划扩大为 6 万个，经地委审查、省委批准可办百户以上的大社，入社农户达 50% 左右，并把高级社的试办从 1958 年提前到 1955 年冬，提出在 1955 年冬至 1956 年春，赣南区党委和南昌、上饶地委可以在基础好的地方试办 3—5 个高级社，吉安、抚州和九江可各试办 2—3 个。

就在各地紧跟中央指示，奋起追赶全国汹涌澎湃的发展形势时，12 月，毛泽东主持选编的《中国农村的社会主义高潮》一书出版。毛泽东为这本书写了 104 篇按语。按语从总体上是以批判"右倾机会主义"为主旨的，而且开始大力提倡大办高级社和大社，表现出毛泽东本人对农业合作化的高度革命热情以及迅速改变中国农村落后面貌的急切希望。这样一来，农业合作化的政治倾向越来越明显，再一次助长了超越客观实际情况的"左"的冒进倾向。

在这样的政治气氛下，又一轮更大更猛的农业合作化浪潮席卷全国，可谓一日千里。从 1955 年 12 月 3 日至 12 月 30 日，河北、山西、北京、黑龙江、安徽、辽宁、热河、上海、天津、吉林、青海等省市先后宣布完成了半社会主义农业合作化。1956 年 1 月，全国农业合作化运动在高潮中继续升温，一些省份加快了高级社的发展步伐，高级社进入到了迅猛发展的阶段。1 月中下旬，北京、上海、天津、河北等省市先后宣布实现了高级合作化。2 月，山西、吉林、广西、青海、黑龙江、内蒙古也紧跟着宣布实现了高级合作化。

1955 年 6 月，参加合作社的农户只占全国农户的 14.3%，到了 1956 年 1 月达到 80.3%，年底达到 96.3%，加入高级社的农户高达 87.8%。在如海啸一般的农业合作化群众运动浪潮下，原来计划 18 年完成的目标，就这样提前 11 年就完成了。至此，以实现生产资料公有制为特征的农业社会主义合作化运动基本结束。到 1956 年底，我国基本上实现了农业社会主义改造。

三、对手工业的社会主义改造

我国手工业合作化运动的发展在新中国成立后即已开始，但主要是在党的过渡时期总路线提出来以后进行的。其方针是："积极领导、稳步前进"，采用在党的领导下，由上而下逐级发动，然后说服、示范、结合国家援助的方法，以达到启发和帮助个体手工业劳动者按照自愿互利的原则组织起来，最终解放生产力，发展生产力，其发展过程也有三个阶段。

1. 供销入手、重点试办

中华人民共和国成立后，手工业生产在全国经济中占有相当大的比重。1951 年 11 月的统计表明，手工业生产产值约占工农业总产值的 15%—20%，农民所需要的工业品中，手工业品占 80% 左右。据 1952 年的统计，全国农业产值、现代工业产值、手工业产值在工农业总产值中所占的比重，分别为 50.5%、28.3%、21.2%，手工业的发展对人民生活和工农业生产起着重要的补充作用。

第一阶段：1949—1952 年即国民经济恢复时期。在这一时期，国家在帮助恢复和发展手工业发展的同时积极引导个体手工业向集体化的方向发展，并开始有计划、有重点地对手工业合作社进行了典型试办。

手工业是从农业分离出来的经济形式，所以个体手工业同个体农业比较，就其生产关系和经营方式来说，有一些基本的共同点。这主要是：第一，都是分散的、小规模的个体经济。第二，个体手工业者和个体农户中的中农、贫农一样，既是劳动者，又是私有者。第三，生产不稳定，容易发生两极分化。同时它又是一个不断分化的经济形式，因此个体手工业有着不同于个体农业的特点，主要是：第一，没有多少生产资料。第二，个体手工业生产依赖于供销关系的畅通。第三，行业众多，经营灵活。第四，技术传授主要采取师傅带徒弟的方式。这些共同点与不同点就要求对个体手工业的改造可以采用合作化的方式，但必须与农业合作化的方式有所不同。

新中国成立后，国家帮助长期遭受掠夺压榨以及战争破坏的个体手工业恢复生产。在这个过程中，国家通过组织加工订货、银行贷款等措施扶持那些几近破产的个体手工业者以帮助克服原料短缺、设备陈旧、资金不足等困难。在不少地方还存在这样的情况：由于封建传统的师徒关系、雇佣关系恶劣影响，使手工业者与工人长期对立，严重影响了生产，此外，在"五反"运动中遗留的一些问题，也使得一些手工业者、手工业资本家借机报复，解雇工人，消极生产；一些工人又认为努力工作，是为"资本家"效力，被"资本家"剥削加深，工作散漫，直接影响手工业生产的发展。

针对这些问题，各地政府通过民主改革，从思想上发动工人群众，提高阶级觉悟与政治觉悟，正确处理和改善劳资、雇佣、师徒关系，团结手工业者，促进手工业的生产。而对于旧中国遗留下来的失业的手工业工人，在政府引导下开展生产互助组织。与此同时，在一些觉悟比较高而又有代表性的手工业者中开始试办合作社。这一举措一方面是为了在广大的手工业工人中树立模范典型，起到充分调动手工业者积极性的效果；另一方面也将此作为"试验田"，为接下来更大范围的合作化积累经验教训。同时，对一般手工业行业，通过供应原料、收购产品，组织起合作小组。同时，兴办了一些手工业供销合作社，统一购买原料，推销产品，或者统一接受供销合作社和国营企业的加工订货。

在个体手工业得到初步恢复和发展的基础上，国家组织了第一批手工业合作社。这些合作社主要集中于建筑材料、食品加工、木材加工、铁木农具、棉针织、造纸、服装等关系国计民生的重点行业。如：从熬糖起家的北京市第一食品合作社、从"三把头"起家的上海市铁床合作社、由 24 名木杆秤工人组织起来的武汉市度量衡合作社等都成为了手工业合作化的带头兵。然而，无论在新中国还是在旧中国，政府都没有办合作社的传统，更谈不上有办合作社的经验。这样一来，即使国家通过发原料、收成品、放贷款等措施组织了大量加工订货小组，也在一定程度上使得个体手工业逐步摆脱了对商业资本的过分依赖，获得迅速恢复发展的机会。但经验的严重不足却导致了合作化过程中程序、制度、规章、规范等必要的配套措施的缺失，合作化运动带有盲目性、自发性就成了不可避免的。当时就有人认为，手工业的存在是无足轻重，可有可无的。

为了总结经验并安排下一步的工作，1950 年 7 月，政务院财政经济委员会召开中华全国合作社工作者第一届代表大会。会议总结了新中国成立初期合作社运动的经验，同时为引导合作社步入正轨指明了

◎ 北京崇文区手工业者在加入手工业生产合作社登记站里

方向。在刘少奇修改过的提交会议讨论的《中华人民共和国合作社法（草案）》的总则中，明确写明了组织手工业生产合作社的目的是"联合起来，凑合股金，建立自己商业的和生产的组织，去推销自己的手工业产品，并购买原料和其他生产资料"，"避免商人的中间剥削，提高产品的数量和质量"。刘少奇在会上指出："手工业合作应从生产中最困难的供销环节入手，保持原有的生产方式不变，尽量不采取开设工厂的方式。"会议通过了《中华人民共和国合作社法（草案）》，以及中华全国合作社联合总社章程、关于基层合作社和各级联合社章程准则草案的决议等。

1951 年 6 月，全国合作社联合总社召开了第一次全国手工业生产合作会议，会议在总结经验教训的基础上，强调了手工业在国民经济中的地位。会议通过《手工业生产合作社章程准则（草案）》，明确了手工业合作社的性质、目的及任务。

1952 年 8 月，全国合作社联合总社召开了第二次全国手工业生产合作会议。会议在继续总结试办合作社经验的基础上，强调因地制宜、就地取材、就地加工、就地销售为主，有调查、有计划、有重点、有步骤的发展，组织一个，巩固一个。

新中国成立之初，全国个体手工业从业人员为 585 万人（另外还有农民兼营性手工业者 1200 万人）。经过三年国民经济恢复时期，在摸索中前进的手工业合作化运动通过重点试办，手工业合作组织由 300 多个发展到 2700 多个，全国手工业从业人员由新中国成立前后的 585.5 万人增长到 736.4 万人，社员人数由 8 万多人增加到 25 万多人，产值由新中国成立初的 32.3 亿元增长为 73.2 亿元，达到解放前的最高年产值。

2. 积极领导、稳步前进

第二阶段：1953—1955 年。1953 年，我国开始进入都国民经济建设的第一个五年计划时期。虽然前期通过国营商业和供销合作社扩大国家对手工业的加工订货，通过供应原材料、收购产品，在供销方面保证手工业生产的正常进行，摆脱手工业者对商业资本的依附关系；帮助手工业者改进生产技术，降低生产成本，提高产品质量；通过银行贷款，解决手工业者生产资金不足的问题等，促使手工业生产的恢复和发展。但是，从总体上说手工业者在生产上仍有一定困难。由于他们生产组织性差，资金短缺，工具落后，生产极不正常，旺季忙、淡季闲；在原料和产品的买卖上还不能完全摆脱商人的中间剥削。为此，1953 年中央正式提出党在过渡时期的总路线把个体手工业同个体农业和资本主义工商业一起纳入社会主义改造的轨道，采用合作化的方式，组织手工业的合作社，以防止手工业者的两极分化，防止资本家的剥削，促进手工业生产的正常发展，使其更好地满足人们生产和生活的需要。

为贯彻执行党在过渡时期总路线，逐步实行对手工业的社会主义改造，1953年11月20日至12月17日，全国合作总社联合总社召开了第三次全国手工业生产合作会议。会议总结了新中国成立以来手工业生产合作社的发展经验，讨论了对手工业逐步实行社会主义改造的计划和设想。12月4日，朱德在全国第三次手工业生产合作会议上作了题为《把手工业者组织起来，走社会主义道路》的讲话。他指示：手工业生产在我国国民经济中，占有很重要的地位。实现对个体手工业的社会主义改造，是一个重要的任务，是党在过渡时期总路线和总任务不可缺少的组成部分。组织手工业生产合作社，是改造手工业者的个体经济，帮助他们过渡到社会主义的唯一的组织形式。为了建设社会主义，我们应该大力组织手工业生产合作社。要防止盲目地强调集中生产，盲目地将小社并为大社，盲目地要求机械化，以及订立许多繁杂的制度等，以免影响合作社的发展。那种认为"国家工业化了，手工业就不需要了"的看法是不对的。

12月8日，刘少奇听取了时任总社代主任程子华的汇报并作了指示。他指出：手工业生产合作社不仅是国营工业的助手，既供应城乡人民消费资料的需要，也供应农民生产资料的需要，更重要的是，它在实现党的总路线和总任务中，担负着对手工业实现社会主义改造的任务。

会议总结了手工业合作运动的经验，确定了党对手工业进行社会主义改造的方针。会议强调，实现对手工业的社会主义改造，以适应国家和人民的日益发展的需要，是手工业发展的必由之路。会议确定党对手工业进行社会主义改造的方针是：根据手工业的具体情况，根据生产发展的需要和手工业劳动群众的觉悟程度，采取群众所能接受的组织形式，由群众自愿地组织起来，必须坚持积极领导，逐步前进的方针，既反对要求过高、过急，贪大贪多，盲目发展，也反对放任自流，停步不前。在手工业的改造过程中，曾出现多种合作方式。在此之前，苏联专家根据苏联的经验，只承认手工业生产合作社，不承认手工业生产小组以及供销生产合作社，认为它们带有资本主义的性质。这次会议通过总结了几年来群众创造的经验，提出了办好手工业合作社的六条原则，重新确定了手工业合作化的三种形式，即手工业销售小组、手工业供销合作社、手工业生产合作社。方法是从供销人手，实行生产改造。步骤是由小到大，由低级到高级。

会后，各地按照会议精神开始积极着手组织各种手工业合作组织，手工业合作化运动进入到普遍发展的阶段。到1954年，全国组织起来的手工业合作社、供销生产合作社、供销生产小组达4.1万个，比上一年增长8倍多。然而，由于进展较快，准备不足，工作有些粗糙。为了总结1954年手工业社会主义改造工作中的经验教训，确定1955年的任务，中央手工业管理局于1954年12月8日至1955年1月6日在北京召开了第四次全国手工业生产合作会议。出席会议的有29个省市（包括内蒙古自治区）的代表167人。朱德在会上作了重要指示。代表们并听取了陈云关于资本主义工业生产问题的报告。苏联专家叶夫谢也夫在会上作了《苏联社会主义计划化和工艺合作社系统经济计划工作的组织》的报告。

会议总结了一年来的经验，指出：根据党在过渡时期的总任务，对手工业社会主义改造工作，应该而且必须和国家的社会主义工业化，对农业和对资本主义工商业的社会主义改造密切联系起来考虑，统筹兼顾，合理安排。手工业生产的方向，应面向农村，为农业生产服务，并为城乡人民生活需要及国家工业建设和出口需要服务。1954年手工业社会主义改造工作，由于各级手工业管理机构（或生产合作社联合社）很多尚未建立，或开始建立尚不健全，也无经验，对于手工业合作化的工作注意较多，而对手工业和外部的联系及其内部的联系考虑较少，存在如下几个问题：第一，手工业和大工业按行业统一安排问题，按行业统一安排大工业和手工业，使手工业发挥其对大工业有力的助手作用，是必要的，否则有的行业生产就要发生矛盾。第二，手工业和农副业的统一安排问题，对农副业和手工业，在供、产、销的平衡上（特别是原料分配上）、劳动力的使用上统一考虑，合理安排是很重要的。第三，地区之间产销的统一安排问题。地方工业特别是手工业，就地取材，就地生产，就地销售的原则是正确的，也是必然趋势。第四，现有手工业者非手工业者劳动就业的安排问题，目前大中城市的主要服务性行业，其从业人员应设法逐步控制，避免盲目增加，以便合理地统一进行安排。第五，手工业同行业中，组织起来和未组织起来的统一安排问题，必须按行业对组织起来的和未组织起来的统一安排。

会议认为：把手工业主要行业的基本情况继续摸清，分别轻重缓急按行业拟定供、产、销和手工业劳动者的安排计划，以便有准备，有步骤、有目的地进行改造；整顿、巩固和提高现有社（组），每一县（市）分别总结出主要行业的社会主义改造和整顿社的系统的典型经验，为进一步开展手工业社会主义改造工作奠定稳固的基础。在上两项工作的基础上，以供销入手，适当地发展新社（组）。这就是统筹兼顾、全面安排、积极领导、稳步前进方针的具体贯彻。1955 年计划合作社社员发展到 190 万人，其中，生产合作社的社员控制在 81 万人，供销生产合作社社员不少于 45 万人。组织重点放在产品迫切需要，同大工业矛盾较少和对农民、城市居民及出口有重要意义的手工业各行各业上，其产值达到 20 亿元。

1955 年 5 月 16 日，中共中央批准了中央手工业管理局、中华全国手工业生产合作社联合总社筹备委员会《关于第四次全国手工业生产合作会议的报告》，并在批示指出：目前除少部分已在没落的手工业行业外，绝大部分手工业行业一般地可以逐步通过合作化的道路，进行社会主义改造。因此，各地、各部门，特别是地方工业部门应在对各种经济类型工业进行统筹安排时，必须将对手工业的安排和改造同时予以考虑；将手工业部门的各种计划，首先是供产销计划，逐步纳入地方工业的计划之内。以便通过计划平衡，贯彻对手工业的统筹兼顾，全面安排，积极领导。稳步前进的改造方针；逐步克服大工业与手工业、手工业同行业之间、手工业组织起来与未组织起来之间及手工业与其他有关行业之间在供产销方面不协调现象；并注意劳动力的合理安排。这样才有利于有准备、有步骤、有目的地对手工业进行社会主义改造，并发挥其对国营工业的有力助手作用。

从1953年到1955年上半年，个体手工业的改造步伐相对比较稳。经过普遍发展，到1955年上半年，手工业合作组织已近5万个，人数近150万人。在这一时期还出现了用于加强对个体手工业领导和管理的各级手工业联社、手工业劳动者代表会议、手工业劳动者协会等。在从小到大，从低级到高级的改造过程中，不少地方还采取了因地制宜、因社制宜的具体政策。如：当时比较典型的福建的手工业社会主义改造，不但工作比较扎实，较好地贯彻了自愿互利、稳步前进的方针，而且具体政策也执行得当。对有少量雇工但自己参加劳动的手工业者，按劳动者处理；入社的生产资料估价实行自报公议，债务自行处理，有创造发明者给予奖励，丧失劳动能力者的生活也得到保障；对特种工艺品实行"保护、发展、提高"的方针，并积极安排老艺人归队，送艺人到学校深造，组织特种工艺品到国内外展出。

3. 急于求成、追赶高潮

第三阶段：1955年夏季至1956年6月底。1955年7月31日，毛泽东在省、市、自治区党委书记会议上作了《关于农业合作化问题》的报告，严厉批评了"小脚女人"思想和"右倾保守"思想，要求合作化"赶快上马"。随后，全国各地纷纷大幅调高发展规划，农业合作化在冒进中被推向高潮，手工业合作化也便被卷入这一浪潮。在合作化高潮冲击下，据统计，仅从1955年6月到当年12月的半年时间内，全国手工业合作组织从4.98万多个发展到6.46万多个，社（组）

员从 143.9 多人发展到 220.6 多人，参加手工业生产合作社的人数达到了 25.4%。这一数字以当时的实际情况而言，已经不慢了，但在农业合作化浪潮下还是显得滞后了。

1955 年 12 月 21 日至 28 日，中共中央在北京召开了第五次全国手工业生产合作会议。会议制定了手工业社会主义改造的全面规划。会议指示，要加快手工业合作化的发展速度，争取全面规划的实现，实行全行业分期、分批、分片改造的方法，建立手工业生产合作社。确定在第一个五年计划期间基本上完成全国手工业合作化的任务，并要求积极推动低级形式的合作组织向完全社会主义性质的高级生产合作社过渡。会后，中共中央在批转会议报告的批语中指出："加快手工业合作化的发展速度，是当前一项迫切的任务。"

在全国形势的催迫下，手工业合作化运动掀起了空前高潮。走在这个高潮前列的就是首都北京。北京市从 1956 年 1 月 1 日城市工商业者上街游行申请全行业公私合营到 1 月 10 日实现全行业的合作化仅仅用了十天时间。至此，5.38 万个体手工业者入社，全市社（组）成员人数达到全市手工业从业人数的 95.6%。所以，当时轰轰烈烈的首都手工业合作化运动成为各地竞相效仿的对象。

如：1956 年 1 月 17 日，番禺县委举办县手工业建社骨干训练班，参加训练的有手工业者和工人。训练班学习了全国第五次手工业生产合作会议的精神，会上县领导作了全国社会主义改造的形势报告，根据番禺手工业情况制定了合作化的初步规划提交训练班讨论实施。受到全国手工业社会主义改造高潮的影响，特别是 1 月 12 日北京市手工业全部实现了合作化的消息传来，训练班学习了北京手工业合作化的经验介绍，批判了右倾保守思想，决定训练班后全面发动手工业者，迅速行动起来组社建社。1 月 20 日训练班一结束，一个全县范围的声势浩大的手工业合作化运动迅速发展。3 天时间里，全县 90％的手工业者报名入社。由于面广分散，干部缺乏，手工业生产合作社的成立已经不能采取常规的做法，很多是由手工业者积极分子按照全行业改造的方针，自我串连发动，联系手工业者筹组生产合作社，等待工作组审查批准，往往是在展开大规模宣传的同时结合审查对象，召开批准大会，宣布成立生产合作社。在这种情况下，才进行边集中生产边学习社章边开展评议。从1月20日起，经过后20天的时间在春节前全县手工业合作化基本完成。全县共成立手工业生产合作社121个，社员3214人，生产小组50个，组员315人，合共组织起来的社（组）171个，3529人，占全县手工业从业人员的92.5%。

到1956年6月底参加手工业生产合作社的手工业者已占全体手工业者的90%，全国组织起来的手工业合作社达到9.91万个，社（组）员达到509.1万人，占全部手工业从业人员的92%。其中作为新成立的手工业合作社，绝大部分是在改造高潮中直接组织的，而非像前期一样经过生产小组的过渡形式逐步发展来的。至此，手工业由个体经济到集体经济的转变基本完成。

四、对私人资本主义工商业的社会主义改造

新中国成立后，党和国家对私人资本采取了审慎的态度，在利用、限制的基础上，实行和平改造和赎买方针，创造了经过多种国家资本主义形式，对私人资本主义工商业进行了社会主义改造，到1956年底基本完成。中共八大对其给予了充分肯定，认为是"有世界意义的伟大历史事变"。

1. 中央着手解决私人资本主义问题

中国的资本主义分为官僚资本和私人资本两部分。官僚资本是半

殖民地半封建的旧中国的国家垄断资本，是中国资本主义的主体，与私人资本的比例大约为 8∶2。随着人民民主革命的胜利推进，中国人民解放军所到之处，没收了一切以前在国家经济生活中占统治地位的官僚资本主义企业，这样就基本上消灭了中国资本主义和资产阶级的主要部分。对于私人资本主义，在新中国成立前夕召开的中共七届二中全会确定了利用、限制的方针。

虽然毛泽东重申了党对民族资产阶级又团结又斗争的基本政策不变，但是把资产阶级放在什么地位上去团结，却同原来不同了。对这一点，一些中央领导同志也未能明确。1952 年 6 月，中共中央统战部为召开第三次全国统战工作会议，事前起草了《关于民主党派工作的决定》。这一文件报送中央审批时，毛泽东针对文件稿中仍把民族资产阶级说成是反对帝国主义、封建主义和官僚资本主义时的中间阶级的提法，明确指示说："在打倒地主阶级和官僚资产阶级以后，中国内部的主要矛盾即是工人阶级与民族资产阶级的矛盾，故不应再将民族资产阶级称为中间阶级。"以毛泽东这一指示为标志，中共中央明确了国内阶级关系和主要矛盾的新变化，并开始着手全面解决私人资本主义和民族资产阶级这一主要矛盾，使之逐步归于消灭以实现向社会主义过渡。

1950 年 9 月，毛泽东在中共中央书记处会议上第一次谈到他对消灭资产阶级实现社会主义的进程构想。他说，我国在 10 年至 15 年基本上完成社会主义，不是 10 年以后才过渡到社会主义。至于采取什么具体方式来实现私人资本主义转变为社会主义，毛泽东、周恩来等人多次指出，"将来用什么方法走入社会主义，图案还不能说得很完整，但总的有一条路，即和平转变。""这要经过一个相当长的时候，而且要转变得很自然，水到渠成，如像经过各种国家资本主义的方式，要使阶级消灭，个人愉快。"

进入 1953 年后，中共中央开始全盘考虑向社会主义过渡的问题，对私人资本主义工商业进行社会主义改造提到了重要议事日程。为探求私人资本主义工商业国有化的具体途径，这年春天，中共中央统战部组织调查组，统战部部长李维汉亲自带领统战部和国家计委私营计划处的人员，赴武汉、南京、上海等地调查研究。通过实地调查，对新中国成立后私人资本主义的变化以及实现其国有化的形式有了较明确的认识。

调查组认为，虽然经过3年来的国民经济的恢复和改组，社会主义经济力量已日益发展，私人资本主义经济在国民经济中的比重已相对削弱，但它仍然是国内的一项重要经济因素，在一定时期内对国计民生仍然有相当大的作用。

经过实地考虑和总结，1953年5月，中央统战部向毛泽东和中共中央提交了关于《资本主义工业中的公私关系问题》的报告。报告提出，新中国成立后3年来，私人资本主义经济经历了深刻的改组和改造，国家资本主义已有相当的发展，呈现从统购、包销、加工、订货至公私合营等一系列从低级到高级的形式，在国民经济中的地位已凌驾于纯粹资本主义经济之上，仅次于国营经济，居于现代工业的第二位。经过各种形式的国家资本主义，不同程度地改变了资本主义企业的生产关系，其中高级形式的国家资本主义公私合营，是最有利于将私营企业过渡到社会主义去的形式。国家资本主义企业在价值分配上，其大部分已为国家和工人阶级所掌握，企业新生产的价值，首先分为工人工资、企业的利润和国营企业的利润3个部分，三分天下工人阶级有其二；而后企业利润又分为国家税收、资本家的股息和红利、工人的奖金和福利、企业的公积金、四马分肥，工人阶级得其大半。这些企业中的工人，已经不是单纯为资本家生产，同时是为国家生产。

报告在详尽分析各种形式国家资本主义的地位、作用之后，明确建议经过国家资本主义特别是公私合营这一主要环节，实现资本主义所有制的变革。强调国家资本主义"是我们利用和限制工业资本主义的主要形式，是我们将资本主义工业逐步纳入国家计划轨道的主要形式，是我们改造资本主义工业使它逐步过渡到社会主义的主要形式，是我们利用资本主义工业来训练干部、并改造资产阶级分子的主要环节，也是我们同资产阶级进行统一战线工作的主要环节。抓住了这个主要形式和主要环节，在经济上和政治上都有利于领导和改造资本主义和资产阶级分子的其他部分"。

统战部的调查报告，受到中共中央和毛泽东的高度重视，毛泽东亲自打电话给李维汉，告诉他这个报告将提交政治局会议讨论。6月中旬，中共中央政治局召开两次扩大会议，集中讨论向社会主义过渡问题。参加这次会议的有政治局委员和中央有关负责同志，还有当时直辖市京、津、沪和沈阳、重庆、武汉、广州等10个大城市的书记。会议编印了列宁论国家资本主义、论新经济政策的材料。毛泽东、刘少奇、周恩来、邓小平等人在会上发表了重要讲话。

6月15日，在第一次讨论会上，毛泽东宣布了他对过渡时期总路线、总任务的考虑。他提出，党在过渡时期的总路线和总任务，是要在10年到15年或者更多一些时间内，基本上完成国家工业化和社会主义改造。毛泽东强调，总路线是照耀一切工作的灯塔。不要脱离了这条总路线，脱离了就要发生"左"倾或右倾的错误。在会上他罗列了并批驳了几种错误观点，如："确立新民主主义的社会秩序"、"由新民主主义走向社会主义"、"确保私有财产"等。他提出，有所不同和一视同仁、公私兼顾、劳资两利和发展生产、繁荣经济，前者管着后者。毛泽东还讲了社会主义改造问题，他指出，所谓社会主义改造的部分：农业、手工业、资本主义企业。他特意强调了对资本主义改造的逐步性，明确提出，对于将资本主义逐步过渡到社会主义的认识——社会主义成分是可以逐年增长的，资产阶级的基本部分是可教育的。

在毛泽东主持下，会议讨论了李维汉提交的统战部关于《资本主义工业中的公私关系问题》的报告。刘少奇认为这份文件很好，系统

◎ 1954年，毛泽东、周恩来、李维汉在一起

地解决了问题。周恩来表示他当时也在调查寻找对私人资本主义实行社会主义改造的方针和途径，"罗迈（李维汉）的报告解决了问题"。会议经过讨论确定经过国家资本主义改造资本主义工业的方针，随后决定对私营商业也采取国家资本主义的方针。

会议在讨论到对资产阶级分子改造的前途问题时出现了某些分歧。统战部的报告中提出要把资产阶级分子改造成为社会主义社会的公民。对此，一些人有怀疑。毛泽东支持了报告的意见，并明确指出，改造成什么？变农民、手工业者？不分土地，农民也当不成，前途只有改造成工人阶级的一部分。

6月，政治局会议经过讨论，在统战部调查报告的基础上，形成了《关于利用、限制和改造资本主义工商业的若干问题（修改稿）》。毛泽东为这一文件加写了说明，指出就是1953年7月，中共中央政治局提出的，要求先在党刊上登载，交各级党委讨论，俟收集意见后，准备提交将来的党的全国代表会议或其他适当的会议上去讨论和决定。其中有许多当前要争取时机迅速解决的问题应予即行解决，要做的工作应即动手去做。

6月政治局会议以后，毛泽东继续探寻改造资本主义工商业的大政方针，在党的领导层和著名党外人士、工商业者中多次发表讲话，深入阐述国家资本主义是改造资本主义工商业的必经之路。

毛泽东认为，占有大约380万工人店员的私营工商业，是国家的一项大财富，在国计民生中有很大作用，不仅为国家供应产品，而且可以为国家积累资金，可以为国家训练干部。

对私营工商业实行社会主义改造，要分为两步。第一步，先把不受限制的独立的资本主义变成受限制的国家资本主义；第二步，把国家资本主义转变为社会主义。从不受限制的资本主义变成受限制的国家资本主义，这是一个进攻。在进攻中要有必要的让步，要承认资本家的"三权"（指企业所有权、用人权、经营管理权），否则，就无从搞国家资本主义。现在是进攻太猛，天津资本家只分得很少一点利润，这样他们就不会很好地搞生产。资本主义的经济法则是唯利是图，现在要使它从唯利是图变成两利是图和四利是图。企业的利润分配，按照"四马分肥"的原则，分给资本家的股息红利可占企业利润的四分之一左右，其余的四分之三是为工人（福利费）、为国家（所得税）及为扩大生产设备（其中包括一小部分是为资本家生产利润的）而生产的。因此，这种新式国家资本主义经济是带着很大的社会主义性质的，是对工人和国家有利的。

国家资本主义的形态有三：一是公私合营，二是加工、订货、收购、包销等；三是私营商业向国营进货按牌价出售。私营商业亦可以实行国家资本主义，不可能以"排除"二字了之。

三年之内，要把资本主义工业的大部分差不多包括100万工人的工业变为国家资本主义，这是一件大事。要有计划、有步骤、有准备地搞国家资本主义，不能打无准备、无把握之仗。希望能在两年半或3年之间或者3年到5年内解决这个问题，要稳步前进，不能太急。

毛泽东还引《史记》中吕后死后，诸臣谋召立代王，代王西乡让者三，南乡让者再，遂即天子位的例子，借喻公私合营发展过于慎重。过去是"西向让三，南向让再"，今后每年都要发展。

毛泽东还指出，实行国家资本主义，不但要根据需要和可能，而且要出于资本家自愿，因为这是合作的事业，既要合作就不能强迫，这和对地主不同。

毛泽东还提醒说，中国工人阶级有两个联盟、两种合作。一个是同农民的联盟，一个是同民族资产阶级的联盟。这两个联盟中，头一个联盟为后一个联盟的基础。没有头一个联盟，我们就没有力量。必须依靠工农联盟，才有力量去联合和改造那些剥削分子，那些人才会来。不要忘记我们握有政治优势和经济优势。政治方面，国家政权在工人阶级手里，资本主义企业又有工会和共产党支部。经济方面，社会主义经济占优势，企业公私合营后生产力即不断发展，事实证明了社会主义经济和半社会主义经济（公私合营）远远优胜于资本主义经济。这就向资本家提供了一个愿意同我们合作的榜样。工人阶级的政治优势和经济优势，是我们对资本主义工商业实现社会主义改造的根本保障。

毛泽东反复告诫全党，我们搞社会主义革命不是毫无根据的。我们是为了工人阶级自己的利益，而来改造资产阶级分子、农民、手工业者等。要用马克思关于工人阶级不解放全人类就不能解放自己的战略思想教育全党。

为了顺利推进对私人资本主义的改造，毛泽东、刘少奇、周恩来等中共中央领导人亲自与上层工商业界人士座谈、协商，努力启发他们的自觉性，还选择一批有代表性的资本家带头接受国家资本主义，并通过他们说服大部分资本家。著名工商业者盛丕华对资本家现在有利可得，将来有工作可做，表示满意。申新纺织公司总经理荣毅仁还主动总结了工商界对待国家资本主义的 6 种态度，并一一作了分析。周恩来认为荣毅仁分析得很好，同时指出，"对于抵抗的一类，还要加以分析。有的是由于不了解情况，怕国家把什么都拿去，他们还要看一个时候。对于这些人就需要我们去教育、帮助。另一种，他们只喜欢自由发展、垄断居奇、投机取巧，牟取暴利，甚至和国家对立。对这些人就要给以限制，进行斗争。""当然，如果不居奇、不垄断，国家就应该允许他们获得一定的利润。"

民主建国会负责人黄炎培对中共的社会主义改造方针很理解，认为这是"同登彼岸，花团锦簇"。他多次利用民主建国会的会议，畅谈自己对社会主义改造方针的体会，强调资产阶级只要接受改造，将是"风又平、浪又静，平平安安以达黄鹤楼，""到社会主义都有一份工作，有饭吃"。中共领导人对黄炎培的态度十分赞赏，给予充分肯定，同时就如何更好地引导资本家接受社会主义问题坦诚地交换意见。

经过中共领导人的工作和一些上层工商界人士的现身说法，工商界的疑虑有所消除，不少代表人士表示，只要遵循国家过渡时期的总路线，将来可以稳步进入社会主义，可以"过文昭关"，"像剃头一样，只要不乱动，不会流血"，不但将来有工作，而且可以保留消费资料。上层工商界人士的思想转变，为在整个工商界实行过渡时期总路线和国家资本主义提供了重要思想保证。

2. 有计划地扩展公私合营工业

为了有计划地实施国家资本主义改造私人资本主义工商业，1953年 12 月，中央财经委员会召开了全国扩展公私合营工业计划会议。会前，李维汉主持草拟了向中央的汇报提纲，即《关于将资本主义工业纳入国家资本主义的轨道的意见》。这个文件初步设想，在两个五年计划期间对雇用 10 个工人以上的私营工厂基本上完成公私合营，经过这段时间的赎买和改造，为国有化准备好条件。国有化的时机一般可能在 1962 年前成熟。文件还建议，在这 10 年内，国家只需投入少量而必要的资金和干部（新建和较大扩建除外），公股不必多，25%、20% 以至再少些都可以，有了赎买和教育，又有大势所趋，实行国有化时，不需从股权比重上做文章。

中央批准了这个提纲的设想。毛泽东也表示基本上赞成这个计划，同时又指出，10 年内搞掉 10 个工人以上的私营企业，没什么急躁冒进。已过 4 年，天下小变，现过 4 年，将天下大变。10 人以上的企业改造，可能不要 10 年，也许 7 年就可以了。明年一定要比较稳，后年大进一步，突飞在后两年。"撑着石头打泡秋（意指游泳），淹不死人。"

遵照毛泽东的指示精神，会议讨论形成了《中财委（资）关于有步骤地将 10 个工人以上的资本主义工业改造成为公私合营企业的意见》。这个意见提出，将私营企业改造为公私合营企业的条件正在成熟，国家的任务是要在今后若干年内"积极而又稳步地将国家需要的、有改造条件的、10 个工人以上的私营工厂，基本上（不是一切）纳入公私合营的轨道"，"然后在条件成熟时，将公私合营企业改造成为社会主义企业"。文件还确定 1954 年的工作方针是：巩固阵地，重点扩展，作出榜样，加强准备。同时还提出制定将 10 个工人以上的资本主义工业基本上纳入公私合营的计划大纲，定出 1955 年至 1957 年的三年计划。1954 年 3 月，中央批转了这个文件。

公私合营工作有计划展开后，为了妥善慎重地处理涉及公私、劳资、各地各行业各方面复杂关系和资产阶级的合法权益，1954 年 7 月，中财委总结了几年来公私合营工作中的政策和经验，制定了《公私合营工业企业暂行条例》。9 月 2 日报经政务院会议审议后公布实行。

这个条例规定：公私合营企业是社会主义经济直接领导下的、社会主义成分与资本主义成分直接合作的半社会主义企业。私方代表的合法权益受到保护，并负责参加企业的经营管理，在公方领导下合理地行使其职权，守职尽责；公方代表应重视私方代表的职责，积极地耐心地帮助他们在工作上作出成绩，并使他们在思想上、作风上逐步获得改造。对企业原有的实职人员，应量才使用，各得其所；对工程技术人员和其他专家，应加以保护，发挥其特长，并通过生产和技术的实践，耐心地帮助他们进行自我教育；对丧失工作能力的老弱人员，给予适当照顾。合营企业吸收工人参加管理。私股股息、红利加上董事、经理和厂长的酬劳金，共可占企业年利润的 25% 左右；私股所得，自行支配。合营企业的董事会是公私双方的协商议事机关，应定期对企业各主要事项进行协商。

1954 年，按计划扩展公私合营工业，原计划当年先将私营工业企业中的 651 家较大企业纳入公私合营。实际执行结果，这一年一下子合营了 793 家规模较大的私营工业企业，全国公私合营工业户数累计已达 1764 户，同全部私营工业比较，虽然公私合营户数不到 1%，但因为是大户，产值却占 33%，职工人数占 23%。这一年扩展的合营工作由于只限于较大的私营企业，即个别企业的合营，这就产生了新的矛盾。中国原有资本主义有很大的分散性、落后性。较大的私营企业合营后，资本主义经营固有的内部机制打乱了，剩余大量分散落后的中小私营企业发生了严重困难。同时，国营部门在社会主义改造中，对各种类型经济未切实贯彻统筹安排的方针，在加工订货的分配上，只管国营和公私合营，不顾私营企业，更加深了这种矛盾。从 1954 年下半年开始，不少私营企业已陷入停产、半停产状态。但国务院有关部门对此缺乏了解，直到 1954 年 12 月召开第二次全国扩展公私合营计划会议时，才不得不重视问题的严重性。会议被迫改变部署，转而首先研究对私营工业的生产安排问题。

会议根据中央指示，批评了前一段国营主管部门缺乏统一安排，"孤军独进"，"速度太猛"的"左"的倾向，按照"统一安排、归口安排、按行业改造、全面规划"的原则，确定了"统筹兼顾，调整公私关系"的方针，强调对公私经济既要有所不同，又要一视同仁。会议决定国营让出一部分原料、生产任务以维持私营，加强加工订货的计划性，按私营工业产品类别归口管理，一条鞭管到底。

1955年1月，中共中央政治局批准了会议确定的统筹兼顾的原则、方针和办法。当时毛泽东说，这才对，不看僧面看佛面嘛。刘少奇也指出，不要重复瑞金时代盲目排挤私营企业的错误。

对私营工业有计划地实行改造、安排的同时，如何解决私营商业问题日益紧迫起来。

我国的私营商业行业复杂、人员众多、遍布城乡僻壤，沟通产销需要，是活跃城乡经济生活的一支重要力量。但中国的商业和市场发育很不够，私商的基本特点是户数多、人数多、资金少、规模小。1952年全国私营商业约400万户，从业人员约700万人，其中雇用职工2人以上的户数仅占2%，绝大多数是不雇职工的"夫妻店"、小商小贩。

新中国成立后，对私商的基本看法是从事中间剥削，有很大投机性。因此，1953年以前，对工业资本和商业资本是区别对待的，对前者采取团结的方针，对后者则采取竞争、排挤，迫其向工业转移。新中国成立伊始，为稳定物价，国家曾组织力量，运用集中抛售等办法，同私商进行过几次争夺市场的斗争，挤垮了一批囤积居奇的批发商。1953年下半年，国家先后对粮食、油料、棉花等农产品实行统购统销，对煤炭、钢材、生铁等重要工业原料实行计划供应。这就使国内整个市场关系起了根本性变化。国营、合作社商业掌握了大量的农产品和工业品，不论在批发环节还是零售环节上，对私商都占了压倒优势，私营批发商基本上被国营批发商业所代替，私营零售商的主要部分也已经不能像过去那样依靠从私营批发商或从生产者方面进货经营。

当时很突出的是，由于干部、群众对"割断城乡资本主义的联系"发生误解和市场供应紧张，不少地方对非统购的农副产品也禁止私商收购贩运。小商小贩不准下乡，农民搞副业生产或运销自己的产品也被看成"资本主义自发势力"。这样一来，虽然公进私退，但货源不足，供应不畅，单纯排挤的政策带来了一系列不好解决的问题。

1953年9月7日，毛泽东同民主党派和工商联部分代表谈话时，明确指出："私营商业亦可以实行国家资本主义，不可能以'排除'二字了之。这方面经验较少，尚须研究。"

事实上，此时提出对私营商业实行社会主义改造，其含义主要是针对私营零售商了。随着私营批发商基本被取代，所剩零星的私营批发商，不但户数甚少，每户不过2—3人，绝大部分是经营零星商品的小批发商，严格说来不属于资本主义商业。即使对私营零售商而言，他们也主要是靠从国营和合作社方面进货，以维持日常经营，其中私营粮、油等统购统销物资的零售商只能充当国营粮油公司的代销店。

1954年7月13日，中央下达《关于加强市场管理和改造私营商业的指示》，规定对私营批发商采取"留、转、包"的方针，即：分别情况予以保留，在原行业代理国营批发业务；辅导其转业，代理国营商业从事新的批发业务；撤销商号，将私方人员及职工包下来，经过训练，由国营商业录用。对私营零售商则采取代销和经销的形式。代销和经销的商品都是国营商业已全部或大部掌握货源的商品，都执行国家规定的零售牌价。两者不同之处是：代理店要把全部销货款交给国营商业，只从国营商业领取一定的手续费；经销店则用现款向国营商业进货，从规定的批发与零售价格的差额中赚取商业利润。

在对私商实行经销、代销等国家资本主义的过程中，北京等地也对私商进行公私合营的尝试。1954年，北京市选择大有粮店、瑞蚨祥布店、稻香村食品店、桂香村食品店、同仁堂国药店、南庆仁堂国药店、六必居酱菜园、天源酱菜园、天义顺酱菜园和永长顺酱菜园10户较大的私营零售商店，进行公私合营的试点工作。由于首先合营的是一个行业中个别大户，合营后这些商店的营业额上升都很多。本来一些中小私商已经营无着，有的赔本维持，这样一来，更是雪上加霜。为了调节这种苦乐不均现象，北京市曾一度采取行政措施，控制大户营业额。但是，控制的结果，又把生意挤到了国营商店，使公私之间增加了新的矛盾，资本家不满意，店员不满意。国营商店忙不过来，服务质量下降。于是试点工作只好暂停下来。

由于在商业社会主义改造过程中，国营、合作社商业前进太快，又盲目排挤私营商业，城市私商普遍经营萧条，亏蚀赔累。1954年全年私营商业的总营业额比1953年降低了一半，赔累户占私商总户数的50%—60%。农村私商一年内被排挤的达69万户、100万人左右。城乡购销渠道受阻，许多农副产品无人收购，农民不满，指责："合作忙死，农民等死，私商闲死"。不少地区农民杀牛、杀母猪和小猪的现象相当普遍，造成城乡关系、工农关系日趋紧张。1955年4月，中央已意识到，这种情况如果让其继续发展下去，将不仅严重影响城乡经济的活跃，影响农业生产的发展，影响正常的社会秩序，并且由于农民滋长着不满情绪，也将会影响工农联盟，以至影响整个社会主义建设和社会主义改造的正常进行。

因此，中央决定：在城市零售的阵地上，国营商业前进过多的，适当退让，以维持私商经营，尔后逐行逐业地加以安排和改造；对农村小商小贩，引导其走上互助合作的道路，分担农村商品流转的任务，并逐步过渡为供销社商业；对农民实行"三定"（定产、定购、定销），统购任务完成后的多余产品，允许农民自由买卖，以缓和农村对统购统销的不满情绪。中央特别强调，应该懂得，工人阶级当了政，必须负责对社会各阶级的生活出路进行适当安排，这样做，是适合国家利益，有利于工人阶级的。还要看到，目前零售商已经受到若干限制，特别是为国家经销代销的部分，性质上已有很大改变。因此对公私比重的概念，不能不作新的了解。社会主义商业有无前进，是要看对整个商业的计划领导程度，对私营商业改造的进展程度，而不应仅计算国营商业和合作社商业本身的营业额。此后，对私商的社会主义改造转入探寻全行业统筹安排的轨道上去。

1955 年 10 月，中共七届六中全会在毛泽东主持下，作出了加快农业社会主义改造的部署。全国迅速掀起农业合作化高潮。在毛泽东看来，农业实现合作化，如同过去完成土改一样，从根本上巩固了同农民的联盟。这就会使资产阶级最后地孤立起来，便于最后地消灭资本主义。六中全会一结束，毛泽东立即部署加快对资本主义工商业的社会主义改造。

1955 年 10 月 27 日和 29 日，毛泽东两次约见工商界代表人士谈话，第一次在颐年堂，只有黄炎培、陈叔通等少数人。第二次在怀仁堂，人数比较多，除全国工商联执委外，在京的中共中央委员和中央各部门的负责人也参加了。在两次谈话中，毛泽东都力促资产阶级要认识社会发展规律，主动掌握自己的命运，进一步接受社会主义改造。

毛泽东指出，现在中国处在大变革的时代，社会动荡不安。农民私有制要变集体所有制，资本家也要改变所有制，许多人掌握不住自己的命运。要掌握是可以掌握的，即了解趋势，站在社会主义方面，有觉悟地逐渐转变到新制度。

他说，共产这个问题要讲开，要说穿，要经常说，大家一谈就不怕了。我看共产是好事，没什么可怕。不是今天说了，明天就共产，而是讲要准备共产，要广泛宣传。我们现在的社会主义改造，其实就是马克思、恩格斯、列宁所说的赎买政策，是"善转"，不是"恶转"，是"和平的转"，不是"强力的转"。赎买的时间，从 1949 年算起，可以拖到 15 年、18 年，经过许多过渡步骤，经过许多的宣传教育。安排人员，主要是两个，一个是工作岗位，一个是政治地位，把两个统统都安排好，究竟哪一年国有化，不会是一个原子弹扑通下地，总要同你们商量的。大家要安下心来，不要十五个吊桶打水，七上八下。

毛泽东还强调，希望每一个大城市都有几十个、几百个核心人物，这些人比较其他人要觉悟高一些，要进步一些，经过他们来教育其他工商界的人。

工商界代表人士对毛泽东亲自出面对他们做工作，很感动。李烛尘当场表示，要积极推动民建会和工商联的会员，搞高级形式的公私合营，要掀起一个高潮。对此，毛泽东还给他泼了一点冷水。毛泽东说，你那样搞太厉害，你要求太急了。要瓜熟蒂落，水到渠成，要有秩序、有步骤地来，不要搞乱了。不要搞一阵风，需要有充分准备，包括思想准备、宣传教育许多工作在内。

毛泽东的谈话在工商业界引起强烈的积极响应。11月1日至21日召开的全国工商联首届执委会第二次会议上，许多人结合自己的发家史和办实业的坎坷经历，讲述资本主义是大鱼吃小鱼的一条死路，只有下决心走社会主义道路，才能掌握自己的命运，获得光明的前途。会议通过《告全国工商界书》，号召全国工商业者认清前途，服从共产党和人民政府的领导，坚定爱国守法的立场，积极接受社会主义改造。

3. 实现全行业公私合营

自1953年大规模实行国家资本主义改造私营工商业以后，出现了由低级向高级形式的公私合营的扩展，到1955年，扩展公私合营基本上是个别性较大企业。这种方式犹如"吃苹果"的办法，先挑大的吃，先吃苹果，不吃"葡萄"。于是，生产容易安排的大户合营了，剩下为数众多的小户就更难以为计，虽然中央提出统筹兼顾，统一安排。但是，这样一来，又出现新的矛盾，限大让小，小企业设备技术跟不上，难以承担。把小企业合并起来，又遇到所有权的障碍，如何推进公私合营工作出现了难题。

1955年3月，国务院八办主任陈毅向中共中央打报告建议："为了贯彻统筹兼顾的政策，在扩展合营的方式上，应采取个别合营与按行业改造组）相结合的办法。"这一年，上海市在制笔、棉纺等 7 个行业进行全行业统筹安排中，率先打破所有权界限，采用"裁、并、改、合"等方式，创造了企业的合并和合营的经验，陈云对上海的经验很重视，他多次推荐的上海三笔公司，就是上海企业行业改组、合营的典型之一。

上海市原有 186 家金笔、钢笔、铅笔（三笔）厂，1955 年生产任务比上年减少 40% 多，估计要多余工人 2500 多人，在统筹安排中，整个行业来了个大改组，大体上采用两种办法：一种是并，小的并到

◎ 1956 年 1 月 20 日，盛丕华（右二）、胡厥文（右三）、荣毅仁（右四）等代表上海全行业公私合营完成进行报喜

大的里面，大的带小的，几个小的合起来，变成一个大的；另一种淘汰，设备技术很落后的工厂就不要了，把工人、资方实职人员安插到进步的、大的工厂里面去。结果186家变成98家，2500多工人都安置下来，不必转业了，组成了统管这98个工厂的三笔公司，这种全行业公私合营的办法，不仅解决了所有制问题，还解决了工人就业大问题，合营后的98家工厂，都得以维持，有的还当年有盈余。

1955年8月，北京市在寻求解决零售私商困境的过程中，也开始选择西单区棉布业和东单区百货业进行全行业公私合营的试点。具体做法是，在联营并店的基础上进行全行业公私合营，把调整商业网点和改造所有制结合起来。10月20日，商业部党组向中共中央和毛泽东转报了北京市棉布、百货全行业公私合营试点工作的报告，认为全行业合营"是对私营零售商业进行全行业改造的较好的组织形式，不但可以统筹安排，而且可以从企业内部对私商进行改造"。

鉴于上海、北京等地已出现的工业方面结合合并、淘汰的全行业公私合营和商业方面全行业统一合营的新经验，1955年10月18日，中央批准中央统战部部长李维汉的报告，着重研究在工业和商业两方面都采用基本上实行全行业合营方针的可能性，并且研究能否在今后两年即第一个五年计划最后两年基本上实现这一方针。

同年11月16日至24日，中共中央政治局召集各省、市、自治区党委代表会议，集中研究对私人资本主义工商业的社会主义改造问题。会前，毛泽东在杭州与柯庆施、陈伯达一起起草了《中央关于对资本主义工商业改造问题的决议（草案）》。《决议（草案）》指出：我们现在已经有了充分有利的条件和完全的必要把对资本主义工商业的改造工作推进到一个新的阶段。即从原来在私营企业中所实行的由国家加工订货、为国家经销代销和个别地实行公私合营的阶段，推进到一切重要的行业中分别在各地区实行全部或大部公私合营的阶段，从原来主要的是国家资本主义的初级形式推进到主要的是国家资本主义的高级形式。毛泽东、周恩来、刘少奇、陈云在会上作了重要讲话。会议讨论通过了上述《决议（草案）》。1956 年 2 月 24 日，中共中央政治局作了个别的修改，追认为正式决议。

以中共中央决议为标志，原来设想的对资本主义工商业实行多种形式的国家资本主义，基本上变为只采用全行业公私合营这唯一的形式。

中共中央工作会议以后，全行业公私合营骤然掀起高潮。1955 年 11 月，上海 8 个行业宣布实行全行业公私合营。从 12 月开始，首先在北京，随后在一些大中城市，职工和私营工商业者纷纷走上街头，天天敲锣打鼓，申请公私合营。1956 年 1 月 10 日，北京市政府召开资本主义工商业公私合营大会，宣布全市 35 个工业行业的 3900 家工厂和 42 个私营商业 13973 户座商全部实行公私合营，面对来势甚猛，日夜不断地要求实现公私合营的人流，中央不但放弃了七届六中全会提出的准备用两年时间"在一切重要的行业中分别在各地区实行全部或大部分公私合营"的部署，而且打乱了 1955 年 11 月中央工作会议预定的先做好清产核资、改组企业、安排生产、安置人员、组织专业公司等项工作后，再行批准公私合营的计划。决定"倒个头"，采取一次批准、全面合营、先收编、后改组的做法。

1956 年 1 月 15 日，北京市在天安门广场举行盛大集会，在郊区农民代表报告实现农业合作化的喜讯之后，工商界代表乐松生在天安门城楼，向毛泽东呈交了大红喜报，报告首都已实现全行业公私合营。继北京之后，到 1 月底，上海、天津、广州、武汉、西安、重庆、沈阳等资本主义集中的大城市和 50 多个中等城市相继实行了全市性的全行业公私合营。至 3 月底，除西藏等少数民族地区外，全国基本上实现了全行业公私合营。

为了做好全行业公私合营的工作，中共中央于 1956 年 1 月发出《关于私营企业实行公私合营的时候对于财产清理估价中若干具体问题的处理原则的指示》，要求各地对私营企业清产核资采取"实事求是，公平合理"的原则，实行从"宽"、从"了"的方针。清产定股采取自估、自报，同行评议，由公方、工人、资方三方面代表组成的行业委员会核定的方式。对私方人员"量材录用、适当照顾"，都安排工作。一部分资产阶级代表人物可在政府和有关部门担任领导职务。

1956年2月8日，国务院又通过《关于在公私合营企业中推行定息办法的规定》，即在企业公私合营期间，不论盈亏，按季付给私股股东以固定的股息。当时规定为年息1厘到6厘，后修改为不分行业、地区，统一规定为年息5厘。新中国成立以后，在公私合营企业中给资方分配利润，一直有两种形式，一种是"四马分肥"，另一种是定息。最早实行定息制度的有公私合营的银行、钱庄和煤矿、锡矿、某些公私合营的公用事业单位。

私营银行业公私合营后代行人民银行的职能，业务量很大，如"四马分肥"，私股得利甚高。合营的矿业、公用事业，投资大，收回慢亦有限，也搞"四马分肥"，私方就无利可得。因此，上述合营企业采取定息制度。全行业公私合营后，一律实行年息5%的定息。

从1956年1月1日起计息，原定到1962年止息，后延长到1965年，但利息有所降低。从中华人民共和国成立到1965年取消定息时止，国家共付资方定息12亿元，资方高薪8.5亿元，1950年到1955年资方分得利润14亿元，合计34.5亿元，而公私合营时全国私股股金总计是24亿元。定息制度的实行，表明资本家除获得以定息形式表现出来的那一部分剩余价值外，其生产资料已失去了作为职能资本的作用，原来的公私合营企业实际上已变为没有资本家的企业了。严格地说，这些企业已不是公私合营，而是实际上的国有企业了。以实现全行业公私合营为标志，中国资本主义工商业的国有化基本完成。

对农业、手工业、资本主义工商业三大改造的完成，标志着社会主义制度在中国的确立，我国进入了社会主义初级阶段，党和人民政府领导全国各族人民又开始了建设社会主义的伟大征程。

后 记

　　1949 年 10 月中华人民共和国成立到 1956 年底三大改造完成，这是中国共产党领导中国人民恢复和发展国民经济、完成民主革命遗留任务、开始实现国家工业化和进行三大改造，以及在中国确立社会主义制度的七年。为总结这七年党领导中国各族人民取得的巨大成就和成功经验，特编写了《1949—1956 年间的中国》一书。

　　本书主要从政治制度、经济恢复、思想文化、社会建设、外交活动、军事斗争、党的建设、三大改造和社会主义制度在中国的确立等方面，对这七年的历史进行了全面的描述。这种描述方法是否合理，重大事实有无遗漏，敬请读者予以批评指正。

作　者

2015 年 12 月

责任编辑:郑　治
封面设计:石笑梦

图书在版编目(CIP)数据

1949~1956 年间的中国/吴玉才 编著. -北京:人民出版社,2016.1
ISBN 978 - 7 - 01 - 014448 - 1

Ⅰ.①1… Ⅱ.①吴… Ⅲ.①中国历史-现代史-1949~1956 Ⅳ.①K27

中国版本图书馆 CIP 数据核字(2015)第 018727 号

1949—1956 年间的中国
1949-1956 NIAN JIAN DE ZHONGGUO

吴玉才　编著

人民出版社 出版发行
(100706　北京市东城区隆福寺街 99 号)

北京中科印刷有限公司印刷　新华书店经销

2016 年 1 月第 1 版　2016 年 1 月北京第 1 次印刷
开本:710 毫米×1000 毫米 1/16　印张:32.5
字数:418 千字

ISBN 978 - 7 - 01 - 014448 - 1　定价:65.00 元

邮购地址 100706　北京市东城区隆福寺街 99 号
人民东方图书销售中心　电话 (010)65250042　65289539

版权所有·侵权必究
凡购买本社图书,如有印制质量问题,我社负责调换。
服务电话:(010)65250042